STUDIEN UND TEXTE ZUR SOZIALGESCHICHTE
DER LITERATUR

Herausgegeben von
Norbert Bachleitner, Christian Begemann, Walter Erhart,
Gangolf Hübinger

Band 125

Emil Alphons Rheinhardt

»Meine Gefängnisse«:
Tagebücher 1943–1945

Herausgegeben von
Dominique Lassaigne, Uta Schwarz, Jean-Louis Georget

De Gruyter

ISBN   978-3-11-025389-4
e-ISBN   978-3-11-025390-0
ISSN   0174-4410

Library of Congress Cataloging-in-Publication Data
A CIP catalog record for this book has been applied for at the Library of Congress.

Bibliografische Information der Deutschen Nationalbibliothek
Die Deutsche Nationalbibliothek verzeichnet diese Publikation in der Deutschen
Nationalbibliografie; detaillierte bibliografische Daten sind im Internet über
http://dnb.d-nb.de abrufbar.

© 2012 Walter de Gruyter GmbH, Berlin/Boston

Druck: Hubert & Co. GmbH, Göttingen
∞ Gedruckt auf säurefreiem Papier
Printed in Germany
www.degruyter.com

MIX
Papier aus verantwor-
tungsvollen Quellen
FSC® C016439

Inhaltsverzeichnis

Dominique Lassaigne
1949–2005

Vorwort

Mit einem Denkmal im Zentrum ehrt auch das südfranzösische Le Lavandou seine für die Heimat gefallenen Söhne und Töchter. Der Urlaubsort östlich von Toulon war noch ein provencalisches Fischerdorf, als am 14. Juli 1945 bei der Feierstunde für die im Kampf gegen den Nationalsozialismus Gefallenen nach einem Fanfarenstoß auch die Worte »Emil Alphonse Rheinhardt: Mort pour la France« gesprochen wurden. Eine Plakette am Hafen im weiter westlich gelegenen Küstenort Sanary-sur-Mer trägt seit 1987 ebenfalls diesen Namen, neben anderen der dort auf der Flucht vor den Nazis zusammengetroffenen Schriftsteller deutscher Sprache.[1] Seit kurzem ist außerdem auf der »Mauer der Namen« am Eingang der Gedenkstätte des Deportationslagers Compiègne der Schriftzug »Emile Rheinhardt« verzeichnet.[2] Eingraviert in verstreute Tafeln der Erinnerung, blieb dieser Name bisher stumm. Kaum jemand kennt mehr den Schriftsteller Emil Alphons Rheinhardt, seinen Werdegang und seine Werke, sein Handeln und sein Schicksal. Aus der Wahlheimat Frankreich vor den nationalsozialistischen Häschern ins rettende Ausland zu fliehen, ist ihm nicht gelungen. Sein letzter Eintrag ins Tagebuch, geschrieben elf Tage vor seinem Tod im Konzentrationslager Dachau, lautet: »Nicht vergessen.«

Die Entdeckung dieses Tagebuchs verdanken wir der französischen Historikerin Dominique Lassaigne vom Centre de recherches interdisciplinaires sur l'Allemagne (CRIA) an der Ecole des Hautes Etudes en Sciences Sociales (EHESS) in Paris. Seit sie 1997 Le Lavandou besuchte, hat das rätselhafte Schicksal des fast vergessenen Dichters sie nicht mehr losgelassen. – Der 1889 in Wien geborene Schriftsteller, Poet, Übersetzer und Herausgeber hatte sich Ende der 1920er Jahre im südfranzösischen Departement Var niedergelassen. Wie die vor dem Nationalsozialismus in Frankreich Zuflucht suchenden Emigranten aus Deutschland und Österreich, von denen viele in seinem Haus verkehrten, war er zweimal als »feindlicher Ausländer« interniert: bei Kriegsbeginn 1939 und beim Überfall der deutschen Wehrmacht auf Frankreich 1940. Sein Antrag, Franzose zu werden, blieb erfolglos. Im November 1942 geriet sein Wohnort unter italienische Kontrolle. Er wurde verhaftet im April 1943 unter dem Vorwurf kommunistischer Propaganda, und sein Leidensweg durch die Gefängnisse der Küstenregion begann: Hyères und Menton, Nizza und Marseille. Als Italien im

---

[1]   Heinke Wunderlich/Stefanie Menke: Sanary-sur-Mer. Deutsche Literatur im Exil. Stuttgart u.a.: Metzler 1996, S. 71.

[2]   http://www.memorial-compiegne.fr/; im Livre Memorial der Fondation pour la Mémoire de la Déportation findet sich der Eintrag: RHEINHARDT, Emile, 04/04/1889 Partie I, liste n°240. (I.240.), s. http://www.bddm.org.

September 1943 Waffenstillstand schloss und deutsche Truppen daraufhin auch die italienische Zone besetzten, geriet Rheinhardt als Häftling in die Hände der Gestapo. Im Sommer 1944 wurde er in das Konzentrationslager Dachau deportiert, wo er zwei Monate vor der Befreiung starb.

Dass Rheinhardt in der Haft geschrieben hatte und zumindest Teile dieser Aufzeichnungen erhalten sind, war in der Nachkriegszeit wenigen engsten Vertrauten bekannt gewesen und dann in Vergessenheit geraten. Nach 1970 tauchte die Maschinenabschrift der Aufzeichnungen aus den Gestapo-Kerkern des besetzten Frankreichs auf: Rheinhardts frühere Ehefrau Gerty Wolmut übersandte sie aus den USA an das Dokumentationsarchiv des Österreichischen Widerstands (DÖW) nach Wien. Als der Wiener Historiker Martin Krist dieses Typoskript dem Archivschlummer entriss und 2003 herausgab, war gerade die handschriftliche Vorlage entdeckt worden.[3]

Das vorliegende Buch enthält nun die von Dominique Lassaigne entdeckten handschriftlich überlieferten Haftaufzeichnungen Rheinhardts, und zwar sowohl die in den Kerkern des besetzten Südfrankreichs 1943/44 als auch die im Konzentrationslager Dachau 1944/45 geschriebenen, von denen bislang jede Spur fehlte. Nach einer quer durch Europa führenden Suche fand die Historikerin aus Frankreich im Jahr 2002 die Tagebuch-Handschriften Rheinhardts auf dem Dachboden eines Hauses in einer kleinen englischen Ortschaft. Drei Jahre später konnte sie dort weitere Unterlagen sichern und die Umstände der Überlieferung weiter erhellen. Den Auftrag zur Herausgabe der Aufzeichnungen entnahm Dominique Lassaigne dem Tagebuch selbst, dem schon nahe der Agonie eingetragenen Appell »nicht vergessen«. Eine sorgfältig kontextualisierte Edition sollte sich diesem historischen Auftrag würdig erweisen und frühere, vergeblich gebliebene Editionsversuche vollenden.

In ihren Tagungsbeiträgen und publizierten Artikeln hat Dominique Lassaigne dargelegt, dass sie ihre Aufgabe als Historikerin im Sinne Marc Blochs darin sah, jenen Dokumenten, die nicht von allein den Weg ans Tageslicht finden, zu helfen, damit es möglich wird, eine »Geschichte der Menschen« zu schreiben.[4] Es war ihr große Befriedigung, einem fast vergessenen Häftling und Schriftsteller seine Stimme wiederzugeben; sie wollte aber auch die Umstände des (Ver-)Schweigens wie des Bewahrens und erneuten Erscheinens verstehend aufklären und darlegen. In Rheinhardts Schicksal erkannte sie den Auftrag an die französische Historiographie zu den Jahren 1940–44, sich den bislang vernachlässigten »untypischen«, ideologisch nicht zu verortenden Opfern, den Staatenlosen und Schutzhäftlingen zu widmen. Die Geschichte der Fremdenpolitik Vichys, der französischen Internierungslager und der

---

[3] E.A. Rheinhardt: Tagebuch aus den Jahren 1943/44. Geschrieben in den Gefängnissen der Gestapo in Menton, Nizza und Les Baumettes (Marseille). Hg. von Martin Krist, Wien: Turia + Kant 2003. Im Nachwort S. 162 weist der Herausgeber auf den Fund der Tagebuchhandschriften hin.

[4] Dominique Lassaigne: Chroniques de captivité: de l'exil à l'internement, la mémoire inédite d'E.A. Rheinhardt, écrivain autrichien oublié (France 1943/44-Allemagne 1944/45), in: Actes de colloques. Conflits de Mémoire, Université de Paris 13, 8–9 mars 2002, sous la direction de Veronique Bonnet, Paris: Ed. Karthala 2004, S. 147–160.

Deportationen aus Frankreich im Gesamtkontext des nationalsozialistischen Massenmordes spiegeln sich darin wie in einem Brennglas. In Rheinhardts Haftaufzeichnungen sah sie eine besondere Dokumentenkategorie: Das Tagebuch des expressionistischen Schriftstellers, der als überzeugter Europäer der friedensstiftenden, Grenzen überwindenden Kraft der Kultur vertraut hatte, eröffnet einen neuen Blick auf seine literarische Generation und ihr geistiges und soziales Schicksal wie auf die Literatur des Exils insgesamt. Das Tagebuch des Häftlings, der im Zustand des Ausgeliefertseins, doch mit der Hoffnung auf Rettung schrieb und nicht im Nachhinein abwägen konnte, lässt einen vielleicht schwer erträglichen Grad von Unmittelbarkeit erwarten. Aber gerade dies wirft die Fragen nach der Darstellung und Vermittelbarkeit der Erfahrungen von Verfolgung und Lagerhaft neu auf.

Unsere Freundin und Kollegin Dominique Lassaigne ist Ende Dezember 2005 tragisch verunglückt. Sie wurde jäh herausgerissen aus einem Leben der Begegnung und des Engagements. Die Arbeit an der Edition der Hafttagebücher Rheinhardts war für sie ein euphorischer Schaffensprozess. Im betäubenden Schmerz um ihren Verlust sind wir dankbar, dass sie den Fortgang dieser außerordentlichen Spurensuche und ihre Gedanken dazu freudig mit uns geteilt hat. Ihre Humanität, ihren Humor und ihre feine literarische Sprache haben wir geliebt und bewundert: Der untrügliche Spürsinn dieser Historikerin, die unerschütterlich hartnäckig und mit menschlicher Intuition die Herzen und Hände geöffnet hat für das Ziel, Rheinhardts Aufzeichnungen zu finden, und ihre sehr persönliche Art und Weise zu ergründen, was diese Tagebücher bedeuten können, haben uns tief beeindruckt und bewegt. Es war ihr Wunsch, dass dieses Buch erscheint. Diesem Wunsch fühlen sich die Kolleginnen und Kollegen vom CRIA an der EHESS Paris und sein Leiter Michael Werner zutiefst verpflichtet.

Unser herzlichster Dank geht an Frau Elsa Zlatnik, Wien, für ihre Zustimmung zur Publikation des Tagebuchs ihres Großonkels, und an Herrn Emmanuel Pierrot für die Bereitstellung eines Teils der von seiner Mutter in England erwirkten und nachgelassenen Dokumente sowie von Aufzeichnungen und Dateien. In England haben Peter Freebody (†) und seine Frau Elizabeth und viele andere durch freundlichen Empfang, tatkräftige sachkundige Unterstützung vor Ort und großes Vertrauen die Recherchen von Dominique Lassaigne nach Kräften unterstützt. Bei der Vorbereitung dieses Buches war Jean-Michel Henny, der Leiter der Editions de la Maison des Sciences de l'Homme in Paris, in alter Verbundenheit behilflich. Wir sprachen in Paris mit der Übersetzerin Sylvia Davidson und mit Francine Masliah, Hochschullehrerin an der Universität Paris XIII; mit Henriette Asséo, professeur agrégé an der Ecole des Hautes Etudes en Sciences Sociales in Paris; in Wien mit Elsa Zlatnik und mit Viktoria Lunzer-Talos und Heinz Lunzer, der die Dokumentationsstelle für neuere österreichische Literatur im Literaturhaus in Wien leitete, sowie mit der Spezialistin für das österreichische Musikerexil Primavera Gruber Driessen; außerdem mit Ernst Hackl. Sie alle haben Dominique Lassaignes Forschungen und unsere Nacharbeit wohlwollend begleitet, ebenso wie Ernst Wilhelm Macke, München, und Michael Jeismann, Kronberg/Taunus. Unsere Freundin fand bei Barbara Distel, der früheren Leiterin der Gedenkstätte des Konzentrationslagers Dachau, freundliche Unterstützung, und Albert Knoll vom dortigen Archiv half bei der Identifizierung von Mithäftlingen. In Le Lavandou hat Francis Marmier seine Erinnerung an Rheinhardt, Erica de Behr und die Villa Les Chênes mitgeteilt, und die Familie Martini und Philippe Dupouy berichteten, wie sie mit Dominique Lassaigne bei ihren Rheinhardt-Recherchen zusammengetroffen sind. Doris Oltrogge und Robert Fuchs, Buchspezialisten der Fachhochschule Köln, haben die materiale Authentizität der Handschriftenkopien beurteilt. Gangolf Hübinger hat Dominique Lassaigne zur Herausgabe der Tagebücher eingeladen und ermutigt und als Mitglied des Herausgebergremiums der Buchreihe das Projekt stets tatkräftig unterstützt. Beim Verlag Degruyter haben Birgitta Zeller-Ebert und Manuela Gerlof das Projekt nie aus den Augen verloren und, wie auch Susanne Mang, uns umsichtig beraten und betreut. Ihnen allen sei für ihren Beitrag gedankt, ohne den dieses Buch so nicht erscheinen könnte.

Köln/Paris im März 2012   Uta Schwarz, Jean-Louis Georget

Verzeichnis der Abkürzungen

CNRS	Centre national de la recherche scientifique
CRIA	Centre de recherches interdisciplinaires sur l'Allemagne Paris
DL	Dominique Lassaigne
DÖW	Dokumentationsarchiv des Österreichischen Widerstandes Wien
EAR	Emil Alphons Rheinhardt
EdB	Erica de Behr, Rheinhardts langjährige Sekretärin und Gefährtin
EHESS	Ecole des Hautes Etudes en Sciences Sociales
GW	Gerty Wolmut, Rheinhardts zweite Ehefrau
MTF	Marie Thérèse Fisher (»Gwendolyn«, »Miss Fisher«)
Nachlass DL	Teil des Nachlasses von Dominique Lassaigne, der für die Herausgabe des Buches zur Verfügung stand
PCF	Parti Communiste Français
PEN	Schriftstellerverband
TB	Tagebuch von Emil Alphons Rheinhardt
TM	Theodora Meeres, Rheinhardts Lebensgefährtin

Uta Schwarz

Einleitung[*]

1. Emil Alphons Rheinhardt

Emil Alphons Rheinhardt (1889–1945) erscheint in den einschlägigen Literaturlexika als ein Vertreter des lyrischen Symbolismus, der sich ab 1920 der expressionistischen Literatur zuwandte. Getauft als Emil Paul Johann Rheinhardt, konfirmiert mit den Namen Alphons Bela Maria des Paten[1], entstammte er einer konservativ katholischen Familie in Wien, sein ursprünglich adeliger Vater war als Übersetzer und Redakteur tätig. Der Sohn bestand das Abitur in der Provinz und schloss sich bald in Wien dem Akademischen Verband für Literatur und Musik an, wurde 1913 dessen Obmann und begann, Kurzprosa und Gedichte zu veröffentlichen.[2] Sein Medizinstudium mit Kursen bei dem Anatomen Julius Tandler und offenbar auch bei Siegmund Freud beendete er nicht. Im ersten Weltkrieg gehörte er zusammen mit Franz Theodor Csokor, Rainer Maria Rilke und anderen der »Literarischen Gruppe« der Kriegspropaganda an. Als Mitautor war er beteiligt an der Herausgabe eines Bildbandes über Kaiser Franz Joseph sowie eines weiteren über die kroatische Riviera, mit einem Text über »Die Wunder Dalmatiens« und die Stadt Ragusa. Bei der Behandlung Verwundeter entwickelte er eine pazifistische Haltung, die ihm die Versetzung in den Innendienst der militärischen Telegrammdechiffrierung eintrug. Nach Kriegsende gehörte Rheinhardt zu den jüngeren Vertretern der Wiener Moderne. Hohe Sprachsensibilität und dichterische Kraft in der eigenen poetischen Produktion wie bei der Herausgabe von Gedichtanthologien und der Literaturzeitschrift »Daimon« verschafften Rheinhardt in literarischen Kreisen einen anerkannten Platz.[3]

---

[*] Zur Herausgabe der Tagebücher aus dem Nachlass von Dominique Lassaigne s. Einleitung, Kapitel 7. Grundlagen der Einleitung sind die von Dominique Lassaigne in den Jahren 2002 bis 2004 publizierten Artikel zu Rheinhardt, ihr nachgelassener 13-seitiger Entwurf einer Gliederung und Einleitung und weitere Dokumente ihres Nachlasses, einschließlich der Tagebuchhandschriften Rheinhardts. Zitate sind kenntlich gemacht. Weiterhin konnte ich das Rheinhardt-Dossier des Wiener Dokumentationsarchivs des österreichischen Widerstands (DÖW), Gedenkstätten-Dokumente aus Dachau und Compiègne und neuere gedruckte deutschsprachige und französische Fachliteratur konsultieren; Verzeichnis der Dokumentationsstellen und Bibliographie im Anhang.

[1] Nachlass DL, Notiz MTF 15.11.1960.

[2] Zu Rheinhardts Wiener Zeit ausführlich: Martin Krist: »Wir sterben alle unseren eigenen Tod!« E.A. Rheinhardt (1889–1945), in: Rheinhardt, Tagebuch 1943/44, S. 147–166.

[3] Murray G. Hall: Österreichische Verlagsgeschichte, 1918–1938, Band II. Wien u.a.: Böhlau 1985, Artikel »Drei Masken Verlag« und »Daimon, Genossenschaftsverlag Wien«. http://verlagsgeschichte.murrayhall.com.

1

Die wichtigste zugängliche Quelle zu Rheinhardts persönlicher Geschichte war bisher das im Wiener Dokumentationsarchiv des Österreichischen Widerstandes (DÖW) aufbewahrte Dossier. Rheinhardts zweite Ehefrau hat es in den 1970er und 1980er Jahren dorthin gegeben.[4] Gerty Landesberger, wiederverheiratete Wohlmut (Wolmut), musste 1938 wegen ihrer jüdischen Abstammung emigrieren, hielt aber aus den USA, solange es ging, den Briefkontakt mit Rheinhardt und seinem Haus in Le Lavandou. Das Dossier enthält eine von ihr verfasste elfseitige maschinengeschriebene Biographie Rheinhardts, außerdem teilweise transkribierte und nachträglich kommentierte Briefkorrespondenz, die sie mit Rheinhardt und seiner Sekretärin Erica de Behr geführt hat. Sie war ihrem ersten Ehemann zeitlebens in Freundschaft verbunden. Ihre biographische Skizze zeichnet für die frühen 1920er Jahre das Bild eines ebenso kreativen Literaten wie liebenswerten Bohemien, der außerstande war, mit ihr ein bürgerliches Leben zu führen und die vielen erwogenen literarischen Projekte konzentriert zu verwirklichen.

Rheinhardt heiratete 1920, nach einer kurzen Ehe mit der Wiener Konzertsängerin Emmy Heim, die jüngere, ebenfalls als Sängerin auftretende Felice Gerty Landesberger, Tochter eines verdienstvollen Wiener Bankiers.[5] Bei Arthur Schnitzler, einem Freund seiner Schwiegereltern, hinterließ Rheinhardt einen denkbar schlechten Eindruck. Nach der Eheschließung zog das Paar nach München, wo Rheinhardt als Lektor des Drei-Masken-Verlages für Übersetzungen französischer Klassiker ins Deutsche verantwortlich war, außerdem für den Paul List Verlag mit einer Buchreihe »Epikon« Romane der modernen Weltliteratur mit bedeutenden Übersetzern und Nachwort-Autoren neu herausgab. Honoré de Balzacs »Glanz und Elend der Kurtisanen« erschien noch 2007 und 2009 beim Diogenes-Verlag Zürich in der Übersetzung von Rheinhardt. Zu Rheinhardts Übertragungen aus dem Französischen und Englischen berichtet Gerty Wolmut, dass sie selbst in der Münchner Universitätsbibliothek zu Balzacs »La peau de chagrin« und Kiplings »Geschichten aus Simla« Rohübersetzungen anfertigte, die Rheinhardt zu den unter seinem Namen veröffentlichten Übertragungen zurechtschliff. 1922 ging sie wegen fortgesetzter Untreue ihres Mannes nach Wien zurück und ließ sich schweren Herzens scheiden.

Rheinhardts bekannt gewordene Roman-Werke erschienen zwischen 1928 und 1935. Wie andere literarische Zeitgenossen wandte er sich in den 1920er Jahren als Herausgeber und dann als Autor dem historisch-biographischen Roman zu.[6] Der Auf-

---

4   DÖW 11.601; 15948/48; 21.094. Eine erste Auswertung dieser Quellen erfolgte durch Selma Steinmetz: Emil Alphons Rheinhardt (1889–1945). Aus dem Leben eines Exilschriftstellers. In: Zeitgeschichte, 4. Jahr. 4. Heft, Jänner 1977, S. 109–122.

5   Emmy Heim (1885–1954), Liedsängerin und Gesangspädagogin, ab 1930 Auftritte in England, 1938 Emigration dorthin, ab 1951 in Kanada; Gerty Felice Landesberger (1897–1989), Sängerin und Gesangslehrerin, 1938 Emigration in die USA mit ihrem zweiten Ehemann, dem Opernregisseur Hans Wohlmut (Wolmut).

6   Zur literarischen Konjunktur der historischen Romane in der Zwischenkriegszeit vgl. Geschichte für Leser. Populäre Geschichtsschreibung in Deutschland im 20. Jahrhundert. Hg. von Wolfgang Hardtwig und Erhard Schütz, Stuttgart: Steiner 2005, bes. Einleitung S. 11–32.

takt dazu waren Aufenthalte in Italien, dem Herkunftsland seiner Mutter, zunächst in Livorno, mit Recherchen für eine Lebensgeschichte der im April 1924 verstorbenen italienischen Schauspielerin Eleonora Duse. Das Buch schrieb Rheinhardt 1926/27 in Rom, in einer Wohnung in der Via Sistina. Bei der Fertigstellung unterstützte ihn Erica de Behr[7], der er im Nachwort dankt. Sie wurde seine treue Sekretärin und Gefährtin. Rheinhardts größter literarischer Erfolg erschien 1928, wurde mindestens 14 Mal wiederaufgelegt und in mehrere Sprachen übersetzt. Mit neuen Vorhaben siedelte der Autor 1928 an die südfranzösische Mittelmeerküste um. Nach Aufenthalt in der Villa »Les Palmiers« in Bormes-les-Mimosas mietete Rheinhardt in den frühen 1930er Jahren[8] im östlich benachbarten Fischerdörfchen Le Lavandou die Villa »Les Chênes«, wo er bis zu seiner Verhaftung 1943 wohnte. Seine eleganten Herrscherbiographien zur französischen Geschichte »Napoleon der Dritte und Eugenie. Tragikomödie eines Kaisertums« (1930), »Josephine. Eine Lebensgeschichte« (1932) und »Der große Herbst Heinrichs IV.« (1935) waren auf dem deutschsprachigen und internationalen Buchmarkt erfolgreich, ohne dem Autor zu literarischem Ruhm zu verhelfen. Im nationalsozialistischen Vorkriegsdeutschland erschienen Rheinhardts Bücher bei unterschiedlichen Verlagen, noch 1943 kam seine Duse-Biographie bei Suhrkamp neu heraus.

2. Wahlheimat Frankreich: Gast – Gastgeber – unerwünschter Ausländer – Deportation

Zur gleichen Zeit, als sich der Schriftsteller in Südfrankreich niederließ, kam in der deutschsprachigen Literaturszene der Trend auf, an die Riviera »zum Arbeiten« zu fahren.[9] Der einflussreiche Kunsthistoriker Julius Meier-Graefe lebte seit 1930 in Saint-Cyr-sur-Mer. Doch ab 1933 war für die vor den Nationalsozialisten geflohenen Schriftsteller neben Sanary-sur-Mer, der »heimlichen Hauptstadt der deutschsprachigen Literatur« (Ludwig Marcuse), auch Le Lavandou ein besonderer Anziehungspunkt. Dort lebte, wie Alfred Kantorowicz berichtet, »der österreichische Dichter

---

[7] Erica de Behr (1893–1957) stammte aus einer baltischen Adelsfamilie, die vor der russischen Revolution geflohen war. Wegen eines Lungenleidens in Italien, traf sie Rheinhardt dort und ging mit ihm nach Frankreich. Martin Krist: Erika von Behr und E.A. Rheinhardt: Eine Frau im »Schatten« eines heute Vergessenen, in: Frank Stern (Hg.): Feuchtwanger und Exil: Glaube und Kultur 1933 – 1945; »Der Tag wird kommen«. Oxford u.a.: Lang 2011, S. 163–174 (nach Redaktionsschluss erschienen).

[8] TB I, 5.1.1944 nennt Anfang April 1934 als Zeit der Übersiedlung in die Villa »Les Chênes«. Thomas Mann berichtet in seinem Exiltagebuch am 19.5. 1933 von der Villa »Les Palmiers« als Treffpunkt bei Rheinhardt. Das Jahr 1928 wird genannt in: Kristina Pfoser-Schewig: Frankreich als Transit- und Niederlassungsland, in: Vertriebene Vernunft II. Emigration und Exil österreichischer Wissenschaft. Hg. von Friedrich Stadler, Wien u.a.: Jugend und Volk 1988, S. 935–945, hier S. 941.

[9] Erika und Klaus Mann: Das Buch von der Riviera (Orig. 1931). Reinbek: Rowohlt TB 2004, 2. Auflage 2006, S. 14.

Emil Alphons Rheinhardt, der nicht von Hitler vertrieben worden war, sondern bereits seit den zwanziger Jahren Frankreich als zweite Heimat betrachtete und sein Haus in Le Lavandou zu einem gastlichen Treffpunkt von Schriftstellern gemacht hatte«.[10] Um Rheinhardt und das gemietete Haus hatte sich seit den frühen 1930er Jahren auch eine »kleine österreichische Kolonie gebildet«, und Literaturschaffende aus Österreich wie etwa Csokor kamen zu Besuch.[11]

Zu denjenigen, die 1932/33 und später aus dem nationalsozialistischen Deutschland, dem spanischen Bürgerkrieg, den von den Deutschen besetzten Ländern ČSSR und Österreich flohen und sich vorerst oder vorübergehend, in Erwartung der in Marseille zu besorgenden rettenden Visa für die Ausreise nach Übersee oder in die Schweiz, in Le Lavandou, im benachbarten Bormes-les-Mimosas oder in Sanary aufhielten und in Rheinhardts Haus verkehrten, gehörten die Schriftsteller, Journalisten und Verlagsleute Lion Feuchtwanger, Thomas Mann[12], Klaus Mann[13], Hans Arno Joachim, Walter Hasenclever, Max Schroeder, Egon Erwin Kisch, Bodo Uhse, Hans Weigel, Franz Werfel, Fritz Brügel, Alfred Kantorowicz, viele mit ihren Ehefrauen, Gefährtinnen, Kindern. Einige von ihnen kannte Rheinhardt aus Berlin und seiner Münchner Zeit. René Schickele schrieb an Annette Kolb im September 1936, Katia und Thomas Mann seien »jetzt in Aiguebelle bei Le Lavandou mit Heinrich [Mann] zusammen« und vor der Rückfahrt nach Zürich, »nämlich Mittwoch, treffen wir uns noch einmal bei der klassischen Bouillabaisse von Rheinhardt in Le Lavandou«.[14] Thomas Mann erwähnt in seiner Korrespondenz mit Schickele ein »Fischsuppenfest« und dass ein jüdischer Arzt aus Wien, Dr. Hammerschlag, der ihn und seine Frau behandelte, bei Rheinhardt wohnte.[15] Rheinhardts Name und der seines Hauses finden sich vielfach beiläufig erwähnt als Anlaufstelle und Ort des Zusammenkommens, vorübergehender Wohnort und Ort der Bewirtung bis ins Jahr 1941 hinein. Max Schroeder schrieb nach seiner Entlassung aus dem Internierungslager »im gastlichen Haus des Schriftstellers Emil Alphons Rheinhardt in Le Lavandou sur Mer« Exilerfahrungen auf,[16] und 1945 verfasste er aus der US-Emigration eine Hommage auf den »beispiellos gastlichen« Freund. Golo Mann war, so berichtet Kantorowicz, ab dem 5. August 1940 »Gast im Hause von Emil Alphons Rheinhardt«; »sonntags oder bei

10   Alfred Kantorowicz: Exil in Frankreich. Merkwürdigkeiten und Denkwürdigkeiten, Bremen: Schünemann Universitätsverlag 1971, S. 21.
11   Manfred Flügge: Wider Willen im Paradies. Deutsche Schriftsteller im Exil in Sanary-sur-Mer, Berlin: Aufbau TB 1996, S. 120. Vgl. auch Miguel Herz-Kestranek, Marie-Therese Arnbom … also hab ich nur mich selbst! Wien: Böhlau 1997, S. 84f.
12   Thomas Mann: Tagebücher 1933–34, hg. von Peter de Mendelssohn, Frankfurt/Main: S. Fischer 1977, Eintrag 10.5. 1933, auch S. 164, S. 247.
13   Klaus Mann: Tagebücher 1931–1933, hg. von Joachim Heimannsberg u.a., Edition Spangenberg 1993; Eintrag 9.5. 1933.
14   Annette Kolb/René Schickele: Briefe im Exil 1933–1940. Hg. von Hans Bender in Zs. mit Heidemarie Gruppe. Mainz: von Hase und Koehler Verlag 1987, S. 294.
15   Jahre des Unmuts. Thomas Manns Briefwechsel mit René Schickele 1930–1940. Hg. von Hans Wysling und Cornelia Bernini. Frankfurt/Main: Vittorio Klostermann 1992, S. 100f.
16   Max Schroeder: Eine Sommerfrische in der Provence, in: Lion Feuchtwanger zum 70. Geburtstag. Worte seiner Freunde. Berlin: Aufbau Verlag 1954, S. 83–111, hier S. 83f.

besonderer Gelegenheit« verbrachten Kantorowicz und seine Frau bisweilen »unten in Le Lavandou« bei Rheinhardt oder den Brügels.[17] Rheinhardt wird genannt unter denjenigen, die in der Anfangszeit bei der Sorge für die materiellen Bedürfnisse »ausgeholfen« hatten, und Erica de Behr gab Kantorowicz Quartier, das dieser zur Beschaffung von offiziellen Dokumenten benötigte[18].

Rheinhardts Gegnerschaft zum Nationalsozialismus entsprang der Verachtung für Gewalttätigkeit und Anmaßung, Kulturlosigkeit und Antisemitismus. Seine Gastfreundschaft galt allen literarisch-intellektuellen Emigranten, unabhängig von politischen Orientierungen. Gleichzeitig erneuerte er bei Reisen nach Wien Mitte der 1930er Jahre seine Kontakte zum österreichischen Literaturbetrieb, den er 1920 verlassen hatte, trat dem Österreichischen Schriftstellerverband bei und wollte sich um günstigere Vertragsbedingungen mit dem S. Fischer Verlag bemühen.[19] Nach dem sogenannten »Anschluss« im März 1938, den Rheinhardt als »Diebstahl Österreichs« empfand,[20] und dem Exodus der österreichischen Intelligenz nach Frankreich initiierte er, zusammen mit den Landsleuten Arpad Haasz, Elisabeth Freundlich und Kurt Lichtenstern, in den letzten Monaten des Jahres 1938 in Paris die Gründung der »Liga für das geistige Österreich«.[21] Er hielt die Gründungsrede, die nicht überliefert ist, und stellte zum ersten Jahrestag des »Anschlusses« einen kulturpolitischen Entwurf für ein neues Österreich vor. Rheinhardt publizierte in beiden österreichischen Pariser Exilzeitungen, der monarchistischen »Österreichische Post« und der zweisprachigen, kommunistisch geleiteten »Nouvelles d'Autriche« und sah in der von ihm geübten politischen Zurückhaltung die Voraussetzung für den angestrebten Brückenschlag. Die große Bedeutung seines Beitrages hat Elisabeth Lanzer (Freundlich) 1945 mit einem Nachruf in der Austro-American Tribune aus den USA gewürdigt.[22] Aber schon Anfang 1939 erwies sich das Vorhaben, in Frankreich dem Fortbestand eines humanistischen, der Aufklärung verpflichteten Österreich Gewicht zu verleihen, als wenig aussichtsreich. Trotz unermüdlicher Kontaktarbeit blieben ideologische Gegensätze zwischen Legitimisten und Kommunisten unüberbrückbar. Unter der Drohung des Faschismus blieb die erhoffte offizielle Anerkennung der Liga durch Regierung und Staatsführung Frankreichs aus. Letztmalig trat die Liga beim Begräbnis Joseph Roths am 30. Mai 1939 in Paris auf.

Durch die von Dominique Lassaigne in England aufgefundenen Briefe und Dokumente lässt sich Rheinhardts persönliche Situation in Le Lavandou ab 1938 genauer als bisher nachzeichnen. Schlagartig veränderten schon das Ende der Volks-

---

17 Kantorowicz, Exil, S. 24.
18 Alfred Kantorowicz: Nachtbücher. Exil 1935 bis 1938. Hg. von Ursula Büttner und Angelika Voß. Hamburg: Christians 1995, Zitate S. 148 und 147.
19 Nachlass DL, Briefe EAR an MTF 14.3.1936 und 15.1.1937.
20 DÖW 11.601b, Brief EAR an GW 22.3.1938.
21 Zum Folgenden s. Pfoser-Schewig, S. 939ff; Ernst Schwager, Die österreichische Emigration in Frankreich, 1938–1945. Wien u.a.: Böhlau Nachf. 1984, S. 59–63; Franz Goldner: Die österreichische Emigration 1938–1945. 2. erweiterte Auflage. Wien u.a.: Herold 1977, bes. S. 33–36.
22 DÖW 11.601/a.

frontregierung im April 1938 und die neue Fremdenpolitik der Regierung Daladier seine Situation. Die Behörden lehnten seinen nun gestellten Antrag auf französische Staatsbürgerschaft, mit dem er gegen die Besetzung Österreichs protestieren und sich schützen wollte, nach langer Verzögerung ab. Seine erklärte Bereitschaft zum Militärdienst im Krankenhaus blieb ohne Resonanz.[23] Rheinhardt musste sich wie die Emigranten von der französischen Polizei als »feindlicher Ausländer« inhaftieren lassen, kurz nach dem Kriegseintritt Frankreichs Anfang September 1939 und ein weiteres Mal nach der deutschen Besetzung Frankreichs und dem Waffenstillstand zwischen Hitler und Pétain ab Mai 1940. Diese zweite Internierung dauerte zwei Monate, in den Lagern Les Milles und Saint Nicolas, und schloß die »drôle de guerre« im Geisterzug von Bayonne ein.[24] Nach der Landung der Alliierten in Nordafrika besetzten die Deutschen am 11. November 1942 auch die südliche Zone Frankreichs. Dabei geriet Rheinhardts Wohnort unter italienische Kontrolle und damit direkt in den faschistischen Machtbereich.[25]

Dass der Schriftsteller die Ausreise nach Übersee zwar ab 1940 bedacht und niemals ganz verworfen, die ihm nahegelegte lebensrettende Flucht aber auch erst ab Sommer 1942 mit mehr Konsequenz verfolgt hat, ist ein ebenso irritierendes wie bezeichnendes Element seiner Biographie. Als Gastgeber für die Emigranten deutscher Zunge vertrat er seine Wahlheimat Frankreich als *terre d'accueil*, in der er sich heimisch fühlte. Als ein eher unpolitischer, kulturell liberalkonservativer, nicht-jüdischer Autor, dessen Romane im nationalsozialistischen Deutschland erscheinen konnten, sah sich Rheinhardt nicht im Fadenkreuz der Verfolgung. Die Gefahr der Deportation in der Radikalisierung des Krieges hat er wohl erst nach seiner Verhaftung 1943 realisiert. Es war aber vielleicht nicht unbedingt nur Trägheit, mangelnder Mut und fehlende Entschlossenheit, die ihn – wie Feuchtwanger meinte – von der Flucht abgehalten haben,[26] sondern auch »Leichtgläubigkeit dem

---

23 Nachlass DL, Brief EAR an MTF 28.8.1939.
24 Lassaigne, Brüche, S. 334 und FN 13. Zum System der französischen Internierungslager s. Denis Peschanski: La France de camps. L'internement 1938–1946. Paris: Gallimard 2002; Christian Eggers: Unerwünschte Ausländer. Juden aus Deutschland und Mitteleuropa in französischen Internierungslagern 1940–1942. Berlin: Metropol Verlag 2002, insbes. S. 48–79 und 216–234; Doris Obschernitzki: Letzte Hoffnung – Ausreise. Die Ziegelei von Les Milles 1939–1942. Vom Lager für unerwünschte Ausländer zum Deportationszentrum. Teetz: Hentrich & Hentrich, 1999, bes. S. 73–146; André Fontaine: Le camp d'étangers des Milles 1939–1943 (Aix-en-Provence). Aix-en-Provence 1989; Gilbert Badia et al.: Les barbelés de l'exil. Etudes sur l'émigration allemande et autrichienne (1938–1940). Grenoble: Presses universitaires 1979.
25 Artikel 19 des Waffenstillstandsabkommens vom Juni 1940 verpflichtete die französische Regierung, deutsche Staatsangehörige in Frankreich auszuliefern. Nach der Besetzung der südlichen Zone am 11.11.1942 waren auch die dort lebenden deutschen und österreichischen Emigranten davon bedroht, vgl. Michel Cullin: »An uns glaubt niemand mehr«. Zur Situation des deutschsprachigen Exils in Frankreich 1940. In: Gehetzt. Südfrankreich 1940 – Deutsche Literaten im Exil. Hg. von Ruth Werfel, Zürich: NZZ 2007, S. 9–30, hier S. 10.
26 Lion Feuchtwanger: Der Teufel in Frankreich, Tagebuch 1940. Briefe. Berlin: Aufbau TB Verlag 2000, S. 64.

Radio gegenüber«[27], sowie rationale Kalkulation auf unterstützende Netzwerke vor Ort und das sichere Gefühl, Ressourcen für den Ernstfall zu haben. Er war mit Honoratioren befreundet[28], fühlte sich durch seine literarischen Verdienste geschützt – die Auszeichnung der Palmes de l'officier de l'Académie Française hatte er im Zusammenhang mit seiner Biographie Heinrichs IV. erhalten – und war nach Kantorowicz' Bericht der Meinung, dass die Italiener den Verfasser der in Italien sehr bekannten Duse-Biographie nicht an die Deutschen ausliefern würden. Vielleicht war auch eine sonst gut verborgene gesundheitliche Beeinträchtigung im Spiel, die ihre Ursache hatte in einem allerdings schnell überstandenen Schlaganfall am 31. Oktober 1939, der den 50-Jährigen für einige Tage blind und unbeweglich gemacht hatte.[29]

Vor allem aber konnte Rheinhardt sich nicht für ein konkretes Ausreisedatum entscheiden. Er wollte seine aus dem Baltikum stammende langjährige Sekretärin Erica de Behr nicht zurücklassen, die als Inhaberin eines Nansenpasses für staatenlose Flüchtlinge und Emigranten eine Ausreise noch weit weniger erwarten konnte. Und er sorgte sich um die Fortsetzung seiner ohnehin stockenden literarischen Produktion und seines aktuellen autobiographischen Projektes, zweifelte an der Möglichkeit, Manuskripte mitnehmen zu können, fühlte sich neuen Anforderungen nicht gewachsen, zumal er in die neue Existenz »poorer than I ever have been before« eintreten würde.[30] Gerty Wolmut wollte Rheinhardt unbedingt zur rettenden Ausreise bewegen und beruhigte in ihren Briefen seine Vorbehalte und Ausflüchte mit konkreten Visionen der Zuversicht. Doch ein erstes von Thomas Mann ermöglichtes US-Einreisevisum verfiel, und das von ihr selbst erwirkte erforderte weitere Ausreise- und Transitvisen, zu deren Besorgung Rheinhardt Aufenthalt in der Schweiz benötigte, den er nicht erhielt.

Schon seit 1938 litt der Schriftsteller unter permanenten Geldsorgen und zunehmender Isolierung. Manche Flüchtlinge aus Deutschland und Österreich hatten mit Ausreisevisa Frankreich verlassen können, anderen brachte das Exil den frühen Tod. Rheinhardts Lebensgefährtin Theodora Meeres[31] ging vor Weihnachten 1939 und dann 1940 endgültig zurück nach England, so dass Rheinhardt mit Erica de Behr allein zurück blieb.[32] Die schon vor Kriegsbeginn einsetzende Rationierung von Lebensmitteln machte großzügige Gastlichkeit unmöglich und einfache Bedarfsdeckung schwierig. Die Verpflegung des Hauses hing von der Selbstversorgung durch den Garten sowie neu angeschafften Legehennen und Kaninchen ab.[33] Für die Visabeschaf-

---

27 TB I 31.1.1944.
28 Nachlass DL, Brief EAR an MTF 19.2.1940. Der darin genannte Dorie war später Bürgermeister von Le Lavandou. 1952 berief er sich in einem Zeitungsinterview auf die Freundschaft mit Rheinhardt.
29 Nachlass DL, Schreiben MTF an Emmy Heim, 12.12.1939.
30 DÖW, Brief EAR an GW 2.8.1942
31 Theodora Meeres (1900?–1954), englische Malerin, Lebensgefährtin Rheinhardts seit 1926. Sie ging 1940 nach England zurück und war nach Kriegsende zeitweise als britische Militärangehörige in Berlin tätig.
32 Nachlass DL, Briefe EAR an MTF 29.9.1939, 31.1.1940, 22.4.1940.
33 Nachlass DL, Brief EAR an MTF 28.1.1940.

fung über Hilfskomitees in Marseille[34] fehlten Rheinhardt trotz der Geldsendungen seiner Ex-Frau immer drängender die Reisemittel für die notwendigen mehrtägigen Aufenthalte.

Die finanzielle Not muss auch mit nicht mehr fließenden Tantiemenüberweisungen zu tun gehabt haben, und möglicherweise mit dem Verlust einer anderen stetigen Einkommensquelle. Im Gefängnistagebuch berichtet Rheinhardt, er habe seit 15 Jahren Latein und Geschichte in einem Gymnasium unterrichtet, also etwa ab 1928/29.[35] Diese »Nebentätigkeit« könnte im Zuge der französischen Fremdenpolitik ab 1938 oder später mit der italienischen und deutschen Besetzung des Departements Var 1942/43 nicht mehr möglich gewesen sein. Bemerkenswert ist, dass sie in der bekannten Korrespondenz von und über Rheinhardt nie erwähnt ist. War das Unterrichten selbstverständlich und keiner Erwähnung wert, oder sollte das Image des sich vom Schreiben ernährenden Schriftstellers bewahrt werden? Wie aus einem Brief hervorgeht, entdeckte Erica de Behr Ende 1940 zudem, dass das für Notzeiten aufgesparte Geld, die »Kriegskasse«, aus ihrem Zimmer entwendet worden war.[36] Auf die Hilfe des als Industriellenerbe begüterten, der KPÖ nahestehenden Österreichers Kurt Lichtenstern konnte zu diesem Zeitpunkt auch nicht mehr gezählt werden. Lichtenstern hatte zeitweise bei Rheinhardt gewohnt und diesen in mäzenatischer Freundschaft unterstützt, die Verbindung brach jedoch ab.[37] Marie Thérèse Fisher, eine Freundin aus England, half aus.[38] Die bis Oktober 1942 dokumentierte Korrespondenz mit ihr war seit 1939 und besonders seit 1941 durch Zensur, vielfältige Verspätung und unsichere Zustellung beeinträchtigt. Rheinhardts sonstige persönliche wie briefliche Beziehungen zum literarisch-künstlerischen Exil waren nach dem letzten Hausgast Max Schroeder 1941 abgebrochen.

Als die Ausreise nicht mehr möglich war, nahm Rheinhardt Kontakt zur lokalen Résistance auf.[39] Er wurde am 28. April 1943 von der italienischen Armee zuhause verhaftet. In der betreffenden Nachricht an den Polizeipräfekten erscheint der

---

[34] Beispielsweise konnte Kantorowicz durch ein von Thomas Mann vermitteltes halbjähriges Stipendium im Jahr 1939 einige Monate in Le Lavandou leben, vgl. Afred Kantorowicz: Fritz Bruegel. In: Kantorowicz: Deutsche Schicksale, S119–130, hier S. 123. Der amerikanische Fluchthelfer Varian Fry war schon im August 1941 verhaftet und in die USA zurückgeschickt worden.

[35] TB I, erster Eintrag ca. Ende November 1943.

[36] Nachlass DL, Brief EAR an MTF 15.7.1941.

[37] TB I, 18.1.1944; DÖW 11.601/a Brief EAR 7.1.1941. Zu Lichtenstern s. Pfoser-Schewig S. 942. Jahrbuch der Österreichischen Goethe-Gesellschaft Band 106/107 (2002/2003), S. 234.

[38] Marie Thérèse Fisher (1903–1982), englische Kalligraphin.

[39] DÖW 11.601a. Nach dem Bericht von Conrad Lester (= Kurt Lichtenstern) versuchte Rheinhardt, italienische Soldaten zur Desertion zu veranlassen, weshalb er mehrfach vom Bürgermeister verwarnt worden sei. Erica de Behr erwähnt in ihrem Brief vom 16.7.1945 an Gerty Wolmut, Rheinhardt habe Informationen über Militäranlagen der Deutschen beschafft, um sie den Alliierten zu übermitteln. Vgl. auch Claude Gritti: Le Temps de l'Occupation au coeurs des Maures. 2ème recueil. Le Lavandou: Le Mediterranée 2008, S. 194f., 331f.

Schriftsteller als eine von fünf Personen, deren Verhaftung wegen »kommunistischer Propaganda« angezeigt wird, eine damals übliche und berüchtigte Begründung.[40] Bei einem Verhör im Hôtel Lynnwood in Nizza im Mai 1943 wurde Rheinhardt gefoltert.[41] Ohne Prozess war er nacheinander in den Gefängnissen Hyères, Menton, Nizza und Marseille (Les Baumettes) inhaftiert. Die aus dieser Zeit erhaltenen Gefängnisaufzeichnungen entstanden im Zeitraum von ungefähr Ende November 1943 bis 13. April 1944, unterbrochen von einer siebenwöchigen Schreibpause in den Monaten Februar und März 1944. Zwischen der Verhaftung und dem Beginn des überlieferten Tagebuchs war durch den Waffenstillstand Italiens mit den Alliierten im September 1943 die Polizeigewalt im Departement Var an die Deutschen übergegangen. Die Gefängnisse unterstanden nunmehr der Gestapo, auch wenn oftmals weiterhin Italiener zum Wachpersonal gehörten.

Rheinhardts Deportation erfolgte von Les Baumettes aus, das 1942 zum Durchgangslager erklärt worden war, zunächst ins Durchgangslager Compiègne nördlich von Paris. Dort mit der Nr. 41 572 registriert, wurde Rheinhardt am 2. Juli 1944 mit dem Eisenbahnkonvoi Nr. 7 909 ins Konzentrationslager Dachau deportiert. In dem am 5. Juli 1944 dort ankommenden Zug waren von den 2 152 Gefangenen, gepfercht in 22 Güterwagen, mehr als fünfhundert Männer durch die Transportbedingungen mit sengender Hitze, Wassermangel, Erschöpfung und Panikattacken gestorben. Darüber, wie der 55-jährige unterernährte Schriftsteller den Transport inmitten der meist französischen Mithäftlinge überlebt hat, erfahren wir aus seinen Aufzeichnungen nichts. Nach einem Zeugnis habe er sich auf dem Transport von einem Haftgefährten, einem französischen Bischof, wieder in die katholische Kirche aufnehmen lassen.[42] Auf diesen als *Train de la Mort* bekannt gewordenen größten Deportationstransport aus Compiègne referiert Rheinhardt im Tagebuch als Inbegriff allen Schreckens; er schließt in seine letzte Eintragung »nicht vergessen« den *convoi en juillet* ein.

Am 31. Oktober 1944 fängt Rheinhardt im Konzentrationslager Dachau, registriert als staatenloser »Schutzhäftling« Nr. 77 343, zu schreiben an, in ein gebundenes Schreibheft, das ihm ein Haftgefährte angefertigt hat. Zu dieser Zeit war er seit fast vier Monaten im Lager. Durch seinen Posten als Schreiber der Krankenstation des Lagers standen ihm Papier und Schreibgerät, Tisch und Stuhl zur Verfügung. Dies erklärt die Regelmäßigkeit der Schriftzüge im Vergleich zu den Gefängnisaufzeichnungen aus Frankreich. Wenige Wochen nach der Ankunft hatte er mit Unterbrechungen kurzzeitig die Funktion eines Häftlingsarztes in Block 7 bekleidet, offenbar auch mit psychiatrischer Tätigkeit.[43] Seinen Wechsel als Arzt in den typhusverseuchten Block

40 Vgl. Lassaigne, Brüche, Anm. 5 und Lassaigne, Vom Tod, Anm. 11.
41 Vgl. DÖW 11.601a, Brief EdB an GW 16.7.1945; Rheinhardt/Krist, Tagebücher 1943/44, S. 17, 26, 40.
42 Eckel, S. 84. Rheinhardt war bei seiner zweiten Heirat 1919 aus pragmatischen Gründen Protestant geworden.
43 TB II, 12.11.1944. Nico Rost: Goethe in Dachau. Aus dem Niederländischen von Edith Rost-Blumberg. Hg. mit Materialien und einem Nachwort versehen von Wilfried F. Schoeller Berlin: Volk & Welt 1999 (1946), S. 41; außerdem S. 41–43, 48–52, 57f, 86, 195f, 209, 212f, 215, 240–243.

17 notierte Rheinhardt mit Datum 23. Januar 1945. Der niederländische Publizist und Übersetzer Nico Rost, dessen 1946 veröffentlichtes Dachau-Tagebuch bisher das einzige bekannte Zeugnis über Rheinhardts Haft im Lager war, erkannte das tödliche Risiko und versuchte vergeblich, die Versetzung zu verhindern.[44] Rheinhardts letzte erhaltene Eintragung stammt vom 14. Februar 1945. Über den Tod des Haftgefährten am 25. Februar 1944 notiert Rost: »Rheinhardt ist heute gestorben. […] Wenn ich jedoch jemals lebend herauskommen sollte, werde ich versuchen, über Rheinhardts Gesamtwerk ausführlich zu schreiben, so ausführlich und eingehend, wie es diese Arbeiten und du selbst, mein Freund, verdienen – und dann auch über dein Leben – dein tapferes Leben«.[45]

Das Konzentrationslager wurde am 29. April 1945 von amerikanischen Truppen befreit. Am 4. Februar 1948 verlieh das französische Gesundheitsministerium an »Monsieur le Docteur Rheinhardt Emile Alphonse (à titre posthume) en temoignage du dévoument exceptionel dont il a fait preuve« die Medaille d'Honneur des Épidémies in Silber-Gold.[46]

3. Schreiben in der Haft

3.1. Im Gestapo-Kerker Südfrankreichs

> Seit ein paar Tagen habe ich Schreibzeug und benutze es mit dem Eifer, mit dem ich einstens als Kind eilig die Weihnachtsgeschenke in Gebrauch genommen habe. […] Das Nächstliegende, nachhause und an die Freunde lange Briefe zu schreiben wie früher, lassen ja die Umstände nicht zu: wir dürfen hier ja weder nachhause schreiben noch Post empfangen. […] Da hat mir wie gesagt meine alte Füllfeder eingegeben, die Geschichte von Bélin und seiner Füllfeder aufzuzeichnen. Daran werde ich lang genug zu schreiben haben.[47]

In den endlosen Tagen des Wartens richtet sich Rheinhardt im November 1943 in einer Struktur der Dauer und prekären Normalität ein. Er beginnt im Gefängnis zu schreiben, die gewohnte Tätigkeit auszuüben, und will die Begegnung mit dem Mithäftling Bélin literarisch gestalten. Sein persönliches Schreibwerkzeug, die gerade von Erica de Behr überbrachte Füllfeder, setzt diesen Impuls. Die Arbeit am Text soll die Zeit füllen und ihr Sinn geben, das Schreiben ins Quartheft aus der Vorkriegszeit soll Vergnügen bereiten, im gestalteten Werk soll die menschliche Begegnung als Erinnerung und Hoffnung beschlossen sein. Doch unter den täglich sich verschlechternden Haftbedingungen kommt es zur Entwicklung der Bélin-Erzählung nicht mehr. Für Rheinhardt, der erst jetzt das Tagebuchschreiben kennenlernt, wird es zur Selbst-Therapie, mit der er aufkommende Depressionen bekämpft und sich seiner Identität als Schriftsteller versichert. Die Aufzeichnungen werden zu einer Chronik der Hafttage, -wochen, -monate, jedoch durchsetzt von immer neuen literarischen Ansätzen

---

[44] Rost S. 212f, Eintrag 16.1.1945.
[45] Rost S. 241f, Eintrag 25.2.1945.
[46] Nachlass DL, Original der Urkunde.
[47] TB I, erster Eintrag (Anfang November 1943).

vor allem in Form von Gedichten. Rheinhardt strebt neben den Alltagsnotizen immer den gestalteten Text an, der leben und zeugen wird. Bei aller Unterschiedlichkeit der beiden Tagebuchteile, der erste geschrieben in Gestapokerkern in Südfrankreich, der zweite im Konzentrationslager Dachau, und den unterschiedlichen Bedrohungen, in denen sich Rheinhardt behaupten muss, ist die Suche nach gültigem Ausdruck des Erlebten ein durchgehender Zug.

In seiner existentiellen Selbstansprache registriert der Schriftsteller die Ressourcen zum Überstehen der Haft: seine Netzwerke der Solidarität, mit denen er Essen, Tabak und warme Kleidung sowie alltägliche Dinge wie Kerzenstummel, Rasierzeug, Feuerzeug, Papier und Schreibstift erlangt; den Versuch, sich durch ein Höchstmaß an Hygiene die körperliche Integrität zu bewahren. Im Gefängnis von Marseille bringt ihn die verschärfte Repression mit dem Verbot, die Fenster zu öffnen, an den Rand der Verzweiflung. Immer nagender wird der Hunger, den das karge, stetig abnehmende Gefängnisessen nicht stillt und der nur durch Paketsendungen von Angehörigen nicht lebensbedrohlich wird. Tagträume des Hungernden von reich gedeckten Tafeln suchen Rheinhardt heim, und wenn die Hoffnung auf Nahrung durch Erica de Behrs Pakete sich erfüllt, wird eine Brotscheibe mit Leberwurst zu einem Festschmaus.

Das Tagebuch ist ein Ort des Rückzugs aus der öden Rohheit und räumlichen Bedrängnis des Gefängnisses. Rheinhardts »Heimweh nach der Welt«[48] geht zurück zum geliebten Südfrankreich, wo er sich zuhause und idyllisch geborgen fühlte, weiter zurück nach Italien, nach München, Berlin und Wien und den schriftstellerischen Erfolgen, den erotischen Eroberungen und Genüssen des Leibes, der Seele und des Geistes. Hellsichtig registriert der Schriftsteller, dass die literarische Welt, aus der er kommt, im Terror der Brutalität zerrieben wurde, dass durch Vertreibung und Exil seinem geistigen Bezugsnetz der Künstler und Literaten, der Freunde und großen Vorbilder aus den Metropolen keine Realität mehr entspricht. Das Selbstprotokoll im Kerker zeugt zudem vom neu aktualisierten Zwiespalt zwischen »epikuräischem Individualismus und militantem Humanismus«[49]. Denn mit den Zellengenossen erfährt Rheinhardt zwar die Solidarität im Teilen der Pakete. Aber den Intellektuellen befällt, inmitten von literarisch ungebildeten, in ihrer französischen Provinzheimat verwurzelten Haftgefährten, die »Sehnsucht nach dem schön-Menschlichen, nach hellem Verstande, nach zarter Sensibilität, nach dem, was von Traum und Sehnsucht in edlen Menschen zu ahnen ist. Nach schönem Gemeinsamen mit dem Anderen.«[50] Auf Rheinhardts ernsthaften Vorsatz, nicht in die »Hochmutwürde des bloody intellectual« zu verfallen, prallt die schiere Körperlichkeit derjenigen, die sich *chez nous* fühlen und dem gebildeten, germanophonen Mithäftling auch Misstrauen entgegenbringen. Gegenüber der Geborgenheit in nationalen und regionalen Traditionen und Bräuchen empfindet Rheinhardt eine Unbehaustheit des unsteten Bildungsmenschen. Sie war ihm schon früher geläufig als ein Lebensgefühl des Scheiterns, wie ein Gedicht aus den 1930er Jahren belegt:

---

48 TB I, 17.12.1943.
49 Lassaigne, Chroniques, Anm. 4.
50 TB I, 24.12.1943.

Wer zuviel will und zuviel hat,/Wer friedlos tauschet Frau und Stadt/Dem bleibt am Tage des Gerichts/von all der Habe-Bürde nichts/Denn Liebe liebt immer neu/Und Stadt ist keinem Herzen treu – /Wem dann kein Bleiben Zeugnis gibt,/Der steht, als hätt' ihn nichts geliebt.[51]

Das Tagebuch-Schreiben in den Gefängnissen an der Riviera wird für Rheinhardt zu einem Akt der Konzentration und des Rückzug aus einer Zwangsgemeinschaft mit Fremden, die keine Antennen für seine Welt haben. Er teilt auf engstem Raum mit anderen Männern einen Alltag, doch was ihm fehlt, ist der »Ich-Austausch in Worten, in der Köstlichkeit einer entstehenden gemeinsamen Atmosphäre. Das ist eines der subtilsten Glücksgefühle, das ich schon so lange nicht empfunden habe.«[52] Wie sehr er darunter leidet, lässt sich an der Beständigkeit solcher Eintragung abzulesen. Hinzu kommen Angst und Sorge um das eigene Haftschicksal, das ihm wie ein unverständliches Ergebnis der bürokratischen Verwirrungen im Krieg vorkommt; je länger es dauert, desto eher hält er alles für möglich: sofortige Freilassung oder Deportation nach Deutschland, die – darüber macht sich Rheinhardt kaum Illusionen – den Tod bedeuten kann. Nur bei den überwachten Spaziergängen und in Gesprächsmomenten mit den »copains«, französischen Widerstands- und Gesinnungsgenossen, entsteht ein »Wir« der Hoffnung und Rationalität.

Die in den Gestapo-Gefängnissen des Midi nach und nach gezogene persönliche Lebensbilanz Rheinhardts geht zurück in die junge Erwachsenenzeit. Sie registriert prägende Erfahrungen und trägt generationentypische »Stigmata der ›fröhlichen Apokalypse‹«. Seinen eigenen literarischen Rang nicht in der ersten Reihe verortend, bekennt sich Rheinhardt dennoch zur Achtung der eigenen Begabung und zum genießenden Leben. Mit der Erinnerung an die praktisch tätige Jugendfreundin Ilse Zimmermann taucht jedoch auch das schlechte Gewissen unverdienten Nutznießertums auf. Möglicherweise hat dieses nagende Selbstgefühl Rheinhardt gedrängt, sich nützlich zu machen, in der Aufnahme der Emigranten, als Häftlingsarzt im Typhusblock.

Die Unbehaustheit auch in seinen Beziehungen zu Frauen hat Rheinhardt in einem Gedicht angedeutet.[53] Im Gestapokerker legt er sich Rechenschaft ab über seine erotische Biographie und ihre Beziehung zu seinem Schreiben. Der Erinnerung an die genossene Zuneigung stehen die Schuldgefühle gegenüber, das strenge Selbsturteil und die Sorge, was aus den Beziehungen bleibe. In einem Albtraum taucht Désirée auf, eine Cousine Erica de Behrs, mit der Rheinhardt 1922 bis 1925 in München und anfangs in Italien zusammen war. Mit Theodora, der englischen Lebensgefährtin seit 1926, verbinden ihn tiefe Reue über nicht gewährte Liebe und Erdverbundenheit, Phantasien des Wiedergutmachens und zweifelnde Hoffnung, dass sie ihn nicht vergesse. Erica de Behr, die ihn unter Entbehrungen mit Lebensmitteln versorgt, ist für ihn »die Liebe, Gute«, doch das bewegende Gedicht, das er Ende November 1944 in Dachau an ihrem Geburtstag schreibt, lässt Seelenverwandtschaft und tiefe Ver-

---

51 Das Gedicht beschließt in der gebundenen Manuskriptkopie den ersten Tagebuchteil. In Österreich war es nach 1945 auch durch Conrad Lester bekannt.
52 TB I, 5.1.1944.
53 Nachlass DL, Gedicht »An eine junge Mutter«.

bundenheit erahnen. In Dachau akzeptiert der Schriftsteller seine Unfähigkeit, sich zwischen den Frauen, die in seinem Haus wohnten, zu entscheiden, als schicksalhaft. An Marie Thérèse Fisher, die er Gwendolyn nannte, denkt Rheinhardt in den Kerkern des Midi »sehr oft auch«: »Habe plötzlich viel über Gwendolyn und ihr Leben nachgedacht. […] Sie hats schlimm getroffen mit mir.«[54]Auch im Lager Dachau erinnert er sich an sie und an ein ihr 1938 gewidmetes Frühlingsgedicht.[55]

3.2. Im Konzentrationslager Dachau

Die Zeit von Ende Oktober 1944 bis Mitte Februar 1945 im Konzentrationslager Dachau, über die Rheinhardts Tagebuch berichtet, zählt zu den schrecklichsten in der Geschichte des Lagers.[56] Die SS führte bei der Auflösung der weiter östlich gelegenen Konzentrationslager dem Lager Dachau so viele Häftlinge zu, dass die Stuben anstatt 50 bis zu 300 oder gar 500 Menschen aufnehmen mussten. Ohnehin schon katastrophale hygienische Verhältnisse und die völlig mangelhafte Verpflegung verschlechterten sich ab dem Spätherbst 1944 ins Unermessliche. Der von Läusen übertragene Fleckfiebertyphus kam mit Todestransporten ins Lager. Viele der völlig entkräfteten jüdischen Häftlinge aus Ungarn starben kurz nach der Ankunft im Revier und in den Invalidenblöcken.[57] Da die Lagerinstanzen Quarantänemaßnahmen erst ab Mitte Dezember 1944 einleiteten, als auch SS-Leute und Zivilisten erkrankt waren, verbreitete sich die Infektion rasch. Rheinhardt wurde, nachdem er schon einige Wochen lang Erkrankte betreut hatte, seiner Eintragung nach am 23.1.1945 zum Häftlingsarzt im Block 17 bestimmt. Er starb am 25.2.1945. Die meisten der 14 511 registriert an der Infektion gestorbenen Häftlinge des Lagers starben im Februar 1945.

Rheinhardt beginnt sein Tagebuch Ende Oktober 1944 in einer Atmosphäre der Zuversicht als Schreiber einer Krankenstation, auf einem Posten, den er rasch wieder verliert. Sein Schreiben steht nun in einem anderen Kontext. Er kann sich räumlich bewegen, doch Hunger und Brutalität, Grauen und Tod sind allgegenwärtig, wie auch Bezeugungen der Solidarität, und kein Tag vergeht, ohne dass Zuversicht aufkeimt: »gute, des Bewahrens werte Gedanken« wünscht Rheinhardt sich aufzuschreiben, die er »bald in ein freundliches Zuhause tragen« will, doch sie »wollen sich nicht melden« im »Wartesaal«: »Alles Denken vollzieht sich hier als Improvisation in Gesprächen«.[58] Ohne besonders über eigenes Leid zu klagen, beschreibt Rheinhardt die wegen Ungeziefer, Angst und Überfüllung der Blöcke schlaflosen Nächte, bleierne Müdigkeit am Tage, Schmerzen und Krankheiten, Quälereien der Pfleger und Kapos

---

54 TB I, 7.1.1944 und 17.12.1943, auch 31.3.1944.
55 TB II, 12.01.1945. Der Nachlass DL enthält mehrere Gedichte Rheinhardts an Gwendolyn. EARs Brief an MTF vom 15. Oktober 1930 liegt ein Liebesgedicht bei.
56 Barbara Distel: Der 29. April 1945, die Befreiung des Konzentrationslagers Dachau, in: Dachauer Hefte 1 (1985), S. 3–11.
57 Stanislav Zámečník: Das war Dachau. Deutsche Ausgabe nach der 2. überarbeiteten Auflage: Frankfurt/Main: Fischer TB 2007, S. 365–367.
58 TB II, 31.10. und 13.11.1944.

auch gegen die Schwächsten, das stille Sterben der »Muselmänner«. Rheinhardts Dachau-Tagebuch entsteht als existentieller Gegenentwurf: Einkehr und Konzentration im Chaos der Lagerordnung, Sprache und Schönheit gegen die Drohung des Todes.

Im Konzentrationslager Dachau ist Rheinhardt in ein Netz des Austausches und der Achtsamkeit mit geistig Nahestehenden eingebunden. Das Überleben und die unsichere Zukunft, Ansichten, Lektüren, Erfahrungen sind die Inhalte des Gesprächs und der menschlichen Begegnung. In Dachau, einem Lager mit Bibliothek und einer Vielzahl literarisch und künstlerisch gebildeter Häftlinge, trifft Rheinhardt, der nicht zu den Prominenten gehört, auf Gleichgesinnte. Die Gespräche kreisen um persönliche Zukunftsvisionen und gesellschaftliche Aufgaben für eine geistige Elite. Eine weltanschauliche Ausrichtung ist für diese Kontakte nicht erkennbar. Insbesondere den französischen Ärzten unter den Häftlingen fühlt Rheinhardt sich nahe und beschreibt das Lager auch mit einem medizinisch geschulten Blick.

In den Gesprächen mit Nico Rost findet Rheinhardt Bezugspunkte zur verloren geglaubten Welt des Geistes und der Ästhetik; er empfindet diese Gespräche aber auch als »Literaturschule«[59] von Musterschülern. Seine ehrliche Bewunderung gilt dem holländischen Mithäftling Mulock Houwer und dessen Vision einer wissenschaftlich angeleiteten Sozialarbeit. Rheinhardt sucht den sinnvollen Dienst an der Gesellschaft, beneidet einen Haftgefährten um seine Familie und sucht gleichzeitig nach dem »menschheitlichen Wert des Dichters«[60]. Höflichkeit und kultivierte Umgangsformen sind, wie Rost in seinem Tagebuch festhält, im Lager schädlich. Dort kann gegenseitige Rücksichtnahme nicht erwartet werden und nur festes Auftreten sichert das Überleben. Rheinhardts Zivilisiertheit wird ihm zum persönlichen Risiko.[61] In der extremen Kränkung des Lagers greift die Sehnsucht nach sozialer Distinktion um sich. Auch Rheinhardt empfindet die Ernennung zum Häftlingsarzt mit Sonderration als Kraftgewinn und fürchtet das hohe Infektionsrisiko nicht, wie in einem Gefühl der Unverwundbarkeit.

Die irgendwann sicher bevorstehende Befreiung wird im Tagebuch ambivalent vorausempfunden. Hellsichtig erahnt Rheinhardt, dass die Erfahrung aus dem Kosmos des Lagers nicht nach draußen vermittelt werden kann. Abgeschnitten von allen früheren Beziehungen, hält er gegenüber den Mithäftlingen das Bild eines sich nach der Befreiung fortsetzenden normalen Lebens aufrecht. Mit dem Schreiben legt er Zeugnis ab über den Ort des Schreckens und trotzt ihm Zeilen von beklemmender Intensität und sprachlicher Schönheit ab. Lektüren und literarische Reflexionen beleben seine geistige Welt, und trotz der drangvollen Enge der Blocks und dauernder Bedrohung durch Krankheit entwirft Rheinhardt in konzentrierten Momenten literarische Vorhaben, wie die Novelle vom Bildschnitzer, in der er das Schicksal eines italienischen Nationalhelden mit Momenten der persönlichen Biographie verbindet.[62] Die Form des Gedichtes wird zum sprachlichen Code des Menschseins, sie stellt

[59] TB II, 6.02.1945.
[60] TB II, 11.12.1944.
[61] Rost S. 195.
[62] TB II, 5.12.1944.

sich dem Un-Sinn entgegen und gibt Gefühlen der Dankbarkeit für Erica de Behr Ausdruck. Der Schriftsteller gewinnt das Französische für sich zurück, wohl auch als Schutz gegen Entdeckung und durch den Kontakt mit den Haftgefährten aus Frankreich, die mit ihm im Sommer 1944 in Dachau eingetroffen sind. Der *convoi meutrier en juillet* aber bleibt die Chiffre des Unsagbaren.

Rheinhardts in Gestapo- und Lagerhaft heimlich geschriebenes Tagebuch war ständig der Gefahr, entdeckt zu werden, ausgesetzt und daher der Selbstzensur unterworfen. Dominique Lassaigne hatte begonnen, den besonderen epistemologischen Status der Rheinhardt'schen Tagebücher, die ohne nachträgliche Überarbeitung und Korrektur geblieben sind, zu erörtern: »Zu welcher Textart gehören eigentlich die wieder aufgefundenen Schriftstücke, die ja nur auf sich selbst verweisen, insofern als sie geschrieben worden sind, ohne jede andere Intention als die des Schreibens?«[63] Rheinhardts Haftaufzeichnungen sind weder Teil der ersten Generation der KZ-Literatur, die kurz nach der Befreiung die Realität der Lager möglichst objektiv darstellen wollte, noch sind es »Überlebensmemoiren«[64]. Denn sie enthalten keine nachträgliche, literarische Erinnerung, mit der das Erlebte dem kulturellen Gedächtnis anvertraut wird. Vielmehr halten Rheinhardts Aufzeichnungen in der Unmittelbarkeit des Tages sein persönliches Denken, Handeln und Erleben im Kosmos der Verfolgung und die Solidarität der Häftlinge fest. Die Deutungsautorität, die wir einem Bericht wie dem seinen zusprechen, ist nicht zuletzt in dieser Unmittelbarkeit begründet. »Nicht wir, die Überlebenden, sind die wirklichen Zeugen« konstatierte Primo Levi.[65]

Die Publikation dieser Aufzeichnungen heute bedeutet eine große Verantwortung, der sich Dominique Lassaigne immer bewusst war. Für Rheinhardts Wunsch, seine Schriften bewahrt und verbreitet zu sehen, ist Nico Rost ein Zeuge. Er berichtet, wie Rheinhardt schon im Fieber sich sorgte, ob Erica de Behr seine Manuskripte bei der Haussuchung habe retten können.[66] Im Kerker schrieb Rheinhardt zur Selbstvergewisserung, als Strategie des Überlebens und Bestandsaufnahme für ein Danach. Sein »Nicht vergessen!« resultierte aus nie aufgegebener Zuversicht und dem Wunsch, für die Nachwelt Zeugnis abzulegen.

4. Auf der Suche nach den Tagebüchern

Der gute Historiker, so bemerkt Marc Bloch in seiner 1942 geschriebenen »Apologie der Geschichtswissenschaft«, gleiche »dem Menschenfresser im Märchen. Seine Beu-

---

[63] Lassaigne, Brüche, S. 338.
[64] Jan Philipp Reemtsma: Die Memoiren Überlebender. In: ders.: Mord am Strand. Allianzen von Zivilisation und Barbarei. Aufsätze und Reden, Hamburg: Hamburger Edition 1998, S. 227–253, hier 229.
[65] Primo Levi: Die Scham. In: Levi: Die Untergegangenen und die Geretteten. München u.a.: Carl Hanser 1990, 70–89, hier S. 85.
[66] Rost, S. 242.

te weiß er dort, wo er Menschenfleisch wittert«.[67] Dominique Lassaigne fühlte sich dieser Einstellung nahe und war sich der damit verbundenen Verantwortung immer bewusst. Persönlich für grenzüberschreitende Biographien und deutsch-französische Austausch- und Transferbeziehungen sensibilisiert, sah sie ihre Aufgabe darin, den Spuren derjenigen nachzugehen, deren Schriften und Handlungen »vergessen«, unterdrückt, nicht öffentlich wurden, da sie in hegemoniale Konjunkturen der Geschichtsschreibung nicht hineinpassten. Die Historikerin erkannte in Rheinhardt eine mehrfach marginalisierte Persönlichkeit: Er, der weder Emigrant noch Jude noch politisch links gewesen war, in den 1930er Jahren nicht auf den Fahndungslisten der Gestapo in Deutschland gestanden hatte und dennoch als staatenlos Eingestufter der Deportation aus Frankreich zum Opfer gefallen war, kam in der französischen Geschichtsschreibung zur Okkupation nicht vor.[68] Als das Ziel ihrer Nachforschungen beschrieb die Historikerin »simply to return this [E.A. Rheinhardts] work to collective memory and to make a contribution towards restoring France's recent painful and contradictory past.«[69] Dafür fand sie an ihrem Institut CRIA an der EHESS Paris ein Forum, und besonders auch im Seminar der dort lehrenden Geschichtsprofessorin Henriette Asséo, einer Spezialistin für die Geschichte des Zweiten Weltkriegs.

Als Philologin ging Dominique Lassaigne von Büchern aus.[70] Sie hat sich früh für die Geschichte der französischen Internierungslager im Zweiten Weltkrieg interessiert, die das Image des »unschuldigen Frankreichs« erschütterte und die repressiven Anteile der französischen Flüchtlingspolitik offenbarte. Die Erforschung von Rheinhardts Schicksal gab diesem Interesse eine persönliche Richtung. Die Historikerin verortete Rheinhardts Haft im Kontext der lange ignorierten Fremdenpolitik der französischen Behörden und des Frankreich überziehenden Netzes der Internierungs- und Sammellager für Ausländer, die sich im Kriegsverlauf unter ziviler Verwaltung von Repressionsinstrumenten zu Deportationsstationen wandelten.[71] Sie zeichnete nach, wie Rheinhardt vom Gefängnis Les Baumettes in Marseille im Juni 1944 gen Norden

[67]   Marc Bloch: Apologie der Geschichtswissenschaft oder Der Beruf des Historikers. Stuttgart: J.G. Cotta'sche Buchhandlung Nachf. 2002, S. 30.
[68]   Carl Wilhelm Macke: Zwischen den Zeilen. Zum Tod der französischen Historikerin Dominique Lassaigne (1949–2005), in: Zwischenwelt 22. Jg., Nr. 4/23. Jg. Nr. 1 August 2006, S. 7f. Der Nachruf zitiert einen Brief der Historikerin, in dem sie ihr Editionsvorhaben schildert.
[69]   Nachlass DL, Summary of Research into the Life and Works of Emil Alphons Rheinhardt, August 2002.
[70]   Insbesondere die Forschungen von Anne Grynberg und Denis Peschanski. Nach Lassaigne, Chroniques, Anm. 4 brachten die ersten in Frankreich publizierten Forschungen zu den südfranzösischen Internierungslagern sie auf Rheinhardts Spur: Zones d'ombres. Exil et internement d'Allemands et d'Autrichiens dans le sud-est de la France 1933–1944. Hg. von Jacques Grandjonc und Theresia Grundtner. Aix-en-Provence 1990.
[71]   Zu diesem Abschnitt vgl.: Dominique Lassaigne: »Das Mädchen mit dem Fahrrad«. Augenzeugenberichte und französische Geschichtsschreibung zur Internierung der »ex-österreichischen Deutschen« im Frankreich des Zweiten Weltkrieges, in: Michel Cullin, Primavera Driessen Gruber (Hg.): Douce France? Musik-Exil in Frankreich/Musiciens en Exil en France 1933–1945. Wien: Böhlau 2008, S. 47–69, Zitate S. 66 und 67.

nach Compiègne und weiter nach Dachau deportiert worden ist. Ihre Frage, »wie die Internierungspolitik Frankreichs im Krieg anfangs der Logik des Ausnahmezustandes folgte, dann jedoch zum Instrument einer offen zerstörerischen Politik werden konnte«, fand im Weg Rheinhardts durch die Gefängnisse und Lager Frankreichs einen Spiegel. Der Schriftsteller war in Dominique Lassaignes Augen einer »der bisher und für lange Zeit Namenlosen und Unbekannten, die ganz überwiegend die Lager in Frankreich füllten«, und sie sah Parallelen zum Schicksal des literarischen Exils insgesamt.[72] Je näher sie sich mit Werk und Leben des Schriftstellers beschäftigte, desto stärker stellte sich eine Art Seelenverwandtschaft ein. Sie fühlte sich in ein reizvolles Mysterium gezogen: Die Persönlichkeit und das Schicksal dieses Schriftstellers Rheinhardt provozierten jene Fragen, die Dominique Lassaigne als Historikerin stellen und beantworten wollte.

Bei der Spurensuche quer durch Europa war ihre Neigung zum Austausch, zur »Geselligkeit« im Mitteilen der Gedanken ein entscheidender Faktor.[73] Aus einer Begegnung wurde eine Kette immer neuer Begegnungen, die auf mitunter verschlungene Weise zu neuen Spuren und Erkenntnissen führte. Erneut wurde Dominique Lassaigne auf Emil Alphons Rheinhardt aufmerksam im Jahr 1997, als ihr in München der befreundete Journalist Carl Wilhelm Macke von dem Schriftsteller berichtete, der in Le Lavandou gelebt hatte und in Dachau gestorben war.[74] Macke war auf Rheinhardt gestoßen bei Recherchen in Italien, und er kannte das Gedicht »Between the lines« des Lyrikers Michael Hamburger.[75] Diesem Gedicht ist ein Auszug aus Rheinhardts Tagebuch im Gefängnis von Nizza vorangestellt.[76]

Während eines ohnehin geplanten Urlaubsaufenthaltes im Midi begann die Historikerin eher aus Neugier und Gefälligkeit, in Le Lavandou zu recherchieren. Sie traf ältere Einwohner, sprach mit »Kindern ehemaliger Häftlinge«, wie sie berichtet,[77] auch mit Francis Marmier. Er erzählte ihr, wie seine Mutter, eine Freundin Erica de Behrs, sich 1957 um das Begräbnis der Verstorbenen kümmerte, jedoch die ihr anvertrauten Schlüssel der Villa Les Chênes herausgeben musste an eine Englände-

---

[72] Zitate aus Lassaigne, Mädchen, S. 65–67.
[73] Zum folgenden Macke, Zwischen den Zeilen, s. Anm. 68.
[74] Ebenda.
[75] Carl-Wilhelm Macke: Die Sehnsucht nach den guten Dingen. Auf der Suche nach dem in Dachau umgekommenen Schriftsteller Emil Alphons Rheinhardt, ohne Datum. http://www.heidelberger-lese-zeiten-verlag.de/archiv/online-archiv/mackerheinhardt.pdf (29.3.2012); ders.: Endstation Dachau. Auf der Suche nach dem vergessenen Schriftsteller E.A. Rheinhardt. NZZ 9.9.1992; ders.: Stationen eines Autors. Münchner Stadtanzeiger 21.9.1996.
[76] Michael Hamburger: Heimgekommen. Ausgewählte Gedichte. Übersetzt aus dem Englischen von Richard Anders u.a. München: Hanser 1984. Michael Hamburger (1924 Berlin-2007 Middleton/Suffolk), Lyriker, Essayist und vielfach preisgekrönter Übersetzer. Träger des *Order of the British Empire*. 1933 emigrierte Hamburgers Familie aufgrund ihrer jüdischen Herkunft nach London. Wehr- und Besatzungsdienst bei der British Army. Schriftsteller und Hochschullehrer in England und den USA.
[77] Dominique Lassaigne: E.A. Rheinhardts Tagebücher. Eine Stellungnahme. In: Zwischenwelt No 3, Dezember 2003, S. 84–86.

rin, die die Schriften Rheinhardts mit sich nahm. Die nächsten Recherchen führten Dominique Lassaigne in die KZ-Gedenkstätte Dachau 1998, zu Dokumenten des Internationalen Suchdienstes Arolsen und des Comité International de Dachau, sowie zur Association des Déportés au Lavandou 1999. Immer wieder stieß sie auf eine »Miss Fisher«, die nach Kriegsende Erica de Behr unterstützt und auch mit dem Bürgermeister von Le Lavandou in Verbindung gestanden hatte. Ältere Einwohner erinnerten sich an die Engländerin, die regelmäßig Geld für die Miete der Villa überwiesen hatte. Und in Le Lavandou hielt sich, wie uns Dominique Lassaigne berichtete, wegen einer Aura der Heimlichkeit um »Miss Fisher« auch hartnäckig die Meinung, sie könne eine Spionin des britischen Geheimdienstes gewesen sein[78] – was anfangs Nachforschungen auch in diese Richtung veranlasste.

Weitere Recherchen in den regionalen Archiven von Draguignan, Toulon und Hyères halfen ihr, die Umstände von Rheinhardts Verhaftung zu erhellen. Ab 2000 setzte Dominique Lassaigne die Suche nach dem Tagebuch in Österreich und England fort. In Wien konsultierte sie im Dokumentationsarchiv des österreichischen Widerstandes (DÖW) das Typoskript, das Erica de Behr angefertigt und das Gerty Wolmut dorthin übermittelt hatte. In der beigefügten Korrespondenz fand sie den Hinweis, dass Rheinhardt auch im Lager Dachau ein Tagebuch geführt hatte, welches nach England an Theodora Meeres übermittelt worden war. Nunmehr führte eine doppelte Spur nach England: zu »Miss Fisher« und dem Tagebuch aus Südfrankreich, und zum Dachauer Tagebuch, dessen Inhalt und Verbleib bis dahin vollkommen unbekannt und unbeachtet geblieben war.

Für die Nachforschungen bei britischen Behörden, Meldeämtern und Kirchenregistern und schließlich bei den Besuchen und Gesprächen vor Ort konnte sich Dominique Lassaigne auf Hilfe und Begleitung englischsprachiger Freundinnen stützen. Darunter waren Jan Conway aus Schottland, Dell Lundy aus Irland, Caroline Tonder und andere, sowie Sylvia Davidson und Francine Masliah aus Paris. Bald wurde offenbar, dass die von Gerty Wolmut als »very devoted friend of EAR«[79] erwähnte Gwendolyn niemand anders sein konnte als »Miss Fisher«, mit bürgerlichem Namen Marie Elsie Thérèse Fischer. Sie war im Jahr 1982 gestorben, ein Freund hatte ihr Haus gekauft. Über die persönlichen Kontakte all jener in Großbritannien, die Dominique Lassaigne kannten, entstand im Schneeball-System ein informelles Netzwerk, das sie über alles schätzte und mit dessen Hilfe sie schließlich im April 2002 auf dem Dachboden des Hauses in Henley-on-Thames die Tagebücher von E.A. Rheinhardt in der Obhut von Mr. Freebody in Händen halten konnte. Auch James Steel, heute emeritierter Hochschullehrer an der Universität Glasgow, hat sich für ihr Vorhaben eingesetzt.

Sie fand zwei als Fotokopie gebundene handschriftliche Tagebuchbände (I Frankreich, II Dachau), von denen sie Arbeitskopien machen konnte. Im Oktober 2005

---

[78] Nachlass DL, handschriftliche Aufstellung von Marie Thérèse Fisher über ihre beruflichen Tätigkeiten: »During the war was a Naval Intelligence draughtsman in the I.S.T.D. Drawing Office«.

[79] DÖW 11.601a, Kommentar zum Brief EAR 7.3.1941.

konnte Dominique Lassaigne die Rheinhardt'schen Unterlagen sichern, darunter auch solche Dokumente, die mehr Klarheit in die Überlieferungsgeschichte brachten. Bei diesem Besuch vertraute ihr der Hauseigentümer die gebundenen Manuskriptkopien sowie einen großen Umfang an Dokumenten und Büchern an, die sich heute großteils im Besitz von Dominique Lassaignes Sohn befinden.

5. Manuskript, Typoskript, Kopie: Die Überlieferung der Tagebücher nach 1945

Die Überlieferungsgeschichte der Tagebücher von E.A. Rheinhardt hat Dominique Lassaigne in einem Artikel mit Stand 2004 publiziert, der im wesentlichen auf das Dossier im Wiener DÖW zurückgeht. Danach sind die in den Gefängnissen in Südfrankreich entstandenen Aufzeichnungen möglicherweise durch Reinigungspersonal geborgen und vom Internationalen Roten Kreuz an Erica de Behr übergeben worden.[80] Rheinhardts Sekretärin hat die Tagebuchhefte bald darauf abgetippt und das Typoskript nach vergeblichen Publikationsanstrengungen, über die wir nichts Näheres wissen, in die USA an Gerty Wolmut geschickt, mit der sie seit langem in freundschaftlicher brieflicher Verbindung stand. Auch diese hat vergeblich und ohne dass bisher Näheres bekannt wäre, eine Publikation zu erwirken versucht und dann Anfang der 1970er Jahre das Typoskript ans Wiener DÖW übermittelt, wo es heute aufbewahrt wird. Aus der Korrespondenz, die dem Typoskript beigegeben ist, geht weiterhin hervor, dass Rheinhardts Dachau-Tagebuch nach der Befreiung des Lagers durch Einsatz des Internationalen Häftlingskomitees 1945 – durch Rheinhardts »Ärztefreunde«, wie Wolmut schreibt – nach London zu Theodora Meeres gelangt ist, die als Lebensgefährtin des Dichters bekannt war. Ein Brief von Erica de Behr an Gerty Wolmut vom 16. Juli 1946 belegt, dass Theodora Meeres und Erica de Behr von dem jeweils anderen Teil von Rheinhardts Haftaufzeichnungen und seinem Verbleib wussten. Es hat aber trotz eines Versuchs von Erica de Behr offenbar keinen Austausch mehr gegeben. Hier enden die Auskünfte des Rheinhardt-Dossiers im DÖW zur Überlieferungsgeschichte.

Mit der Entdeckung der Handschrift im Herbst 2002 wurde nun offenbar, dass Erica de Behr die Aufzeichnungen Rheinhardts aus der Gestapohaft in Frankreich nicht, wie bekundet, vom Originalmanuskript »ohne jede Veränderung« abgetippt hat. Vielmehr weicht ihr 1945/46 angefertigtes Typoskript im Detail wie in ganzen Passagen erheblich ab. Dafür lassen sich mehrere Gründe anführen. Wie Dominique Lassaigne vermutete, musste die Lektüre des Tagebuchs wie das Vorhaben der Publikation Erica de Behr große Probleme (»désarroi extrême«) bereiten, aus denen heraus sich die Abweichungen – überwiegend Auslassungen – erklären. Überblicksartig betrifft dies drei inhaltliche Bereiche:

---

[80] Lassaigne, Vom Tod, S. 356, Anm. 14.

In der überhitzten Atmosphäre der Libération im frühen Nachkriegsfrankreich hielt Rheinhardts Sekretärin es in Le Lavandou für richtig, bestimmte Informationen aus dem Tagebuch nicht offen zu legen und Namen zu anonymisieren, um Beteiligte zu schützen. Rheinhardts kritische Bemerkungen über französische Zellengenossen, etwa über den Antisemitismus der Mitgefangenen, hätten vielleicht Aversionen gegen den Intellektuellen deutscher Zunge wecken können, der als Mitglied der Résistance anerkannt war. Auch wollte Erica de Behr eine Möglichkeit zur Veröffentlichung finden, weshalb sie überhaupt vieles sprachlich vereinfachte. Den Namen von (Claude) Marmier, eines nach Norddeutschland verschleppten und dort 1945 an Hunger und Folter gestorbenen Widerstandskämpfers aus Le Lavandou, hat sie an einer Stelle hinzugefügt, wo ihn die Handschrift nicht nennt.[81] Dies könnte auf Unsicherheit oder Irrtum zurückgehen, vielleicht wollte Rheinhardts Sekretärin auch Marmiers Witwe, einer Freundin und Nachbarin in Le Lavandou, entgegenkommen.[82] In der Tat wurde durch diese Veränderungen, wie Dominique Lassaigne vielfach betonte, Rheinhardts Prosa insgesamt entstellt wiedergegeben, und ganze Passagen über das Milieu der Emigration und der Gefängnisse in Frankreich wurden in ihrem Informationsgehalt entwertet.

Das gilt auch für Kürzungen, die Rheinhardts Beschäftigung mit religiösen Texten und Fragen des christlichen Glaubens betreffen. Die Hinwendung des Dichters zur Religion seiner Kindheit und sein Ringen um echten Glauben standen im Kontrast zum freidenkerischen Image, das Rheinhardt in Italien und Frankreich gepflegt hatte. In seiner Duse-Biographie war künstlerische Berufung die Religion der Auserwählten. Möglicherweise sah Erica de Behr in der Hinwendung zum christlichen Glauben eine den Haftbedingungen geschuldete Schwäche, die der Nachwelt nicht offenbart werden sollte. Sie schloss sich nach dem Krieg der lokalen Frauenorganisation der kommunistischen Partei an und engagierte sich in vorderster Reihe für die Versorgung der Kinder. Damit gehörte sie jener Partei an, die das Martyrium des Widerstands in Frankreich am meisten für sich beanspruchen konnte. Dass Rheinhardt im Kerker die Evangelien neu las, könnte seiner langjährigen Gefährtin Erica de Behr, die nach dem Krieg für viele in Le Lavandou als Witwe des Widerstandskämpfers Rheinhardt galt, als nicht vermittelbar erschienen sein.

Schließlich sind die Auslassungen und Verkürzungen jener Textstellen, die Theodora Meeres betreffen, wohl dem Verhältnis der beiden Frauen zuzurechnen. Denn Rheinhardts Beschwörung seiner Zuneigung zu der Geliebten wie die voller Reue als unerfüllbar erkannte Hoffnung, dass sie ihn nicht vergesse, mussten seiner Sekretärin

---

[81] Rheinhardt/Krist, S. 131, Tagebuch-Typoskript 27.3.1944: »meine Lavandouer Mitbürger Boglio, Zouze, Marmier etc.«; vgl. hingegen TB I, 27.3.1944 mit gleichem Wortlaut (Zouze = Touze), jedoch ohne Erwähnung von Marmier. Dessen Name ist jedoch in der Tagebuch-Handschrift 26.1.1944 erwähnt, während das Typoskript im Eintrag gleichen Datums diese Passage auslässt.

[82] Mitteilung von Francis Marmier, dem Sohn von Claude Marmier, am 5.4.2009. Nach Gritti, Le Temps de l'Occupation, S. 149, war Marmier »chef du groupe de résistants« in Le Lavandou; auch Gritti S. 148ff. und 193.

und jahrzehntelang treuen Gefährtin, die Rheinhardt bei seinen literarischen Erfolgen zur Seite gestanden und ihn in der Haft mit Lebensmitteln versorgt hatte, eine vermutlich auch schmerzvolle Lektüre bereiten. Dass sie es war, an die Rheinhardt das Hafttagebuch aus Südfrankreich 1944 im Falle seines Ablebens adressiert hatte, lag umständehalber nahe; es wirft aber auch ein bezeichnendes Licht auf die Zumutungen in der sich über anderthalb Jahrzehnte hinziehenden *ménage à trois*. Gleichwohl war Rheinhardts Dankbarkeit gegenüber Erica de Behr tief und echt, und Erica de Behr war Rheinhardt in ungewöhnlicher Weise verbunden.

Die 2005 in England gefundenen Dokumente geben auch neuen Aufschluß zur Überlieferung des zweiten Tagebuch-Teils. Theodora Meeres hat noch in den 1940er Jahren Kontakt mit Oskar Fontana in Wien aufgenommen und ihm eine Kopie des Dachau-Tagebuches geschickt. Dieser bestätigte den Eingang: »2 rot gebundene Hefte des Tagebuches […] beginnend mit der Eintragung 31.10.1944, sowie die Gedichte«. Ihm lagen also nur die Dachauer Aufzeichnungen in Form von zwei Heften vor. Er befürwortete im Juli 1947 eine Veröffentlichung und machte Vorschläge für geeignete Verlage, doch Ende 1947 wollte Theodora Meeres die Herausgabe des Rheinhardt'schen Nachlassbandes um einige Jahre verschieben. Fontana schloss sich dem nicht an, überließ ihr aber die Entscheidung.[83] Die Gründe bleiben unklar. Für Fontana war Theodora Meeres' Legitimität, als Erbin Rheinhardts zu handeln, über jeden Zweifel erhaben, er schickte ihr die Tagebücher zurück. 1952 erfuhr Theodora Meeres von Erica de Behrs Verhaftung und suchte über Emmy Heim Kontakt zu einem Dr. Marlbach herzustellen, um bei Rheinhardts rechtmäßiger Erbin in Wien eine zeitlich befristete *custody* für den Nachlass zu erwirken.[84] Es war Gwendolyn, die in Le Lavandou das vorübergehend verwaiste Gefängnistagebuch holte und es an Erica de Behr nach deren Haftentlassung wieder zurückschickte.[85] Meeres, die im Januar 1954 starb, bedachte testamentarisch Erica de Behr mit einer kleinen Summe und Marie Thérèse Fisher mit persönlichen Geschenken, darunter die goldene Uhr des Schriftstellers. Sie vermachte der Stadt Wien ein von ihr gemaltes Porträt Rheinhardts, das am 20. Mai 1954 in einer Feierstunde des österreichischen PEN in der Wiener Nationalbibliothek übergeben wurde. Dabei hielt Fontana die Gedenkrede, die Schauspielerin Eva Zilcher las den Schluss des Heinrich-Romans und unveröffentlichte Gedichte. Theodora Meeres verfügte außerdem testamentarisch die vollständige Vernichtung des Dachauer Tagebuches; es sollte verbrannt werden, ohne dass ein Rest davon im *dustbin* bliebe.[86]

Auf welche Weise es Marie Thérèse Fisher gelungen ist, das Dachauer Tagebuch entgegen dem Testamentswunsch zu retten, wissen wir nicht. Sie war nach Gerty Wolmuts Zeugnis eine sehr ergebene Freundin des Schriftstellers.[87] Aus den 2005 in England gefundenen Briefen, die Rheinhardt zwischen 1930 und 1942 an Gwendo-

---

83 Nachlass DL, Schreiben Fontana an TM 9.7.1947 und 8.2.1948.
84 Nachlass DL, Schreiben TM an Dr. Marlbach, undatiert.
85 Nachlass DL, Briefwechsel EdB/MTF 9. und 15.9.1952.
86 Nachlass DL, Kopie Testament Theodora Meeres.
87 DÖW 11.601a, Kommentar zum Brief EAR 7.3.1941.

lyn schrieb, geht jedoch hervor, dass er sie in Buch-, Geld- und auch Liebesdingen als wichtige Partnerin ansprach. Sie lernten sich im Herbst 1930 in Le Lavandou offenbar unabhängig von Theodora Meeres kennen.[88] Gwendolyn hielt sich in den 1930er Jahren häufiger in der Ortschaft und in der Villa Les Chênes auf, beide korrespondierten regelmäßig über literarische und persönliche Dinge. Sie schickte ihm englische Bücher, die er sich für die schriftstellerische Arbeit wünschte, er antwortete mit Fotos, Briefen und Gedichten, sie trafen sich in Paris. Für das Vorhaben, Gedichte Rheinhardts zu publizieren, wollte Marie Thérèse Fisher, die schon in jungen Jahren eine anerkannte Kalligraphin war, Layout und Grafik anfertigen. Als Rheinhardt 1940 die finanzielle Unterstützung durch Kurt Lichtenstern verlor, sprang sie ein, um insbesondere die Miete von »Les Chênes« zu übernehmen.

Insofern war es folgerichtig, dass sie nach dem Ableben der anderen Frauen um Rheinhardt als seine Nachlassverwalterin agierte: »literary executor for E.A. Rheinhardt who perished in Dachau. Decipher his war diaries, publish them, rescue his historical biographies, publish his poems essays & short stories« – so beschrieb sie ihre Funktion in einer autobiographischen Notiz.[89] Zwar ist nicht bekannt, dass Rheinhardt ihr diese Funktion offiziell vor seiner Verhaftung zugesprochen hat. Aus den neu aufgefundenen Briefen an Gwendolyn ist jedoch zu erkennen, dass es ihm in der sich verschärfenden politischen Situation der späteren 1930er Jahre hochwillkommen war, dass seine ungedruckten Texte in Kopien bei ihr als einer kompetenten Person seines Vertrauens außerhalb des Kontinents aufbewahrt wurden, um sie publizieren zu können. Dafür wollte sich Marie Thérèse Fisher nach Erica de Behrs Tod eine auch offizielle Grundlage schaffen. Sie nutzte eine in der Nachkriegssituation häufig angewandte Praxis, derzufolge mündliche Zeugnisse zur Sicherung von Rechtstiteln akzeptiert wurden.[90] Das von Dominique Lassaigne erwähnte *faux testament* ist die im Mai 1957 gegebene eidesstattliche Erklärung von Antoine Martini aus Le Lavandou, dass Rheinhardt, mit dem er eine Zelle in Marseille geteilt habe, ihm und einem anderen, verstorbenen Mitgefangenen im Konzentrationslager Dachau kurz vor seinem Tod das Versprechen abgenommen habe, Marie Thérèse Fisher als seine Lebensgefährtin und Erbin seiner Schriften zu bezeugen.[91] Aufgrund dieser Aussage konnte Gwendolyn ihren Anspruch durchsetzen, möglicherweise auch gegen die kommunistische Seite in Le Lavandou. Der Name von Antoine Martini, der Mitglied des französischen Widerstandes war,[92] ist nach Auskunft des Archivs der KZ-Gedenkstätte Dachau nicht in der Häftlingskartei des Konzentrationslagers Dachau aufzufinden; ob die grammatisch schwebend formulierte Erklärung deshalb falsch

---

[88] Nachlass DL, Brief EAR an MTF 12.10.1930.
[89] Nachlass DL, Handschriftliche Aufstellung von Marie Thérèse Fisher über ihre beruflichen Tätigkeiten für eine biographische Notiz, die über sie erscheinen sollte, ca. 1968.
[90] Weil Rheinhardt auf deutschem Boden gestorben war, erfolgte die Ausstellung des Erbscheines durch deutsche Behörden, welche die eidesstattliche Erklärung aus Frankreich akzeptierten. Kopie im Nachlass DL.
[91] Original im Nachlass DL.
[92] Vgl. auch Gritti, Le Temps de l'Occupation, S. 157.

ist, sei dahingestellt. Die darin konstruierte Überlieferungskette war nachvollziehbar, der Wunsch Rheinhardts, dass Gwendolyn im Falle seines Todes seine Gedichte veröffentliche, war in Briefen dokumentiert. Es findet sich kein Anhaltspunkt für ein anderes Handlungsziel der Beteiligten als jenes, Rheinhardts Schriften unverfälscht der Nachwelt zu erhalten und sie zu publizieren. Auch der Bürgermeister von Le Lavandou, Marius Dorie, unterstützte die Engländerin mit Informationen.[93]

Vielleicht waren es diese Entschlossenheit von Gwendolyn und die Lücken der Überlieferung, die Dominique Lassaigne zu einer kühnen Hypothese veranlassten. Sie knüpft sich an den Beruf der Engländerin als erfahrene Kalligraphin[94] und an die vergleichweise regelmäßigen Schriftzüge des Dachauer Tagebuchs: Wäre Marie Thérèse Fisher in der Lage gewesen, nach der Handschrift des Verfassers ein Faksimile anzufertigen – und auf diese Weise eine »Handschrift« zu »retten«? Die konsultierten Schriftexperten der Fachhochschule Köln, Doris Oltrogge und Robert Fuchs, sind nach kurzer Prüfung der beiden vorgelegten Handschriftenkopien einhellig der Meinung, dass es sich um Photostat-Kopien einer Originalhandschrift aus dem deutschen Sprachraum handelt. An der Authentizität dürfte es keinen Zweifel geben. Ob die handschriftlichen Originale noch existieren und wo sie und gegebenenfalls auch ein Mikrofilm als Kopier-Zwischenstufe zu suchen wäre, darauf gibt es bisher keine Antwort.

Zu den Unterlagen aus England gehört ein auf Durchschlagpapier getipptes, ordentlich in einen grauen Deckel eingeheftetes Typoskript des Dachauer Manuskriptes. Es diente sicher dazu, Verlagen den Text zur Publikation anzubieten. Dieses Dachau-Typoskript folgt minutiös dem Wortlaut der Handschrift. Bei dieser Transkription sind offenbar keine Veränderungen vorgenommen worden, auch nicht an den Textstellen, die Gwendolyn betreffen und die – wäre eine Veröffentlichung zu ihren Lebzeiten zustande gekommen - den Anspruch Marie Thérèse Fishers, die legitime Nachlassverwalterin Rheinhardts zu sein, auf ambivalente Weise unterstreichen. Hingegen könnten in der Dachau-Handschriftenkopie die beiden letzten, mittig stehenden Worte »nicht vergessen« nachgezogen und dadurch herausgehoben worden sein. Fisher trat – vermutlich in den 1960er Jahren - der »Association of Nazi Camp Survivors« als »relative of a victim« bei und gehörte zur britischen Delegation bei internationalen Zusammenkünften in Frankreich und Belgien sowie vermutlich in Dachau selbst. Dabei vertrat sie zweimal den befreundeten britischen Vorsitzenden Hanauer, der offenbar in die Tagebuch-Unternehmung eingeweiht war.[95] Wie Zeitungsausschnitte im Nachlass belegen, beobachtete sie besorgt das Aufkommen neo-

---

93 Nachlass DL, Schreiben Dorie an »Miss M.-T. Fisher« vom 17.7.1952 und 1.4.1957.
94 Vgl. M. Thérèse Fisher: Ink. In: The Calligrapher's Handbook. Hg. von Heather Child. New York: Taplinger 1986, S. 39–44.
95 Darauf verweist eine Briefstelle im Nachlass DL, Brief Hanauer an MTF. Diese hat die Landkarten zum KZ-Lagersystem in Europa für das Dachau-Buch der Amicale de Dachau gezeichnet und Bildlegenden bearbeitet, s. Paul Berben: Dachau 1933-1945. English edition. London 1975, Vorwort und S. 291f. Die Landkarten-Druckvorlagen im Nachlass DL tragen den Copyrightvermerk M.E.T. Fisher 1975; Nachlass DL, Brief MTF an Paul Berben vom 30. 11.1967.

nazistischer Strömungen in den 1960er Jahren. Sie stand im Kontakt mit Nico Rost, jenem holländischen Publizisten, der in seinem 1946 publizierten Lagertagebuch über das Zusammentreffen mit Rheinhardt in Dachau berichtet hatte. 1965 bat Rost Marie Thérèse Fisher um eine Liste des Rheinhardt-Nachlasses, um ihr bei der Entscheidung, wie damit zu verfahren sei, zu helfen.[96]

Die englische Literaturagentur Heath, die wohl in den späteren 1960er Jahren mit der Verlagssuche beauftragt worden war, schickte nach 13 vergeblichen Anfragen 1970 das Tagebuch an Marie Thérèse Fisher zurück mit dem Hinweis, es sei wohl zu spät für eine Veröffentlichung, und dem Rat, das Projekt aufzugeben (»better put the diaries aside«).[97] Auch in England war das Leidenstagebuch eines deutschsprachigen Vorkriegs-Schriftstellers ohne breite identitätspolitische Verwertbarkeit.

Nach bisheriger Auffassung hat Gerty Wolmut das Frankreich-Typoskript an den Londoner Verlag Faber & Faber geschickt, um die Publikation in einer englischen Übersetzung zu erwirken.[98] Es suchten demnach in den 1960er Jahren beide Tagebücher Rheinhardts in England vergeblich einen Verlag. Nach heutigem Kenntnisstand könnte Marie Thérèse Fisher, die nach Lage der Dinge ab 1957 beide Tagebücher als Handschriften und Typoskripte besaß, auch die Mittlerperson Gerty Wolmuts gewesen sein; sie kannte durch ihre Mitwirkung am Calligrapher's Handbook den Verlag Faber & Faber.[99] Wie dem auch sei: Es war Michael Hamburger, der als deutschsprachiger Lektor das Tagebuch begutachtete und daraus einen Baustein der Überlieferung formte. Denn zwar folgte der Verlag seiner Empfehlung zur Veröffentlichung nicht, Hamburger entnahm jedoch dem Tagebuch die Anregung zu seinem Gedicht »Between the lines«, das 1984 in Deutschland erschien: Dessen Vorrede zitiert Rheinhardts Kerker-Notizen aus Nizza. Der in Berlin geborene, als Jugendlicher vor den Nazis nach England geflohene Lyriker gab damit für die Nachwelt der 1980er und späteren Jahre den entscheidenden Hinweis, ohne den wir dieses Buch nicht in Händen hielten.

6. Der Dokumentenstatus der Tagebuchhandschriften

Die Tagebücher, die dieser Publikation zugrunde liegen, sind Fotokopien handschriftlicher Vorlagen und in zwei Bücher gebunden.[100]

---

[96] Nachlass DL, Schreiben Rost 5.9.1965. Im selben Jahr schlug Rost in zwei Briefen vor, den Nachlass Rheinhardts im Deutschen Literaturarchiv in Marbach für die Forschung zu sichern. Ein persönliches Zusammentreffen - sie wollte mit Materialien nach Amsterdam reisen – kam nicht zustande. 1967 erfuhr sie durch Hanauer von Rosts Tod.

[97] Nachlass DL, Schreiben A.M. Heath & Company Ltd. 8.5.1970 (»they unanimous in their decision that this is really too late for the publication of such material«).

[98] Eckel, Berlin, S. 201, Anm. 28.

[99] Vgl. Anm. 38 und 94.

[100] Dem Folgenden liegt ein Gespräch mit Doris Oltrogge und Robert Fuchs vom Institut für Restaurierungs- und Konservierungswissenschaft an der Fachhochschule Köln am 17.11.2008 zugrunde.

Das erste Buch in dunkelgrünem Leder (Kaliko) trägt jeweils in Goldprägung die Titelaufschrift E.A. RHEINHARDT / TAGEBUCH I / Frankreich, darunter mittig ein kreisrundes Zeichen mit den stilisierten Initialen des Schriftstellers und auf dem Buchrücken die Initialen E.A.R., darunter senkrecht TAGEBUCH I. Die einseitigen querformatigen Fotokopien in der Größe 41,7 × 26,7 cm tragen jeweils zwei Manuskriptseiten und sind mittig mit Fadenheftung gebunden, dadurch ergibt sich eine Buchgröße von ca. 22 cm × 28,5 cm, bei ca. 4,8 cm breitem Buchrücken. Die kopierten Manuskriptseiten sind im Original, soweit auf der Fotokopie erkennbar, auf liniertes Papier im Format 20,5 × 15,1 cm mit senkrechten Randstrichen rechts und links und abgerundeten Ecken geschrieben. Die handschriftliche Seitenzählung des Manuskriptes umfasst 147 Seiten und befindet sich mittig am oberen Rand. Bei der außerhalb des Manuskriptrahmens liegenden Zählung handelt es sich vielleicht um mitkopierte viereckige Zählkärtchen, die in eine Papiermaske gesteckt wurden, welche den Rand beim Kopieren vor Toner schützte. Woher die handschriftlich geschriebenen Zahlen stammen, muss offen bleiben. Bemerkenswert ist, dass die Zählung für Seite 66 in Versalien als SIXTY SIX geschrieben ist. Der Manuskripttext beginnt auf Seite 1 und geht bis Seite 147. Die Seiten 7 und 8 sind gezählt, darauf finden sich jedoch keine Manuskripteinträge, sondern auf Seite 7 das senkrecht geschriebene Wort »Typeskript« , Seite 8 ist leer. Die Seite 148 trägt ihre Seitenzählung am unteren Rand mittig. Es handelt sich um das Deckblatt eines Notizheftes aus italienischer Produktion mit der in einen Rahmen vorgedruckten Aufschrift »Quaderno/ di« und darunter zwei vorgestrichelten Zeilen für den Namenseintrag. Auf diesem vorgedruckten Deckblatt steht in der Handschrift Rheinhardts über dem Rahmen »En cas de mon décès je prie de faire parvenir/ces feuilles à l'adresse ci-dessous:«, fortgesetzt unter dem Rahmen mit »Ich bitte inständig, im Falle meines Ablebens/ diese Aufzeichnungen an folgende Adresse/gelangen zu lassen EARheinhardt/Mme Erica M. baronne de Behr/Villa Les Chênes/Le Lavandou (Var).

Das zweite, schmalere und kleinere Buch ist in das gleiche dunkelgrüne Kaliko gebunden und trägt die goldgeprägte Titelaufschrift E.A. RHEINHARDT / TAGEBUCH II / DACHAU. Das kreisrunde Zeichen mit den stilisierten Initialen des Schriftstellers fehlt hier. Der ebenfalls goldgeprägte Buchrücken trägt die Initialen E.A.R. und darunter senkrecht TAGEBUCH II. Die einseitigen querformatigen Fotokopien in der Größe 31,6 × 22,3 cm tragen jeweils zwei aufeinanderfolgende Manuskriptseiten und sind mittig mit Fadenheftung gebunden, dadurch ergibt sich eine Buchgröße von ca. 16,5 × 23,1 cm bei ca. 2,3 cm breitem Buchrücken. Soweit auf den kopierten Manuskriptseiten erkennbar, ist die Vorlage auf unliniertes Papier im Format 14,4 × 20,0 cm geschrieben. Die Seitenzählung des Buches wurde auf den fotokopierten Seiten nachträglich in Handschrift mit Bleistift klein jeweils in der oberen äußeren Ecke der Seite eingetragen. Das Manuskript umfasst 80 gezählte Seiten, von denen die erste Rheinhardts Namen, Häftlingsnummer 77 343 und Lagerabteilung Block 30/I sowie das Datum 31. Okt. 44 für den Beginn der Eintragungen nennt. Die zweite Manuskriptseite trägt am oberen rechten Rand die Eintragung »Incipio in nomine Eius qui me conduxit in omnibus periculis epochae istae. 31. Okt 44«. In diesem Buch füllt die Handschrift das Kopier-Format nahezu aus und es gibt wenig Rand.

Die Handschriftenoriginale können über die Zwischenstufe Mikrofilm auf Umkehrpapier oder direkt auf fotoempfindliches Papier fotokopiert worden sein. Mikrofilme waren seit den 1930er Jahren verfügbar. Bei dieser Methode erscheint auf einem Papierabzug nur dann die Schrift dunkel, wenn man Umkehrpapier verwendet, welches erst ab 1953 verfügbar war. Eine Duplizierung der Handschrift als Fotokopie kann erst in den 1950er und wahrscheinlicher noch erst in den 1960er Jahren stattgefunden haben. Erst in den späteren 1950er und frühen 1960er Jahren wurde das Fotokopierverfahren in Europa eingeführt. Beide Tagebuchhandschriften sind im fotostatischen Verfahren kopiert worden, auf Papier von der Rolle, welches erst beim Binden auf Blattformat geschnitten wurde. Die Blattgrößen der Fotokopien des Frankreich-Tagebuches entsprechen etwa dem Format A 3, und jene der Fotokopien des Dachau-Tagebuchs dem Format C 4.

7. Edition der Tagebücher aus dem Nachlass Dominique Lassaigne

Die Herausgabe dieses Buches und seine Einleitung sind ein paradoxes Unterfangen. Zwar hat Dominique Lassaigne ihren historiographischen Zugang in publizierten Texten und nachgelassenen editorischen Vorstellungen dargelegt. Es war aber auch ihr persönliches Projekt, sich auf die Spur der Tagebücher zu begeben, ihren Entstehungskontext und die Überlieferungsgeschichte zu rekonstruieren. Den Titel »Meine Gefängnisse« wählte sie in Anlehnung an das Buch des italienischen Nationalhelden Silvio Pellico, das Rheinhardt im Gefängnis las. Nachdem sie im Herbst 2005 in England zusätzliche Dokumente gefunden hatte, wollte sie ihr Buchprojekt einer kommentierten Edition der Tagebücher durch Briefe und Gedichte anreichern.

Im Vergleich dazu ist dieses Buch schmaler konzipiert und auf die Tagebücher konzentriert. Es soll, gemäß Dominique Lassaignes ursprünglichem Wunsch, den Kriterien einer kritisch kommentierten Edition für ein deutschsprachiges Publikum gerecht werden und außerdem gut lesbar sein. Für die Vorbereitung der Tagebuchveröffentlichung war es notwendig, dass ich die Spuren und Stationen der verschlungenen Recherche und Überlieferung zumindest teilweise persönlich abging, um sie einleitend rekonstruieren zu können. Das von Dominique Lassaigne mündlich Berichtete und als verstreute Notiz, Korrespondenz oder einzelnes Dokument Nachgelassene konnte so mit Gesichtern, Stimmen und konkreten Dokumenten und Fundstellen verknüpft werden und eine intersubjektive publizierbare Festigkeit gewinnen.

Für die Herausgabe der Rheinhardt'schen Tagebücher konnten wir uns auf den Teil der aus England stammenden Dokumente stützen, der dafür von Emmanuel Pierrot zur Verfügung gestellt wurde. Außerdem standen die Word-Dateien des Transkriptes von Dominique Lassaigne in unterschiedlichen Korrekturversionen zur Verfügung sowie weitere Dateien mit Notizen, Korrespondenz etc. Dominique Lassaigne nutzte zur Entzifferung der extrem schwer lesbaren Tagebuchhandschrift eine Fotokopie des in Wien aufbewahrten Frankreich-Typoskript, das wegen seiner Abweichungen aber nur ungefähre Anhaltspunkte bietet. Bei der höchst anspruchsvollen Entzifferungsaufgabe sind für diesen Tagebuchteil nach allem, was sich aus dem Berichteten schließen lässt, deutschsprachige Kolleginnen und Kollegen behilflich gewesen, darunter Heinz Lunzer, Jeannette Brenner, Jutta Perisson und ich selbst. Das in England gefundene Typoskript der Dachauer Aufzeichnungen war erst im Oktober 2005 zugänglich. In den zwei Monaten bis zu ihrem tragischen Tod hatte Dominique Lassaigne keine Zeit mehr, es im vollen Umfang auf Quellentreue zu prüfen und zu nutzen.

Der erste und umfangreichste Prüfungs- und Rechercheschritt für die Veröffentlichung war deshalb der vollständige Abgleich der von Dominique Lassaigne nachgelassenen Word-Transkripte mit den zwei Bänden der Tagebuch-Handschrift. Dabei stellte sich auch heraus, dass das 2005 in England gefundene Typoskript des Dachauer Tagebuchs kaum Lesefehler aufweist, was vermuten lässt, dass es mit muttersprachlicher Hilfe, in England oder vielleicht in Wien, wo die Dachauer Handschrift 1947/48 kurzzeitig war, angefertigt worden ist.

Im Sinne guter Lesbarkeit und damit sich die in der Haft angerufene geistige Erinnerungswelt des Dichters erschließt, wurden zu den überaus zahlreichen Personen sowie literarischen und philosophischen Werken und Figuren, die Rheinhardt im Tagebuch nennt, kurze Anmerkungen bereitgestellt. Auch die geläufig verwendeten medizinischen Fachtermini wurden in den Fußnoten übersetzt. Um der Mehrsprachigkeit des Tagebuchs Rechnung zu tragen, wurde für die Wörter, Sätze und Passagen in der Zweitsprache Französisch die Übersetzung ins Deutsche kursiv in eckiger Klammer eingefügt, ebenso für die seltener verwendeten Worte und Sätze in Englisch, Latein, Italienisch und anderen Sprachen. Der deutsch-französische und polyglotte Charakter des Hafttagebuchs des Europäers Rheinhardt ist so erhalten geblieben. Die seine Schreibweise kennzeichnenden Mischungen des Deutschen mit dem Französischen, etwa in »Zigarretten«, wurden durchgehend belassen beziehungsweise daraufhin vereinheitlicht. Auch immer wiederkehrende Muster, etwa »wiederfahren« statt dem korrekten »widerfahren«, wurden belassen. Bei den Anführungszeichen lässt sich häufig der Verzicht auf Schlusszeichen finden, der im Sinne der Lesbarkeit korrigiert wurde, wo es notwendig schien. Wohl auch den Schreibbedingungen in Gefängnis und Lager ist die insgesamt sparsame Interpunktion der Handschrift geschuldet, die ökonomisch oft ein einziges Zeichen setzt, wo zwei oder mehrere zu stehen hätten. Dies wurde soweit wie möglich belassen. Alle Eingriffe sind durch eckige Klammern kenntlich gemacht, im Sinne einer auch materialen Authentizität der Edition. Nur Akzente im Französischen wurden stillschweigend berichtigt. Lesefehler sind auch bei sorgsamster Prüfung nicht ausgeschlossen, und besonders die Personennamen konnten nicht alle durch Zweitquellen zweifelsfrei geklärt werden.

E.A. RHEINHARDT

TAGEBUCH I

FRANKREICH

Die Füllfeder

eine Erzählung

[ohne Datierung, ca. Ende November 1943]
Seit ein paar Tagen habe ich Schreibzeug und benutze es mit dem Eifer, mit dem ich
einstens als Kind eilig die Weihnachtsgeschenke in Gebrauch genommen habe. Man
muß wie wir hier darauf beschränkt gewesen sein, sechs Monate lang zweimal in
der Woche nichts anderes zum Schreiben gehabt zu haben als eine Postkarte und die
von ungeübten Händen kratzig gemachten Federn, um die glatten weißen Seiten eines
solchen Heftes aus der Vorkriegszeit und die gute liebe vertraute Füllfeder so sehr
genießen zu können wie ich jetzt. Und jetzt hat mich diese Füllfeder auch noch mit
einem Thema zum Schreiben beschenkt: Denn obwohl ich mein Lebtag beruflich
wie für mich selber und andere unentwegt geschrieben habe, wußte ich die ersten
Tage gar nicht recht, was zu schreiben. Das Nächstliegende, nachhause und an die
Freunde lange Briefe zu schreiben wie früher, lassen ja die Umstände nicht zu: wir
dürfen hier ja weder nachhause schreiben noch Post empfangen. Nun habe ich die
ganze Zeit für das vage Später unser Leben hier beschrieben, die Zellengefährten
für Irene abkonterfeit. Aber das erschien mir unzulänglich, um das neue Glück des
Schreibens recht auszukosten und breitzudehnen. Da hat mir wie gesagt meine alte
Füllfeder eingegeben, die Geschichte von Bélin und seiner Füllfeder aufzuzeichnen.
Daran werde ich lang genug zu schreiben haben. Wenn mein Stümpfchen Hoffnung
etwas aufflackert, kommt mir etwas wie ein Bedenken, ob wir nicht vielleicht doch
befreit oder anderswohin gebracht werden werden, wo es mit dem Schreiben wieder
zu Ende ist, ehe ich meine Geschichte fertig gebracht habe. Nun jetzt fange ich sie
doch eben erst an. Ich habe mich entschlossen, gleich beim Glockenzeichen um sieben
Uhr aufzustehen und nachdenkend zu warten, bis an Morgenlicht genug wäre, um
das Schreiben zu erlauben. Denn meine Schreiberei ist auf den Morgen beschränkt,
solange die Anderen auf ihren Strohsäcken Ruhe halten. Die kurzen Dezembertage
sind von dem allzu lauten Vorhandensein der Anderen erfüllt. Und wenn sie nachmittags und abends stiller werden, reicht das erbärmliche Kohlenfadenlämpchen von
25 Kerzenstärke nicht hin, das Schreiben zu erlauben.
 Als mir die Sache mit Bélin klar wurde, habe ich sie auf ein Stückchen Packpapier
aufgeschrieben, mit dem violetten Bleistiftstummel, den mir der Soldat, der mich in
der Kaserne rasierte, für hundert Franken verkauft hatte, als ich noch ein ganz neuer
Gefangener war und die Zeit um Ostern war statt um Weihnachten wie jetzt. Was hab'
ich derweil nicht alles von Menschen und Schicksalen an Ungeahntem erfahren[.]
Die acht Monate scheinen mir voller von Erlerntem als andere acht Jahre vordem.
Am liebsten schriebe ich alles der Reihe nach auf, die Örtlichkeiten, die Menschen,
die Mitgefangenen und die Carabinieri und die Kommissäre[.] Aber noch wimmelt

dies alles noch durcheinander und macht mich schmerzlich wirr, wenn ich genauer hinsehen will. So versuchs ich mit Bélin ...

Warum er? Weil ich ihn schärfer zu sehen meine als die meisten Anderen und weil das, was sich mit ihm begeben hat, mir als recht gleichnishaft sich heraushebt aus der wehen Bildermasse dieser neuen Zeit.

Bélin war hier in M[enton] mehr als drei Monate mein Bettnachbar. Wir haben nach dem Maßstabe unseres jeweiligen Habens und unserer Charaktere die Zigarretten, oft auch nur Stummel, und anderes geteilt. Und sehr allmählich habe ich allerlei erraten gelernt, was es mit diesem erst bäuerlich anmutenden Manne auf sich hatte. Natürlich nicht mit seinem »Falle« (der wohl etwas Ähnliches wie der Meine gewesen sein muß) – denn das ist unter uns erfahrenen Gefangenen eine stillschweigende Abmachung geworden, daß man wohl von allem Drum und Dran des Verfahrens redete, aber nicht von dem Eigentlichen. Das habe ich begriffen, als ich anfangs hier einmal eine Einzelheit meiner Sache einem älteren Offizier andeuten wollte, hat der mich unterbrochen: »Ich will nichts davon wissen. Denn wenn ich gefoltert werde, kann ich nur sicher schweigen, wenn ich wirklich nichts weiß.«

Vorige Woche ist die Hafenstadt hier im Süden, in der ich seit fünfzehn Jahren Latein und Geschichte am Lyzeum unterrichte, heftig bombardiert worden.[1] Diesem Bombardement verdanke ich jetzt das Glück, wieder schreiben zu können. Unter Hinweis auf meine Besorgnis, sie könne unter den Opfern sein, hat Erica zum ersten Male die Bewilligung erhalten, mich zu besuchen und mir Wintersachen zu bringen. Unter diesen hat sie das Schreibzeug eingeschmuggelt. Solches war nur durch das veränderte Regime hier möglich geworden. Denn vor zwei Monaten noch ließ man uns nicht einmal das braune Umschlagpapier der angekommenen Päckchen, denn das hat es damals noch gegeben, als wir noch wirklich ital[ienische] Gefangenen waren, was wir jetzt ja nur dem Namen nach sind. Denn wir haben zwar ital[ienische] Wärter[,] aber alle Entscheidungen treffen die Deutschen.

Ich sehe Bélin noch vor mir, wie er anfangs Juli eines Nachmittags hier angekommen ist. Er war von mittlerer Größe breitschultrig, von muskulöser Hagerkeit. Sein eckiges Gesicht mit dem noch braunen, an den Mundwinkeln endenden Schnurrbarte war dunkel holzfarbig. Nur die obere Hälfte seiner stark gewölbten Stirn zeigte sich fast milchig hell, als er die verschossene Baskenmütze abnahm! Sein schütteres braunes Haar war nur an den eingefallenen Schläfen fast weiß. Er hatte einen dunkelblauen Anzug von veraltetem Schnitte mit engen Hosen und einem zweireihigen Röckchen an, ein gestreiftes Hemd mit einem schmalen Krägelchen, natürlich ohne Kravatte wie wir alle, denen Gürtel, Schuhbänder u[nd] d[er]gl[eichen] bei der Aufnahme abgenommen wurden. Seine zugelassenen Habseligkeiten waren in ein großes Handtuch eingeknotet. Kaum hatte er dieses Bündel auf dem ihm zugewiesenen Strohsack niedergelegt, so begann er sich völlig zu entkleiden und auf eine so gründliche Weise

---

[1] Toulon, Hauptstadt des Departements Var, wurde am 24.11.1943 von den Alliierten bombardiert.

zu säubern, wie man sie nicht an den meisten der Neuen gesehen hatte. Er hatte ein großes Stück weißer prächtig schäumender Seife mitgebracht, von dem ich später erfuhr, daß er es selber angefertigt habe. Das wurde gleich vermerkt, da die meisten unter uns gar keine oder nur ein kleines Stück der groben sandigen kaum schäumenden Kriegsseife hatten. Dann machte sich Bélin an ein mächtiges Schütteln und Klopfen seines Gewandes und Entstauben seiner schwarzen Schuhe, für die er sogar ein Bürstchen mithatte. Jetzt umdrängten ihn alle mit Fragen, wie das mit jedem Neuangekommenen geschah, woher er komme, ob er ein »Politischer« sei, und dann fast unisono, ob er Franzose sei und ob er neue Nachrichten von der Kriegslage wisse (diese Ankömmlinge waren ja unsere einzige Verbindung mit dem Zeitgeschehen, von dessen Ereignissen wir oft erst drei Wochen später erfuhren). Auf die Frage, ob er Franzose sei, hatte Bélin zögernd mit ja geantwortet. Sein mit tiefer etwas rauher Stimme gesprochenes Französisch hätte durch seine Härte fremd anmuten können, wenn es nicht Tonfall und sonst Unverkennbares des südlichen Idioms gehabt hätte. Es war so viel Zurückhaltung in dem ungesprächigen doch sehr höflichen Manne, daß die Fragen bald kärglicher wurden. Nur als Einer, ein älterer Mann, ein Beamter aus Nice, sagte »Wir sind nämlich seit Wochen ganz abgeschnitten von draußen. Sie können ruhig sagen, was Sie wissen, wir sind alles Politische«, erwiderte Bélin bedächtig: auch er sei schon seit einer Woche verhaftet. Dann berichtete er kurz und wortarm von der Landung auf Sizilien und den Kämpfen, die um diese Insel im Gange seien.[2] Bélin war stets überaus höflich, doch hatte er eine Art, mit schiefgelegtem Kopfe lästige Frager aus seinen dunkelblauen tiefliegenden Augen anzusehen, daß selbst der Hauptneugierige es doch vorzog, zu seinem Dominospiel zurückzukehren oder in seinen Sachen auf dem Wandbrette zu kramen. So hatte es eine ganze Weile gedauert, bis ich von Bélin Einiges erfuhr. Sei es, daß unsere annähernde Gleichaltrigkeit ihn aufgeschlossen hatte, und auch dazu beigetragen hat, daß sein Strohsack kaum einen halben Meter von meinem Bette entfernt war. Wir alle hatten in der übervollen Zelle, in der es nur 12 der schmalen eisernen Klappbetten aber bis zu achtzehn Insassen gab, hier unsere Zeit mit einem Strohsacke auf dem Zementboden angefangen, bis die Reihe an jedem war, ein freiwerdendes Bett zu erben. /Nachmittags. Jetzt habe ich zwei Stunden darauf gewartet, daß die Tür sich öffne und wir zum Spaziergang hinauskönnen. Also auch heute nicht die halbe Stunde außerhalb dieser engen Mauerkiste! Schade, ich habe so einen Lufthunger. Wir haben jeder zwei Kubikmeter Raum für uns – nicht viel[.] Im Ganzen drei Quadratmeter Bodens, auf dem man gehen kann, der Rest Strohsäcke, das Bett, Koffer. Elend wenig »Lebensraum« ist uns gelassen! Meine Erkältung wird von Stunde zu Stunde ärger. Wie gern hätte ich trotz der Kälte den ganzen Tag das Fenster offen, aber ich bin nur einer gegen zwei, die von der Rasse sind, welche immer von courant d'air [*Luftzug*] redet und frische Luft an sich nicht liebt, der Kapitän, trotz seines Berufes, nicht. Nun ja, Theodora[3] hat einmal gesagt »Hold your nose to the grindstone [*Klotz ran*]«. Das tue ich jetzt,

---

[2] Die Einnahme Siziliens durch alliierte Truppen dauerte vom 10. Juli bis zum 17. August 1943.
[3] S. Einleitung, Anm. 31.

seit langem nichts Anderes. Ich schaue geflissentlich von Draußen weg, bin aber hier und beschäftige mich damit es auszuhalten, so lang es geht. Die dankbare Rührung über das erhaltene Paket ruft mir alle die Gefangenen in Erinnerung, die ohne Nachrichten, ohne Geld oder Lebensmittel und Winterkleider in den Gefängnissen sind. Ich denke an die zwei aus Menton, die Schuld tragen an ihrer Verlassenheit, Gastaud, der Geizhals, Carnvet der roué [*Durchtriebene*], beides Leute, die eine Menge Geld haben und Frau und Kind, und die wie räudige Hunde im Stich gelassen wurden. Es sind Leute, die sicher nie das Geringste für andere getan haben. Den geizigen Gastaud scheint seine Frau verlassen zu haben, während er im Gefängnis ist. Sie wohnt nur 70 km von Menton und ist in sechs Monaten nur einmal zu Besuch gekommen, seither kamen nur die mageren Pakete für ihn auch nur alle 4–6 Wochen. Und der leidenschaftliche Raucher hat zeitweise keinen Tabak, noch Geld. Als er welches bekam, fand er den Tabak zu teuer. – Halb vier Uhr: Seit zwei Uhr sitzt man herum und wartet, auf den Spaziergang oder darauf, daß man sich rasieren lassen kann. Gestern und heute ist der Coiffeur da. Ich habe jeden Soldaten gebeten – ergebnislos, nur etwas anschreien. Es regnet ja nicht, man könnte spazieren gehen. Aber nichts ist hier sicher und einfach. Also weiter warten! Um fünf Uhr kommt die Abendsuppe, dasselbe wie mittags. Und dann wartet man, ob das Licht wie gestern schon um sechs oder um sieben abgedreht wird und man sich auf dem Strohsacke einrichten muß bis morgen. Und morgen dasselbe. Heute fing die zweite Woche an, daß ich in dieser Zelle 97 bin. Wie lange werd ich hier bleiben? – Bald wird es acht Monate sein, daß ich meine Tage auf die gleiche Art mit Warten verbracht habe: 8 Monate in höchst peinlichen Wartezimmern. Ich, der ich wütend wurde, wenn man mich hat zehn Minuten warten lassen.[4]

Donnerstag 9. Dez[ember 1943]

Jetzt sind wir doch endlich fort von Menton, zuletzt nicht ohne Bedauern. Denn angesichts der Ungewissheit, in die wir gingen, war die wohlbekannte kleine Misere von Menton ein bißchen ein Zuhause, zumal in den letzten Wochen, während welcher sich die Disziplin der ital[ienischen] Aufseher völlig aufgelockert hatte. Die wollten selber fort, betrachteten uns als Schicksalsgefährten und gaben ihrer Sympathie auf eine Weise Ausdruck, die ihnen nicht zum Schaden gereichte; indem sie nämlich schwunghaften Schleichhandel mit Zigarretten u[nd] d[er]gleichen trieben. Daß zwei unserer Kameraden, sonst nette Leute, dabei saftig an uns verdienten, gehört zu dem

---

[4] In der gebundenen Manuskriptkopie Seite 5 schließt an dieser Textstelle der Eintrag Sonntag, 19.XII. an und endet auf Seite 6 in der Mitte ohne Abschluss. Für den Druck wurde die Chronologie der Eintragsdaten zugrunde gelegt, so dass an dieser Textstelle die Einträge des Zeitraums 9. bis 18.12. 1943 anschließen, welche sich in der Manuskriptkopie auf den Seiten 9 bis 27 befinden. Vgl. auch Wiener Typoskript S. III. Rheinhardt hat möglicherweise im Zusammenhang mit der Verlegung von Menton nach Nizza auf teilweise schon beschriebenen Blättern neue datierte Einträge hinzugefügt, was beim Binden zu chronologischer Unstimmigkeit führen musste.

Kapitel im französischen Charakter, über das ich immer noch zu lernen habe: oh Land des Avare und des Père Grandet![5]

Eingepfercht im Lastauto wir neun und die zwei Frauen, die uns durchs Gitterfenster so viel freundliche Kameradschaftsdienste erwiesen haben! Dann die Straße, Menton, wo ich sechs Monate gewesen bin und das ich so gar nicht kenne. Und das Meer, nach einem halben Jahre zum ersten Male wieder. Als ich es das letzte Mal gesehen hatte, war es Frühling gewesen. Jetzt stehen die Laubbäume eher struppig grau vor dem Winterhimmel. Sechs Monate hab ich kein Grün gesehen, nur einmal ein Feigenblatt, auf dem Feigen gebracht worden waren und das mir einen schmerzlichen Stoß gegeben hat. Wir fuhren durch die eleganten Orte der Riviera, Monte Carlo, Beaulieu, jetzt nur von graugrünen Uniformen belebt. Rauchverbot im Lastauto für uns. Endlich halten wir vor dem Hotel »L'Hermitage«[6] oberhalb von Nice in leidiger Nachbarschaft einer gewissen Villa. Auch wurde ich schon an die erinnert, als wir die noble lounge [Eingangshalle] durchschritten hatten und in den sous-sol [Untergeschoß] geführt wurden. Aber da wars nicht schlecht, wir blieben zu fünf in einem Zimmer mit Tageslicht, Blick auf Büsche (Veronica) und Bäume. Man konnte rauchen. Endlich erschien ein Kellner in weißer Jacke, bei dem man mit Erlaubnis der Wachen zu Essen bestellen konnte. Für dreißig Francs eine Suppe, etwas Kartoffel und grünen Salat! Was für ein Erlebnis, wieder an einem Tische mit Gabel und Messer zu essen, und gar Salate, nach mehr als sieben Monaten wieder zum ersten Male. Dann wartete man. Die Kameraden fanden indessen Wege, sich mit den Italienern, die in den anderen Zimmern warteten, Gefangenen wie wir oder Burschen, die zum Arbeitsdienst müssen, in Verbindung zu setzen. Gleich schwirrte es von Gerüchten. Wieder erlebte [ich] es, wie sehr dieses Leben voll Ungewissheit und ohne sichere Informationen, den kritischen Sinn in den Meisten [schwächt]. Mit wahrhafter kindlicher Leichtgläubigkeit diskutierten sie die einander widersprechendsten Mitteilungen mit dem gleichen Ernste. Mit Kartenspielen und Beschwichtigung der Aufgeregten verbrachte ich die lange Wartezeit. Um 8 1/2 wurden wir abgeholt, im strömenden Regen ins Lastauto gepackt. Wohin? Nun ins Gefängnis von Nice. Ein richtiges riesiges Gefängnis, das erste in der Art, das ich gesehen habe. Drei Etagen übereinander Zellen. Der diensthabende Unteroffizier hatte sehr starken schwäbischen Akzent, war nett und freundlich. Ich machte Dolmetscherdienste und konnte vielen erwirken, mit Freunden zusammen in die Zelle zu kommen! Mir selber verhinderte ich, daß ich mit dem öden Geizhals G. zusammengesperrt wurde, was wirklich Hölle gewesen wäre. Jetzt bin ich mit dem Flieger G[uénon] und dem jungen Belgier S[aubain] zusammen, S[aubain] ein farbloser Niemand, 21 Jahre alt, blond, glotzäugig, träumt vom Kommerz. G[uénon] klein von Wuchs, aber ein Mann mit kindlicher Seele, unwahrscheinlich generös und kameradschaftlich. Die Zelle, Ausmaß 2 1/2 × 3 1/2, frisch geweißt, hat ein einziges an der Wand befestigtes Eisenbett, hochklappbar, der

---

[5] Anspielung auf Molières Theaterstück »L'avare« (Der Geizige) und Honoré de Balzacs Roman »Eugenie Grandet« um ein zwielichtig erworbenes Vermögen.
[6] L'Hermitage] Laut Kommentar von Erica de Behr im Wiener Typoskript das Hauptquartier der Gestapo.

kleine Tisch ist ebenfalls an der – gegenüberliegenden – Wand befestigt, so daß es unmöglich ist, an ihm zu sitzen. Das sonstige Mobilier besteht aus einer Wasserleitung, einem Eimer für die Exkremente. Gegenüber der Tür das Fenster in 2 1/2 Meter Höhe. Wir bekamen jeder zwei Decken, Strohsäcke gab es noch nicht. Die Nacht war eisig. Trotz Müdigkeit, konnte vor Kälte nicht einschlafen[,] zum Glück habe ich meine wärmsten Sachen hier. Aber ich habe gefroren – jetzt noch am Morgen. Überdies gab es juckende Insekten, hoffentlich sinds nur Flöhe, nicht Läuse. Und durch die Ventilation am Boden kamen massenhaft Kakerlaken herein. Und jetzt sitzt man auf dem Bette und tut, was man seit Monaten getan hat: warten. Ob wir heute schon verhört werden? Gott helfe uns! Unter den Ital[ienern] im Hotel waren mehrere gestern arg mißhandelt worden.[7]

Der Morgen nach dieser eisigen Vollmondnacht hat wenig liebsame Überraschungen gebracht. Schon daß ich den Mond nicht habe sehen können, hätte mich denken lassen müssen, daß unser Fenster gegen Norden schaut. Jetzt sehe ich durch die Spalten der Türklappe auf der gegenüberliegenden Seite der weiten Halle etwas Sonne. Also nach Norden orientierte Zelle. Daher die eisige Feuchtigkeit. Das kann schön werden, wenn man hier bleiben muß. Jetzt ist es elf Uhr, die Zeit ist vorbei, in der man zum Verhör gerufen wird. Wenn nicht gleich heute, dann kann es lang dauern. Die paar Fälle von Entlassungen, von denen wir wissen, waren in den ersten 24 Stunden hier entschieden worden. Vor kurzem ist das Brot gebracht worden. Die Tagesration ist die Hälfte dessen, was wir in Menton bekamen. Eben hatte ich tröstend zu G[uénon] gesagt: Nun, wenigstens haben wir keine Wanzen hier. Da hat er schon eine auf der frischgeweißten Wand getötet. Die eine Ventilationsöffnung haben wir mit Zeitungspapier verstopft. Es muss nach dem gestrigen Regen jetzt eine Art Mistral draußen blasen; durch die Spalten der Ventilation stößt es messerscharf herein. Ob es wohl hier den täglichen Spaziergang gibt? In Menton haben die Gefangenen der Deutschen keinen gehabt. Die ganze Zeit nur hier drinnen sein in der feuchten Kälte und den Geruch der Tinette atmen und unseren Zigarrettenrauch, schöne Aussicht! – Erica hatte mir den Besuch eines Deutschen in Aussicht gestellt. Er ist nicht gekommen. Schade, vielleicht hätte er mein Verfahren aus der Vergessenheit aufrütteln können. Jetzt heißt es viel Geduld haben, noch mehr als bisher. In Menton war es doch leichter unter den zahlreichen Kameraden. Man hatte sich seine kleinen Gewohnheiten zugelegt, die den Tag verkürzten, wird man das hier auch treffen? Ich werde trachten mich nicht unterkriegen zu lassen. Morgen bin ich hoffentlich genug akklimatisiert, um wieder meine gründliche Waschung vornehmen zu können. Heute war ich zu durchfroren und feig. Übel ist, daß Handtuch und Waschhandschuh nicht trocknen können. Man hat auch keinen Haken, um irgendetwas aufhängen zu können, alle Habseligkeiten sind auf dem Boden. Aber wir sind ja doch reich, haben

---

[7] Nach der Absetzung Mussolinis am 25. Juli 1943 und General Bodoglios Waffenstillstand mit den Alliierten am 3. September 1943 besetzten deutsche Truppen auch die bisher von der italienischen Armee kontrollierten Grenzgebiete im äußersten Südosten Frankreichs. Die deutsche Repression richtete sich gegen Italiener, die die am 23.9.1943 ausgerufene Republik von Saló nicht unterstützten.

zu rauchen und auch Feuer, G[uénon] und ich – und der junge S[aubain] bekommt unsere Stummel, was ihm reicht. Ich habe sogar etwas zu essen, noch ein bißchen Butter, Zucker, Knoblauch für die Suppe. Wie wird die sein? Wichtige Frage! Und ob man auch nur einmal am Tag bekommt? Hoffentlich zweimal!

Bis Mittag hat man die Zeit mit Warten verbracht – als ob man sonst (en taule [*im Knast*]) was anderes täte. Es gibt zweimal Suppe am Tage. Die jetzige war ein halber Liter.

Samstag 11. Dez[ember 19]43

Hier war ich gestern unterbrochen worden, als wir drei uns eben ängstlich die Frage stellten, ob wir Strohsäcke noch vor abends bekommen würden. Da wurde die Tür geöffnet und wir drei wurden in andere Zellen aufgeteilt. Ich kam nach Zelle 97 in einen anderen Trakt des Gefängnisses. Jetzt erst weiß ich, wie ein Gefängnis aussieht, denn unser kleiner Carcere [*Gefängnis*] in Menton war im Vergleich mit diesem Riesengebäude hier (das für 1500 Häftlinge bestimmt ist) eine Art Pension de famille [*Familienpension*]. Die Zellen hier sind für je einen Gefangenen bestimmt, müssen aber wegen der Überfüllung Platz für drei hergeben. Wir haben das befestigte Bett an der Wand, zwei Strohsäcke am Boden. Alles wie in der anderen Zelle, nur nicht frischgeweißt und sauber, sondern voll Spuren langen Gebrauchs. Ich hatte (unberufen) endlich Glück mit den zwei Zellengefährten, zu denen ich kam. Der eine ist 56 Jahre alt, Vendéen [*aus der Vendée stammend*], wohnt aber in Cannes, ist Kapitän langer Fahrt, er heißt Artus; der andere René Vigliéno, gleichfalls aus Cannes, von Beruf Angestellter eines Antiquariats für Bibliophile. Sie sind gefällig, einfache Leute. Wie durch ein Wunder kam abends ein Koffer für mich an mit allerlei Köstlichkeiten, von der lieben Erica wohl für Weihnachten bestimmt gewesen. Daß er so schnell von Menton nachgekommen ist, spricht dafür, daß er von E[rica] selber gebracht worden ist. Die Arme hatte wohl gehofft, mich zu sehen! Hier ist leider keine Rede von Besuch, man kann oft schreiben, Post und Pakete erhalten ohne Einschränkung, d.h. Pakete zweimal die Woche. Also jetzt bin ich in einem richtigen Gefängnis. Außer der 3/4 Stunde des Spaziergangs bleibt man abgeschlossen von der Umgebung, sieht nur die Leute, die Brot und Suppe bringen und am Morgen mit dem Besen zum Fegen der Zelle kommen. Ich habe den Strohsack in dem Winkel neben der Tür untergebracht, das gibt mir einen Winkel für mich zum Denken, Lesen, Schreiben[.]

Nachmittags. Vom Spaziergang zurück. Ein bißchen Luft tut gut, und marschieren nach der Hockerei in der verrauchten kalten Zelle, die so vollgeräumt ist mit den Strohsäcken und Koffern, daß man kaum die paar Schritte Länge ohne Anstoßen gehen kann. Der Hof für den Spaziergang ist zehn Meter lang, eines der spitzwinkeligen Dreiecke, die durch Mauern von drei Meter Höhe abgeteilt in den Halbkreis vor der Tür eingezeichnet sind. Der Eingang ist in der abgeschnittenen Spitze, die gegenüber liegende Seite ist durch eine bis zur Decke reichende Mauer durch ein vergittertes Viereck unterbrochen. Dahinter das Ende eines Kohlfeldes (ich denke traurig an unseren kleinen Garten zuhause), dann eine hohe graue Mauer. Mauern überall. Alle die Dreiecke sind überschaut von einem halbverglasten Balkon im ersten Stocke, wo der Wachhabende achtgibt, daß man nicht redet, nichts austauscht. Sechs der Mentoner Kameraden sind mit auf dem Spaziergang, Guénon und Saubain in einem anderen Hofe! Zwei Fußkranke sitzen Rücken an Rücken auf einem Hokker, werden angeschrieen, weil sie reden. Nach 35 Minuten Stapfens auf der nassen aufgeweichten Erde wird abgerufen, alles immer eilig. Man ist hintereinander hergegangen wie die Sträflinge auf dem Bilde von Van Gogh, nur eben nicht mit den Händen auf den Schultern des Vordermannes. Jetzt ist das Ereignis des Tages vorbei. Und – wenn nicht Einer von uns Drei zum Verhör gerufen wird – gibts bis morgen nichts weiter mehr als das Abendessen, das selbe Essen wie mittags, Suppe mit etwas Gemüse, und dann Gemüse, Wrucken [*Steckrüben*]. Aber Gottlob ich habe ja den Koffer mit etwas guten Sachen. Die liebe Erica hätte sehen müssen, mit welchem Genuß ich ein Stückchen Huhn gegessen habe, das erste Stück gebratenes Fleisch seit acht Monaten! – Die zwei Zellengefährten Artus und Vigliéno sind gottlob ganz erträglich, nicht allzu geschwätzig. Schade daß der Kapitän nicht mehr von seinen weiten Reisen zu erzählen weiß; aber wie wenige Leute können mitteilen, was sie gesehen haben – es war wohl doch nicht richtig erlebt gewesen! Jetzt nutze ich das letzte Tageslicht, um meine kleine Wirtschaft in Ordnung zu bringen, meine Koffer sinnvoll einzurichten. Dann werde ich Vigliéno wieder zum Diamino rufen. Das ist ein köstliches Spiel fürs Gefängnis, es absorbiert die Gedanken genug, daß sie sich nicht in die melancholischen oder bedrohenden Ecken des Bewußtseins verlaufen können. Dann geht der zweite Tag hier zu Ende. Zum Glück habe ich den Strohsack bekommen. Bald wird er seine feste Gerundetheit verlieren und sich abflachen. Werde ich auch wieder in flache Ungewöhnlichkeit finden? Ich möchte es, weil ich Leiden fürchte, und doch nicht das Wachsein der Gedanken verlieren. Schwierig, beides zu haben. Wenn ich doch zwei Stunden im Tag ganz allein sein könnte! Und doch bin ich Gott dankbar, daß ich hier nicht in Einzelhaft sein muß, wofür diese Zellen ja gemeint sind. Hier wie Silvio Pellico leben zu müssen.[8] Am Ende ertrüge mans doch. Es ist schrecklich, was der Mensch, sogar der alte, aushalten kann. Ich habe die Bilder Theodoras und Ericas bekommen. Sie anzuschaun rührt mich süß und weh auf. Sie rufen mich in die andere Wirklichkeit, vor der eben die Gitterstäbe der jetzigen stehen und Mauern, Mauern. – Von Zeit zu Zeit brüllt eine Stimme deutsche Worte durch die hallenden Gänge. Sie rufen in meiner Muttersprache die Franzosen auf. Mein Gott, es wäre freilich leichter gewesen, dort zu bleiben! Wäre es so gewesen? Ach was, wäre, wäre. Ich bin da und ich selber. Tu l'as voulu Georges Dandin [*Du hast es so gewollt, Georges Dandin*]![9]

---

8 Silvio Pellico (1789–1854), italienischer Schriftsteller und Publizist, literarischer Vertreter des Risorgimento und Verfasser von »Le mie prigioni« (Meine Gefängnisse) 1832, das in Italien bis 1945 als Schullektüre verbreitet war. Rheinhardt erhielt dieses Buch im Gefängnis von Hyères von einem Carabinieri geschenkt.

9 Zitat aus Molières Komödie »Georges Dandin oder Der beschämte Ehemann«.

»Sombre dimanche« [*Trüber Sonntag*] sagt der Junge beim Aufstehen. Es ist finstere Nacht draußen, wenn das Andrehen des Lichts uns weckt. Feuchte Kälte. – brrr …
– Wieder ein Tag im Gefängnis! Ich stelle mir das Leben der Überwinterer in einer Schneehütte der Polarzone vor, das Bild der monatelangen Nacht dort tröstet mich über die kleinen Widerwärtigkeiten hinweg, z.B. daß der Ablauf der Wasserleitung verstopft ist und ich mich nicht richtig waschen kann. Den beiden da scheint dieses Hindernis ein nicht unwillkommener Vorwand zu sein, sich ihrer ohnehin sehr summarischen Toilette zu entziehen, zu der sie sich wohl durch meine Gegenwart noch gestern gezwungen glaubten. Der Unteroffizier verspricht Reparatur für morgen. – Regentag, düster. Von fern höre ich die Klingelzeichen der Messe, und Gesang. Schade daß wir nicht zum Kirchgang zugelassen sind wie die gemeinen Verbrecher. Ich hätte gern das miterlebt und versucht, ob ich in einer Messe beten kann wie in der Kindheit? Ich konstatiere mit Genugtuung jetzt, wie sehr die lange Haft mich nachsichtig gemacht hat gegen törichtes Gerede und konfuse Meinungen, mich der ich immer so unduldsam gewesen bin! Ich habe gelernt, andere Eigenschaften des Menschen in die andere Wa[a]gschale zu legen[.] Aber ich will überhaupt vorläufig nicht urteilen über die beiden Gefährten hier und dankbar jede freundliche Geste hinnehmen, mich der vielen unfreundlichen erinnern, die ich im Sommer erlebt habe, wenn ich's weiter so vermag, hat mir Lemarchand mit seiner Tücke und Bosheit schließlich doch Dienste erwiesen.

Wie die Stunden heute kriechen. Um 3/4 sieben bin ich aufgestanden, habe schon eine Menge getan und gemeint, es müsse gegen Mittag gehen – und jetzt ists erst halb zehn. – Wie reich sind wir doch hier im Vergleich zu Lynnwood[10] und die Anfänge in Menton. Wir haben unsere Koffer mit Wäsche, Bücher, Spiele, Schreibzeug und Papier (mein kleiner teurer Bleistiftstummel aus Hyères ist wohl degradiert jetzt) und man hat jeder eine Uhr, zu rauchen, ich ein Feuerzeug. Eine Millionärsexistenz im Vergleich zu den Tagen wo ich nichts hatte als was ich auf dem Leibe trug; kein Waschzeug, keine Zahnbürste, zwei alte Streichhölzer zum Nägelreinigen, weder Tabak noch Feuer, als einziges Buch den Silvio Pellico, den mir der freundliche junge Carabiniere Jano gegeben hat. Liebe gute Erica, die mir alle meine kleinen Schätze gebracht hat. Ich habe ihr eben geschrieben. Und man darf schreiben hier und Post empfangen! Was macht das aus, daß die Post lang unterwegs ist, sie kommt doch an! Und Pakete darf man bekommen, soviele derer ankommen. – Wenn der Junge da von seinen Erfahrungen zu reden anfängt, kommt mich das Gruseln an. Zuweilen redet er im Finstern, wenn er sich selber sehr vor dem Kommenden fürchtet. Armer Junge, es muß schaurig aussehen in seiner inneren Welt jetzt. –

Grau schleppt der Nachmittag sich hin. Man kann kaum lesen in dem kellerigen Licht. Der Kapitän liegt auf dem Bett, wir beide auf den Strohsäcken. Zuweilen sagt einer brummend »Fait froid« [*es ist kalt*]. Der Kapitän niest und hustet. Hoffentlich

---

[10] Villa Lynnwood] Gefängnis und Folterzentrum in Nizza, wo Rheinhardt verhört und gefoltert wurde.

verbreitet sich seine Erkältung nicht auf uns! Nur gesund bleiben, Herr Gott! Halb vier Uhr – noch drei bis vier Stunden, dann wird das Licht abgedreht und die endlose Nacht beginnt. Zwölf Stunden im Finsteren, angezogen auf dem Strohsacke liegend. Selbst mit den warmen Kleidern ists kalt. In Menton neben dem offenen Fenster schlief ich im Pyjama. Hier, brrr – also, weiterhin. Das wird eine arge Nacht werden nach diesem Tag ohne Spaziergang, den ich hockend verbracht habe, und ich fühle mich etwas fiebrig.

Montag 13. XII[. 1943]

Um halb sieben, als wir geweckt wurden, schaute der volle Mond durch die Gitterstäbe. Jetzt ist ein grauer Tag da. Wieder ein Tag, wieder eine Woche. Die beiden schreiben eben an die Wand den Tag in ihren Kalender ein: der eine 62., der andere 65. Tag. Sie sind ja noch Novizen. Damals habe ich auch noch täglich nachgezählt, wie sehr mein Kapital an Gefängnistagen angewachsen ist. Jetzt hab ich es auch getan. Zweihundertdreißigster Tag! Wie lange wird das noch dauern? Schnell weghören von dieser Frage, auch von der, wann ich verhört werden werde und wie es dabei zugehen wird? – Ich habe richtig schon die Erkältung des Kapitäns erwischt. Vielversprechend. Im Augenblick betäubt der Schnupfen wenigstens den Geruchssinn und erspart mir, den Gestank von der verstopften Leitung die ganze Zeit zu riechen. Das stinkt! Jeder pisst hinein. Denn die Tinette ist für einen Mann berechnet und wird von den drei Benutzern bald voll – und man darf sie nur einmal im Tage leeren!

Es ist so grau, daß das Schreiben Mühe macht. Wenn es so weitergeht, werde ichs kaum lesen können. – Jetzt weiß ich, daß das Essen abwechslungsreicher ist als in Menton, wo es aber die doppelte Menge und viel nahrhafter war. Wenn man auf die in Wasser gekochten Wrucken [Steckrüben] und die 250 Gramm Brot ausschließlich angewiesen ist, ist es wohl bald mit der Widerstandskraft vorbei. Alle, die ihre Familien in Nice haben, bekommen von den Familien regelmäßig das Essen gebracht, aber jetzt nur zweimal die Woche – bis vor kurzem wars erlaubt, ihnen täglich zu bringen. Das Regime scheint rapid strenger zu werden. – Der Kapitän erklärt mir eben heute zum fünften Male, daß die Leitung nicht hier bei uns, sondern im Hauptrohr verstopft ist »vous comprenez [Verstehen Sie]!« Ich drücke auf den Knopf »Große Geduld«. Der Junge ist ein umso schwererer Fall, als er schon allerlei gestanden hat. Er rechnet mit strenger Verurteilung[.] Am Abend, nachdem das Licht eine Weile abgelöscht ist, beginnen beide von ihrem Fall zu erzählen. Mein Gott, wieviele tausende solcher Fälle gibt es in all den vielen Gefängnissen Frankreichs! Und in den anderen Ländern auch!

Schließlich gab es doch etwas wie Spaziergang[,] in der bleigrauen Abenddämmerung sind wir im Kreise gegangen. Der Wachthabende brüllte nicht, wenn man redete. Ein hochgewachsener Mann in den Vierzig, aus der Nachbarzelle, sagte mir, er habe Bücher von mir gelesen. Er heißt Prinz Fossigny de Lucinge, Prince de Sestria. Was das wohl für ein Mensch, was für eine Familie mit so großen Titeln sein mag! Und hier wegen Spy [Spion]-Verdacht.

40

Ich bin krank, hohes Fieber, Hals- und Nebenhöhlenschmerzen. Schade! Die Nacht
war sehr arg, Schüttelfröste[.] Wirre Traumfetzen wie gepeitschte Wolken dahinja-
gend über die bucklige Landschaft des Strohsackes[,] auf dem mein Körper sich hin
und her wirft, nach einer nicht schmerzenden Stelle suchend. Es gelingt mir ohne
Selbstbemitleidung[,] endlich matter of fact [*nüchterne*] Haltung zu haben. Jetzt ist
das Gerede des Kapitäns schwer auszuhalten. Ich zähle: achtmal hat er mir heute schon immer mit denselben Worten von seinem verloren gegangenen Ledersack
erzählt, immer mit »vous comprenez [*Verstehen Sie*]« endend. Ich beherrsche erfolgreich meine Ungeduld. – Von Verhörtwerden ist keine Rede. Herrgott, das kann
dauern! Monate am Ende. Nicht daß ich besonders gierig auf ein Verhör mit allem be-
drohlichen Drum- und Dran wäre. Aber nur darüber geht ein Weg zu Entscheidungen.
Geduld, alter Rheinhardt! Mußt sie wohl in diesen endlosen Monaten gelernt haben.
Jetzt werden draußen die Namen derer aufgerufen, die zum Verhör bestimmt sind.
Ich glaubte, meinen Namen gehört zu haben. Leider ein Irrtum! Guénon ist darunter,
der brave kleine Flieger. Gott sei ihm gnädig! Also nichts für mich. Wieder ein Tag
wie alle, nur von der Suppe, dem Brot und vielleicht dem Spaziergang unterbrochen.
Ich bitte jeden der Soldaten, er solle den Spengler zur Reparatur des weiter völlig
verstopften Waschbeckens holen lassen. »Werden wir schon sehen« ist die Antwort.
Jetzt ist überhaupt keine Rede von Waschen mehr, nicht einmal die Hände mehr.
Mein Zeitgefühl ist völlig in Unordnung. Es ist neun Uhr, im Halbdämmern glaubte
ich spätnachmittags. Ich soll den Strohsack zurechtrütteln, aber sich-Bücken ist eine
schwere schmerzhafte Arbeit. Mein amerikan[ischer] Kriminalroman ist ausgelesen,
schade. Jetzt werde ich mit Vigliéno Belotte oder Diamino spielen.[11] Eben vom Spaziergang zurück. Fast eine Stunde Gänsemarsch, ich etwas wankend und schlotternd.
Versuchte mit Fossigny zu sprechen, sofort von Wachthabenden angeschrien. Jetzt
etwas sehr Schlimmes. Wir mußten unsere (an sich schwache) elektr[ische] Birne
gegen eine blaue umtauschen. Jetzt wird von fünf bis sieben Finsternis hier herrschen
– und am Morgen! Traurig. Keine Lektüre, kein Spiel mehr. Um sieben Uhr schlafen
gehen, fünfzehn Stunden im Finstern! – Es war einer jener milden mauve-grauen
flockigen Winternachmittagshimmel[,] unter denen ich früher im Garten so gerne
die ersten Vorarbeiten für den Frühling gemacht habe, die Chassis vorbereitet für
die Frühlingssaaten, oder träumerische wehmütige Spaziergänge mit Theodora über
die Ebene. Aber daran werde ich nicht denken! Schnell etwas tun … Seit drei Tagen
habe ich keinen der Mentoner copains [*Kameraden*] mehr gesehen, die machen den
Spaziergang in anderen Höfen. Schade. Ich wüßte so gerne, ob schon wer verhört
worden ist von unserer Gruppe. Geduld, Geduld!

---

[11] Belotte] alte Bezeichnung für Belote, ein in Frankreich beliebtes Kartenspiel. Diamino]
1935 in Frankreich aufgekommenes Gesellschaftsspiel, bei dem die Teilnehmer mit Buch-
stabensteinen Worte bilden.

Grauer Regentag. Im Morgengrauen, das von Braunlila ins Graurosa ging, hoffte ich noch auf gutes Wetter. Es regnet. Also kein Spaziergang? Habe auf dem geglätteten Strohsack besser geschlafen, weniger gehustet. Fieber läßt nach. Die Zigarette eben hat nicht mehr nach verbrannten Haaren und Fingernägeln geschmeckt. Habe mich eben gründlich gewaschen. Meine zwei Gefährten haben mir mit mißbilligendem Erstaunen zugeschaut. Der Kapitän hat mich mit einer pleurésie [*Rippenfellentzündung*] und »mal au rein« [*Hexenschuss*] bedroht. »Je le risque [*Ich riskiere es*]« habe ich geantwortet. Jetzt muß ich meine Sachen umräumen, die ich gestern in wilder Hast in die zwei Koffer gestopft habe. Das war ein aufregender Moment, als draußen die Stimme dröhnte: »Faites vous prêts à partir tout le monde [*Alles fertigmachen zum Aufbrechen*].« Natürlich hasteten wir alles zusammen zu raffen. Der Junge sagte mir »Ich glaube, jetzt kommts ganz schlimm für uns.« Vermutungen, hastig hervorgestoßen, débarquement [*Landung der Alliierten*]? Was. – Hat der Austausch der Lampen symptomat[ische] Bedeutung? (Scheußlich, das blaue Licht, nicht einmal Kartenspielen kann man.) Wir saßen fast zwei Stunden mit unserem Gepäck da, ich, die zwei Decken en bandoulière [*quer über die Schulter*] um[.] Wohin? In ein Lager nach dem Norden. Der Gedanke tut weh im Herzen, aus meinem geliebten Midi fort zu müssen. Wann würde man zurück können? Ich empfand die Schneeluft nächtlicher fremder Bahnhöfe … Endlich hörte ich »Voilà les Italiens [*Da sind die Italiener*]«[.] Es war ein falscher Alarm. Das Ganze ging die Italiener an, die zum Arbeitsdienst nach Deutschland abgehen. Diese Volontaires [*Freiwilligen*] gehen den Weg von Gefängnis zu Gefängnis. Fünfundzwanzig sind aus Menton zugleich mit uns angekommen. Also ist man hiergeblieben. Sogar zufrieden. Denn hier gibt es doch eine Hoffnung. Und das Zuhause ist nicht fern. Draußen wird immer gerufen und geschrieen. Der Kapitän will, daß ich alles übersetze. Ich stelle mich taub. – Wir haben einen Spiegel in der [Z]elle, der Junge hat ihn zum Rasieren mitgebracht, er hat einen Rasierapparat, aber nur ganz stumpfe Klingen. Ich werde meinen Bart bis Samstag erhalten, dann kann man sich rasieren lassen.

Der Spiegel hat mich sehr erschreckt. Ein alter Mann sah mich daraus an, unleugbar alt. Noch vor einem Jahr war ich wenig grau, hatte ein glattes gespanntes Gesicht. Es war noch genug Nicht-Alter da, daß sogar eine junge Frau (Barbara) sich richtig in mich verlieben konnte. Vanitas vanitatis [*Eitelkeit der Eitelkeiten*]. Das Gefängnis [mach]t schnell alt. Ich glaube[,] im traurigen Gefangenenschlaf ziehn sich die Gesichter in Kummermienen zusammen, die ihre Falten allmählich eingraben.

Eben wurde durchs Fenster, nach drei Schlägen an die Wand, mit Fossigny gesprochen. Er war mit zwei Italienern gewesen, die sind abtransportiert. Er ist allein. Und wir zu Dreien in unserem Kasten. Immer wieder habe ich das Gefühl, wenn die Tür aufgemacht und geschlossen wird, daß ich in einer Flasche bin, die verkorkt wird. – Jetzt fange ich an, den demoralisierenden Einfluß des Gefängnislebens zu verstehen. Man hat keine Verantwortung mehr, keine Pflichten, ist ernährt, wenn auch elend, hat einen Strohsack und ein Dach überm Kopf. Man lungert auf dem Strohsack. Jede kleine Tätigkeit, Kofferordnen u[nd] d[er]gl[eichen] kostet eine enorme Willensanstrengung. Man wird sich sehr bemühn müssen, um nicht völlig dieser Lethargie zu verfallen, in der es nur die Möglichkeit des Verhörtwerdens, einer Karte von zuhause oder eines Pakets gibt. An Freiheit denke ich nur im Halbwachen, in Tagträumen, in denen man sich das Leben draußen wie Märchen erzählt … Ich wollte Strümpfe stopfen. Aber das Licht ist zu schlecht – das ist keine Ausrede. Es ist schon ein kleines Glück, daß die Wasserleitung repariert ist. Der Kapitän [ist] eben mürrisch meinem schlechten Beispiel gefolgt, hat sich ein klein wenig gewaschen. – Nach zwölf Minuten Spaziergang hat uns der Regen unter das Vordach getrieben[.] Jetzt als ich zurückkam, lag vor der Zellentür ein Paket, mein Namen darauf, von Erica geschrieben. Die liebe Gute ! – Soviel köstliche Dinge, ein Päckchen Trauben, die einzigen, die ich in diesem Jahre gesehen habe, bekomme ich jetzt Mitte Dezember! Ein winziges Stückchen gebratenes Fleisch (groß wie eine Streichholzschachtel, aber halb so dick) hat mich am meisten gerührt, das ist natürlich ihre eigene Ration, die sie mir hergebracht hat. So hat sie wohl in einer Woche schon zweimal diese Reise gemacht. Zucker und Zigarretten sind in dem Paket. Jetzt hab ich für eine Weile zu rauchen. Ich denke, wie schwarz die Tage in Menton waren, als der Tabak in der Zelle fehlte und alle nur noch knurrten und bei jedem Worte Händel anfingen. Nur ich muß mäßig damit umgehen. Schade daß es keine italienischen Zigaretten sind oder tabac jaune [*Schnittabak*] – die französischen sind voll Ersatzstoffen und sehr schlecht. – Jetzt auf der Rückkehr vom Spaziergang war auf beiden Seiten ein Spalier von Deutschen. Es sind Neue angekommen. Lauter Burschen von 16–17 Jahren, rechte Milchgesichter. Die scheinen Deutsche zu sein, während die älteren Kroaten, Slovaken sind, manche auch Österreicher, der Sprache nach zu schließen.

Gute Erica, ich ging nochmals meine Schätze inspizieren[,] habe ein Stückchen von der Schokolade-Tafel abgebissen. Wie gut! Und ich habe im Frieden nie für mich Schokolade gekauft, leider auch nicht für Theodora, die sie so gern hat. Was hab ich nicht alles versäumt! Nicht an mich denk ich jetzt, sondern an die versäumten Liebeszeichen, die den Anderen so wohl getan hätten! Hoffentlich lerne ich in dieser harten Schule auch das! Ich alter Kerl hätte noch soviel zu lernen! Wenn sich auch Geschehenes nicht mehr gutmachen läßt, kann man doch die Wiederholung in Zukunft vermeiden. Zukunft: das klingt so vag! Ich muß mich bemühn, nicht zu viel auf französisch zu denken, sonst verarmt mein Deutsch, ohne daß das Französische mir vollwertigen Ersatz dafür böte.

Donnerstag, 16.XII. [1943]

Heute ists eine Woche, daß wir von Menton fort sind[.] Es war auch ein Donnerstag (13. Mai) daß ich das erste Mal als Gefangener in Nice angekommen bin, vor sieben Monaten. Wie schnell die Wochen und Monate hingegangen sind, aber wie langsam viele Tage, wie endlos manche Stunde[.] Ja, schließlich vergeht die Zeit auch im Gefängnis, aber plötzlich erinnert man sich erschrocken, daß es die einzige uns zugemessene Lebenszeit ist, die man hier untätig verlungert, mit nichts anderem beschäftigt als sie möglichst rasch vergehen zu machen – Wird dieser Donnerstag etwas bringen? Gestern waren mehrere der Mentoner copains [*Kameraden*] mit auf dem Spaziergange. Es ist noch keiner von unserer Gruppe verhört worden. Man hat keine Eile mit uns[.] Wir sind ja in sicherem Gewahrsam. Leider sind auch die zwei Mädchen aus Menton, Yvette und Odette, doch noch nicht entlassen worden, wie wir so sehr gehofft hatten. Die zwei waren prächtige Kameradinnen, haben uns Strümpfe gestopft, Zigaretten verschafft, Zeitungen zugesteckt. Hoffentlich werden sie bald ebenso befreit, wie die zwei Frauen, die von Menton hierhergebracht worden waren! Dunkelgrauer Regenmorgen, zum Glück nicht kalt. Wir haben mit viel Akrobatik die Glühlampe herunter geholt und einen Teil des blauen Lacks abgekratzt; man sieht jetzt besser und die Deutschen haben nichts bemerkt. Leider ist die Birne weit schwächer als die vorige. Zum Lesen völlig unzulänglich.

Heute bin ich fieberfrei, die Stirnhöhlenschmerzen lassen nach. Gott sei Dank, hier richtig krank zu sein wäre sehr schlimm gewesen! Heute kann man sich rasieren lassen. Das ist das einzige vorauszusehende Ereignis des Tages. Hier hat man nicht nur keine Zeitungen und Nachrichten wie in Menton, nicht einmal die Gerüchte, die dort in die Zelle flatterten. Man tauscht Vermutungen und Hoffnungen aus. – Der kleine Ayraux hat mir gestern gesagt, daß Gastaud und [ein] reicher Gemüsegroß-händler mit ihm in der Zelle ist[,] von morgens bis Nacht reden die Zwei Käufe, Verkäufe, Profite ohne Unterlaß. Das wäre etwas für mich gewesen. Meine zwei hier sind ja weiß Gott nicht interessant und haben beide auch keinen Funken Humor, aber gar keinen, aber sie sind brave Leutchen, gute Kameraden ohne sichtliche Züge der franzöf[ischen] Bürger-[M]esquinerie [-*Kleinlichkeit*]. Das ist schon sehr viel. Man teilt selbstverständlich was zum Essen hereinkommt, ausgenommen ist Zucker und Zigaretten[,] das fand ich schon als fertige Konvention hier vor. Draußen wird gueulé [*gebrüllt*] »105 vorführen«[,] andere Schreie. Man hört kaum mehr hin[.] Wie schade, daß ich es nicht wagen kann, alles aufzuschreiben, was ich denke, beobachte und von den anderen höre. (»Mais on pourrait fouiller la cellule pendant la promenade [*Aber die Zelle könnte während des Spaziergangs durchsucht werden*]«) – Seit langem hatte ich mir mit grotesker Sicherheit versprochen, daß ich zu Ericas Geburtstag, am 27. November, zuhause sein würde. Seit dieses Datum vorbei ist[,] habe ich aufgehört, an Befreiung zu einer bestimmten Zeit zu denken. Oft ist die Zeit vor mir wie das schwarze Loch eines Tunnel durch den ich hindurch muß – hie und da glaube ich das Tageslicht auf der anderen Seite zu sehen. Aber es verschwindet schnell und der Tunnel kann <u>sehr</u> lang sein.

Ich wollte Taschentücher waschen, aber es wird ja nichts trocken in dieser Zelle, wo Handtuch und Waschhandschuh vor dem Gebrauch ebenso feucht sind wie nach-her. Alles Metallische fühlt sich immer naß an. Der arme Artus jammert über seinen Seemanns-Rheumatismus und stöhnt sooft er aufsteht. Neulich war ein deutscher Marinearzt da und hat Vigliéno untersucht, vorher hatte ich ihn untersucht!!

Draußen dröhnen Schritte, Schlüssel in Schlössern, Kommandoworte immer von »vite, vite [*schnell, schnell*]!« begleitet. Namen werden aufgerufen, ich kann keinen von meinen Kameraden darunter ausnehmen! Jetzt werden welche zum Verhör ins Hotel Hermitage geführt. Gott sei ihnen gnädig! – Wie oft jetzt die Zelle kontrolliert wird! Heute nachts haben sie viermal das Licht angedreht. Seit morgens wurde eben das drittemal das Guckloch geöffnet. Und mindestens einmal des Tags kommen sie mit der Liste zum Appell. Als ob von hier ein Entkommen möglich wäre!

Gestern während des Spaziergangs wurde mir gesagt: der Convoi der abtransportierten Italiener ist von französischen Offizieren in Uniform mit der Armbinde D.W. [Deutsche Wehrmacht] übernommen worden! – Es regnet pausenlos. Heute bleiben wir in der festverkorkten Flasche. Schade. Eben kam der Postsoldat mit einem Briefe für Artus. Man erfuhr, daß von jetzt ab nur einmal die Woche, Montag, Post abgeht von hier. Es wird selten etwas besser. Bis jetzt haben die Leute hier geschrieben, wann sie wollten.

Nun ja, in Menton durften wir einmal im Monat schreiben und überhaupt keine Post empfangen!

Jetzt habe ich die Rippe Schokolade aufgemacht, die Erica mir geschickt hat, wollte nur ein Stückchen abbeißen, konnte aber nicht aufhören. Seit Jahren die erste Schokolade. Wie mir der Geschmack dieser einfachen Kochschokolade die Kindheit wachruft. Das war derselbe etwas bittere Geschmack, den die Rippen zu drei Kreuzer hatten, wie ich sie beim Greisler Steinmann am Getreidemarkt gekauft habe, wenn ich ein Sechserl Jausengeld gekriegt habe, fünf Kreuzer Obst, ein halbes Viererlaberl, die Schokolade, welche köstliche Mahlzeit, im Maria-Theresienpark, auf den Stufen des Theseustempels im Volksgarten eingenommen oder auf einer Bank am äußeren Burgplatze. – Der Kapitän hat seinen Brief gelesen[.] Er erzählt. Im Augenblicke seiner Verhaftung war ein Freund bei ihm zum Essen, völlig zufällig, der überhaupt nichts mit dieser noch irgendeiner Sache zu tun gehabt hat. Er ist 43 Tage hier im Gefängnis geblieben. Dann wurde er befreit.[12] Als er heimkam, erfuhr er, daß seine Frau tot sei. Sie war wenige Stunden später gestorben, nachdem sie von seiner Verhaftung gehört hat! Artus sagt: Die zwei haben sich seit zwanzig Jahren nicht einen Tag von einander getrennt. – Es regnet weiter. Der Nachmittag ist um 2 Uhr schon dunkel. Unmöglich zu lesen. Die zwei reden von Ungeziefer. Ich sage: »Cet été j'ai tué dans mon lit dans une semaine plus que 250 punaises; il y en avait grosses comme les tortues [*Diesen Sommer hab ich in einer Woche mehr als 250 Wanzen in meinem Bett getötet; einige dick wie Schildkröten*]!« Artus unterbricht mich leise ergrimmt »Ecoutez, j'en ai vu des tortues en Grèce [*Hören Sie, ich hab Schildkröten in Griechenland gesehen*].« Ich muß meine Aussagen überwachen. Er ist unerbittlich, und der Junge ähnlich! Aber sie sind brave Leutchen. Vigliéno verlangt von mir, ich soll ihm englische Stunden geben. Sehr gern. Aber leider hat er auch keine Ahnung von französ[ischer] Grammatik, von Grammatik überhaupt. Ich werde viel Geduld haben müssen, denn wo er nicht versteht, diskutiert er, sehr strenge auch noch. Das Gymnasium macht die Leute zwar nicht gleich zu Intellektuellen, aber es schafft doch gewisse Vorbedingungen selbstverständlichen Wissens. Der Bursch mit seiner Bürgerschule und der kleine Guénon, mit seinem bachot [*Abitur*] sind zwei verschiedenen Welten. Beim Diamino zeigts [sich]. Ich verliere meist, weil ich nicht wage, Worte zu formen, die Vigliéno nicht kennt und wie viele gibt es derer. – Crise de cafard générale [*Anfall von allgemeiner Missstimmung*]. Letztes schmutziges Licht.

---

[12] befreit] freigelassen, entsprechend dem französischen »liberer«.

Der Regen tropft, die Wasserleitung tropft – der Steinboden der Zelle ist naß, die Nase tropft. Keiner redet mehr, nur mürrische Laute zuweilen. Ich lege Patiencen. Keine will ausgehen. Brrr

Freitag, 17. Dez[. 1943]

Gestern hat der neue Wachthabende des Trakts schon um sechs Uhr das Licht abgedreht und jetzt hat er uns schon um 6 1/2 geweckt. Er ist voll Energie seiner etwa 23 Jahre, hat das E[iserne] K[reuz]. Er schreit weniger, sagt seine vielen knappen Befehle mit einem mépris [*verächtlich*]! – Wie war die Nacht lang. Ich weiß nicht, wie viel ich geschlafen, wie viel davon denkend verbracht habe. Habe plötzlich viel über Gwendolyn[13] und ihr Leben nachgedacht[.] Über ihrem Leben war kein guter Stern gewesen. Sie hats schlimm getroffen mit mir. Möge ihre neue Liebe sie entschädigen für alles Bisherige! Beim Aufstehen war der abnehmende Mond im Fenster. Das Gitter ist das erste, was ich von meiner Ecke aus immer zuerst sehe. Wie lange ist solch eine Nacht! Man weiß nicht, wie spät es ist. Ich habe nur noch drei Streichhölzer. Das Feuerzeug funktioniert nur, wenn ich es in der Hosentasche warm halte. So kann ich nachts nicht auf die Uhr schaun. Die Stille wird nur durch Schritte der Ronde [*Kontrollgang*] unterbrochen, durch das Husten und gelegentliche Schnarchen des Kapitäns. Vigliéno stöhnt zuweilen, sagt »Mon Dieu« [*Mein Gott*] oder wie heute »Oh, ma mère [*O meine Mutter*]!« Und die Züge fahren, verschieben, selten ein Pfiff. Wir sind ganz nahe bei der Bahnstrecke. Heute Nacht hörte ich zweimal Autobremsen kreischen. Nach einer Weile Schritte im Hause, Kommandoworte. Türen werden aufgerissen. Eine Stimme bettelte »Ma valise [*Mein Koffer*] …« eine laute darauf »Kriegst schon deinen alten Scheißkoffer!« Neue sind angekommen. Es regnet nicht, heute. Vielleicht Promenade? Ich werde Taschentücher waschen können. Ich huste sehr. Es ist eine gründliche solide Bronchitis geworden. Die wird mir wohl lange treu bleiben in dieser Atmosphäre.

Im Halbwachen der Nacht und besonders in der kleinen Geschäftigkeit des Aufstehens, Deckenfaltens etc bin ich voll von Bildern aus ferner Zeit und Welt: Ich gehe die Treppe des kleinen Hotels beim British Museum hinunter zum breakfast room, folge Museum Street und komme dann statt nach Southampton Road in die via Calzaidoli und schaue am Ende der vollen Straße über der ein Maihimmel emailblau steht auf Loggia dei Lanzi und davor Körbe voll Blumen, besonders Levkojen, weiß, mauve und purpurn, ich rieche den starken nelkenartigen Duft. Mein Gott, wie lange hab ich keine Blume gesehen oder gerochen. Wie lange nichts Schönes, kein schönes Gesicht, kein Tier, kein Stück unverdorbener Natur. Das hat diese Zeit so arm gemacht, daß die zum Leben unerläßlichen Freuden lediglich etwas besseres Essen, Tabak oder etwa ein petit slem beim Bridge waren[.] Denn das Wiedersehen mit Erica war zu angstvoll und aufregend als daß es gleich als Freude empfunden werden konnte. In

---

[13] Marie Thérèse Fisher (s. Einleitung, Kap. 4 und 5 sowie Anm. 38), von Rheinhardt Gwendolyn genannt.

zehn Tagen sind das acht Monate, seit ich … Es war ja vor der Verhaftung schon ein recht enges Leben gewesen, ohne die Möglichkeit irgendwohin mit der Bahn zu fahren. Doch hat es Spaziergänge gegeben, Bücher, Reproduktionen schöner Bilder, den Garten, die Katzen. Zuweilen ein Besuch von Michaux. Es war eingeschränkte Freiheit gewesen, doch Freiheit. Ich glaube, Theodora hätte solche Haft nicht überlebt[,] sie mit ihrer claustrophobie, die es auf Inseln nicht aushalten kann – Liebe! – gebe ihr [ ] es gute [ ] wahrer Freiheit. – Jetzt fällt mir ein, daß ich heute nachts ein rechtes Gebet in Versen vor mich hingesagt habe, wenn ichs doch hätte aufschreiben können. Es war ein Gebet für die Zehntausende von Gefangenen, die es noch viel schlechter haben als ich. Für die Unseligen, die nicht wissen, wo die Ihren sind, denen liebe Menschen während ihrer Haft gestorben sind. Und deren Adresse den Ihren unbekannt ist. So daß sie nie einen Gruß erhalten können zur Seelenstärkung. Die nie ein Päckchen mit Essen, Wäsche, Büchern, Tabak erhalten. Die nichts haben als was das Gefängnis ihnen gibt, wie ich in der Villa L[ynnwood]. – Aber das hat nur Wochen gedauert – und für wieviele geht das schon Monat[e], vielleicht sogar Jahre so in dieser schaurigen Verlassenheit. Herrgott, wieviel unausdenkbares Elend wird in solchen Mauern verfertigt, wieviel Gesundheit des Leibes und der Seele zerstört! Und das umdroht vom Grauen der Verhöre, von der Angst derer, die um Kameraden zittern – oder deren Schwachwerden fürchten müssen. Mein Gott! Als ob das Menschenleben auch ohne das eitel Paradies wäre! Zwei Laute begleiten leitmotivisch unsere Gefangenenexistenz: »Auf!«, dieser forte, in Mittellage; und »Raus!« in Tenor bis zum Falsett, fortissimo! – Weiter verfolgen mich Bilder von überall und erfüllen mich mit Heimweh nach der Welt. Es sind nicht nur Straßen, Gassen, Plätze, Gebäude der vielen Städte[,] die ich gesehen habe: es ist ein besonderes Licht auf Häusern, die Nachmittagssonne auf der Karlskirche in Wien, Abendlicht auf der Piazza di Spagna mit einem wolkigen Blau darüber. So süß und weh tut dieses innere Bilderbuch! – Das Essen ist vorbei. Zweimal die selbe bräunliche wässrige Suppe, im ersten Viertelliter schwammen zwei Löffel voll Kohl- und Wrucken[*Steckrüben*]stücke, genau vier Nudeln von 3–5cm Länge, nach 40 Minuten der zweite Gang, dieselbe Flüchtigkeit, 1/4 Liter, mit etwa drei Suppenlöffeln Bohnen darin. Weh denen, die davon leben müssen[,] es wird wohl auch mein Fall sein. Denn die arme Erica kann mir nicht zweimal die Woche (wie die andern es kriegen) kräftige Gerichte bringen – Sie wird ja selber Mühe genug haben, sich in dem ausgehungerten Lande zu ernähren.

Der Viertelliter Wein, den das Rote Kreuz jetzt für die Gefangenen stiftet, ist wohl eher Essig und halb Wasser, tut doch sehr gut und hilft Kalorien sparen. – Da ich das übliche Trinkgefäß (quart [*Viertelliter-Gefäß*]) nicht habe wie die anderen, habe ich eine Milchkonserven-Büchse zum Becher gemacht. Sie faßt mehr als die quarts und so habe ich einen Vorteil von dem Mangel an Vorsorge hier. Man hat mir einen Strohsack und zwei Decken gegeben, nichts anderes, nicht einmal einen Löffel. In Menton bekam jeder Neue Strohsack[,] Kopfkissen, zwei Bettücher, ein Handtuch (Größe Küchentuch) ein Geschirrtuch (Format Taschentuch) einen quart, die Gamelle [*Blechnapf*], den bidon [*Feldflasche*], den einen Liter fassenden Topf, und einen Holzlöffel. Das Geschirr aus leicht sauber zu haltendem Aluminium. Hier sind die Gamellen aus rostigem, viel gelötetem Eisenblech. Aber das ist Schuld der französ[ischen] Verwaltung, der hier alles gehörte. – Man hat uns doch eine halbe Stunde spazierengehen lassen. Die breite Hälfte des Hofes war ganz überschwemmt, so haben wir in dem spitzen Winkel im Kreise gehen müssen. Vier der Copains [*Kameraden*] aus Menton waren da. Ich erfuhr Neuigkeiten. Unsere zwei Mädchen aus M[enton] sind noch hier. Noch niemand ist verhört worden. P. hatte Zeitung gelesen. Gute Nachrichten Gottlob. – Die jungen Soldaten sind nämlich Slovaken oder Tschechen, nur wenige können ein paar Worte Deutsch. Neue Erschwerung für die Franzosen, die schon sechs nötige Worte Deutsch gelernt haben. Jetzt um 4 1/4 wird schon die Suppe verteilt. Werden sie heute noch früher das Licht abdrehen? Mein armes Stück Kerze wird noch kleiner werden heute. Und sie lassen den ganzen Tag über das Licht brennen. Geduld, alter Rh[einhardt].

Jeder Schritt aus der Zelle heraus, selbst fast jedes Öffnen der Tür oder des guichets [*Türklappe*] bedeutet angeschrien werden. Ich denke fast erstaunt, daß ich[,] der so Empfindliche von früher, so gleichgültig das hinnehmen kann. Was für ein Kohlhaas bin ich während der Militärzeit gewesen – und noch länger später. Ich wurde seelisch krank von jedem erfahrenen Unrecht. Und jetzt nehme ich all das tägliche Unrecht hin wie Brot und Suppe. Ich glaube, allmählich bin ich unverwundbar geworden. Gott gebs. – Eben, wir lagen schon auf dem Strohsacke in Erwartung des Auslöschens, hat der junge Vigliéno etwas gesagt, was mein Herz gewonnen hat. Ich wurde leicht mürrisch, weil er etwas Gesagtes mißverstand. Da sagt er plötzlich:»Ne m'en voulez pas. Vous savez, je ne suis pas très intelligent. [*Nehmen Sie es mir nicht übel. Wissen Sie, ich bin nicht sehr gescheit*].« Das hat mein ganzes Leben lang noch kein Mensch vor mir zugegeben. Braver Kleiner – ich wills ihm nicht vergessen. Und noch mehr Nachsicht lernen, ich Intellekt-Verdorbener, der in der Jugend zugleich so hochbegabt und dumm war.

Eben hat V[iglièno] das Knien auf der Tischladekante erwähnt. Mir kommt jetzt zu Bewußtsein, mit wieviel halb- oder unbewußtem Bemühen meine Tage erfüllt sind, nicht an die beiden drohenden Übel zu denken. Das andere ist, die Krankheit, die man draußen so leicht erfolgreich eindämmen könnte, während sie hier täglich weiter wächst. Ich darf ja nicht denken »die letzten guten Jahre eines Manneslebens …« sonst ist es vorbei mit dem einzigen Guten, das ich am Ende jeden Tages genieße, wenn ich die Nacht anfange, und halb betend, halb dämmernd dankbar bin, daß ich einen Tag ohne Leiden verbringen durfte, ohne zuviel Leiden.

18[.] Dezember [1943]

Samstag. Um 1/2 7 geweckt worden. Noch tiefe Nacht hinter dem Fenstergitter[.] Kalt … Während Artus die Zelle fegt, habe ich vor der Tür den Wachsoldaten gebeten, ob ich heute rasiert werden kann »Werden mal sehn …« Das geht so seit vorgestern[.] L'esprit de brimade [*Lust an der Schikane*]. – Die Beiden sprechen erwartungsvoll von ihren Paketen, die jeder von zuhause Mittwoch und Samstag bekommen. Wird etwas für mich da sein? Sollte Erica mit Christa etwas arrangiert haben? Ich hoffe es, weil es schwer ist, mit dem Gemüsewasser und 250 Gramm Brot im Tage leidlich bei Kräften zu bleiben. Und ich bin besorgt wegen der großen Ausgaben, die heute jeder

Einkauf verursacht. Ich höre, daß eine Büchse Kondensmilch 200–300 frcs kostet! Also ich fürchte und hoffe doch. Und ich möchte auch gern etwas haben, was ich mit den Beiden teilen kann, die so mit selbstverständlicher Freigebigkeit ihre hausgemachten Speisen sogleich in drei Teile teilen. Hoffentlich kommen Streichhölzer an! Mein Feuerzeug funktionniert nur, wenn ichs am Leibe trage – und dann verflüchtigt sich das Ersatzbenzin allzuschnell.

Heute nachts habe ich mehrmals vergeblich versucht, nach der Uhr zu sehen. Ich huste sehr heftig und schmerzhaft. Viele Traumfetzen haften mir wehmutschön in der Erinnerung. Ich träume so oft von Märkten, dem Naschmarkt der Kindheit, dem üppigen Markt in Ragusa, voll von Fischen, dem bunten prächtigen Cours Lafayette in Toulon mit seinen Früchten, Gemüsen und Blumen. Die Sehnsucht nach einer Welt voll guter schöner Dinge wird dem Darbenden leicht solche Träume eingeben! Draußen »Rauß«, Trampeln in dem hallenden Gange. Was ist los? Deutsche, französ[ische], slavische Worte durcheinander. Wir haben ein neueres Zeitungsblatt in der Zelle. Die Rede Edens verspricht für baldigst Entscheidungen. Es wäre Zeit! Mein Gott … Das Stückchen Welt, das ich hinter dem Gitter sehen kann, der Hügel mit seinen Terrassen leuchtet jetzt goldbraun – Morgensonne ist darauf. Die erste Sonne seit langem. Erschrocken erinnere ich mich aus all den Jahren hier im Süden, daß Winteranfang hier ja auch den Beginn der steigenden Sonne meint, den herannahenden Frühling. Ob wohl dies Jahr die Mimosen in unserem Garten schon früh blühen werden? Öfters hatten wir ja schon zu Weihnachten die ersten blühenden Zweige auf dem Tisch. Vorm[ittag] 10 Uhr. Aus der Nähe ertönt ein Pfiff – der Anfang der V. Beethoven-Symphonie. Und eine Stimme aus einem Fenster ruft laut »Depuis avant-hier Rome est prise [*Seit vorgestern ist Rom eingenommen*]!«[14] – – –

Nach dem Essen spielen V[igliéno] und ich Belotte. Ich verliere Partie nach Partie. Zweimal nacheinander Capo [*von vorn*]. Mittendrin Fliegeralarm: viele Flugzeuge sind zu hören, sie kommen immer tiefer. Wir können auch von dem Hocker, auf den ich steige, nicht einen Apparat in unserem Ausschnitt sehen … – Bout de conversation avec A[rtus]: A.: »ça c'est pas des Anglais.« Moi: »Pourquoi?« A: »Je crois, c'est pas des Anglais!«. Moi: Pourquoi croyez vous?« A., très calme: »ça c'est pas des Anglais. Je le crois.« »Mais pourquoi le croyez-vous?« A.: »Parce que je le crois.« »Pourquoi?« Pas de réponse. [*Ein Abschnitt Unterhaltung mit Artus: A.: »das sind keine Engländer.« Ich: »Warum nicht?« A: »Ich glaub, das sind keine Engländer!«. Ich: Warum glauben Sie?« A., ganz ruhig: »Das sind keine Engländer. Glaub ich nicht.« »Aber warum glauben Sie das nicht?« A.: »Weil ich's glaube.« »Warum?« Keine Antwort.*]

Endlich ist der Raseur [*Barbier*] gekommen, hat mit elendem Messer mich abgeschabt, kaum eingeseift. Muß selber Serviette [*Handtuch*] haben[,] Preis zehn frcs. Er antwortet auf keine Frage. Strenges Redeverbot. – Draußen ist Sonne. Ich kann ohne Protest das Fenster offen halten. Meine Taschentücher trocknen. Bin schrecklich hungrig … Ich wollte mein Brot erst zum Abendessen anfangen. Muß doch jetzt etwas essen, eine Schnitte Brot und ein Stück Zucker. Mittags gab es das übliche

---

[14] Rom wurde erst im Juni 1944 von alliierten Truppen eingenommen.

Gemüsewasser, hernach drei oder vier Löffel Nudeln in ihrem Kochwasser schwimmend. Das heutige Essen ist höchstens ein Viertel der Mentoner Ration. Es wäre sehr schwierig auszukommen, wenn Erica mir nicht öfters was zukommen läßt. Man muß öfter am Tage einige Bissen essen können, da man sich bei keiner Mahlzeit sättigen kann. Es ist eine Misere! Die gute Nachricht genügt doch nicht allein. Mais le moral est bien remonté [*Aber die Stimmung hat sich gebessert*]!

Sonntag, 19. XII. [1943][15]

Geduld, alter Rh[einhardt] nicht wieder rückfällig werden in die Hochmutwürde des bloody intellectuel. Artus redet ja wirklich viel Unsinn, erstaunlich viel. Aber er ist gutmutig, freigebig. Schade, daß er so gar nicht klug ist, auch nicht im einfachsten Sinne – und nicht einmal accusable [*zu tadeln*]. Oft gelingt es mir, von ihm mich amüsieren zu lassen, wenn er mir etwas erklärt. Und er erklärt mir sehr viel. So gestern abends: daß die Astrachan-Pelzmäntel aus der Decke der riesenhaften Schweife der »dortigen« Schafe gemacht werden. Welche Schwänze von den Schafen nachgeschleppt werden wie Schubkarren. Im Ganzen wird es mir nicht allzu schwer, Geduld zu haben. Ich will ja gar nicht irgendwelche Meinungen durchsetzen. Was gehts mich an, daß A[rtus] hundert falsche Behauptungen macht. Ich muß ihn ja nicht belehren. Dafür rührt mich der junge Vigliéno mit seiner Sanftmut immer wieder. Ich glaube, das ist ein echter Gewinn der seelischen Lehren in Menton an Leuten wie Le Marchand und Pedolski[,] daß ich eine gerührte Dankbarkeit empfinde, wenn ich etwas menschlich Gutes sehe. Ich meine, das ist mein Weg jetzt gewesen, daß ich für die moralischen Werte empfindlich werde, ich, der immer nur das Ästhetische und das Intellektuelle gemerkt und gesucht habe im Menschen. Wie gut wäre [] es, wenn ich jetzt in meinem Alter endlich die Schönheit der einfältigen Äußerungen des Menschenherzens recht einschätzen lernte. Ein Unterricht war für mich der kleine Guénon. Wie war der heruntergekommen gewesen in de[n] Monaten ohne Colis [*Paket*] und Geld, so blutarm und schwach, daß er beim Spazierengehen einfach umgefallen ist. Und als er dann endlich was von zuhause gekriegt hat, hat er einfach alles verteilt, er der leidenschaftliche Raucher hat seine Zigarretten sogar unter den Nichtrauchenden verteilt, daß ihm selber gerade nur für einen Tag welche blieben. Und das ohne Zurschaustellung. –

Gestern abends war ich doch etwas enttäuscht, als kein colis [*Paket*] für mich da war. Es wäre ja auch zu erstaunlich gewesen, wenn Erica mir wieder etwas hätte zukommen lassen können. Ich wünschte, sie hätte mir etwas ganz Einfaches, ein Brot, gekochte Kartoffel u[nd] d[er]gl[eichen] schicken können. Die anderen hatten jeder seinen Freßkorb. Wir haben zu dreien Vigliénos pasta asciuta [*angerichtete Nudeln*] gierig gegessen. Wie dankbar ich war. Denn ich habe im Ganzen nur den Zucker, die Büchse Milch[,] die ich lediglich am Morgen maßvoll melke, etwas Knoblauch

---

[15] In der gebundenen Manuskriptkopie steht der Eintrag 19.12.1943 auf den Seiten 5f, also vor dem Eintrag 9.12.1943; vgl. Anm. 4.

und Zwiebel mit dem Brot zu essen. Der Knoblauch täuscht so gut ein Gefühl von Sättigung vor.

Eine kleine Neuerung, vielleicht dem Sonntag zu Ehren: Statt der Messe (deren Gesänge wir hören) hat man uns eine halbe Stunde Spaziergang um 1/2 10 gewährt[.] Sechs der Mentoner waren da. »Rien de nouveau [*Nichts Neues*]?« »Rien [*Nichts*]!« Niemand ist verhört worden. Hélas, la grande nouvelle d'hier n'est qu'un bobard [*Leider ist die große Neuigkeit von gestern nur ein Lügenmärchen*]. Ich habs gefürchtet. Weißlicher Himmel, trockene Kühle. Durch die schwefelgelb gerandeten Löcher in der Dunstdecke war ein blaßes Blau zu sehen, an den Mauern da und dort schwache Sonnenflecken. Man atmet die reinere Luft, gierig. »Nur atmen, atmen« wie in Fidelio.

> Weihnachten kommt eilig heran.
> Altes Herz so leer und so voll!
> Gefangener schreib eilig dem Weihnachtsmann
> Damit er wisse, was er dir bringen soll
> (Mit Freiheit fang ich gleich nicht an.
> Die doch nur die Gestapo geben kann.)
> Was also? Daß der schnarchende Kapitän
> Als unschuldig befreit werde.
> Er kennt zwar alle Meere der weiten Erde
> Und wenn ich frage, was er denn überall gesehen
> Weiß er nur, wann die Winde überall wehen
> Und wieviel Meilen sind von Bombay nach Brest …
> Lieber Weihnachtsmann, bring zu Deinem Fest
> Einen anderen Gefangenen, einen gesprächigen Mann
> Mit Augen im Kopf und der erzählen kann
> Wie sich ihm, dem Glücklichen Welt gezeigt,
> Und der im rechten Augenblicke freundlich schweigt.
> Ich bliebe auf dem Strohsacke und ließe ihm das Bett,
> Auf das ich doch dann ein Anrecht hätte.
> Er braucht weiß Gott kein Genie zu sein,
> Noch irgendwie denken wie gelehrt!
> Aber ich lasse lieber die Reimereien.[16]

Montag, 20. Dez[ember 1943]

Im Erwachen war der erste Gedanke »Die Weihnachtswoche«. Dieses Erwarten, die Fest-ungeduld, habe ich seit der Kindheit nicht aus dem Blute verloren. … Und jetzt. Strömender Regen draußen … Die Erinnerung daß ich in der Nacht aufgewacht bin aus wirren Träumen mit der angstvollen Klarheit: Theodora gibt mich auf. In all ihrer unendlichen Nachsicht hat sie in diesen Jahren der Trennung erkannt, daß ich sie zu sehr vernachlässigt habe und sie fühlt sich los gelöst. »And I go bound – and she goes free [*Ich bin gebunden, doch sie ist frei*].«[17] Das sind die Augenblicke, in denen die sonst so streng wachsame Gedankenzensur ausgeschaltet ist – und ich weiß uner-

---

[16] Das Gedicht ist in der Manuskriptkopie S. 6 mit einem diagonalen Kreuz durchgestrichen.
[17] And I go bound – and she goes free] Textzeile einer irischen Volksballade.

bittlich meine Lebenslage: Gefangener, für weiß Gott wie lange! Bis zum Ende des Krieges! Wann ist das? Und dann Freiheit als ein armer alter Mensch, ohne Arbeit. Bis jetzt ist alles immer doch irgendwie gegangen – aber dieses Irgendwie war der Rest der Jugendvitalität. Menschen haben mich gern gehabt, mir trotz der widrigen Weltumstände weitergeholfen. – Aber jetzt? – Es bleibt nur auf Gott vertrauen, ist das vermessentlich? Verwelkte Lilie, alter grauer Sperling. Wie der Pellerin, unser Clochard in Menton, der nicht gesät hat und doch auf seine Ernte hofft.

Eben fordert der wachthabende Unteroffizier die Post ein (diesmal ein ganz freundlicher). Die einzige Post in der Woche geht von jetzt ab Montag ab. Geht sie auch ab? Die Karte wird wohl nicht zu Weihnachten ankommen. Eine magere Postkarte, und diese kleine Geste muß groß geschrieben sein, sonst wird die Karte weggeschmissen. Schade, daß das Französische nicht gestattet, so knapp zu sein wie das Englische.

Das töricht kindische Weihnacht-Erwarten hat nur einen Lichtpunkt vor sich. Mittwoch nachmittags werde ich vielleicht ein kleines Eßpaket von Erica bekommen. Und ich werde es brauchen. Denn meine Vorräte sind Zucker, die Büchse Milch, Knoblauch – das ist alles. Und das Essen hier ist gleichmäßig elend. Nicht ein Gramm Fett ist darin[.] Wrucken [*Steckrüben*] in Wasser gekocht zweimal am Tage, alle 3–4 Tage drei Löffel Spaghetti. Und 250 Gramm Brot am Tage. Und ich schulde auch den Beiden, ihnen etwas anbieten zu können, die doch so freundlich ihre von zuhause geschickten Essen mit mir geteilt haben. – Der Tag ist da, grau, grau. Also kein Spaziergang. So wird man die Stunden umbringen müssen, tant bien que mal [*mehr schlecht als recht*], warten auf das Brot, dann die Suppe. Und nachmittags wieder die Suppe (und zwischendrein doch das hilfreich unsinnige Warten auf ein kleines Wunder.) Vielleicht kommt ein Brief? Bis jetzt habe ich keine Post hierher bekommen[.] (En effet [*In der Tat*], mein letzter Brief in Menton war vom 31. August.) Dann werde ich lesen, wenn das Licht es erlaubt, Patiencen legen, Belotte oder Diamino spielen. Wenig reden. Es ist schon alles besprochen. Und mich in Geduld üben. Ich habe jetzt schon eine ziemliche Übung in dieser Tugend, die mir lebenslang so völlig gefehlt hat.

Ein kleiner optimistischer Aberglaube tröstet mich. Am Morgen war die Welt von dunklen nassen Fetzen aussichtslos verhängt. Und jetzt um 10 Uhr scheint die Sonne. Wir werden zum Spaziergang getrieben. Über den préaux [*Gefängnishöfen*], die voll Wasser standen, war ein zarter von leichtem weißem Wolkenflaum durchflogener Frühlingshimmel. Das Grün der Salate und Unkräuter hinter dem Gitter draußen tat so wohl. Trotz des starren Schweigens unseres Marsches war ich glücklich, in den hellen Himmel zu sehen. Accipio omen [*Ich nehme dies als gutes Vorzeichen*].[18] Wieder niemand verhört. Keine Nachrichten. Niemand hat noch Post erhalten von den Mentonern. – Wie verlangend denkt jeder von uns an Radio und Zeitungen, jeden Tag befürchtend, daß man Wichtiges zu erfahren versäume. Jetzt haben wir eine Zeitung, von vorgestern, in der Zelle. Nichts, einfach nichts. Le Maréchal a dit:

---

[18] Dem römischen Konsul L. Paulus Aemilius zugeschriebener Ausspruch, der eine zufällige Begebenheit als gutes Vorzeichen deutet.

»Je m'en vais pas. Je tiens jusqu'au bout [*Pétain hat gesagt: Ich gehe nicht, ich halte aus bis zum Schluss*]«.

Die Zelle ist so feucht. Nichts trocknet. Um die Wasserleitung herum ist immer am Boden ein weiter nasser Halbkreis. Und ich, der ich mein Lebtag Rheumatismus nur vom Hörensagen kannte, habe richtiges Reissen in den Beinen, jetzt einen steifen Nacken. Jetzt versteh ich besser die Klagen des Kapitäns. Und immer kalte Füße haben … Dabei haben wir ja noch Glück, daß unsere Zelle nicht nach Norden schaut, wie die erste, wo ich war. – Die Beiden fangen an, gereizt zu sein. Jede Antwort ist mürrisch. Ich schweige und bin vorsichtig. Mittags das Gemüsewasser, darin 5 halbe kleine Kartoffel in ihrem Kochwasser. Abends dasselbe. Ich kämpfe mit mir, um das Brot nicht vor abends anzufangen.

Ich sollte nicht zu genau achtgeben auf das, was der Kap[i]t[än] sagt. Mein Gedächtnis ist noch immer zu gut. Und es vermerkt dann: jetzt sagt er heute zum achten Male: Crois pas que dans les étages c'est aussi humide qu'ici au rez de chaussée. [*Ich glaub nicht, dass es in den Stockwerken auch so feucht ist wie hier im Erdgeschoss*].« Oder en Bretagne nous mangeons les pommes de terre en purée [*in der Bretagne essen wir die Kartoffeln als Püree*]. Sooft Erdäpfel dran sind. Geduld! Halb sechs. Jetzt sitz ich da auf dem zerbrochenen Hocker – zum Lesen ist das Licht zu schlecht. Mein Belotte-Partner liest auf seinem Strohsack und alle Patiencen, die ich weiß, sind eine nach der anderen ausgegangen (auf Befreiung – hélas [*leider*], es ist kein Verlaß darauf.) Und man weiß nicht, ob das Licht gleich oder in zwei Stunden abgedreht wird. Mein Bett ist gemacht, das heißt der Hausrock und das Mantelfutter in das Hemd als Kopfkissen glatt gefaltet gestopft. Daß ich Hunger habe, ist keine rechte Beschäftigung. Erst um acht Uhr habe ich mir den letzten Imbiß erlaubt, ein[e] Schnitte Brot und zwei Stücke Zucker. Hunger tut weh … und das Hirn wird davon affiziert. Man muß lockende Freßgedanken scheuchen, die sich in alles Denken einschleichen. Hunger … Jetzt hallen Schritte, das wird wohl Gueule [*Anschnauzerei*] sein, um das Licht abzudrehen.

21. Dezember [1943]

Ihr alle, die ihr den kalten bittern
Morgen der Gefangenen erlebt,
Ihr wißt, wie bleich sich hinter den Gittern
Schleppend der Tag sich erhebt.
Ihr wißt, wie wir im Gewande, nachtzerknüllt
Uns stumm durch die Zelle bewegen
Und wie der Soldat kommt und brüllt
»Schnell fegen« Das ist der Morgensegen
Der Junge ging den Stinkeimer leeren
Wir kehren auf den Strohsack zurück
Der alte Kapitän hebt den schweren
Blick zum Brot und nimmt ein Stück.
Der Junge kramt im Koffer und keucht
»Les vaches [*Schufte*]!« Man wäscht sich, na ja –
Alles ist so kalt und feucht.
Der Tag ist da.

Unterhaltung im Finstern: Der Junge zum Kapitän: »Je ne peux pas [fermer] un œil depuis trois heures, tellement vous ronflez [*Seit drei Stunden mach ich kein Auge zu, weil Sie so sehr schnarchen*].« Der Alte »Et vous-même, vous avez ronflé la moitié de la nuit [*Und Sie selbst haben die halbe Nacht geschnarcht*]!« »C'est pas vrai. Je m'en fous de tout, je veux dormir [*Das ist nicht wahr. Mir ist alles egal, ich will nur schlafen*].« »Tenez, soyons raisonnables ici [*Hören Sie, lassen Sie uns hier vernünftig sein*].« »Je veux dormir. Foutez-moi la paix [*Ich will schlafen, lassen Sie mich in Ruhe*]!« »Vous avez mauvais caractère [*Sie haben einen schlechten Charakter*].« Er dreht sich um und schnarcht. Der Junge flucht. Bald schnarcht auch er.

Eine halbe Stunde Spaziergang feuchtkalt, grau grau. Strenges Redeverbot unter Bedrohung mit Einzelhaft. Der junge Ayrrault flüstert mir kleine blagues [*Scherze*] zu – wie mir das fehlt, ein bißchen Lachen, Humor, wie man es doch in Menton etwas hatte. Hier in der Zelle geht es zu wie in der Morgue [*Leichenschauhaus*]. Ich glaube, Vigliéno hat sein Leben lang noch nie gelacht, nicht einmal gelächelt. Alles to[t] ernst und öde matter of fact [*nüchtern*]. Na ja. … Es wurde erzählt, daß die große Varbrücke vor Nice in die Luft gesprengt worden ist. Wenns wahr ist, dann farewell [*ade*] Post und Weihnachtspaket von zuhause. Ich mache energisch Toilette, das erwärmt und bessert die Moral. Es ist nicht einfach, sich hier leidlich sauber zu halten. Das Wasserleitungsbecken ist winzig und zu hoch angebracht – und was überfließt, trocknet auf dem Boden nicht. (Knurren des rheumatischen Kapitäns) Na, ich habs hinter mir und es ist mir wärmer. Zu denken, daß es Leute mit Badezimmer und fließendem heißen Wasser gibt – und unter ihnen solche, die doch nicht sehr sauber sind. Heute ist der kürzeste Tag. Der Superlativ enthält einen Trost … grau, grau; ich kann nicht lesen, so düster ists in der Zelle. Zum Schreiben brauche ich nicht viel zu sehn. Also bleibt heute außer Denken nur Belotte. – Zurück vom Spaziergang; Heute schon um 1/2 9 Uhr spazieren getrieben worden. In ganz anderer Verteilung: kein Mentoner unter den zehn der Gruppe, Fossigny, wir drei, ein französ[ischer] Capitaine, sonst Italiener, wohl unerlaubte Grenzüberschreitung. So bin ich ohne alle Nachrichten von den copains [*Kameraden*], besonders über Guénon. Aus dem Nachbarhof höre ich leises Singen »qu'on s'emmerde ici [wie langweilig es hier ist]« wie in Menton oft beim Spaziergang gesungen worden ist und beim Lagern. Die Burschen sind noch lustig. Wie schade, daß es bei uns so morne [*freudlos*] zugeht. – Überhaupt keine Nachrichten heute. Ich mache meine kleine Menage [*Haushalt*] jetzt.

So muß das Überwintern in einer Schneehütte der Arktis sein. Daß alles Leben nur in dem kleinen Raume vor sich zu gehen scheint. Draußen heulen Stürme, man hört vielleicht das Heulen von Wölfen, das Krachen des Eises. Aber das geht in einer anderen Welt vor sich, wie hier die schweren Schritte, die Rufe, ich gar nicht zu verstehen versuche[.] Die Überwinternden sprechen wohl auch nur das Nötigste, Praktische, wie wir hier. Wie lang wird der Winter hier dauern? Länger als der astronomische? –

Jetzt nach dem Mittagessen hab ich mehr Hunger als vorher. Das übliche Wrucken[*Steckrüben*]wasser, dann drei zwetschkengroße Kartoffel in einem Viertelliter brauner Brühe, das war alles. Und wieder kein Wein. Schade, er hat so schön erwärmt, wie sauer und gewässert er auch war. Jetzt schwinden schon die Hemmungen, mit denen ich noch morgens an ein Paket von Erica gedacht habe. Sicher hat sie es nicht gut in der allgemeinen Misere, aber im Vergleich mit dem … Und wir sind doch Untersuchungshäftlinge unter der besonderen Obhut des Roten Kreuzes! Na ja …

Donnerstag 23. XII[. 1943][19]

Bis in den Schlaf hinein hat mich das Warten des gestrigen Nachmittags und Abends verfolgt. Durch das Klappfenster haben wir gesehen, wie sich in der Halle draußen die Pakete aufhäuften. Dann wurde eins für Artus gebracht, dann eins für Vigliéno. Endlich wurde das Licht abgedreht, womit der Mittwoch für uns beendigt war und für mich die Aussicht auf ein Weihnachtspäckchen. Also nichts zu essen, kein Tabak. Die Beiden werden mir etwas zu essen wohl abgeben. Aber mit dem Tabak bin ich auf höchste Sparsamkeit angewiesen, Artus raucht nicht, Vigliéno hat selber sehr wenig.

Also hat die liebe gute Erica keine Möglichkeit gehabt, herzukommen! Sollte es doch wahr sein[,] daß die Brücke über den Var gesprengt ist und der Verkehr unterbrochen. Aber die Zwei da haben ihre Sendungen doch auch aus Westen, aus Cannes bekommen. Wie immer es sei – ohne triftigen Grund ließe Erica Weihnachten nicht vorbei gehen, ohne mir eine Freude zu machen, auch wenn sie sich nicht klarmachen kann, wie sehr nötig man hier einen Verpflegungszuschuß hat. Wenn ich ihr doch geschrieben hätte, sie soll mir durch die blonde Grazerin in Nice ein halbes Brot pro Woche bringen lassen, das wäre schon eine große Hilfe gewesen. Nun, tant pis [*kann man nichts machen*]. Jetzt sitzen die Beiden da und schmausen – und ich schaue emsig nicht hin … Mein Husten wird immer schlimmer, habe auf eine Tube Codoform[20] gehofft. Nicht mehr daran denken! – Es wird klar draußen. Die Zelle ist jetzt um 8 Uhr schon hell. Gottlob, man wird lesen können. Sonne auf dem Hügel drüben … Côte d'Azur Wetter wie zu so vielen Weihnachten, die ich hier im Süden verbracht habe. Dieses Weihnachten wird eine Obsession, gegen die ich schwer ankämpfen kann[;] wenn ich doch irgendein Gespräch führen könnte. Aber das ist einfach unmöglich. Artus hört nie zu, bereitet sich nur immer auf lapidare Aussagen des Selbstverständlichsten vor, und V[igliéno] repetiert vor mir wörtlich, was er gelernt oder gehört hat. Z.B. ich spreche den Namen Rousseau an. Er sagt: Jean-Jacques. Etait un Suisse [*Jean-Jacques. War ein Schweizer*].« Oder »Oui, la France a eu en tout temps les meilleurs poètes et écrivains [*Ja, Frankreich hat zu allen Zeiten die besten Dichter und Schriftsteller gehabt*]!«. Folgt eine Liste von Namen und Werken – ohne Commentaire oder persönl[iche] Bemerkung. Er erinnert mich an die Reden der herrlichen Züs Buenzlin.[21] Aber ich darf nicht undankbar sein. Es sind doch brave Leutchen – nicht zum Umgange mit so einem Bildungsuntier wie ich gemeint . – – –

---

[19] Der Eintrag schließt in der Handschrift auf halber Seite an den Eintrag 21.12.1943 an.

[20] Codoform] Codein und Brom enthaltendes Medikament, das in der Zwischenkriegszeit verbreitet war.

[21] Züs Buenzlin] Weibliche Figur aus »Die drei gerechten Kammacher«, einer Novelle des schweizerischen Dichters und Schriftstellers Gottfried Keller (1819–1890).

Wenn abends das Licht gelöscht wird, ist Redezeit für die Zwei. Vigliéno sagt seine Kenntnisse auf, wie Lektionen: Geschichte, Literatur, Namen von Werken und Autoren ohne jede persönliche Zutat, und Artus redet, was, ich weiß nicht … Über alles außer Fischfang und Navigation völlig incompetent, selbst über die primitivsten Dinge des praktischen Lebens. Wenn er doch öfters vom Fischen redete, aber allzuviel ist ja auch darüber nicht zu sagen. Bin ich anspruchsvoll? Ich habe doch stets gern einfachen Leuten lange zugehört, wenn sie aus ihrer Erfahrungssphäre erzählten. Aber ich kann das einfach nicht. Ach Gott, wenn ich jetzt über die plaine [*Ebene*] in Lavandou gehen könnte oder über La Vieille nach Bormes.[22] Und meine Lungen säubern und die Augen auch von den Monaten der Zellenwände … Ich mache weiter Ordnung, dann lese ich weiter Bibel, trotz der Unlust an der Übersetzung und der Ermüdung meiner Augen durch die kleine krause gothische Schrift. Jetzt versteh ich Theodora, die immer sagte, daß der gothische Druck ihre Augen so müde mache. Hungrig! Sehr hungrig. Mittags gabs das übliche braungraue Gemüsewasser – dann Bohnen, wirklich schmackhaft zubereitet – aber höchstens eine kleine Untertasse voll. Ich mußte doch mein Brot angreifen. Und heute auch kein Wein, der doch ein Gefühl von Sättigung gibt. Tant pis [*Schade*]!

22. Dezember [1943]

In der rechten Nachbarzelle, No 95, wurden am zweiten Tage hier Guénon und Saubain untergebracht. Eine Zeitlang konnte ich sie am frühen Morgen sehen, wenn die Zellen gefegt werden und man einen Augenblick vor die Tür treten kann (indessen wird auch die Tinette geleert[)]. Jetzt ist es schon sechs Tage, seit ich keine Spur von den Beiden gesehen habe. Auch auf Klopfen an die Mauer kommt keine Antwort. Sollten sie schon fortgebracht worden sein? Um Guénon, den kleinen Flieger, bin ich recht besorgt. Eben sprach Vigliéno zu mir. Ich wollte ihm etwas erklären – und hielt mitten drin ein. Plötzlich erinnere ich mich, daß ich das seit Jahren an älteren Freunden, Jakob,[23] Hessel[24] u.a. beobachtet habe: daß sie mit Eifer sich daran machten, etwas mitzuteilen – und dann plötzlich mit einer sonderbaren Geste der Hand sich unterbrachen und schwiegen. Diese wie abwinkende Geste habe ich eben auch gemacht. Dieses Verstummen und Abwinken geschehen wohl, wenn man sich der Unmittelbarkeit des Meisten bewußt wird – und man verzichtet …

In dieser Nacht, wie in vielen anderen, bin ich aufgewacht mitten in die Wirklichkeit meines Lebens, in das Wissen um alles Verlorene … Es ist ein langes mühseliges Tun, sich dann in die Scheinwirklichkeit des Gefangenenlebens mit seiner mühsamen Hoffnung einzuwickeln wie in die Decken. Das zu erlernen ist das wichtigste Seelenhandwerk des Häftlings. Ich kanns schon ganz gut, bei Tag ist es leichter. Jetzt

---

22 La Vieille, Bormes-les-Mimosas] Ortsteil und Nachbargemeinde von Le Lavandou.
23 Jakob Wassermann (1873–1934), deutscher Schriftsteller und Romancier, in Wien Förderer Rheinhardts.
24 Franz Hessel (1880–1941), Schriftsteller und Übersetzer, Lektor des Rowohlt-Verlags; mit Rheinhardt im Lager Les Milles interniert. Er starb 1941 in Sanary-sur-Mer.

im Morgengrauen geht dieses Als-Ob ganz trefflich. – Sobald es lichter ist, werde ich Strümpfe stopfen. Heute, Mittwoch, ist der Tag, an dem Pakete zugelassen sind. Mit Besorgnis denke ich, ob etwas für mich kommen wird. Das nächste Mal ist erst wieder Samstag. Dazwischen liegt Weihnachten. Wenn ich doch nicht daran denken müßte! Aber das gehört ja mit zur Technik des Zeitverbringens im Gefängnis, daß man von einem Einschnitt zum anderen sich [mit] ein klein wenig Vorfreude als Gegengift gegen die Monotonie weiterhilft. – Noch sitzt jeder von uns auf seinem Strohsacke, auf das Blaugrau im Fensterausschnitt starrend, noch ein kleiner Übergang, ehe man Mut findet, den Tag anzufangen. Aber wieviel schwerer ist dieses Wiederanfangen, wenn man nicht von dem kleinen Glück der Morgenzigarrette getröstet ist! Noch habe ich für eine kleine Weile zu rauchen (Dank, liebe Erica!), aber diese tabaklosen Tage werden auch wiederkommen, wie in Menton sie gekommen waren. Aber noch hab ich für eine Woche. Eben habe ich [die] letzte Ampoule [*Ampulle*] dieser elenden Mischung von Benzin und Spiritus in mein Feuerzeug gefüllt. Das reicht nur für zwei Tage. Und das brennt nur, wenn mans stets in der Tasche hält. Sonst muß mans reiben wie die Wilden ihre Hölzer, um es zu erwärmen: was wird sein, wenn das bißchen verbrannt ist. Streichhölzer hat niemand – sie fehlen ja auch draußen (man sagt, eine Schachtel für zehn Tage.) Vielleicht hat Fossigny etwas Benzin? Werde versuchen, zu signalisieren.

Halb neun. Der Tag ist da – eine trübe graue Sauce ist übers Fenster geschmiert. Trotz der noch brennenden Lampe kann ich nicht sehen, was ich schreibe. Also Schluß.

Grau schleppt sich der Tag hin. Ich betäube den Hunger mit einem Stück Zucker, liege auf dem Strohsacke, lasse Bilder an mir vorbeiziehn. Viele enden mit einem jähen Schmerz im Herzen. Mir fällt ein: als Bub hatte ich eine schöne Briefmarkensammlung, aus der viele der schönsten Stücke mir von einem erpresserischen Schulkollegen abgenommen worden sind. Und [als] ich hernach an den Satz Oldenburg mit dem stehenden Pferde dachte und an die bunten Guatemala mit dem Papagei, tat mir das Herz ebenso weh wie jetzt, wenn ich mich plötzlich vor einem Schaufenster in Avenue de l'Opéra oder der Kärtnerstrasse mit einer jungen Frau stehen sehe, oder ich Bahnhöfe, das Einsteigen in einen Schlafwagen sehe. Das alles ist mein gewesen wie vordem die verlorenen Briefmarken. Verlorene Welt tut weh hier in der Oubliette [*Verließ*]. Grau schleppt sich der Tag hin. Die Beiden reden nichts, und das ist gut, denn was sie jetzt sonst sagen fühlt sich trocken wie Sägespäne an. Augen zumachen und auf tröstliche Bilder warten und das Wehtun mit in Kauf nehmen. V[iglieno] fragt mich jeden Tag mehrmals: was heißt das »Jawohl!« Ich wiederhole »Si.« Er wird wieder fragen./ Eben vom Spaziergange zurück finde ich drei Briefe von Erica, die Liebe. Sie will heute und morgen hier in Nice sein, um mir ein Weihnachtspaket zu bringen. Das sind auch für sie traurige Weihnachten, im Zuge verbracht, die Liebe – aus den Briefen sehe ich, daß sie die warmen Hemden längst gebracht hat und die Italiener sie genommen haben. Was die alles genommen haben! Also krieg ich endlich doch Post! Nach drei Monaten zum erstenmale Briefe. Das ist ein großer Trost!

Wie weh-schön war diese halbe Stunde Spaziergang, unter dem glasklaren Mistralhimmel. Heute hätte man reden können, aber niemand wollte. Keine Mentoner mit uns. Fossigny steckte mir eine Tube Benzin zu. – Nur atmen, atmen! Es gibt noch Sonne auf der Welt! Wie gelbgrau unsere Gesichter alle aussahen in dem klaren Lichte – nur ein junger neu-arretierter Italiener hatte menschliche Farben. Aus den Neben-Préaux [-*Gefängnishöfen*] klang gedämpft Guénons Leiblied und ich erkannte seine Stimme:

Ils ont des chapeaux ronds
Vive les Bretons
Vive la Bretagne ...[25]
[*Sie tragen runde Hüte*
Hoch leben die Bretonen
Hoch lebe die Bretagne]

Gestern abends haben wir durchs Fenster ein paar Worte gewechselt. Er und Saubain sind doch noch da. Sie sind mit einem siebzigjährigen Belgier, der nie zum Spaziergang mitkommt. Zweimal habe ich morgens vor der Tür ihn Augenblicke lang gesehen. Ein kleiner Mann mit einem mageren wächsernen Greisengesichte.

Also ist Erica in der Nähe. Es ist erfreulich für mein leibliches Wohl – doch wüßte ich sie lieber zuhause, mit der Aussicht auf einen Weihnachtsabend mit einem kleinen Föhrenbäumchen wie in den Jahren allen. Ich dachte, sie würde den Abend mit Raymonde und den Kleinen verbringen. Indessen ist ein kleines Paket für mich gekommen. Ein Rebhuhn (seit Jahren habe ich dergleichen nicht gesehn!) Damit ist ein köstliches Weihnachtsessen garantiert[.] Ein Päckchen Zigarretten (die arme Erica schreibt, Zigarretten seien unauffindbar geworden. Ich weiß, daß sie alle Anstrengungen macht und kein Opfer scheut, – schlimm muß es draußen in Frankreich aussehn!) Und jetzt ist Erica vielleicht nur ein paar hundert Meter von mir entfernt ... Ein schmerzlicher Trost[,] und die Liebe hat die lange Reise gemacht, bleibt zwei Tage hier, damit der kindische alte Mann sein Weihnachten habe. Wie tief verwurzelt dieser Weihnachtskomplex in mir und wohl in den meisten Leuten ist, die eine christliche Kindheit gehabt haben! Gut wird es sein, wenn das vorbei ist und der Zellenalltag nicht voll unangebrachter Erwartungen mehr ist./ Um 2 Uhr Fliegeralarm. Elf mal heulte die Sirene durch den sonnigen Tag. Keine Avions [*Flugzeuge*] zu hören. Arme Erica. Ob sie in einen Unterstand flüchten mußte? Wir Zwei hier schweigen[,] nur Artus redet die ganze Zeit, wie gefährlich das Gefängnis liege, sie werden sicher die Eisenbahn-Reparaturwerkstätten nebenan bombardieren. Er redet noch, ich höre nicht hin. Das Nichthinhören habe ich schon sehr gut gelernt. Und [an] das Antworten mit einem Grunzlaute haben [sich] die zwei auch gewöhnen gelernt[.]

Liebe Erica – ich denke an die Nymphenburgerstrasse in Berlin, an Castiglionello, Rom, Paris, Fontenay-aux-Roses, Hartenstein, Wien, an die Jahre alle in unserem Lavandou. Jetzt lernt sie Nice für mich kennen, ohne mich. Wann wird man sich wieder sehen[.] Fünf Uhr: den sonnigen Tag über hielt ich das Fenster offen[,] jetzt wird es jäh kalt. Was für ein herrlicher Himmel steht im Fensterausschnitt, ein Himmel von Watteau, alle Töne von lachsrosa, gelb und blaßlila vor dem erblassenden Blau. Schade ... Die Zelle riecht nach Tinette, ungewaschenen Menschen und dem Kohl,

---

[25] Refrain eines französischen Volksliedes.

den Artus von zuhause gekriegt hat. – Die Türklappe wird aufgerissen: das Abendessen, das Gemüsewasser, völlig kalt. Wenns wenigstens warm wäre. Jetzt frierts[.]
Mein Gott[,] Gnade uns in dieser Zelle, wenn es stark frieren sollte. Traurig denke
ich an meine schönen warmen Wollhemden, die jetzt ein Maresciallo dei Carabinieri
[*Stabsfeldwebel der italienischen Militärgendarmerie*] trägt. – Vigliéno verteilt die
Speise, die er geschenkt bekommen hat: Polenta und ein Stückchen bœuf bouilli
[*gekochtes Rundfleisch*]. Es wäre gut, wenns nicht eben auch kalt wäre! Wie unwillkürlich jeder – ich auch – diese Teilung überwacht. Da man ja selber auch teilen muß
… Für eine Weile ist der Hunger gestillt, der heute besonders an mir genagt hat. Mein
Paket bleibt für morgen abends bewahrt. Wieder der Moment vor dem ungewissen
Lichtauslöschen. Die Beiden lesen – mir ist das Licht viel zu schwach – oder vielmehr
meine Augen sind es. Ich habe alle Patiencen gelegt, die ich weiß[.] Jetzt sitz ich auf
dem Strohsacke und warte[.] Dann gibt es noch das mühvolle »Reden«, nachher endlich darf ich mich allein fühlen, Augen schließen, denken, träumen, mir Geschichten
erzählen wie in der Kindheit. Aber ich versuche auch, mir die eine Geschichte klarer
zu erzählen, die ein Roman werden sollte, wenn ich die rechte Form in mir vorfinde,
eine klar vor mir stehende Figur und eine Handlung organisch zueinander zu bringen.
Ob ichs nicht doch versuche, hier daran zu schreiben – trotz der Unruhe um mich,
trotz der Last, die auf mir liegt und die für Stunden wegzuwälzen, ich alle meine
schwache Kraft aufwenden muß. –

In Ericas Päckchen war ein Stück Seife. Ich weiß, es ist abgeschnitten von dem
großen Stücke Marseiller Seife, das mir Theodora vor 3 1/2 Jahren zurückgelassen
hat. So spüre ich die liebevolle Fürsorge bis in diese traurige Zelle hinein. Und ich
kann so gut gewaschen sein, wie es diese Höhle nur zuläßt. Wie sehr das in ihrem
Sinne ist, der Lieben, so tief Sauberen! Jetzt höre ich Schritte näherkommen, das
wird wohl schon das Auslöschen sein – Doch nicht! Ich denk an Euch, Ihr Lieben,
Erica, Theodora, Gw[endolyn] und Bernhard[26]. Wie sehr wir alle getrennt sind. Wenn
Gott uns das Überleben gönnt, werden wir noch so zueinanderfinden können, wie vor
der Weltkatastrophe. Ich denke an Theodoras Worte »Surtout il faut survivre – nous
pourrons être heureux après [*Vor allem muss man überleben – glücklich können
wir danach sein*] … Heureux? Que Dieu nous donne d'être unis et bons l'un envers
l'autre. On aura tellement besoin de beaucoup de bonté! [*Glücklich? Gott gebe uns,
dass wir einig und gut zueinander sind. Wir werden so sehr viel Güte brauchen!*]
Ich denk an Euch, Ihr Lieben[.]

24. XII[. 1943]

Schlechte Nacht voll Erwachen aus traurigen Träumen[,] schmerzhafter Husten.
Beim Aufstehen unaufhörlich Monologe der Beiden über Personen, nicht Rede und
Antwort, sondern paralleles Reden von verschiedenen Leuten. Ich schweige. Artus
begann den Tag mit Klagen über das schlechte Wetter. Der Frühmorgenhimmel ist

---

[26] Bernhard Jirku, slowenischer Arzt, besuchte den langjährigen Freund Rheinhardt mehrmals
in Le Lavandou, vgl. DÖW 11601/a Brief EAR 9.11.1938 an GW.

natürlich weißlich. A[rtus] murrt: »Toujours le ciel couvert [*Immer noch bedeckter Himmel*]!« Ich hüte mich, auf alle seine inkompetenten Reden zu antworten. Der Seemann inkompetent sogar beim …! Schweigen, denken, etwas zu diesen Leuten reden. Vigliéno hat Tomaten von zuhause erhalten und will jetzt vor 8 Uhr morgens einen Salat für alle machen mit viel Knoblauch, Zwiebel und Essig. »Ça se fait beaucoup [*Das ist üblich so*]« sagt er. Ich sage »Faites toujours – mais pas pour moi [*Machen Sie nur – aber nicht für mich*].«

Strahlender blauer Morgen – Habe jetzt Taschentücher etc gewaschen, heute kann man auf Trocknen hoffen. Ich werde das offene Fenster zäh verteidigen. – Wenigstens hat Erica einen schönen Tag in Nice. Hoffentlich fährt sie früh nachmittags, um abends noch zuhause zu sein. – Jetzt sitzt man und wartet, auf das Rasiertwerden, den Spaziergang. Zu dem großen allgemeinen Warten hier, gibt es immer noch ein kleineres aus irgendeinem Anlaß. Ich bin sehr enttäuscht. Il y règne la pagaïe comme chez les Français. Et encore – on en souffre et on en profite de quelque manière. [*Hier herrscht Durcheinander wie bei den Franzosen. Und doch – man leidet darunter und man hat auf eine Weise einen Vorteil davon*]. Heute nachts dachte ich plötzlich: nicht das bewußte manifeste seelische Leiden zeichnet den Menschen die Leidenspuren ein. Vielmehr das halb- oder unbewußte fast animalische Leiden, das weiter und weiter geht, das verändert Structur und Form. Das macht, daß die Gesichter sich kaum mehr glätten. – Heute habe ich das letzte Päckchen der guten italienischen Zigarretten aufmachen müssen, die mir noch von Menton geblieben sind. Sie heißen noch A.O.I. (Africa Orientale Italiana)[27][.] Ein Abschnitt der Gefangenschaft ist zu Ende. Das erste Nice war schlimm gewesen – wie wird das zweite werden? Wenn es mir zu arg erscheinen will, tröste ich [mich] mit allem Positiven, das ich doch habe. Z.B. daß ich einen Strohsack habe, warme Kleider, Post bekommen kann, zuweilen ein Paket, daß ich noch etwas zu rauchen, Bücher habe, schreiben kann. Daß die Zwei da nur öde, aber nicht bösartig sind. Schade, schon vorbei die halbe Stunde atmen in der reinen Luft. Auf der einen Mauer des préaux [*Gefängnishof*] war bis in Kopfhöhe Sonne. Es war wie ein nordischer Aprilmorgen. Drei Mentoner waren heute mit uns. »Rien de nouveau? [*Nichts Neues*]? Pas d'interrogatoire [*Kein Verhör*]?« »J'ai reçu un colis [*Ich habe ein Paket bekommen*]!« »Ça va [*Wie gehts*]?« Das sind die Bemerkungen, unterbrochen von den drohenden Zurufen des Soldaten mit der Mitraillette [*Maschinenpistole*] im Söller oben. Wieder für 24 Stunden in der Zelle. Nur Unterbrechung, wenn man zum Coiffeur hinausgelassen wird. Falls er kommt. V[igliéno] fragt, ob ich Diamino spielen will. Eh bien – little fun [*Na schön – wenig Freude*]. Er wills mir zeigen, gewinnen, legt immer dieselben Worte, kennt den Ehrgeiz des echten Diaminospielers nicht, seltene Worte zu formen. Und dann fragt er mich noch immer wie schreibt man das, mit e, mit … – – –

V[igliéno] will keine Revanche spielen, schmollt, weil ich ihm gesagt habe, es sei nicht lustig, wenn er immer dieselben Worte lege wie ich. Ich muß vorsichtig sein. Die Sitten und Gebräuche nicht kluger Leute werden mir leicht unverfolgbar, da hört

---

[27] A.O.I.] italienisches Kolonialgebiet in Ostafrika 1936 bis 1941.

die übliche rationale Psychologie bald auf. Nun, was will ich denn? Sie lassen mich leidlich in Frieden – Das Mittagessen: wie immer sonst. Der Wein scheint endgültig aufgehört zu haben. Sehr schade! Aber man denkt nicht mehr daran. Man hat hier gelernt, leicht zu verzichten. Das hat mir notgetan. Heute zum ersten Mal ein Unteroffizier Diensthabender, der nicht schreit, sondern höflich auf eine Frage antwortet.

Ein Vers aus einem Gedichte verfolgt mich, das ich vor 25 Jahren geschrieben habe »Oh Mensch, ich habe Sehnsucht nach Dir!« Ich habe Sehnsucht nach dem schön-Menschlichen, nach hellem Verstande, nach zarter Sensibilität, nach dem, was von Traum und Sehnsucht in edlen Menschen zu ahnen ist. Nach schönem Gemeinsamen mit dem Anderen. Ich möchte wieder mit Einem reden können, mit dem ich nicht nur die Misere hier gemeinsam habe, das Fressen, die Sordidität, das Scheissen auf der Tinette – alles das, was das Eigentliche Menschliche vorher gewesen war und dessen ich entbehren muß[.] Entbehren sollst du, entbehren. Du, der du so viel von allem gehabt und immer noch mehr gewollt hast. –

Eben wurden Eßpakete für A[rtus] und V[igliéno] gebracht. Der Bringer war ein blutjunger tschechischer Soldat. Sein slavisches Gesicht war ein freundliches Grinsen voll Sympathie. Wie wohltuend war das. Er versteht unsere Lage, ein Mitmensch. –

Die Sonne hat sich bemüht zu zeigen, daß sie frisch gewandet ist. Zwei Stunden lang war oben auf der rechten Zellenwand ein Viereck Sonne, nur vom Schatten der Gitterstangen durchgestrichen. Jetzt verblaßt es schnell wie der Himmel. Der Junge saß die ganze Zeit und schrieb Neujahrskarten und stellt Fragen: »Comment écrit-on à une dame âgée [*Wie schreibt man an eine alte Dame*]« etc. Staunend denke ich, daß auch ich einstens Stöße von Briefen und Karten zu den Feiertagen in viele Länder geschickt habe. Und auch derer nicht wenige bekommen habe. Jetzt kann mir nur die liebe Erica mehr schreiben. Aber wie dankbar bin ich dafür!

In der Halle draußen Trampeln, Rumoren, Kommandorufen. Eine lange Kolonne von Frischverhafteten ist eingebracht und hier aufgestellt worden. Jetzt werden sie in das übervolle Haus verteilt. »Pas de veine d'être arrêtés à Noël [*So ein Pech, an Weihnachten verhaftet zu werden*] …« Sechs Uhr. Gottlob der Weihnachtsabend geht zu Ende[.] Wir haben in Anbetracht der Umstände erstaunlich gut gegessen, dank Erica und den Angehörigen der Beiden. Der Vogel, ein Tomatensalat, Kuchen, Mandeln, jeder einen Becher Wein. Von Seiten des Gefängnisses wurde der Abend ignoriert. Man gab uns das Gemüse in seinem Wasser, drei halbe Kartoffeln in ihrer Jauche. Keine Geste, nichts. Draußen rumort es weiter. Die unseligen Neugekommenen werden hin- und hergeschoben. Jeden Augenblick wird das Guckloch auch hier aufgerissen: ob man nicht doch noch Einen in unsere Zelle legen könne. Zum Glück geht das doch nicht. Jetzt wartet man aufs Auslöschen – das Gerede flaut ab. Ich warte aufs Alleinsein auf meinem Strohsacke, auf mein stilles Weihnachtsfest mit meinen Lieben. Gott segne sie!

Weihnachtstag [25. 12. 1943]

Schlechte, traurige Nacht. Das Haus voll Rumorens[.] Immer wieder das Kreischen der Bremsen von Camions [*Lastwagen*], die ankommen. Wie oft wurde das Licht

angedreht zur Kontrolle. Es war bald nach sieben Uhr abgedreht worden, wir redeten
noch ein wenig, wie sonst[.] Um 8 wird das Guckloch aufgerissen »Maul halten!« et
in terra pax hominibus bonae voluntatis [*und Friede auf Erden den Menschen guten
Willens*].[28] – – –

Die unglücklichen Neuen! Wie üblich haben sie die erste Nacht ohne Strohsack
verbringen müssen. Die sternklare Nacht war kalt. – Ich konnte keine Glocken der
Mette hören. Ich dachte an die Mette in Santa Maria Maggiore[29] … an zuviel fernes
Schönes, in der verlorenen Welt, in der Unwiederbringlichkeit – und konnte nicht viel
Versprechensvolles mehr finden. Jetzt bin ich die dritte Woche in dieser Zelle. Plötz-
lich fällt mir ein, daß ich, seit ich hier bin, auch nicht eine Minute lang gelacht habe,
ich der ich so gern gelacht habe, noch in Menton malgré tout [*trotz allem*]! In der
Nacht. an die Zwei da denkend, fiel mir ein: das ist meine Strafe für all den geistigen
Hochmut meines Lebens, daß ich jetzt … Jetzt um acht Uhr morgens trinken die eine
Flasche Wein, ich refüsiere natürlich. Wie schade um den Wein. Mittags und abends
wird es keinen Tropfen mehr geben … Tant pis. [*Schade*]. V[iglléno] sagt äußerst
mürrisch:»Natürlich wird Ihre Bronchitis nie mehr gut werden, wenn Sie sich zum
Waschen ausziehen …« Er riskiert nichts. Seine »Festtoilette« bestand darin, daß er
sich die Haare vor dem Kämmen befeuchtet hat. Beide putzen sich nie die Zähne.
Warum also heute? Ja, es gibt alles. Schade, V[iglléno] ist so ein hübscher Bursch.
Er hat eine Freundin, die dreißig ist. Die arme – oder hält sie es damit ebenso? –
Aber warum sollen die sauber[er] sein als alle die großbürgerlichen Leute, die ich
in Menton, selbst im Sommer gesehen habe, wie sie zum Waschen stets das maillot
[*Leibchen*] anbehalten haben. Nun, wie Jakob W[assermann] gesagt hat »Es gibt
fast alles«. – Dafür bin ich seit 9 Tagen unrasiert, wie ein Clochard. Der Coiffeur ist
gestern nicht gekommen. Ich hatte gehofft, daß Erica mir die Rasiersachen schicken
werde. Rasiertsein wirkt sich stets günstig auf die Moral aus.

Ein leuchtender blauer Tag ist vor dem Gitter. Jetzt klingt lauter das Harmonium
und die Häftlinge drüben bei den »droit commun [*nach gemeinem Recht Inhaftier-
ten*]« singen die Meßgesänge. Für die »Politischen« gibt es dergleichen nicht. Ich
schaue auf den strahlenden Himmel draußen, denke an unseren Garten – ob wohl
wieder hinter dem Hause jetzt die ersten Mimosenkügelchen offen sind. Ich glaube
den Duft zu fühlen … Wir in den Käfigen haben kein Anrecht an den Jahreszeiten
und den Gaben der Erde – Für uns geschieht der Gang des Jahres nur, soweit es
wärmer oder kälter, heller oder finsterer in der Zelle ist. –

Jetzt läuten Glocken in der Stadt, der großen Stadt Nice; von der man hier nichts
hört und weiß. Plötzlich muß ich hie und da an die Promenade des Anglais denken,
das Meer … Gegen Mittag werden wohl viele geputzte Leute in der Sonne spazieren gehn, dann in die Restaurants, in Freundeshäuser zum festlichen Tische, lachen,
plaudern, einander die Geschenke aufzählen. Aber auch unter ihnen haben viele einen
Gefangenen, an den sie denken. – Spaziergang genau 11 Minuten. Schade, die reine

---

[28] et in terra …] Engelshymne aus der Weihnachtsgeschichte des Lukasevangeliums.
[29] Santa Maria Maggiore] Papstbasilika in Rom.

62

Luft hat so wohl getan. Wieder neue Gruppierung, lauter unbekannte Gesichter. Ein paar ganz junge Italiener. Feiertagsmelancholie – ou plutôt crise de cafard [*oder vielmehr Anfall von Missstimmung*] – – –

In Menton war es mir immer stärker aufgefallen, wie seit dem Abtransport »unserer Juden« (die ja extra unerfreuliche Exemplare waren) habe ich unter diesen mehr oder weniger gaullist[ischen] Leuten eine einheitlich antisemitische Haltung gemerkt. Und jetzt, unter diesen soviel primitiveren Leuten hier wiederholt sich das nur viel gröber. Sie reden ununterbrochen von Personen – und fortwährend die Frage »Est-ce un juif [*Ist das ein Jude*]?« oder den Zusatz »Ce sale juif [*Dieser dreckige Jude*]!« Es scheint mir, daß die Juden in dieser so schweren Zeit für sie es gründlich verstanden haben, sich sogar alle die zu Feinden zu machen, die pol[itisch] auf derselben Seite stehen[.] Und hier wie dort habe ich gehört »Das darf nicht sein, daß nach dem Kriege die Juden die eigentlichen Sieger sein sollen.« – – –

Ich wurde aufs Erfreulichste unterbrochen: ein großes Paket von Erica ist gekommen, eine Menge zu essen, ein Föhrenzweig mit Silberflitter und einem Kerzchen. Und Besteck, ein Glas, zwei Flaschen Wein (wie lange habe ich kein Glas mehr gehabt!) Rasierzeug, Papier, Bücher, Zigarretten, soviel liebe rührende Kleinigkeiten! Die Liebe Gute! Sie weiß, wie man Freude machen kann! Dank, mein altes liebes Menschchen! Gott segne sie für die Treue! – Die Anderen haben auch Freß-Sendungen gekriegt. Heute wirds nicht so hungrig hergehen in der Zelle wie sonst. – Bücher gibts, das Dominospiel von zuhaus. Und ein Besteck wie zuhause, blitzblank inoxydable, Löffel, Gabel <u>und</u> <u>ein Messer</u>. Unglaublich solche Schätze!

Nachmittags: wir sind alle drei leicht apoplektisch [*schlaganfallgefährdet*]. Wir haben richtig gegessen – weiß Gott nicht pantagruelisch[30], gerade nur so wie französ[ische] Kleinbürger alle Tage, nicht Sonntag, zu essen pflegten. Aber unsere Mägen und Gefäße, an Gemüsejauche gewöhnt, sind überanstrengt von der normalen Art zu essen. On est lourd et va faire la sieste. Quand même, c'est bien, ne pas avoir faim après le repas [*Wir sind schwerfällig und werden gleich Mittagsschlaf halten. Und doch ist es gut, nach dem Essen keinen Hunger zu haben*]. Das Gefängnisessen war wie alle Tage, nur ein papierdünnes Stückchen Fleisch, etwa 3x4 cm groß, Gewicht zwischen 20 und 30 Gramm. Das Rote Kreuz hat sich angestrengt und jedem walnußgroße grüne Mandarinen austeilen lassen, zwei für jeden. Da ziehe ich noch den sachlichen je-m'enfoutisme de la prison [*Gleichgültigkeit des Gefängnisses*] vor. Aber wir haben alle drei etwas von zuhause gehabt, Gottlob. Das Schönste war, mit blitzendem Besteck zu essen und den anständigen Wein aus einem Glase zu trinken. Ich bin voll und behaglich ausgestreckt auf dem Strohsacke – so hat man doch seine Art von Fest gehabt, auf die Menschenart, die frißt, um zu feiern. Wie sollten wir Ausgehungerten es anders halten. Ich wünschte, daß Erica auch was Rechtes zu essen gehabt hat und nicht alles mir gegeben hat! –

---

[30] pantagruelisch] deftig; nach der Romanfigur Pantagruel des französischen Dichters Rabelais (1490–1553).

Ich habe Neues Testament gelesen, trotz Widerwillen gegen die moderne Übersetzung (Mühlheimer Ausgabe), mit Freude das Lukas Evangelium, das ich ganz
vergessen hatte. Wie schlicht und ansprechend ist es in seiner Sachlichkeit. Muß öfter
vergleichend Evangelien und Apostelgeschichte lesen.

Es dämmert. Der Sonnentag ist also vorbeigegangen, verlungert, wie es das Gesetz jetzt will, das uns zur Trägheit[,] zur Untätigkeit verurteilt. Ich kämpfe mit
Gedanken dagegen an! Ich darf [n]ich[t] so weitertun. Ein baldiges Ende der Haft
ist nicht abzusehen! Die Deutschen halten mich doch jetzt seit drei Monaten so fest
ohne eine Anklage gegen mich erhoben zu haben, erheben zu können? Ich muß alle
Kraft zusammennehmen, um eine Arbeit anzufangen – sonst verkomme ich völlig
hier und bin nie mehr fähig, noch irgend Arbeit zu leisten. Jetzt wird es ernst. Ich
will die Nächte mit ihrer schlaflosen Zeit nutzen, zu Klarheit und einem Entschluß
zu kommen. Gott helfe mir!

Stefani-Tag [26. Dezember 1943]
Ich weiß noch, wie ich als Kind in diesen Tag erwacht bin voll Nachfreude und
einer leicht wehmütigen Vorfreude – denn Weihnachten ging zu Ende – aber die
Spielsachen waren noch aufregend neu und ich hielt es nicht im Bett aus – und zum
Frühstückskaffee gab es Gugelhupf. Übrigens hat jetzt aus einer Thermosflasche warmen Kaffee verteilt. Das tat gut in der kalten Zelle. – Habe meinen Vorsatz, in der
Nacht nachzudenken, nicht ausführen können, denn ich habe geschlafen, alourdi du
festin d'hier [*vom gestrigen Festmahl schwer*]. Ich war überzeugt gewesen, daß ich
kein Auge schließen würde, weil das Serenol[31], das mir eine Weile geholfen hatte,
zu Ende ist. Ich sollte daraus lernen, ein bißchen mehr Vertrauen auf den natürlichen
Verlauf der Dinge zu haben.

Ein herrlicher Sternenhimmel war in dem Fensterausschnitt, als ich erwachte kurz
vor dem Lichtandrehen. Jetzt erblaßt der Himmel schon. Wie köstlich ist es, daß die
Tage schon zuzunehmen anfangen! Ich muß daraus Trost schöpfen, ebensoviel Trost,
als ich im November vor dem jähen Abstiege Betrübnis hatte. Jetzt, wenn die Zelle
gesäubert ist, will ich tätig sein, Ordnung in meine Sachen bringen, ich habe jetzt
deren soviel mehr als vorher und der Platz ist so beschränkt. Dann Erica schreiben.

Spaziergang nach einer Viertelstunde durch Fliegeralarm abgebrochen. Schneidender Mistral, alles blitzblank, die préaux [*Gefängnishöfe*] selbst der sumpfigste,
aufgetrocknet, alle Deutschen höchst übellaunig. Der Wachthabende extra scharf. Il
gueule tout le temps: [*Er brüllt die ganze Zeit*]. »Zigarrette aus. Rauchverbot. Nicht
reden. Kriegst Einzelzelle! Du dort! Hände aus den Taschen! Marsch! Marsch!«
Das erinnert an »Gira calogna!«[32] Alarm geht weiter. V[igliéno] sitzt schon wieder
und legt die Kleine Bestie[33], gestern bis zu vier Stunden ohne Unterbrechung. Die

---

[31] Serenol] homöopathisches Schlaf- und Beruhigungsmittel.
[32] Gira calogna] vielleicht Referenz auf Silvio Pellicos Gefängnisbuch. Calogna heißt ein
      kleiner Ort im italienischen Piemont.
[33] Kleine Bestie] offenbar eine Patience.

anderen Patiencen kann er nicht erlernen. Mir kanns recht sein. Bedaure mehr die schönen Karten, die unter seinen nie gewaschenen Händen bald ganz schwarz sein werden … Ich mache mir doch noch ein Resteln Feiertag. Morgen Montag – wie in der Schule, Montag neues Leben anfangen – Morgen wirklich Ernst machen. Jetzt schreibe ich Erica.

Der sonnige Nachmittag ist so ungewöhnlich still, kein Schreien. Nur die Schritte der Posten hallen draußen. Und jetzt beginnt ein langes Heulen eines Hundes, weiter, weiter. Artus sagt »Un chien qui hurle ainsi flaire la mort [*Ein Hund, der so heult, wittert den Tod*].« Er liest weiter seinen Kriminalroman, V[igliéno] legt unaufhörlich seine »kleine Bestie«. Der Junge sieht veronaniert aus und hat überhaupt kein Gedächtnis. Bei der Belotte vergißt er von Sekunde zu Sekunde alles. Er sieht jetzt wirklich aus wie ein Hebephrener[34]. Armer Junge. Ich liege auf dem Strohsack, schaue auf den sonnigen Himmel. So feiertägig wehmütig ist alles. Der Hund heult weiter.

Eben habe ich auf eine völlig in der Luft schwebende Bemerkung von A[rtus] unvorsichtig gefragt »Wieso, warum?«. Er darauf »Wieso, warum? Das ist so.« Ich »Aber schließlich hat doch die Sache einen zulänglichen Grund.« Sie schauen mich beide sanft und groß an, lange. Plötzlich fällt mir ein, wie ich einmal im anderen Kriege in der Bocche di Cattaro[35] vor den Tragtieren stehend zwei Esel, nette weiche lilagraue Esel getätschelt und zu ihnen deutsch geredet habe, die doch nur kroatisch angeredet zu werden gewohnt waren. Und sie haben mich sanft angeschaut, lange.

Bald wird gelöscht werden. Damit sind die Feiertage zu Ende. Morgen ist wieder Gefängnisalltag. Möge ich imstande sein, etwas Nützliches zuwege zu bringen. Mit tiefer Rührung denke ich an Erica, an alle die Mühe, die Opfer, die es sie gekostet hat, mir die guten Dinge zu beschaffen und herzubringen. Ich wollte ich hätte den guten Weißwein [] auch allein trinken dürfen, aber man mußte teilen. Der Junge hat ihn hinuntergesoffen wie den sauren pinard [*Wein*] hier. Nun ja, à la prison comme à la prison [*Im Gefängnis ists halt wie im Gefängnis*]. Möge ich Ihnen, liebe Erica, bald recht danken können für Alles! Und immer wieder eingedenk sein dieser Liebesopfer. Ich gehe auf den Strohsack und denk an Euch, Ihr paar lieben Menschen auf Erden.

Montag, 27. Dez[ember 1943]

Ich kann mich nicht erinnern, seit vielen Jahren einen Himmel so voll gepackt mit blitzenden und funkelnden Sternen gesehen zu haben wie diese Nacht. Wie oft ist man diesmal wohl aus dem schwer zuwege[ge]brachten Schlafe gerissen worden durch das Lichtandrehen – und diesmal losch es nicht mehr gleich. Aber dann wurde ich entschädigt durch diesen unerhörten Sternhimmel! Halb sieben. Heute will ich recht tätig sein. Ich fange an mit ausgiebiger Toilette – das kalte Wasser soll mich erwärmen. Die Posten gröhlen, die schweren Stiefel dröhnen durch den hallenden Gang … der Gefängnisalltag ist da. Die Tinette stinkt herzhaft. Wie öde traurig ist

---

[34] Hebephrenie] jugendliche Schizophrenie.
[35] Bocche di Cattaro] fjordartige Bucht an der montenegrinischen Adriaküste.

der Blick der verschlafen stöhnenden Menschen, wenn sie ihre Eingeweide leeren! Wie gut hat man es draußen, wo man alledem nicht beiwohnen muß! Ans Waschen! Ich muß warten. Erst wird die Tür geöffnet zum Fegen der Zelle und Tinette-Leeren. Ich höre das Aufschließen in der Nähe. Wann werde ich wieder in einem Raume sein, den man von innen öffnen kann, eine Tür mit einer Klinke … das war immer so selbstverständlich gewesen: Es war ein Irrtum. Der Mensch denkt, der Posten lenkt. Also sitzt man herum und wartet. Das kann auch noch eine Stunde dauern, auch länger. Denn es ist nicht tunlich, sich ganz auszuziehen jetzt, da jeden Augenblick das Fegen kommandiert werden kann und man vor die Zellentür treten und warten muß, bis die Zelle wieder abgeschlossen ist. Der Himmel wird schon blaß[.]

Mitten im Ordnen meiner Sachen (schwieriges Überlegen, was in die Schachtel, was in den Korb oder Koffer) fragt mich V[igliéno] ob schon Zeit zur Promenade sei. Ich sage zerstreut »acht Uhr vorbei.« Er sehr erregt »Das kann nicht sein, Sie haben ja soeben gesagt, es ist halb acht« Ich, halb abwesend »Vielleicht, kann mich auch geirrt haben.« »Nein, Sie haben bestimmt gesagt, ich lüge nicht« »Nun gut, kein Anlaß zum Streit« Er schreit »Ich streite nicht, je suis poli [*ich bin höflich*].« Schreit lauter. Ich sage: »Ne m'engueulez pas [*Brüllen Sie mich nicht an*] …« Sturm im Wasserglas. Er hochbeleidigt. Wovon? Gibt mir den eben entlehnten Kriminalroman zurück. »C'est fini, c'est fini [*Es ist aus, es ist aus*].« Er ist »bös.« Verzeiht mir nicht, daß ich ich bin und er er ist. Ich verliere den Belotte-Partner. Sonst gewinne ich indem noch mehr Zerstreuung ausgeschaltet ist. Schade, daß der Junge die Nerven verliert. Ich kann nichts machen. Will auch nicht. Habe genug Mühe, mich leidlich zu halten. Er versteht ja auch nichts, was ich ihm sagen könnte, also wärs unnütz. –

Halb zehn: Fliegeralarm. Nichts als die Sirenen zu hören. Strahlender Sonnentag. – Zweimal schon das Schlußzeichen. Dann fängt der Alarm wieder an. Das Ergebnis für uns wird sein, daß der Spaziergang ausfällt. Wie sehr schade. An diesem schönen Tage wächst der Lufthunger immer mehr. Und die Zwei machen immer wieder nach 5 Minuten das Fenster zu. So atmet man weiter den Gestank und Rauch.

Mittag. Ob wir wohl nachmittags spazierengetrieben werden. Hoffentlich[.] V[igliéno] ist »beleidigt.« Wenn ich nur wüßte warum? Er genießt es sehr, antwortet nicht auf kollektive Fragen. Ich könnte das ja leicht einrenken – but I [don't] want be bothered with that sort of things now [*aber ich will jetzt nicht mit dieser Art von Dingen belästigt werden*]. Ich verstehe es zwar zu gut aus eigener Jugend her. Aber ich mag nicht mitspielen jetzt nach acht Monaten Gefängnis.

Uns gegenüber ist die gleiche Anzahl von Zellen wie hier, die geraden Nummern. Wie viel Chance haben wir noch auf der halbsonnigen Seite zu sein! Wie scheußlich kalt es dort sein muß, und wie noch lichtloser. Ich denke an den ersten Tag, auf der Seite dort. [Man] muß sich oft sagen, um wieviel übler man noch dran sein könnte. – / Es war gut und nötig, sich die Feiertage tüchtig sattgegessen zu haben! Das heutige Mittagessen hat mir wieder gezeigt, womit man sich hier begnügen soll. Wieder die graue Gemüsebrühe, dann ausgezeichnete Erbsenpurrée-Suppe mit ein paar Nudeln darin, aber gerade eine Untertasse voll. Dreimal soviel hätte leidlich gesättigt. Nun ja.

Gleich halb fünf. Jetzt ist wohl keine Hoffnung mehr auf Spaziergang. Den ganzen Sonnentag in der Kammer eingesperrt. Es sind nämlich langwierig die Weihnachtsgeschenke des Roten Kreuzes verteilt worden: zwei Mandarinen ein Stück Brot (etwa halbe Ration) zwei kleine Stückchen Zwieback und drei Stück Zucker! Das haben wir statt des Spaziergangs gekriegt. Beides zusammen wäre doch auch möglich gewesen? Schade. In Menton hat man bei schlechtem Wetter in der Zelle zwei Stunden marschieren können. Aber hier die fünf Schritte … – Abends. Also wieder auf dem Strohsacke, auf dem man den größten Teil des Tages und zwölf Stunden Nacht verbringt. Und ich muß aufs Auslöschen warten, das von sechs Uhr an immer droht je nach der Laune des Soldaten. Wieder ein Tag Gefängnis um. Ein Sonnentag für die Anderen, für uns luftlos, ungesegnet. Kein guter Gedanke ist in mein ungelüftetes Hirn gekommen. Vielleicht gibt mir die Nacht ein paar Gedanken, leider wird es eine mit nicht viel Schlaf sein nach solch einem Sitz-Tag. Der Junge hat sei[t] dem Morgen nicht mehr geredet. Er genießt seine schlechte Laune immer mehr. Selbstquälerisch hat er auf die Art auf die Spielkarten, das ihm unbekannte aufregende Buch verzichtet. Ich fühle, auf die Art protestiert er gegen meine Existenz. Ich habe ihm weiß Gott mein Anderssein zu verhehlen versucht, so gut man das kann. Ich war (ohne Pharisäismus) wirklich guter Kamerad in allem. Aber das vergißt sich ja so leicht und schnell. Auf die Art ist es völlig still in der Zelle geworden. Wenns so weiter geht, muß ich trachten, davon Nutzen zu ziehen und in meinem Strohsackwinkel etwas zu arbeiten versuchen, wenn mein altes ungelüftetes Sträflingshirn noch Gedanken hergeben will[.] Jetzt merke ich allmählich, daß die Welt Frau ganz verschwindet aus meinem Denken, nur als liebe weibliche Menschen gibt es die paar Frauen in meinen Gedanken. Ist das das Alter? Die Haft? Wird das nie wiederkommen? Das wäre doch schnell gegangen, mein Gott. Heute abends endet mein achter Monat Gefängnis! Zweihundertfünfundvierzig Tage, siebenunddreißig Wochen. Mein lieber Gott! Welche Gnade, daß ich zu anfangs nicht gewußt habe, wie lange es noch dauern wird – und daß ich auch jetzt es nicht weiß. Unwissentlich hoffe ich doch auf individuelle Befreiung, auf Ereignisse – so unwissentlich, wie im Unterbewußtsein die Ängste auch weitergehn vor allem, was mir noch geschehen kann. Mein Gott, sei mir gnädig!

Ich wünschte, ich hätte von Anfang an Tagebuch schreiben können und »mie prigioni [*Meine Gefängnisse*]«[36] mit Ereignissen, Menschen und Gedanken aufbewahrt haben. Aber es gab ja nichts zum Schreiben, kein Stück Papier. Nur den teuer erkauften Stummel Tintenstift habe ich wohlversteckt durch die Monate gehabt. Wie gut ist es, daß ich jetzt wenigstens schreiben kann. Ich hätte es sonst allmählich verlernt, noch mich auf deutsch auszudrücken. Jetzt kommt das Deutsch immer besser durch in mir, weil das Französisch, das ich hier gehört habe, so erbärmlich wortarm und farblos ist, daß es keine Gefahr hat, davon in mein Denken verfolgt zu werden.

Trampelnde Schritte – ist[s] der Auslöscher? Noch ein paar Minuten Gnadenfrist im Licht. Mein Stück Kerze, das ich für Momente anzünde am späten Abend ist schon sehr klein. Ob Erica mir wohl noch eine Kerze beschaffen kann? Es scheint, daß es dergleichen ja auch nicht mehr gibt. Armes Frankreich. Du Land des strömenden Überflusses. Ich fürchte, jetzt ist es fast ebenso schlimm wie in Österreich 1918–19.

---

[36] Vgl. TB I, 12.12.43.

Zweimal in einem Leben das mit machen müssen ist viel. Und das zweite Mal auch noch dazu im Gefängnis. Das erste Mal war ich ein junger Offizier dort drüben …

Dienstag, 28. Dez[ember 1943]

Der neunte Monat meiner Gefangenschaft – sie wird auch vorbeigehen wie diese endlos scheinende Nacht nun doch vorbei ist! Ein wenig beschenkt bin ich doch von dem Liegen im Finstern, in einschnittloser Schwärze. Wohl flammte das Licht öfter auf, doch war es wieder fort, ehe ich hätte nach der Uhr sehen können … Zuweilen deutsches Reden draußen, die schnellen trampelnden Schritte. Ich aber war im Vergangenen, in verschwommener Zukunft. Schließlich fanden sich doch nötige Gedanken und drehten sich um das größte Problem, Gott … Jage nach Wahrhaftigkeit suchende Gedanken, aus einem gottlosen Leben aufsteigend. Die Frage, ob mein Gott jetzt, der doch der Gott der Kindheit ist, nur vor der Not meiner Haft gefunden wurde. Und dann die wichtige Forderung nach einer Entscheidung. Man kann doch nicht Gott einsetzen, weil es einem hundsschlecht geht und ihn etwa wieder absetzen, wenn es einmal besser zu gehen anfinge. Diese Entscheidung muß völlig getroffen werden! Nicht lau und verschwommen, nein, ganz bestimmt und dann auch unwiederruflich! Nicht von Angst geleitet, sondern redlich, entschlossen! Das ist der große Ernst jetzt! Ich bin, wie ich bin, viel ist an dem alten Andren nicht zu ändern. Mit dem was ich bin muß ich pro Deo oder contra Deum meinen Platz suchen und wissen, daß das der endgültige Platz bis zum Tode ist. Es ist eine Frage des Willens. Denn ich kann glauben, wenn ich es nur völlig will. Und ich kann auch den Glauben, wenn ich mich ganz zu ihm bekenne, mit allem, was an Überzeugungen in mir ist, in Einklang bringen. Ich muß bald wissen und [mich] entschlossen haben! Jetzt beginnt der Gefängnistag. Kalt, kalt! Der funkelnde Morgenstern rückt weg aus dem schon stark blau werdenden Fensterviereck. Ich darf mich nicht irremachen lassen in dieser tot ernsten Frage und Antwort durch die Einmischung von Forderungen moralischer Ordnung. Die werden sich melden und ihren Platz einnehmen, wenn erst ich selber meinen bestimmten Platz habe. – Ich weiß leidlich, wer und wie ich bin – jetzt klarer als vor dem Gefängnis. Und ich darf daher keine schönfärbenden Manöver mit mir selber versuchen wie etwa »Wie kann ein so wenig guter Mensch wie ich sich zum Glauben bekennen?!« Durch das Bekennen soll ich ja auch nicht gut werden, nur klar. Und wenn ich diese Klarheit gewonnen habe, darf ich nicht etwa plötzlich von mir verlangen, ich, der ich mein Lebtag Intelligenz vor allem geschätzt habe an Menschen und Geistesbegabung, daß ich plötzlich solche bêtes sombres [*dumpfen Geschöpfe*] wie die zwei Käfiggefährten mit einemmale etwa »lieben« sollte. Nein – da begänne das Schwindeln. Ich kann duldsamer werden, oder besser mich duldsam verhalten, wie ich es ja vernunftgemäß [] tue. Solche falsche zwangsheitliche Forderungen wären mehr als gefährlich, Konturen zu verschmieren. Ich bin meiner Natur nach nicht grausam, will immer mehr vermeiden, wehzutun. Das ist der Weg, der immer schärfer einzuhalten ist. Aber nicht sich einreden wollen, daß ich solche geistig schlecht Geratene als Einfältige besonders schätzte. Der Gläubige muß ja nicht seine Erkenntnis aufgeben, nicht auf ratio und Psychologie verzichten, wo es sich um Rationales und

Psychologisches handelt. Das grundsätzliche andere Verhalten des Gläubigen kann man nicht von vorneherein fordern. Es muß sich einstellen und natürlich da sein, wenn erst der Glaube seinen festen Platz im Lebensganzen gefunden hat. Ecco [*Na also*], eine Antwort.

Wie schön ist das Morgenwerden! Wie das blasse Grau weißlich wird – und wie mit einemmale ein nicht benennbarer warmer Ton das Weiß überhaucht, dann ists das zarteste Orange-rosa, wirklich wie die Ankündigung des Errötens auf einem milch-weißen Mädchenhalse. Und jetzt sind die paar Baumwipfel auf dem Hügel drüben goldrosa. Und das Weiß des Himmels leuchtet von einer Ahnung von Blau. Mein Gott …

Zurück vom Spaziergang, heute eine halbe Stunde. Wie gut war das Gehn in der kalten reinen Luft. Ich ging mit Marquier. Die Wache war nachsichtig, wir konnten etwas sprechen. Es tat gut nach dem Schweigen hier (heute noch nicht drei Sätze mit A[rtus] ausgetauscht. Ist ja auch nichts zu sagen.) Mein Hirn ist gelüftet jetzt, hat Platz für ein bißchen vernünftigen Optimismus.

Einen Brief und eine Karte von Erica erhalten. Die Liebe, Gute! Zwei Tage und eine Nacht ist sie unterwegs gewesen, um mir mein Weihnachtspaket zukommen zu lassen! Sie ist hoffnungsvoll für meine Befreiung. Möge sie recht haben! Plötzlich ertönt hell durch das offene Fenster ein Thema von Beethoven, nicht der übliche Anfang der Fünften, sondern »Freude schöner Götterfunke …«

Bei der Brotverteilung sagt mir der Wachthabende, ein freundlicher kleiner Mann mit guten blauen Augen, wahrscheinlich ein Bayer: »Ich möchte lieber Euer Brot essen« nach einer Weile fügte er hinzu »Nun ja, das Brot der Truppe ist halt schwarz und hart.« – Der Rauch des vorbeifahrenden Zuges verweht in der sonnigen Luft. So nahe ist das Geleise, auf dem ich öfter von Wien gekommen, nach Italien gefahren bin. Wann wirds wieder Züge geben auch für mich?

Halb sieben: eben zählte die Stimme im Guckloch »Drei«. Das Abzählen ist ein Signal, schnell auf den Strohsack zu gehen, damit man nicht vom jähen Lichtaus-löschen überrascht und im Finstern sich zurechttappen muß. Die Abendtoilette war bisher ja recht summarisch – die Zwei tun überhaupt nichts dergleichen. Ich habe Glück gehabt: auf meine Bitte hat mir der freundliche Unteroffizier endlich noch eine Decke bringen lassen. Jetzt kann ich ohne Angst vor Frieren mich mehr ausziehn als bisher. Denn – ich gestehe es, bis jetzt habe ich in Hose und zwei Pullovers geschla-fen – aber nicht gern, und in Strümpfen. Ein bißchen abergläubische Angst spielt ja auch dabei mit, sich allzu genau einzurichten. Man redet sich ja so gern ein, es sei für ein paar Tage auch so recht. »Die paar Tage« kennt man ja leider allzugut, seit der Zeit, wo »domani« [*morgen*] jeden Zeitraum bis zu mehreren Monaten bedeutete. Man läßt sich darin so gern von den Anderen wie von sich selber düpieren … Aber mit Vernunft, du alter Sträfling, und immer doch trachten[,] möglichst zivilisierte Gewohnheiten einzuhalten. Es ist ja verdammt schwierig hier – aber das echte Zivi-lisiertsein beweist man ja wohl erst, wo man es sich etwas kosten läßt. Und überdies wird das ja so leicht ein moralischer Faktor. Ich erinnere mich mit leichtem Grauen an Désirées körperliches Sich-Gehn-Lassen. Wo war meine ganze Psychologie, daß ich das nicht als tief symptomatisch erkannte. Aber zuhause versagt ja der Psychologe so leicht ebenso wie der Arzt der [] eigenen Familie gegenüber einfach symptomblind wird. Désirée fällt mir oft ein – als das einzige nicht völlig ausgetragene Kapitel meiner Vergangenheit (und ein Stückchen Gerty.) Aber in toto ist eine echte innere Versöhnung über den Fall Gerty gekommen – ich denke herzlich, fast brüderlich an sie. Aber Désirée – ich wage kaum auszudenken, was aus ihr geworden sein kann. Es war grausig, wie ich sie zuletzt in Marseille sah. Ich hatte schon vor fünfzehn Jahren angsttraumhafte Visionen von ihrer Zukunft, die schrecklich ähnlich waren. Ich erinnere mich, [daß ich] in Rom, die Via Sistina hinuntergehend, Erica einen Traum erzählt habe, in dem ich Désirée in Barcelona völlig verkommen vor mir gesehen habe. Nun, dieser taudis [*Bruchbude*] in Marseille war genau das. Aber ihre Jammer in Castiglionella, Capri etc. waren im Grunde schon dasselbe …

>>Sie ist mit meinen schönen Jahren
In ein verlorenes Land gefahren,
Wohin kein Fahrzeug je mich trägt –

habe ich vor sechzehn Jahren geschrieben. Im Grunde bin ich von keiner Frau, die ich wirklich gern gehabt habe, innerlich je völlig geschieden. Von ihr ja. Ich hab es mir nur zu deutlich durch erneute äußerl[iche] Schlußstriche bewiesen. Ich bedaure nur, daß ich sie 1928 in Paris überhaupt wiedergesehen habe. Das hat mir lange Paris in falscher Besetzung gezeigt. Nun, schließlich habe ich mir doch mein eigenes Paris zurechtfinden können, trotz der schlechten Art Bohème, die ich da dank Désirée um mich gehabt habe!

Wie gerne würde ich dieses Selbstgespräch weiter schreiben – aber jeder draußen sich nähernde Schritt kann dem schon gleich ein Ende machen. Dann, im Dunkel der langen Nacht geht es ungeschrieben weiter. Und dann werde ich wohl bald bei der großen Entscheidungsfrage wieder angelangt sein. Jetzt heißt es, scharf denken und hellhörig genau auf die leiseste innere Stimme horchen. Ich gehe schon lange im Kreise mit Gott und frage mich wunderlich, ob ich entschlossen bin, diesen Mittelpunkt endgültig das Zentrum zu nennen. Ich glaube nicht, daß viel Feigheit in diesem Zögern ist. Die fünfunddreißig Jahre einer zur Grundhaltung gewordenen Denkweise – oder wegdenken davon? – lassen sich bei voller Ehrlichkeit nicht so einfach zur Seite zu schieben. Sie sollen ja auch nicht verdrängt werden, nichts soll verleugnet werden! Denn was bliebe mir als die Vergangenheit, selbst wenn sich in einer neuen Verhaltensweise viel Reue wohl [wird] regen müssen, es muß doch genug Jasagen dableiben, daß ich nicht als Bettler weitergehn muß.

>>dem bleibt am Tage des Gerichts
Von all der Habe-Bürde nichts …«[37]

Aber das richtet das Viel-Haben wollen. Und jetzt gehts um Anderes, ums Wesen. Gott führe uns liebreich zu Dir!« möchte ich um Hilfe bitten. In letzter Zeit fiel mir öfters das schöne Lied von Wolf ein, das Emmy so schön gesungen hat

---

[37] Zeile aus einem in den 1930er Jahren verfassten Gedicht Rheinhardts, vgl. TB I, 13.4.1944.

»Wie viele Zeit verlor ich, dich zu lieben –
Hätt ich doch Gott geliebt, in all der Zeit! ...[38]

Und doch wars so schön, sündig zu sein. Ich kann nur das Lebensfalsche bereuen, und wo ich unnötig wehgetan habe. Und das Leichtfertige-Unnütze ... Ich halte noch zu meinen Sünden, soweit sie stark und zu mir gehörig waren. Denn es gab welche, die Jedermanns-Sünden waren. Die wischte ich gerne weg. Ich halte eben noch sehr auf mein Ich.

Mittwoch 29. XII. [1943]

Wieviel Mut muß eine Menschennatur in meiner Lage aufbringen in dem Augenblicke, in dem das »aufflammende« elektrische Licht und das Stoßen gegen die Tür sie anbrüllt: Heraus aus dem gnädigen Schlaf, der ungnädige Tag ist da! Und doch schafft mans. Ich glaube, diese Augenblicke nützen den Menschen mehr ab als sonst viele Stunden des wahren Lebens. Das Stück unausrottbaren Hedonismus' in mir hilft den Übergang ein bißchen freundlicher zu gestalten. Ich beeile mich, von meinem Schatze, der Büchse Kondensmilch etwas zu nehmen. Der Becher kalter süßer Milch und eine Schnitte Brot sind Köstlichkeit genug, gut zur »freundlichen Gewohnheit des Lebens[«] überzuleiten. Und die Zigarrette darauf ist genug kleines Glück und Wegzehrung in den erwachten noch nächtlichen Tag hinein ... – Jedes Aufwachen in dieser Nacht hat mich mitten in mein Problem hineingebracht. Ich bin der Entscheidung näher, sehr nahe. Oder, um wahr zu sein: ich habe mich, erwacht, mehrmals im Bedenken der Wirklichkeiten meiner Gefangensituation gefunden. Es ist keiner von unserer Gruppe noch hier verhört worden. Wir alle elf, neun Männer und zwei Frauen, sind unter der vagen Anklage »Spionage« von den Italienern übergeben worden. Daß jetzt, nach dreieinhalb Monaten, die wir in deutschen Händen sind, außer dem nichtssagenden Verhör in Menton keine ernsthaften Verhöre vorgenommen worden sind, kann bedeuten, daß die Enquetten [*Nachforschungen*] über uns nichts Rechtes zutage gebracht haben. Oder auch, schlimmer, daß man sich begnügt damit, uns einfach zu haben und im Gefängnis zu behalten, ohne Verfahren – bis zum Ende des Krieges oder der Besetzung Frankreichs. Von diesen Gedanken fort beeilte ich mich gern, zu meinem Probleme zu kommen, das davon womöglich noch ernster wird. Nein, es braucht mir kein äußerlicher Ernst aufgezwungen zu werden. So weit bin ich doch von meiner einstigen Leichtfertigkeit weggekommen, um mir der Verantwortlichkeit der hier zu treffenden Entscheidung bewußt zu sein. Sie ist ja fast getroffen. Es ist nur ein letzter Willensakt, verbindlich auszusprechen. Ich zögere ihn noch hinaus – nicht lange mehr.

Ich habe den Band Silvio Pellico da, den mir in Hyères der freundliche junge Carabiniere Jano gegeben hat.[39] (Mein Gott, wie weit ist das schon! Der Zustand

---

[38] Zeile aus dem Italienischen Liederbuch des österreichischen Liedkomponisten Hugo Wolf (1860–1903).

[39] vgl. TB I, 12.12.1943.

des Buches beweist es: es war neu gewesen – jetzt ists ganz zerlesen von all den Italienern, die darin Trost gesucht haben, oder nur Zerstreuung, und den Franzosen, die daraus Italienisch lernen wollten für ihre zu erwartende Haft in Italien. Wo sind die jetzt alle?[)] Ich will heute wieder darin lesen.

Es ist bedauerlich, dass die Monotonie unseres Daseins hier von dieser pagaïe [*Durcheinander*] begleitet ist. Das bringt das viele unnütze Warten mit sich … Habe eben Taschentücher gewaschen und auf zwei Bindfäden ausgehängt. Bereitete mich zum Rasieren vor. Da ruft jemand draußen »Gleich Promenade«[.] Es ist halb neun. Jetzt kann man vermutlich bis zehn Uhr nichts anfangen, nur wartend herumsitzen. Es ist kalt. Noch ist der Himmel bedeckt. Aber eine Ahnung von Helle scheint durch. Brr, kalt! Hände und Füße wollen nicht warm werden. Zum erstenmale im Leben erfahre ich, was Frostbeulen sind. – Klappe fliegt auf »trois« [*drei*]. Jeder will sich hinstürzen – das Brot – um von den ungleich geschnittenen Stücken das größte zu erhaschen. Das Brot kommt sonst vor acht. Komisch, hier wo man nichts als Zeit hat, ist man mürrisch, wenn sie sich nicht vernünftiger ordnen läßt. Meine Hochachtung vor der »Organisation« hat etwas nachgelassen.

Spaziergang – eine nützliche Neuerung: Wir werden aufgefordert, die Decken in den Hof mitzunehmen zum Ausschütteln. War auch nötig. Die Luft war wie in der Wüste bei einem Sandsturm. Laxe Überwachung. Konnte mit M[arquier] mehr sprechen. Er ist ja weiß Gott kein großes Lumen [*Licht*], aber eben ein heiterer durchschnittlich vernünftiger Mensch, der seine Interessen hat, seine aviation [*Fliegerei*] liebt. Es hat mir wohlgetan, wieder ein paar Worte reden zu können. Das ist ja auch alles für den ganzen Tag. (V[igliéno] schweigt definitiv. Er fehlt mir gar nicht, nicht einmal die belotte.) Von M[arquier] erfuhr ich, warum G[uénon] und S[aubain] mit denen ich doch die erste Nacht hier in einer Zelle gewesen bin, so völlig aus meinem Gesichtskreise verschwunden sind. S[aubain] habe ich ein paarmale beim Fegen vor der Tür gesehen. Gerade nur »Ça va [*Wie geht's*]?« »Reçu un colis [*Paket bekommen*]« ausgetauscht. G[uénon] ist völlig au secret [*in Einzelhaft*]. Die beiden Unglücklichen gehen mit niemandem spazieren. Ich muß trachten, ihnen Bücher zukommen zu lassen, Zigarretten, sobald ich wieder welche kriege.

Bin gründlich gewaschen, rasiert. Ich denke an das Waschen in Menton. An mein gutes Cabinet de toilette [*Waschraum*] wage ich sowenig zu denken wie an den Himmel. Auf meine alten Tage erlerne ich jetzt, mich mit einem Rasierapparat zu rasieren – gern habe ichs nicht. Mit dem eisigen Wasser ists noch schwieriger. Brr kalt. Eine bleiche Sonne ist doch heraus gekommen. Aber der ist es selber kalt. Von ihr kann man nichts als leidliches Licht erwarten. Auch das ist viel. – Jetzt beginnt der Hunger wieder. Meine schönen Vorräte sind mit Hilfe der beiden Stummen hier aufgefressen. Jetzt bleibt nur die Milch am Morgen und untertags ein Stück Zucker mit Brot essen. Und mit dem Brot muß jetzt wieder sehr sparsam umgegangen werden. Nein, auch gelegentlich eine Zehe Knoblauch, eine Schnitte Zwiebel kann ich mir leisten. – Nachmittag – Matter, gedankenleerer Tag. Kalt, ich kann meine Füße nicht erwärmen. Der Steinboden macht sich durch den flachgewordenen Strohsack fühlbar. Und ich habe Hunger. Das Mittagessen war weniger als je.

Versuche, mich auf Silvio Pellico zu konzentrieren. Ich sehe den kleinen, häßlichen Mann vor mir (ein wenig wie La Via, nur provinziell, schüchtern, linkisch) der sich in die Hut der Familie immer zurücksehnt und nach den schrecklichen Kerkerjahren auch dort Geborgenheit findet. Durch seine schlichte, sonnige Natur fromm, Sohn eines von neuem Glaubenselan durchwehten Zeitalters. Er selber, Dichter von mittlerem Range (die dem Bande beigegebenen Gedichte sind eher ärmlich) vom Klassizismus ins Romantische strebend. Er kam mit dem unversehrten Schatze des im frommen Heim behüteten Kindheitsglaubens ins Gefängnis, wo dem noch so jungen Manne die geringen Zweifel, die die Studienzeit ihm eingegeben hat, schnell abfallen – noch als Untersuchungshäftling, lange vor der Verurteilung, war er schon ein rechter fertiger Christ (Beweis[:] die Szene mit der Maddalena und seine Sanftmut den Banditen in der Nachbarzelle gegenüber[)]. Man kann von ihm kaum anderes lernen, als die Sehnsucht nach der guten Geborgenheit, die ihm sein Glauben gibt. Und den etwas nordischen Respekt vor dem großen Talent: denn das ist eine angeborene Gabe wie echtes Künstlertum, die religiöse Gabe. Ich fühle seinen Glauben, seine Zuversicht in ihn mit. Nur wo er argumentiert, philosophiert, wird mir unbehaglich. Etwa wie wenn ein guter Musikant das Wesen der Musik erklären wollte. Wie schön ist es, wie seine Frömmigkeit ihn lehrt, das Gute im Menschen zu fühlen! Das wirklich Tröstliche für einen Menschen in meiner Lage ist, daß mir, an seinen Umständen gemessen, diese elende Zelle noch ganz leidlich erscheint. Allerdings, solange er in Untersuchung war, hat er es weiß Gott besser gehabt als wir alle in dieser Zeit.

Halb sieben. Wieder auf dem Strohsacke angelangt. Eben ging das Abzählen vorbei. Schon ist der kurze lange Tag wieder um. Jetzt ist wieder das ängstliche Warten da: wird gleich abgelöscht werden, oder vielleicht wie gestern erst um sieben Uhr zwanzig. In der ja stets schweigsamen nie fröhlichen Zelle herrscht finstere Niedergeschlagenheit. Schon den ganzen Tag haben die zwei als einzige »Gespräche« die Fragen ausgetauscht, wann heute wohl die Colis kämen und was darin sein würde. Jetzt hat V[igliéno] den franzöz[ischen] Gefangenen, der die Suppe bringt, gefragt »Et les colis [*Und die Pakete*]«, und der hat kurz erwidert »Plus de colis [*Keine Pakete mehr*]!« In der Tat ist in der Vorhalle, wo sonst Mittwoch und Samstag die Pakete zum Durchsuchen aufgehäuft liegen, auch nicht ein Paket zu sehen gewesen. Morgen früh werde ich versuchen, von dem Diensthabenden zu erfahren suchen, was daran ist. Das wäre schlimm, wenn wirklich alle Sendungen verboten würden. In Menton haben die Deutschen das eingeführt von Anfang an. Aber dort war das Essen [] zwar jämmerlich monoton (einmal im Tag Nudelsuppe und Brot, sonst nichts) aber beides völlig ausreichend – wohl fünf bis sechsmal ausgiebiger als hier. Hier wäre es schwer lange durchzuhalten ohne Zuschuß. Gar nicht zu reden von der Misere der dann unausbleiblichen Tabaklosigkeit. In Menton konnte man doch Zigarretten kaufen. Hier scheint es völlig unmöglich. Seit ich hier bin, habe ich noch keinen Sous ausgeben können. Ich habe ja diesmal keine Sendung erwarten können – aber heimlich hat das alte Kind doch gedacht »Vielleicht gibts zu Neujahr irgend eine Kleinigkeit.« Nun, ich will nicht auf Vorrat jammern wie A[rtus][,] den ich von der Unnötigkeit der Besorgnis überzeugen wollte – ohne selber daran zu glauben. Im Grunde war ich erstaunt, daß hier zweimal die Woche Pakete zugelassen wurden, während doch in Menton die Deutschen überhaupt nichts als Winterkleider erlaubt haben (auch keinerlei Korrespondenz!)[.] Es ist leicht möglich, daß aus irgendeinem der vielen uns unerforschlichen Gründe so einfach von einer Stunde zur anderen diese Erlaubnis widerrufen worden ist. Ich versuche, darauf wie auf viel Schlimmeres gefaßt zu sein. Die Schule, das zu lernen, war lange und hart genug! Und gehungert habe ich ja in diesen Monaten ja auch genug (ich denke daran, wie oft ich vor Hungerkrämpfen nächtelang wachgelegen bin)[.] Aber damals war Sommer – und in Menton war selbst in den schlechtesten Zeiten immer etwas Fett in der Suppe gewesen. Hier ist die Kost garantiert völlig fettlos. Das im Winter – ist nicht leicht. Man wird eben die Reste eigenen Schmers aufzehren. Zum Glück habe ich dank Ericas Sendungen hier ein klein wenig aufspeichern können. Wenn die Hiobsbotschaft wahr ist, heißt das auch, daß es aus ist mit den Nachrichten aus der Welt. Denn der Eine oder Andere hat doch zuweilen eine Zeitung in seinem Paket gefunden und die Flüsterpost hat sie weiter gegeben[.] Jetzt schon eine Woche nichts. Derweil können die größten Dinge in der Welt vor sich gehn, ohne daß wir etwas davon erfahren. Jetzt ist wieder einmal die Flasche, in der man gefangen gehalten wird, gründlich zugestopft. Schade, daß man nicht wie der Djinn im Märchen herausfahren kann und sich dann unhaltbar ausbreiten kann. Geräusche nähern sich. Ists schon das Ablöschen? Noch einmal ists vorbeigegangen. Sieben Uhr. Nicht lange mehr. Die lange Nacht wirft schon die Schatten auf mich. Mein Stück Kerze hege ich ängstlich, jeder Millimeter ist so kostbar ... Jetzt wirds ja wohl mit der Hoffnung auf eine weitere vorbei sein. Ma vedremo, domani [*Aber wir werden sehen, morgen*]. – Ich habe versucht[,] mit Artus Domino zu spielen. Es ist ja kein sehr lustiges Spiel, aber mit Einem zu spielen, der die Fünf an die Vier oder die Drei an die Zwei ansetzt und nicht versteht, daß man zählen soll – ist es weiß Gott kein Spiel mehr. Oft werde ichs nicht wieder tun. Zum Glück lassen die Zwei mich in Frieden, und wenn A[rtus] mitten in meinen Beschäftigungen zu mir redet, kann ich mich getrost taub stellen. Aber das sind wohl die zwei Leute, die am wenigstens Ressourcen zum Umgang haben, die ich mir vorstellen kann. Mit einem Chinesen oder sonst Fremdsprachigen könnte man sich mit Finden einer Sprache unterhalten. Umso mehr werde ich auf meine eigenen Ressourcen verwiesen und von Zerstreuung abgehalten. Hie und da ein gutes Buch täte freilich gut. Meine Versuche, die Bibel immer wieder zu lesen, scheitern an dem schlechten Druck und der Unlust an der nüchternen Übersetzung. Ich wünschte, ich hätte eine lateinische Ausgabe hier. Marquier hat mir ein Buch versprochen. Vielleicht morgen, wenns ihm gelingt, mit uns beim Spaziergang zu sein. Wenn wir spazierengehen – nothing is granted [*nichts ist selbstverständlich*]: Endlich werden zum erstenmal seit dem Morgen meine Füße unter den Decken warm. Ein Glück! Nur nicht zu viel rouspettieren [*meckern*], alter Rheinhardt, es gibt ja noch immer allerlei kleines Glück. Noch sind zwei Pakete Zigarretten da – jetzt heißt es sehr sparsam damit umgehen! Möge ich draußen sein, ehe sie zu Ende sind ... Und daß ich nicht Schmerzen habe, daß meine zwei Leiden nicht akute Formen haben, ist etwas, wofür ich gar nicht genug Gott danken kann. Soviel gibt es[,] wofür ich noch immer nicht genug dankbar bin. Daß ich seit jenem Abend am 7. Mai auf dem Wege bin, Gott in mir zu finden, ist ein Segen. Dem danke ich wohl, daß ich immer mehr eine große Ruhe und Gleichmäßigkeit in mir finde. Gott sei gedankt, daß ich [nicht] vor zwanzig oder dreißig Jahren diese Erfahrungen der Gefangenschaft gemacht habe! Damals wäre ich entweder verrückt – oder gründlich schlecht darin geworden. Während ich jetzt zu hoffen wage, daß ich – wenn auch nicht besser – doch stiller und etwas sanfter geworden bin. Das hat mir auch recht notgetan. Gott sei gedankt, daß diese sehr schwere Prüfung mich, noch ehe sie zu Ende ist, auf einen menschlichen Gewinn hoffen läßt ... Jetzt immer mehr Schritte draußen. Das wird das Ablöschen sein. So warten wohl Sterbende auf den Augenblick, der unausbleiblichen Nacht nicht? Nähere Schritte, wieder vorbei, wieder näher[.] Habe ich nicht auch davon gelernt, daß ich mich schon so nahe am Tode geglaubt habe, zweimal? []

Donnerstag, 30. XII[. 1943]

Gottlob die lange Nacht ist nun herum.

Ich sitze, den Rücken zur Wasserleitung und Tinette, die Füße auf dem Strohsack. Der Kapitän hat sich geräuschvoll vom Bett erhoben. Ich sehe mich um, weil ich runzen und Prusten höre. Es ist gleich um. Er hat seine Toilette schon beendigt[,] nämlich einen winzigen Lappen befeuchtet, übers Gesicht gefahren, grunzend und prustend. Mir fällt ein, was mir im Kriege ein Offizier erzählt hat. Er war vorher in Galizien gewesen, dort einmal bei einer alten Jüdin einquartiert gewesen. Von seiner Kammer mußte er durch die Küche gehen. Da sah er morgens die alte Jüdin vor einer größeren Kaffeetasse mit Wasser stehen. In die tauchte die Alte je zwei Finger, fuhr mit ihnen über die Augen und sagte dann: »Was, Herr Oberleutnant, das erfrischt wenn ma sich wascht!« – Jetzt hat V[igliéno] sich auch erhoben. Die Zwei reden von der Abschaffung der Colis [*Pakete*] als fait accompli [*vollendete Tatsache*]. Um so besser, wenns wirklich so ist. Bald werde ich zu erfahren trachten, sobald die Tür zum Fegen geöffnet wird. – Wie gerne würde ich das Fenster öffnen und die Gerüche aus [dem] Leibesinnern scheuchen. Aber das »schadet«, die reine Morgenluft. Also dulde ich zu den Geräuschen auch die Gerüche. – Oh, holde Gesittung, die all die horrores humani [*menschlichen Schrecklichkeiten*] in scheue Abschließung gebannt hat! In- dessen haben Menschen uns, die wir weder Diebe noch Mörder sind, zur Ausstoßung aus der Gemeinschaft dieser Gesittung verurteilt. Etwa dreihundert sind unser in diesem Flügel des Gefängnisses, wie viele mehr im Ganzen? Und wieviele solcher Gefängnisse gibts in Frankreich, und wo nicht sonst! Ich sehe alle die Gesichter vor mir, die ich beim Spaziergang erblicke. Eines ist ihnen gemeinsam: etwas Starres, Mühsames im Blicke, fast etwas Schlafwandlerisches, vielleicht weil wir alle uns bemühen, das was uns umgibt, nicht als Wirklichkeit anzuschaun, weil wir doch jeder uns fest in unsere eigene Wirklichkeit einwickeln wie in die Decken gegen die Kälte der Nacht – gegen die Kälte der Erdenwirklichkeit. – Wieder graut ein Morgen herauf. Was wird der Tag bringen. Abergläubisch erinnere ich mich: Donnerstage waren mir nicht günstig, an einem geschah der jähe Abtransport von Hyères – einen anderen, vor drei Wochen, wurde ich hierher gebracht. – Gott helfe weiter! Der Gott, zu dem ich unterwegs bin. – Jetzt habe ich mit dem höflichen Unteroffizier gesprochen – glück- licherweise scheint das mit den Paketen doch ein falscher Alarm gewesen zu sein.

Irgendetwas muß sich daran doch geändert haben, weil bis jetzt noch nichts verteilt worden ist. Aber wenn auch nur einmal die Woche Sendungen zugelassen sind, darf man sich wirklich nicht beklagen – wenns nur das wäre! Wieder ein willkommener Anlaß zu etwas Optimismus. Und der Tag, der sich wolkig und finster ankündigt, hellt sich jetzt, um neun Uhr, immer mehr auf. Gottlob. Denn diese grauen Tage machen die Zelle noch schwerer erträglich. Überdies haben die Zwei dann einen Grund mehr, das Öffnen des Fenster zu verhindern. Jetzt nach großer Toilette habe ich es eilig aufgemacht und ich atme, atme[.] Ich habe doch all die Jahre soviele Zeit im Freien verbracht, auf der plage [*Strand*] sechs Monate im Jahr, im Garten – und jetzt diese Luftlosigkeit. Es ist meiner Bronchitis nicht zu verdenken, daß sie sich bei dem regime [*Diätplan*] so wohlfühlt. Ich habe zu früh gejubelt. Schon hat A[rtus] der Seemann das Fenster zugemacht »courant d'air [*Luftzug*]« »Il fait froid [*Es ist kalt*]« Woher wohin ein Zug wehen sollte?

Seit ich in Frankreich bin, höre ich immer wieder vom »courant d'air« reden, dem alle Krankheiten zugeschrieben werden, nur nicht »mal aux reins [*Kreuzschmerzen*]«, das nämlich kommt vom Baden. Das ist die Hygiene dieser Kleinbürgerwelt, in der man Sommer und Winter die maillots [*Leibchen*] trägt und mit dem Waschen sich auf die sichtbaren Körperteile beschränkt. Was die alte italienische Redensart »Sporco comme un Francese [*schmutzig wie ein Franzose*]« erklärt. Wer nicht die unbeschreiblichen Füße der Zwei hier gesehen hat, kennt diese Seite der französ[ischen] Welt nicht – (und das in einem Raume, in dem es eine Wasserleitung gibt![)] Aber das geht auch im größeren Bürgertum auch nicht anders zu. Es wäre doch interessant zu wissen, wieviele Badezimmer proportionell es in Frankreich gibt und wieviele nicht von Ausländern geschaffen oder erzwungen worden sind – und wieviele der existierenden nicht doch als réduit [*Abstellkammer*] oder Kaninchenstall benutzt werden.

Jetzt ists gegen Mittag. Seit anderthalb Stunden sitzt man und wartet auf den Spaziergang. Wieder nichts? Hoffentlich nachmittags! Durch das offene Fenster schaut der kalte Sonnentag. Vor dem blassen Blau fliegen Rauchwölkchen von den Lokomotiven. Ach wer da mitfliegen könnte, mit ihnen nach Westen!

Mittag vorbei. »C'était bien maigre aujourd'hui [*Das war ganz schön mager heute*]« brummt A[rtus] auf seinem Bette: Pardi, il a bien raison [*Fürwahr, Recht hat er*]! Das Gemüsewasser mit einigen Würfeln Wrucken darin, dann eine Teetasse voll dünner Erbsensuppe. Dazu eine winzige Schnitte Brot (mehr kann ich mir nicht leisten) und zwei der letzten kleinen Biscuits von zuhause. C'est tout [*Das ist alles*]. Und abends dasselbe. Dazwischen um 3 Uhr ein kleines Stück Brot mit ein oder zwei (je nach Gier) Würfeln Zucker, um 8 Uhr dasselbe, das ist das Menu für die nächsten 24 Stunden! An etwas anderes denken, vite [*schnell*]! Ich lese einen Kriminalroman zum Dessert – wie gut haben es die draußen, denen es in diesen bewegten Zeiten beikommt, ihre Erinnerungen aufzuschreiben. Die, die schreiben können, was sie wollen. Die brauchen nur ein Zeitungsblatt anzuschaun, das Radio aufzudrehen – und sie können ihren Gedankenlauf den Ereignissen hinzufügen, wenn sie schon verhindert sind, selber dabei mitzutun. –

Der Himmel wird schon rosa. Der Nachmittag ist um, ohne Spaziergang[.] Mir war des Wartens Mürrischkeit durch eine liebe Überraschung verscheucht worden.

Ein kleines Päckchen ist mit der Post gekommen, eine Blechschachtel, grad groß genug, 25 Zigarretten zu fassen[,] der Hohlraum war von ein paar Stück Zucker ausgefüllt. Die liebe Erica! Wie schwer muß es ihr werden, die Zigarretten zu beschaffen. Wann werde ich ihr kleine oder große Freuden machen können? Jetzt hoffe ich, daß ihrer Güte es schon Freude ist, mir zu helfen und die Misere zu lindern. Das tut sie, weiß Gott. – Ich gab V[igliéno] ein paar Zigarretten – und er ließ sich bestechen, hat sogar zu mir gesprochen, mir gesagt »je ne suis pas fâché [*ich bin nicht verärgert*]…« Ich hatte Mühe, ihm nicht in sein hübsches, blaßes, leeres Gesicht zu lachen.

Warum man an dem schönen Tage nicht spazierengehen konnte ist so unerfindlich wie das Meiste hier …

Das Rote Kreuz wird sich an uns einen Mildtätigkeitsbruch heben. Plötzlich wurden wir beschenkt, soeben: jedem ein Löfferl Confiture – und für alle drei zusammen eine gekochte Kartoffel und eine Schnitte Brot von etwa hundert Gramm. Die Geste ist schön – leider die Wirkung auf die Mägen Zéro [*Null*].

Wieder auf dem Strohsacke. Wie ist der Tag, der am Morgen so endlos vor mir lag, ins Nichts hinabgestürzt – So ist dieses ganze Jahr, an dessen schönstem Morgen ich verhaftet worden bin[,] dahingestürzt, mit seinen endlosen Tagen und Nächten, mit der Gnadenwoche – dahin, aufgebraucht ein Stück Wegzehrung an Zeit, dahin, dahin. Doch hat das alles die Seele genährt, die bittere Kost, die lichtlose Eintönigkeit der Zellen mit ihren jähen Erregungen, die so schnell aufgeflammt wie verglüht waren, mit den bösen Ängsten – aus allem ist ein Bodensatz da von unwehleidiger Traurigkeit – und ich glaube ein Stück ernster Heiterkeit. Möge sie mir bleiben bis zum letzten schlimmsten Wehe! Gott gebe es mir! Der Gott, von dem ich jetzt fühle, daß er mir das Ganze gegeben hat: Jetzt, da ich im zu Ende gehenden Jahre das alles überschaue, taucht angsttraumhaft all das Drum und Dran an Verhören auf, und was ich von Anderen gesehen und gehört habe, die nie geahnte Welt der sog[enannten] Justiz. Das Wiederlesen von Silvio Pellico hat ihn mir als »Kollegen« gezeigt. Ich bedaure, daß er selber von seinen Verbrechen, der Anklage, den Verhören und der Verhandlung nichts erzählt. Unsereiner wüßte gern Genaueres darüber, wie seine Sache war, und wie er sich dabei verhalten hat, wie er sich bei den Verhören benommen hat, während derer ja erst eine sonst ungeahnte Wesensseite des Menschen zum Vorschein kommt. Ich muß trachten, darüber etwas zu erfahren. Ich möchte auch gern das Verhör des Raskolnikovs[40] wiederlesen. Dostojevsky hat ja gewußt, was es mit Verhören auf sich haben kann. – Habe jetzt abends Nachricht von G[uénon] erhalten. Sehr lieb. Auch eine alte Zeitung. Wie gern schriebe ich jetzt noch lange weiter, es ist wie ein Brief an mich selber. Hoffentlich kann ichs später wiederlesen! Schritte draußen, wieder die Besorgnis vor dem drohenden Lichtauslöschen. – Ich freue mich, daß mein Zureden auf G[uénon] Einfluß gehabt, daß sein Tagebuch weitergeht. Er hat die Selbstbesinnung höchst nötig, der nette kleine Mann. Die Nacht ist so nahe, ich bin schon fast in ihr – ein Handgriff des Soldaten da draußen und sie umfängt mich.

---

40   Raskolnikov] Protagonist des Romans »Schuld und Sühne« des russischen Schriftstellers
     F. M. Dostojewski (1821–1881).

Möge es eine bedeutsame für mich sein, mich den Schritt tun lassen, der noch zu meiner Entscheidung zu tun ist. Sie ist ja schon da. Ich muß es nur noch aussprechen vor mir selber. Jetzt ists wohl mit dem Licht schon aus. Sie kommen näher: Wie schade, wie in der Kindheit in die Nacht geschickt werden. Nur fürchtet man sich jetzt zum Glück nicht mehr so, und ist auch nicht so beleidigt wie damals. Ich glaube, ich kann jetzt meine frühen Lebenszustände besser wiederfühlen als noch vor zehn Jahren.

Ists weil das abwärts sich neigende Leben in der Abendröte wieder Gefühle der Morgenröte erwecken will? Jetzt ists schon zu Ende für heute, ich höre die Schalter der Reihe nach knipsen. Nochmals angedreht worden, nicht für lange.

Ich schaue auf die Jahre in Lavandou und mir scheint, mich die ganze Zeit über Pflanzen geneigt zu sehen und dabei auf Briefe zu warten. Seltsames Bild.

31. Dezember 1943

Zuviel Stimmen und Schritte draußen hatten die schützenden Wände der Schlafwelt so undicht gemacht, daß das niederstoßende elektrische Licht leichtes Spiel hatte, mich tagfertig zu machen und es der zwei Fußstöße gegen die Tür nicht mehr bedurft hätte, mich der Armen–Freundlichkeit des [] muldigen Strohsackes zu entreißen, den ich leidlich erwärmt habe, freilich nicht auf dem Grund der Mulden, wo der Steinboden zu nahe ist. Nun sitze ich auf dem Hocker, dem ein Brett fehlt, neben der Tür, um das Licht auf diesem tröstlichen Heft zu haben, zu dem zu sprechen meinen Tagesanfang freundlicher macht. Die Zwei reden schon, es ist mir wie morgens zuhause das Bellen des Wachhundes und das Blöken der Tiere in dem Ferme-Hofe [*Bauernhof*] nahe »Les Chênes«. Der letzte Tag dieses Jahres des Unheils – nein, ich darf nicht ungerecht sein. Ich habs überstanden, ich lebe, leide nicht zu heftig – und es hat mich und alle dem Ende des Krieges – uns alle Gefangenen dem Ende der Gefangenschaft näher gebracht. Gott sei gedankt, daß es zu Ende geht!

Lange zögert der Tag, ganz heraufzukommen, vor dem Fenster ists noch dämmerig, aber im Osten ist es versprechungsvoll hell. Wie schön war das gestern abends, als ich auf den Hocker gestiegen zum offenen Fenster G[uénon] etwas zurief und ich im sternglitzernden Dunkelblau fast erschrocken die zarte goldene Mondsichel sah. Ich hatte vergessen, daß auch die Zelle 97 ihren Teil an dem Gestirne-Geschehen hat!

Während der Minute des Fegens hat mir der Wachsoldat plötzlich gesagt »Wieder ein Jahr rum – wenn das Neue nur uns allen die Freiheit brächte!« Wie gern hätte ich ihm die Hand gedrückt! Aber wortlos mußte ich in die Zelle zurück. Es hat sich schon herumgesprochen, daß da Einer Deutsch kann. –

Der alte Seemann A[rtus] sagt »Encore un temps couvert [*immer noch bedeckt*], während die Dünste schon verwehend eine weite Insel Polens freigeben. Dieser Fachmann – ihm würde ich mich nicht gern auf einem Segler anvertrauen. Sancta ¡incompentantia! [*Heilige Unfähigkeit!*]

Trotz der sicher gutgläubigen Äußerung des Unteroffiziers gestern muß sich etwas mit der Paketzulassung geändert haben. Die Leute werden eben nur über das augenblicklich Geforderte unterrichtet. Es ist noch nicht ein Paket in der Abteilung verteilt worden, obwohl doch die Familien sicher diesen Mittwoch vor Neujahr den

Ihren etwas gebracht haben. Schade! Diesmal da ich nichts erwarten konnte, hatte ich heimlich gehofft[.]

Eine Viertelstunde Spaziergang – nur Italiener und Unbekannte. A[rtus] hat im Hinausgehn gezögert, so habe ich den Anschluß an die Mentoner versäumt. Schade, hoffte auf Nachrichten, ein Buch von M[arquier]. Die Zwei da reden von nichts anderem als den bobards [*Gerüchte*], über die Pakete, die sie im Hof aufgeschnappt haben, von Leuten, die ebensowenig wissen wie wir. Aber leichtgläubig malen sie sich aus, daß die Deutschen jetzt alle Pakete unter sämtliche Gefangene verteilen. Ich versuche, ihnen zum Abwarten zu raten, mache mich aber mit Vernunft unbeliebt.

Zum Teufel diese leere Geschwätzigkeit! Das geht jetzt seit anderthalb Stunden, das Gerede über die Pakete. Mais le capitaine l'a dit [*Aber der Hauptmann hats gesagt*] – das ist ein Offizier der einige Zellen von uns haust. Er kann kein Wort Deutsch – und die Soldaten wissen ja selber nichts. Danach wird diskutiert, daß die Deutschen von jetzt ab alle Pakete unter sämtliche Gefangenen verteilen. Ich bemerke »Und die Wäsche etc?« Hilft nichts. Was immer ich gerade tue, ich werde interpelliert. Ich schreibe – das nützt nichts! Da habe ich eine Patience auf die Pakete gelegt. – Sie ist ausgegangen. Jetzt schweigen sie beruhigt.

Nachmittags. Kalt und hungrig, brr. Ich wickle die Beine in zwei Decken die Füße auf dem Strohsack und esse ein Stück Brot, und zwei Stück Zucker damit, eins war nicht genug. Das Essen war extra armselig heute. So banale Realitäten wie Kälte und Hunger haben den Vorteil, nicht Sylvesterabend-Sentimentalitäten aufkommen zu lassen, zu denen ich mich für fähig hielte. – Die Zwei hadern mit dem Schicksal, daß ihre Colis [*Pakete*] nicht angekommen sind. Fürs Leibliche ists schade. Aber sonst habe ich wahrhaftig keine Lust, mit denen noch irgend festlich zu tun. Es war genug an dem Heiligen Abend mit Ochs und Esel aus der zwar reich bestellten Krippe zu essen. Sonst lieber Zellenalltag und nach dem Lichtauslöschen gutes Schweigen mit meinen Gedanken …

Draußen geht seit längerem Rumoren vor sich, Schritte, auf- und ab Türen öffnen, lautes Sprechen. Die Zwei lassen mir keine Ruhe, ich muß jedes Wort übersetzen. Sofort, nachdem ich die deutschen Worte franzöf[isch] gesagt habe, fangen sie an »Das ist doch nur der Coiffeur, zu dem die Leute gehen.« »Nein, es wird etwas ausgeteilt« »Was?« »Ich weiß nicht.« »Also es ist doch der Coiffeur.« Ich schweige, schimpfe vor mich hin. »Natürlich ist es der Coiffeur.« Der Andere: »Vielleicht einige Briefe!« »Ich weiß nicht«. Lautes Deutsch reden. »Leere Schachtel, nichts sonst jetzt« »Also doch der Coiffeur.« Undurchdringliche Quatschsucht. Ich spiele nicht mit. »Qu'est-ce qu'il dit [*Was sagt er*]« »Pas entendu [*Nicht verstanden*]« »Mais naturellement, c'est le coiffeur [*Aber natürlich, das ist der Friseur*]!« Weiter werden Türen aufgerissen. Jetzt reden sie unter sich. Ich bin taub. Das ganze Rumoren hat bedeutet, daß in allen Zellen nach einer Decke mit einem bestimmten Aufdruck gesucht wurde. Sie sind auch zu uns gekommen. Habe den Zweien zuliebe den Unteroff[izier] wegen der Pakete gefragt. Er gab orakelhaft die Antwort: Wenn etwas kommt, wird es verteilt. – Das kann wohl bedeuten, dass nichts kommen kann. Wenn die wenigstens den

Angehörigen gesagt haben, daß nichts angenommen wird. Denn es sind ja viele da, die weit von Nice zuhause sind.

1/2 7. Wieder auf dem Strohsack. Ich warte, daß meine eisigen Füße sich erwärmen. Draußen geht aufgeregtes Schelten vor sich, laut, doch kann ich kein Wort verstehen. Artus versucht, mir einen Detectivroman zu erklären, den ich ihm gegeben habe. Ich bin taub dafür, daß er am Ende doch den Täter weiß. Draußen gehts immer aufgeregter her. Es stört meine bereite Besinnlichkeit doch sehr. Vielleicht wirds doch still, bevor sie ablöschen, so daß ich noch eine Weile schreiben kann. Im Dunkeln dann kommen doch eilig die Gedanken an die Lieben hervor. An Theodora, von der ich jetzt vierzehn Monate ohne Nachricht bin. Sie weiß zum Glück nicht, wo ich bin. Wird ihr Gefühl für mich diese so lange Trennung überdauern können. Ich wage nicht, diese Frage ernsthaft zu stellen. Das wäre furchtbar, auch sie zu verlieren. Die Tür geht auf – statt des von den Beiden erhofften Colis [*Paket*] wird ein junger Italiener hereingestoßen. Es sind eben zwanzig angekommen. Der Arme! Ohne Strohsack, ohne Decke – eine schöne Sylvesternacht! Mit der Besinnung ist[s] vorbei für mich. Die Zwei können sich zwar nicht mit ihm verständigen, sind aber schon in eifrigem Gespräche mit ihm. Sie strahlen, daß sie wen zum Reden haben. Der Junge kommt von Menton. Unsere Aufseher sind noch dort. Die Armen hatten gehofft, nach unserem Abgange nach Italien zurückzukommen.

1. Januar 1944

Gott segne mich und meine Lieben in diesem nun begonnen[en] Jahre! Er gebe uns Frieden, Gesundheit, die Freiheit und die Gnade, ein rechtes Leben zu führen! Ich gehe in dieses Jahr entschieden ein. Der eingeschlafene Christ ist aufgewacht. Wenn auch die Augen noch schläfrig sind, sie sind offen und sehen das werdende Licht, das wächst in mir seit dem 7. Mai. Ich will und muß fürderhin Gott über mir haben – und so sehr in mir, als er mich begnaden will, mich sündenfrohes Weltkind. Ich weiß, es wird noch Vieles auf und ab gehen – aber das ist Leben. Verlieren darf ich diesen Gewinn nicht mehr bis an mein Ende!

Der Sylvesterabend hat mit dem Einbruch der Gefängniswirklichkeit begonnen: der junge Italiener ist die Nacht dageblieben, als Vierter in dem winzigen Raum, der für einen Häftling bestimmt war. Ohne Decken, noch Strohsack. Der Junge, ein Mailänder, kaum 21 Jahre alt. Soldat seit zwei Jahren, hat sich nach dem Waffenstillstand »demobilisiert«[,] ist in Antibes, wo seine Batterie gewesen war, versteckt geblieben. Verhaftet, nach Menton gebracht worden. Jetzt da – dazu bestimmt, mit dem nächsten Transport zur Arbeit abgeschoben zu werden, in Frankreich oder Deutschland. Er hat nichts, als was er auf dem Leibe hat, einen schleissigen Sommeranzug, nicht einmal einen Pullover: Wir haben ihm das Wenige gegeben, was wir entbehren konnten. Nach einer halben Stunde, als er sich auf dem Boden ausgestreckt hatte, wollte ich ihm noch etwas anbieten – er schlief schon tief. Oh Jugend! Ein netter Junge. Kassenangestellter aus Montecatini. Er hat seine entschiedenen Meinungen, sein lebendiges Ja und Nein. Anders als meine zwei da. Und von dem hörte ich jetzt morgens fast erstaunt »Guten Morgen!« Der erste Gruß, den ich in dieser Zelle empfing, in der ich jetzt die vierte Woche bin. – Jetzt will ich tätig sein – Herrgott¡ wie kalt es ist, es war die kälteste Nacht des Jahres bis jetzt! Wenn ich mir was zum neuen Jahre wünschen dürfte, so wärs ein heißes Bad, eine lange Douche und dann saubere Sachen, nachdem ich allen Dreck dieser 248 Tage Gefängnis von mir abgewaschen habe – aber da kann ich mir gleich die Freiheit wünschen, denn die Unsauberkeit gehört ja prinzipiell mit zum Freiheitsentzug. Nun, so werde ich mich wenigstens eilig rasieren und gründlich waschen. Brr wie sehr kalt ist es!

Zurück vom Spaziergang, sonniger Tag, eisiger Nordostwind. Ein Zug fuhr vorbei, der Wind wehte den Rauch der Lokomotive in den Hof, ein jäher Schmerz durchfuhr mich von dem beizenden Rauchgerauch. Bildchen flogen auf in mir. Fahrt über den verschneiten Semmering mit spielzeughaften Tannen und Häusern, über den Brenner im Schnee hinunter ins Etschtal, wann plötzlich die ersten blühenden Mandelbäume … schöne weite Welt!

Ein Jude sprach zu mir auf dem Spaziergange[,] der mich von Milles und St. Nicolas kennt.[41] Ein paar Juden sind neu, die, ein richtiger alter Ghetto-Typ, dagegen zwei miese Schlieferln.[42] Es scheint, daß alle Juden hier verhaftet worden sind … Keine Mentoner, leider.

Leer ist der Vormittag hingegangen. Es wurde zuviel geredet in der Zelle, in der man jetzt wirklich nicht mehr zwei Schritte machen kann. Da der Junge bis Mittags nicht anderswo untergebracht worden ist, bleibt er schon bei uns bis zum Abtransport. Das kann ein paar Tage dauern, höchstens zwei Wochen. – Das Mittagessen war feiertägig. Die übliche Suppe, dann Fleisch: Format eines Pakets Zigarettenpapiers, auch so dick. Als ich anfangen wollte, es zu kauen, war es schon hinuntergerutscht. Dazu gab es einen Erdapfel, Größe einer größeren Walnuß. Aber ein Viertel nicht gewässerten Weins. Doch habe ich jetzt, eine halbe Stunde später schon sehr Hunger. Daran werde ich mich wohl gewöhnen müssen. Von Colis [*Paket*] keine Spur – jetzt glaube ich selber, daß es damit vorläufig zu Ende ist. Wenigstens habe ich – dank Ericas Opferwilligkeit die Weihnachtstage mich gut sattgegessen. Ein bißchen zum Zusetzen wird schon davon etwas geblieben sein. – Jetzt kommen mir die vielen Gedanken und Bilder wieder, die die wachen Stunden der Sylvesternacht erfüllt haben. Ich habe immer wieder Theodora in Rom gesehen, wie reizend sie war, wie unschuldig, wie weltneu und wehrlos, die Liebe … Ich sehe sie in der Klinik vor der Porta Maggiore, bei Romeo mit mir sitzen, ach Gott und dann wieder Klinik in Neapel, in Wien … und dann die grauenhaften neunzehn Tage in der Klinik in Toulon … Es war nötig das alles wiederzudenken – aber jetzt suche ich nach tröstlicheren Bildern …

Heute Nacht war es zehn Jahre, daß Jakob W[assermann] gestorben ist, einen leichten schnellen Tod. Der Liebe! Er war wirklich ein gütiger Mensch! Und so ein echter Künstlermensch! Ich glaube, ein Teil seines Werkes wird weiterleben: die

---

41 Les Milles und St. Nicolas] Internierungslager in der unbesetzten Zone Frankreichs, in denen Rheinhardt 1939 und 1940 zeitweise interniert war.
42 Schlieferln] vermutlich von österreichisch »schliefen« = schlüpfen.

Erzählungen, Kaspar Hauser, das Gänsemännchen. Es war eine Schicksalsgnade, daß der Tod ihm erspart hat, auch diesen Krieg zu erleben, und vielleicht irgendwo im Exil zu sein.

Ein öder Tag in der überfüllten Zelle geht zu Ende. Wieder auf dem Strohsack. Neben mir liegt jetzt der junge Italiener[.] Nach vielem Flehen durch den ganzen Tag habe ich jetzt abends für ihn einen Strohsack erreicht, so daß er nicht auf dem nackten Boden liegen muß wie letzte Nacht. Keine Decken – er hat unsere Mäntel zum Zudecken … Schade um die guten Momente abends. Jetzt geht das Quatschen ohne Unterlaß weiter. Zum Überfluß verlangt der alte Esel jeden Augenblick, ich soll ihm verdolmetschen, [w]as der Junge da sagt. Ich versteh vieles oft nicht. Viel Stille für Versenkung in Neujahrsbetrachtungen habe ich nicht gehabt – vielleicht wars besser. In der Nacht bleibt doch noch Zeit. Dann gibts doch nur das Schnarchen des Alten und andere Schlafgeräusche. Ich bin froh, [daß] der arme Junge da wenigstens nicht auf dem Boden liegen muß. Der Offizier, von dem ich den Strohsack erbettelte[,] hat auf meine Bitte, ihn in eine leerere Zelle zu bringen, kühl gesagt: in manchen Zellen sind sieben! Und die waren für einen Häftling bemessen. Nun ja. In der Villa L[ynnwood] waren wir ja auch neun in einer wenig größeren Zelle. Und Artus beklagt sich noch, der fünf dicke Decken hat und zwei gute Kissen.

Ein Kissen wäre gut. Ich habe meinen alten Hausrock in ein Hemd gestopft, das ist mein Kissen. Komisch, wie heikel ich gewesen bin auf meine Schlafeinrichtung. An dergleichen gewöhnt man sich. An den Hunger wirds schon schwer sein, sich zu gewöhnen. Wenn ich nur etwas Stille zum Nachdenken habe, ist die Existenz schon erträglich – das ist für mich wie die Erde für den Giganten, der daraus seine Kraft schöpft. Ich habe etwas Pech gehabt bei der Einteilung hier. Es gibt doch eine Reihe intelligent aussehender »besserer« Leute – nun ja. Es hätte doch auch ein rechtes Greuel von Charakter darunter sein können. Τληθ[ο]ι, λεων, αΤληθα παθων [etwa: tragest du untragbare Last][43] … wird doch einmal vorbei gehen. Schade, daß mit dem Vorbeigehen auch ein Stück Leben weggeht. Es ist halb sieben. Gleich wird gelöscht werden und damit ist der trübe Neujahrstag zu Ende. Und morgen ist zwar Sonntag – aber Alltag, im neuen Jahre, das ja doch das Befreiungsjahr sein muß. Es wird Zeit sein für uns alle! Lieber Gott, gib daß es bald ist – laß mich nur gesund bleiben und gebe mir Geduld!

Sonntag, 2. Januar [19]44

Brr, es ist kalt auf der Welt. Es friert draußen, das spürt man bis in die Knochen[.] Wenn man wie ich mehr als 20 Jahre im Süden zugebracht hat wird man frileux [kälteempfindlich] wie die Meridionalen. Und gar noch in dieser Zeit des völlig fettlosen Essens. Ich habe Mühe, die Erinnerung an die Winter zu scheuchen, wo ich

---

[43] Τληθ[ο]ι … Verszeile aus den Historien des Herodot 5,56: »Dulde, o Löwe, unduldsames Leid mit duldendem Herzen! Keiner der Menschen entgeht, der gefrevelt, jemals der Strafe.« Herodot, Historien. Hg. und übersetzt von Josef Felix, Düsseldorf u.a.: Artemis+Winkler 2004, S. 352.

zum Frühstück tüchtig Paprikaspeck gegessen habe: Die Zwei fangen jetzt schon an, in Hungerphantasien sich Mahlzeiten auszumalen. Aber auf mein Drängen wurde beschlossen, nicht vom Essen zu reden – bis zum nächsten Male. Das Schlimmste am Hungerhaben ist, daß es sich so sehr des Denkens bemächtigt und den Menschen so sehr terre à terre [*nüchtern realistisch*] macht. Jetzt geht mir auf, was mir früher seltsam erschienen ist, warum die Bitte um das tägliche Brot im Vaterunser Platz gefunden hat. Weil der Hunger der Feind der Seele ist und sie überschwer macht und an jedem Aufschwung hindert. Vielleicht, wenn er ganz leise wird und der Körper schon recht geschwächt ist, bringt er mit sich, daß diese nüchterne Klarheit einer Hellhörigkeit und Beschwingtheit weicht. Jeden Morgen gehen mir die Verse im Kopf herum:

Auf auf in Gottes Namen,
Schon blaßt die blaue Nacht im Fensterrahmen
Ob dieser Tag die Freiheit bringen mag?

Ich merke hier, daß ich völlig außerstande bin, mich in einen wirklich dummen Menschen hineinzudenken. Was mich verwirrt, ist nicht die Unfähigkeit, sich darbietende einfache Probleme zu lösen (im Gegenteil, wo es sich um diese »Schlauheit« handelt, ist ein Typ wie Artus mir z.B. oft überlegen) – es handelt sich um das Verhalten zu Tatsachen, um deren Interpretation, wo nichts zu interpretieren ist. Es ist etwas Magisches da, das an Stelle des rationalen Verhaltens tritt. Z.B. jetzt hat mir der wachthabende Unteroffizier gesagt: die Pakete sind da wie sonst, ein Riesenhaufen liege »vorn«, es sei die französische Polizei, die sie noch zurückhält. Dieser völlig glaubwürdigen Erklärung gegenüber sagt mir die Vernunft: den Deutschen war es zuviel Arbeit, sich mit den Massen von Paketen und deren Durchsuchung zu bemühen, also lassen sie das den Franzosen. Meine sonstige Reaktion ist das Bedauern darüber. Denn bei den Deutschen war man ziemlich sicher, daß nichts wegkommt, bei den Franzosen hingegen, der jetzigen Qualität Polizei eines ausgehungerten Landes im tiefsten Warenmangel – nun, mein Artus redet seit einer halben Stunde des verwirrtesten Ernstes, ob die Deutschen denn Vertrauen in die Franzosen haben. Der deutsche Unteroffizier kennt doch die Franzosen nicht, und jetzt werden sich die Deutschen mit den Franzosen streiten, wem von ihnen die Sachen gehören werden. Dann kommt stets irgend eine Aussage völlig nicht hierhergehörig. Ein Freund, ein Fischer in der Bretagne, der damals 1923 (langes Diskutieren mit sich über das genaue Datum) bei einer Sturmkatastrophe sein Boot verloren hat und acht, nein, elf Jahre später von einem Chirurgen in Brest umgebracht worden ist. Der war 1916 vor Verdun, der hat etwas gesehen von französ[ischen] Gendarmen. Und so geht es den ganzen Tag, wenn die einfachste Tatsache erwähnt wird, die man gerade nur zur Kenntnis zu nehmen hat. Und ich versuche dann noch klar zu machen – und bin mitten in der Magie dunkelster Seitengassen dieser Innenwelt. Ich verdumme daran. Schutz ist nur Nichtreden, Nicht-Zuhören. Und V[igliéno] und A[rtus] unterhalten sich herrlich mit dem Aufzählen von den gleichen Unzusammengehörigkeiten, von Namen und Daten gewürzt, über die dann Streit entsteht »Merde [*Scheiße*], der hat doch im 181[.] Regiment gedient und war Caporal schon 1937« – »Putain [*Verdammt*], ich sage dir, es war 152[.] Rgt., er war Sergent schon 1935 – Das sind

Gespräche. Und ich begreife nicht, daß es sich doch gar nicht um Mitteilungen von Sachverhalten handelt, sondern um das Bedürfnis, Worte zu bilden, das sich so regt wie die Produktion der Magensäfte weitergeht und Hunger macht, so bilden sich Worte in denen und machen Redehunger …

Spaziergang in klarer Kälte. Die préaux [*Gefängnishöfe*] hartgefroren. Hinter dem Gitter die Salades Romaines [*Römersalatköpfe*] haben braune faltige Ränder. Und die Frostbeulen an den Füßen – und jetzt auch an den Händen – tun weh. Mit uns marschiert ein etwa dreißigjähriger bäuerlicher Mann. Er hatte eine Backe furchtbar geschwollen. Plötzlich sah ich, daß ihm helle Tränen aus den Augen liefen. – Ein junger Italiener hatte gestern Streichhölzer von mir verlangt, ich hatte keine bei mir, versprach für heute. Morgens fiels mir ein, habe unsere gezählt: es sind noch sieben da, ich dachte an das Feuerzeug, das ich mit der letzten Ampulle Benzin gefüllt habe, wollte refüsieren [*verweigern*]. Stellte mir den Jungen vor, der noch etwas Tabak hat und keine Streichhölzer mehr, beschloß, ihm drei zu bringen. Als die Tür jäh aufgerissen wurde und »Promenade« [*Spaziergang*] geschrien, hat es in mir doch lieber vergessen die Streichhölzer mitzunehmen. Ich schäme mich … Besonders, wie der Jude, der mich vom Lager her kennt, mir ungebeten einige Blätter Schreibpapier zugesteckt hat »Sie sind doch Schriftsteller, können Papier immer brauchen …« Eine nötige Lektion!

Jetzt nehme ich das Heft auf den Strohsack mit, auf den ich mich gleich nach dem Essen flüchte, um die eisigen Füße zu erwärmen unter der Decke. Nicht, daß ich etwas zu schreiben habe. Aber ich will der Versuchung entgehen, noch ein Stück Brot zu essen. Jetzt, zehn Minuten nach dem Essen habe ich ebenso Hunger wie vorher. Es war verdammt wenig. Das Wruckenwasser wie sonst, nachher eine Linsensuppe, die mir wie ein Festessen schmeckte, aber es war kaum eine Teetasse voll, dazu etwa fünfzig Gramm Brot – mehr darf ich mir nicht erlauben, sonst … Jetzt muß ich drei Stunden warten bis zur nächsten Schnitte Brot mit einem Stück Zucker, meiner Jause, die ich schon früh nehme, weil das Abendessen immer früher kommt, oft schon gleich nach vier. Es ist ein Jammer, wie einen das in den Krallen hat, das Hungrigsein, hier besonders, wo man ja nicht Tätigkeit und einfach das Leben hat wie draußen. Ich lege ein paar Patiencen auf der Decke – Fliegeralarm. Der zweite in zwei Stunden. Das wiederholt sich jetzt schon so oft, daß man kaum achtgibt. Jetzt hört man die Flak sehr laut. Vor wenigen Tagen haben sie in der Umgebung bombardiert, wir haben wenig gehört. Jetzt wird heftig geschossen, durchs Fenster sieht man die Schrapnells der Flak die munter drauflos donnert – jetzt höre ich auch lang die Flugzeuge, aber keine Bomben wie neulich abends. Der alte Esel redet nur von »matériel roulant« tout près d'ici [*bewegliches (Kriegs-)Material ganz in der Nähe*]« das wohl das Angriffsziel ist. Der Himmel ist voll weißer kleiner Schrapnellwölkchen. Jetzt verzieht sich der Lärm der Avions [*Flugzeuge*] nach Osten –

Abends. Ich habe die ganze Zeit gewußt, daß etwas mit den Paketen in Unordnung geraten ist: Mit allen Sophismen habe ich den Zweien eingeredet, daß sich alles bald einrenken würde, nicht um mich selber zu überzeugen oder neuen Hoffnungsfunken einzublasen – nein, sondern [um] nicht die ganze Zeit darüber jammern zu hören und jeden Augenblick interpelliert zu werden. Ich lege den Wisch hier ein, den ich auf vielfältiges Anfragen jetzt abends von einem inspizierenden Offizier bekommen

habe.[44] Also, jetzt ists mit der Hoffnung auf Verpflegungszuschuß von zuhause endgültig zu Ende. Jetzt ist diese böse Entscheidung getroffen – auf Änderung ist nicht
mehr zu hoffen. Jetzt heißt es, die Zähne zusammenbeißen und wieder ein Loch in
den Gürtel zu machen. Ich habe noch etwas Zucker, das ist auch Alles – und für eine
Woche zu rauchen. Das wird das Schlimmste sein – der durch soviele Jahrzehnte ans
Nikotin gewöhnte Körper jammert fürchterlich. Nun ja – die Laune wird elend sein
und mit dem Denken wirds auch nicht gut gehen. Vielleicht geschieht ein kleines
Wunder – ohne das sehe ich keine Aussicht auf Besserung. Aber es sind mir im Laufe
dieser Haft schon etliche Wunder wiederfahren – das ist nicht vermessentlich auf Gott
vertrauen, glaube ich. Auf ihn vertrauen zu können ist ja schon Hilfe, ohne daß Er
etwas ändert. Jetzt wird es viel Selbstdisziplin brauchen, nicht immer an diese Misere zu denken. Und viel Kunst, sich das wenige Gute einzureden, das geblieben ist,
nämlich, daß man doch wenigstens schreiben und Post erhalten darf, sich also nicht
so verlassen vorkommen muß wie zeitweise in Menton. Die liebe Erica, ich stelle mir
vor, was für ein Schlag für sie es war, zu erfahren, daß sie jetzt nicht mehr für mich
sorgen kann. Hoffentlich hat sie das rechtzeitig erfahren, schon zu Weihnachten, und
ist nicht jetzt nochmals unnötig nach Nice gekommen! Als die Weihnachtspakete
ankamen, hatte ich schon eine Art Polykratesgefühl[45], es könne doch nicht auf die
Dauer so ganz leidlich zugehen, bei den Deutschen sogar besser als bei den Italienern
… Nun ja, jetzt weiß man woran man ist. Und auch, daß es nicht besser werden wird.
Wenn ich nicht bald verhört werde und dann eine Entscheidung über mich getroffen
wird, muß ich mich darauf gefaßt machen, bis zum Ende des Krieges hier zu bleiben. Wann ist das? Wenns noch sehr lange dauert, wird es schwer, sehr schwer sein,
moralisch und körperlich auszuhalten. Bis jetzt, Gottlob, war die Moral im Ganzen
recht gut. Nun, ich will trachten, möglichst lange halbguter Dinge zu sein, trotz der
Erschwerung durch die stumpfen völlig humorfremden Klötze da, wenn ich doch mit
dem kleinen Guénon, ja selbst mit Marquier und Ayraux sein könnte. Nun ja, ich hätte
auch mit Gastaud oder dem [] sein können, und das wäre noch ärger gewesen. Der
ital[ienische] Bub da neben mir ist erträglich, stört nur als der Zuvielte – aber er wird
ja nicht lange bleiben. Und diese Kälte, die alles so erschwert, wird ja auch bald vor-
beigehend einem normalen Januarwetter Platz machen. Ich habe noch eine Besorgnis,
die ich hier aufschreibe, vielleicht, um nicht zu sehr an sie denken zu müssen. Daß
nämlich jetzt ein »Ordnen« der Zellen anfangen kann und uns alle »überflüssigen«
Sachen wie Bücher, Schreibzeug, Rasiersachen und sonst die kleinen Annehmlichkeiten weggenommen werden. Aber in Menton habe ich ja lernen müssen, was man
alles entbehren kann – nur war damals Sommer – und wir waren mehr Leute, man
hatte daher Spiele spielen können. Ich sollte öfters an die Villa L[ynnwood] denken
und mich daran aufrichten, daß man das auch überstanden hat – allerdings muß
ich mir eingestehen, daß ichs nicht gut überstanden habe. Aber Gott sei gedankt,
lebendig und ohne zuviel Schaden zu nehmen. Wenigstens nicht allzu merklich …

---

44 Das Schriftstück ist nicht überliefert.
45 Polykratesgefühl] Anspielung auf menschliches Glück im Übermaß, das Unglück und den
    Neid der Götter bringen kann. Herodot, Historien, 3,39–43.

Mir fällt jetzt die Zeit ein in Menton, da alle was zu essen und rauchen kaufen konnten, schreiben konnten, nur ich nicht, durch Wochen und Wochen, obwohl ich viertausend Francs abgegeben hatte ans Bureau – aber der Wechsler ist wochenlang nicht gekommen – und man durfte nicht 25, 30 centesimi für die vinceremo-Karte[46] sich ausleihen. Damals habe ich weiß Gott Hunger gehabt und [war] nicht erleichtert dadurch, daß die Anderen sich anfraßen, die Pakete bekamen und in der Kantine kaufen konnten. Auch überlebt. So wird auch das jetzt alles vorbeigehen. Gott gebe mir Mut, und Gesundheit und die Gnade, daraus was Rechtes zu lernen und besser und immer wahrer zu werden! Jetzt wird gleich ausgelöscht werden und die Nacht kommt, ich will Trost in Gedanken aufbaun zu suchen, als einen Vorrat, von dem ich in Momenten der Trübsal zehren kann wie jetzt.

Montag, 3. Jan[uar 1944]

»Was kann das schon für ein Tag werden, der mit Aufstehen anfängt« pflegte die Emmy zu sagen … Hart wars jetzt, aufzustehen nach der elenden Nacht, in der ich doch so oft und so sehr den Morgen herbeigesehnt habe, nach schlaflosen Stunden, den Körper wie wund, schmerzend sich herumwerfend auf dem schon ganz dünngelegten Strohsacke … Zweimal Fliegeralarm heute Nacht. Nachts wirken diese Sirenen doch ganz anders als bei Tag. Das erstemal hör ichs seit 3 1/2 Jahren, damals in Les Milles. – Habe in Fetzen von Wien geträumt, von den alten copains [*Kameraden*] im Café Museum, mit ungeheurer Intensität, mit stärkerern Wirklichkeitsgefühlen, als all das hier begleitet. Das ist ein Segen, daß man im Gefängnis allmählich erlernt hat, mit abgedrosseltem Wirklichkeitsgefühl zu leben … der Kirschbaum im Terrassenbeete zuhause, der mir plötzlich einfällt[,] ist mir viel wirklicher als die Stimme, die da ein paar Meter weiter schreit: »Na, wirds endlich …« Gottlob, lieber Kirschbaum im göttlichen Gesetze reinen Seins! Ich habe dich selber gepflanzt so sorglich … Die Eselswelt sucht sich merklich zu machen, A[rtus] redet die ganze Zeit zu mir, stellt Fragen »Qu'est-ce qu'il a dit [*Was hat er gesagt*]?« Nie soll er es erfahren. Der italien[ische] Junge neben mir ist aufgestanden und hat seinen Strohsack zusammengerollt. Der unausrottbare Aesthet in mir meldet Rancune gegen den Buben – weil er so maßlos stinkt. Die amerikan[ische] Geschichte »how old are you, girl?« fällt mir ein. Es ist in der Tat unglaublich daß man in so wenigen Jahren schon soviel so stinkenden Dreck am Leibe aufgesammelt haben kann! – Ich muß ankämpfen gegen die augenblickliche kühle Herzensmattigkeit – der kindische Alte Kerl, der Ich, hadert nicht etwa mit Gott, nein, er schmollt und ist »beleidigt«, weil Er die Sache mit den Paketen zugelassen hat. Aber Er weiß. Wie töricht kommt mir die Katechismus-Phrase in der Reueformel vor »weil ich Gott beleidigt habe …« <u>Ihn</u> beleidigen!? Man kann höchstens die Taktlosigkeit begehen, Ihn zu erinnern an die Mängel, mit denen Er uns geschaffen hat. Ich denke an die Legende von der Scheschina[47]– ich will sie hier aufschreiben, um sie klar geformt vor mir zu haben.

---

[46] Vinceremo-Karte] Bedeutung unklar.
[47] Schechina] in der jüdischen Theologie die Wohnstatt Gottes in Israel.

Die erste Bewährung mit dem hier soeben – trat beim Fegen an die Zellentür, große Engueulade [*Anpöbelei*] vom Chef – ist abgeglitten an mir. Weniger wirklich als die Kälte, fast gar nicht wirklich[.] Jetzt wird festgestellt, daß die älteren Häftlinge hier wenig über drei Monate hier sind. Trotz der Inkompetenz der Konstatierenden könnte man daraus schließen – und, aus dem doch recht improvisierten Pferchen, daß man hier doch nur eine beschränkte Zeit gehalten wird. Hoffentlich – Gott gebe es! Das tägliche Brot wird ausgegeben – es ist nicht schlecht, wenn auch nicht so frisch und gut wie in Menton. Wenns nur doppelt so viel wäre, dann könnte man nicht klagen – man täte es doch, weil der Mensch es doch immer besser haben will. Aber viel brauchts nicht mehr sein – ich glaube wirklich, ich bin sehr viel bescheidener geworden … Sehr viel! – Jetzt geht das tägliche Bereden weiter »Gestern wars größer, vorgesterns wars frischer usw.« Unvorstellbar lang so!

Eben beim Rasieren mein Gesicht in dem alten Spiegel aus dem Reisenecessaire gesehen, den Erica mir brachte. Ich bin recht mager geworden – vom Körper gar nicht zu reden. Mir fiel ein, wie entsetzt ich in Menton war, als ich nach sechs Monaten zum ersten Male mich wieder im Spiegel sah, wie grau geworden, wie alt – man lebt doch mit sich auch in der Vorstellung von vorgestern oder vorigem Jahre … es war schon ein rechtes Gefangenengesicht, dem man ansah, daß der Mann sich schon lange nicht regelmäßig sattgegessen hat. Denn so ein gutes kurzes Intervall wie jetzt diese Weihnachtstage ändern doch nichts an der Gesamttatsache der gründlichen Unterernährung. Aber zum Glück lebt der Mensch nicht vom Brote allein und von Fett, sondern auch im Geiste, wenn er im Geiste lebt. Möge ichs immer mehr können! –

Da die neue Ordnung hier nur wenig Hoffnung läßt, gewaschene Wäsche herein zu bekommen, fange ich mit der Selbsthilfe wie in Menton an. Nur dort konnte man die Wäsche im Hofe auf die Leine hängen, oder über den Flügel des stets offenen Fensters. Ich wasche jetzt auch hier künftig, solang es nicht regnet. Ich habe jetzt gründlich angefangen. Jetzt kenne ich das Gefühl der Wäscherinnen im Winter, das Nichtwarmwerdenwollen der Hände, die auch anfangen, rissig zu werden. Ich denke gerührt an Theodora und Erica …

Kurz vor dem Essen, Fliegeralarm, diesmal ohne Flakbegleitung. Kein Spaziergang trotz des Sonnentages, oder wegen? Die Zwei erzählen, daß sie vor meiner Ankunft bis zu 25 Tage ohne Spaziergang blieben. Doch etwas, das besser geworden ist! V[igliéno] hat jetzt ein Paket bekommen: nichts als Wäsche und ein Päckchen Rasierklingen. Also ist die Neuordnung in Kraft jetzt. Tant pis [*Schade*].

Le chef a ouvert la porte pour faire prendre le colis – »vite vite« suivi d'engueulade violente. Quelle mauvaise humeur! Est ce caractère un bon signe pour nous [*Der Chef hat die Tür geöffnet, um das Paket entgegennehmen zu lassen – »schnell schnell«, gefolgt von gewaltigem Gebrüll. Was für eine schlechte Laune! Ist dieser Charakter ein gutes Zeichen für uns*]? Unruhiger, verworrener Nachmittag, Rennen und Rumoren im Hause, kein Spaziergang. Es scheinen wieder viele Neue angekommen zu sein. Große Nervosität, Schwierigkeit, sie unterzubringen. Mußten bis 1/2 7 aufs Abendessen warten, das eisig war.

Jetzt wieder auf dem Strohsack, zufrieden, daß der ungute Tag herum ist. Wenn erst Füße und Hände wieder warm sind und das Licht ausgelöscht und das Gewäsch verstummt, fängt mein bißchen Leben hier an (hélas [*leider*], daß das andere ja auch Leben ist! Teil des mir zugemessenen Maßes[)].

Jetzt sind schon in der ganzen Zellenreihe überall vier Insassen, mehr können sie schwerlich unterbringen. Der Italiener hat noch immer keine Decke. Er hat Glück, das wir Mäntel haben, besonders V[igliéno] einen guten Militärmantel (er trägt seine Uniform auf, war volontaire [*Freiwilliger*] in der Pétain-Armee 1940 November 42 demobilisiert. Taumelte dort ebenso blind hinein wie jetzt ins G… Was für Maulwurfsexistenzen das sind die Zwei! Dabei hat der Bursch schlimmerweise auch eine schmökerische Bildungsseite: er sagt unaufhaltsam Namen von Autoren, Büchern, von Malern herunter, einige ohne etwas dazu, lediglich Katalogart, andere mit »il est Académicien [*er ist Mitglied einer Akademie*]« »c'est un pédéraste [*er ist schwul*]« oder dergl[eichen][.] Oder irgend gehörten bösen Potin [*Klatsch*] wie »der Katholizismus von Claudel« »ce n'est que de la blague [*das sind nur Faxen*].« Und zu den paar Meinungen, die er irgendwo gehört hat, hält er starrköpfig, ängstlich daß er ein kostbares Bildungsgut einbüßen könne. Ich hüte mich natürlich, mitzureden, aber er »prüft« mich gelegentlich. Vornamen von Autoren, Büchernamen und d[er] gl[eichen]. Und er redet wirklich maulwurfhaft von allem, ohne Meinung, ohne je sicher begeistert, gerührt von einem Buche gewesen zu sein. Wie mit Sägespänen gefüllt … Herrgott, und das ist jung! Und Artus hingegen sagt, noch aus einem tieferen Maulwurfsgange auch immer das Wenige auf, das er weiß, durchsetzt mit fraglichen Distanzen und Daten. Das wären Gespräche für einen Komödienschreiber, von Nestroy bis Sternheim hätte jeder da sein gefundenes Fressen gehabt. Ich muß versuchen ein solches Gespräch aufzuzeichnen. Nur wirds doch gleich wilde Karikatur … Jetzt redet A[rtus] von der ligurischen Küste. Der Junge erzählt von seinen fröhlichen Ausflügen zu Rad. A[rtus] sagt zu jedem Namen wie Portofino, Lerici, Rapallo, etc, lediglich, schlechter Hafen, zu kurze jettée [*Landungsbrücke*]. War achtmal da! – War 14 Tage in Civittaveccchia mit einer Yacht. Der Patron wollte ihm Urlaub geben, nach Rom zu fahren »Je ne voulais pas, je ne sais pas … vous savez [*Ich wollte nicht, ich weiß nicht … wissen Sie.*]« Der Ital[iener] erzählt eine ganz komische

Dienstag, 4. I. [1944]

»Ancora una notte di più e di meno in prigione [*Noch eine Nacht mehr und weniger im Gefängnis*]« sagt der Bursch, sich vom Strohsacke aufrappelnd, befeuchtet Hände und Gesicht eilig, fährt mit dem Taschentuch drüber – und ist fertig für den Tag, flucht »Madonna – , ancora ieri ho mangiato la pagnotta invece [*aber gestern noch habe ich den Laib Brot gegessen*] …« Artus bohrt in der Nase, steht brummelnd auf, kratzt sich den Kopf heftig, Viglieno geht zur Wand neben der Wasserleitung, und schreibt den heutigen Tag dort in seinen Kalender ein (er ist Buchhalter von Beruf, den er so wenigstens ein bißchen ausübt eben so wie im Katalogischen seiner »Bildung«). A[rtus] sitzt auf seinem Bett, schnürt seine Schuhe mit Holzsohlen zu, kaut Brot und versucht zu irgendwem zu reden. Niemand hört zu. Der Junge sitzt auf dem Hocker neben dem Tische und fängt zu lesen an. Ich auf dem Strohsacke, das Heft auf den Knien, V[igliéno] steht herum und kaut. Draußen Getrampel, durch laute unverständliche Rufe übertönt. Es ist sehr kalt, sechs Uhr fünfunddreißig. Noch völlig finster draußen! Wenn ich zu schreiben anhalte, denke ich »Ich werde mich heute wieder rasieren müssen –; brr das kalte Wasser.«

Gute Stille hier für eine Weile, solange A[rtus] weiterkaut. Der Wasserleitungshahn tropft, Kaugeräusche wie in einem Stalle gehen parallel mit (ich rieche plötzlich den warmen Milch- und Mistgeruch eines Kuhstalles beim morgendlichen Melken,) die blakenden Petroleumlaternen …) Jetzt hat das Husten begonnen, ich trocken, A[rtus] mit viel Rouspieren [*Räuspern*] und Spucken. Und doch wird er womöglich immer das Öffnen des Fensters verhindern!« denke ich mürrisch. – Ein Lastauto fährt unten vor, die Bremsen quietschen. Das Laufen wird heftiger draußen, jetzt werden Türen geschlagen »vite, vite [*schnell, schnell*]« das einzige franzöz[ische] Wort, das die alle können. Ich glaube, die jungen Slaven sind fast alle fort. Der freundliche Oberschlesier auch, der zuweilen »Guten Morgen« gesagt hat. V[igliéno] und A[rtus] haben sich wieder hingelegt[,] schaun einander an, denken sicherlich nach, was sie sagen sollen, damit geredet werden kann. Ich denke »Herrgott, ich bin kalt und leer wie ausgeweidet. Ich müßte wieder den Strohsack zurecht krempeln« und Fetzen von Träumen aus der Nacht fliegen vorbei, die schönen Schenkel der blonden L. heftig weggescheucht.

> »Auf auf in Gottes Namen,
> Schon blaßt die blaue Nacht im Fensterrahmen …«

sagt es in mir mit einer eben nicht faßbaren Melodie. In Gottes Namen echot es weiter in jeden Anfang eines Gedankens.

A[rtus] holt den kleinen Besen hinter der Tinette hervor, uriniert lange und macht sich ans Kehren, hustet und spuckt, seine Hose steht weit offen. V[igliéno] hat die Karten vom Tische genommen und legt eine Patience auf dem Strohsacke und pfeift dazu eintönig falsch »wenn sie die Runde machen …« aus der Micaëlaszene, in Carmen[48]. Das geht jetzt lange so weiter, [] bis die Tür aufgerissen wird und der Reisigbesen hereingeschmissen wird und »vite, vite [*schnell, schnell*]« geschrien wird. Der Schreier ist nur wenige Zellen weit: »Ich muß dem Juden einen Kriminalroman geben beim Spaziergang, s'il y en a [*wenn es einen gibt*] …« Ich drehe eine Zigarrette aus zwei Stummeln von gestern, Herrgott, bald ist das Glück auch zu Ende, und dann schon für lange. Nicht daran denken, nicht daran denken … Wenn die gute Erica es doch mit dem Roten Kreuz versucht hätte … aber die tun doch nichts, die Damen machen sich nur wichtig und scharwenzeln vor den Deutschen … Das Pfeifen geht weiter. A[rtus] fegt dicht neben mir und sagt eine Menge. Ich bin stocktaub. Ich habe noch so Hunger, mit der Schnitte Brot bis neun Uhr warten … »Ich kehre zurück, wenn sie die Runde machen …« aber so falsch. Der gute Italiener liest und rührt sich nicht, ich habe ihm den Silvio Pellico geliehen. Draußen laut »Der Arsch weiß doch nicht …« Tür auf, heftiges Fegen, V[igliéno] läuft die Tinette leeren. Der Chef steht drohend inmitten der Vorhalle, schreit da und dorthin ein Wort. Die Wachen

---

[48] Carmen] Oper des französischen Komponisten Georges Bizet (1838–1875).

stürzen auf und ab »Vite, vite [*schnell, schnell*].« Guénon und Saubain bleiben weiter unsichtbar. Hie und da rufen wir einander etwas durchs Fenster zu. Es wird schon grau im Fenster. Ich wickle mich in die Decke. Die Füße werden wieder kalt. Noch zu dunkel zum Rasieren[.] Habe bis jetzt noch kein Wort geredet. Bald werde ich irgendwas sagen müssen, ungern.

Promenade [*Spaziergang*], fing heute um 8h15 an, mitten in Toilettevorbereitungen[,] jede kleinste praktische Einteilung wird hier durch die pagaïe [*Durcheinander*] unmöglich. – Konnte mit Marquier sprechen. Fragte ihn teilnehmend, ob er Nachrichten von zuhause hat, er ärgerlich, denkt, ich mahne ihn an die Zigarretten, die er sich vor 8 Tagen bis »morgen« ausgeliehen hat. Hätte sie gern wiedergehabt, nun ja. Er war immer ein starker Nehmer und ein Nie-Geber. M[arquier] erzählt, daß die meisten Juden gestern von hier weggebracht worden seien. Gott sei ihnen gnädig! Es ist sehr kalt, Himmel halb bedeckt, scharfer Nordostwind. –

Bin verdrossen, eines meiner zwei Pakete Rasierklingen ist verschwunden, habe jetzt über eine Stunde gesucht, die Zwei font semblant de chercher [*tun so, als ob sie suchen*]. In dem engen Raum dürfte nichts »von selber« verschwinden – nun ja. Ich mag nicht weiter nachforschen. Tant pis [*Kann man nichts machen*], jetzt bleiben mir drei Klingen. Und welche nachzukriegen, ist ja unmöglich geworden ... Sorgen ...

Nachmittag. Seit dem Verbot an die Familien, zu unserer Ernährung beizutragen, wird das Essen immer dürftiger. Das Rote Kreuz dagegen richtet sich zugrunde für uns. Jetzt war wieder »Verteilung« – was? – für jeden eine winzige Kartoffel.

2h, wieder Fliegeralarm; bis jetzt nichts weiter zu hören. Das Fenster wird sofort geschlossen, wenn ich es öffne. Der Seemann ist darin mit V[igliéno] und dem Ital[iener] einig, daß reine Luft schaden könnte. Und Tinette und Leute stinken um die Wette. Ich habe eine Streudose von Yardley Talkpuder, hie und da halte ichs an die Nase und der Lavendelduft macht mir schreckliches Heimweh nach Sauberkeit ...

Nichts zu lesen. Morgen soll ich angeblich das Buch von Mauriac bekommen.[49] Zuzeiten werde ich besser tun, in das Heft nichts einzuschreiben. Denn das verführt mich, kleine Wehleidigkeiten aufzuzeichnen, die ich sonst unterdrücke oder die bald vergessen sind und durchaus für meine Gesamtmoral nicht symptomatisch sind.

Habe mich verleiten lassen, einen Detektivroman empfangen, einen französ[ischen] leider, langsam wie alle diese, schematische Leute. Gewäsch-Konversation, und all das soll le grand monde [*die große Welt*] sein. Grotesk, wie diese Burschen alle die Ambition haben, ein aristokratisches oder mindestens elegantes Milieu zu wählen, dergleichen sie nur aus Büchern von ihrer eigenen Art kennen. Warum die nicht wenigstens ihre Verbrechen in Kreisen geschehen lassen, die sie sich vorstellen können? Da lobe ich mir den Durchschnitts-Romancier in England, der fast immer sein Mi-

---

[49] François Mauriac (1885–1970), französischer Schriftsteller, linkskatholischer antifaschistischer Publizist.

lieu glaubwürdig macht und seine Leute nicht lauter gaffes [*Entgleisungen*] begehen läßt (menschliche nämlich) Hinter den Engländern steht eine klar umrissene Gesellschaft, von der sie herkommen, von der sie wissen – und für die sie auch schreiben. Das ist wahrscheinlich das Geheimnis von Erfolgen und Leistungen wie etwa Edgar Wallaces[50]: daß die Bücher voll Respekt für diese Gesellschaftsordnung und deren [] Moral sind – und daran ihre Helden, Heldinnen und Villains [*Bösewichte*] sich scharf abmessen auf ihre genaue Richtigkeit. Das sollte ein gescheiter Mann tun, eine Soziologie des Kriminalromans schreiben.

Wieder abends auf dem Strohsack, eisige Hände und Füße. Gegen abends kleine Szene mit V[igliéno]. Er schrieb Nummern, völlig unleserlich. Schlug vor, andere zu schreiben. Er benützte die Gelegenheit zu Wutausbruch und Pöbeln – ich schwieg. Er ist beleidigt, weil er sich schlecht benommen hat. Mir solls recht sein. Ich möchte im Grund überhaupt nicht reden müssen. Es freut mich nicht, mein Französisch auf das Niveau herabdrücken zu müssen, um auch in den gewöhnlichsten Sachen verstanden zu werden, et encore [*und selbst das nicht*]. Das einzige Gute hier ist noch mein Winkel auf dem elenden buckligen Strohsack, der nach jedem Glättungsversuch nur noch holpriger wird. Nur da ruhig sein, mit meinen Gedanken, meiner Vergangenheit (von der schon kaum jemand mehr weiß) mit den Bildern der paar lieben Menschen, das ist mein Zuhausesein jetzt auf der Welt, in der ich ein Gefangener bin auf unabsehbare Zeit, vergessen, nicht einmal mehr verhört … Dans l'oubliette [*Im Verlies*]. Das wird noch mehr und mehr so, jetzt, da Post nur mehr zweimal im Monate kommt und abgeht. Bisher war Montag die Post abgeholt worden, diesmal nicht mehr. Meine Karte und der Brief für Neujahr an Erica liegen noch da, verwelkt, wie der Zweig Föhre mit etwas Silberzeug drauf, den E[rica] mir zu Weihnachten geschickt hat und den ich in einen Wandring gesteckt habe. Er ist grau geworden, wie hier alles grau wird …

Staub, Staub, der Lebensstaub … von dem ich voriges Jahr in dem Märchen geredet habe, ist hier echter als irgendwo, er fällt wie Staubregen.

Mein lieber Gott und Herr: es steht geschrieben, ich solle meinen Nächsten <u>lieben</u> – lieben. Mein Gott, wie soll ich denn die lieben? Ich erweise ihnen Freundlichkeiten, ich tue, als ob ich sie gern hätte, ich bezwinge mich, ihnen nie Böses zu wünschen, ich übe mich den ganzen Tag in Geduld und lächle in ihre leeren stumpfen Gesichter, aus denen nie ein menschlicher Funken leuchtet. Ich würde auch Opfer für sie bringen – es war für mich stets ein Opfer, V[igliéno] Zigarretten zu geben, der mir nie eine geben würde, selbst wenn er viel hätte. Auch größere Opfer, aber von alledem ists so weit zum Lieben. Ich kanns platonisch, wenn ich die Leute nicht den ganzen Tag vor Augen habe. Aber wie sollte ich einen Gastaud, den Geizhals, einen Carivet, den Affen des Geistes, je lieben können? Da muß etwas sein, was ich auch noch begreifen lernen soll. Ich kann es nicht finden, nicht erkennen, nicht empfinden.

---

50 Edgar Wallace (1875–1932), englischer Schriftsteller und Journalist, Autor populärer Kriminalromane.

Mein Gott, ich grüble, will weiter grübeln, versuchen mein Herz drüber zu behalten – und kann selbst das nicht voll gefühlt tun. Ich weiß, das ist der Hochmut ... den man Individualismus nennt, die Ichgebundenheit. Daß die mich auch nicht lieben, gar nicht mögen, nur dran denken, wie sie mich ausnützen können, daß sie es dumpf empört ablehnen, daß es so Einen wie mich geben kann, daß sie beleidigt sind von meinen wahrhaftig nicht zur Schau gestellten Kenntnissen, daß ich Deutsch und Italienisch sprechen und ein englisches Buch lesen kann. Wir habens nicht leicht miteinander, wir Leute, zusammengepfercht Tag und Nacht ... Und sie sind so beleidigt von meiner Art, Toilette zu machen, daß ich Klosettpapier verwende (das sie ablehnten, als ich ihnen – ungern – davon anbot) Was haben wir an einander zu lieben? Wir können einander eben nur dulden, kleine Dienste erweisen, nachsichtig sein, wie ich mit A[rtus] beim Domino, wenn er immer eine Drei an einen Sechser ansetzen will etc. Lieben ist doch soviel, so das Höchste, da[s] es auf Erden gibt ... Dabei kann ich einfache Menschen wirklich lieben, wie Guénon, oder oft auf den ersten Blick einen redlichen bonhomme [*Kerl*] mit guten Augen, wie im Lavandou den alten Babou[.] Alle Leute, die auf ihrem Platze sind, die natürlichste Art von Kompetenz haben, wie Tiere. Inkompetenz ist ein klägliches Vorrecht des Menschens. Ob der jähe Ausbruch V[igliéno]s mit den verschwundenen Rasierklingen zusammenhängt? Tant pis [*Schade*]. Dreiviertel sieben. Wie lange habe ich noch[.] Ich muß morgen die Legende von der Scheschina aufschreiben ...

Der kleine Italiener, Mario Tragueri aus Mailand, ist heute den fünften Abend hier. Ich stelle fest, daß [er] trotz meiner vielfachen Bitten (auf die ich enguelier [*angebrüllt*] worden bin und Versprechungen erhielt) bei diesem Frost noch immer keine Decke bekommen hat!

Mittwoch, 5. Januar [1944]

Der Blick auf das noch dunkle Viereck des Fensters läßt mich denken: noch ein paar Wochen, dann wirds schon Tag sein beim Aufstehen ... Aber ohne Willensaufwand denke ich nie: vielleicht bin ich dann oder dann schon zuhause. Irgendwann ist das Meiste, das ich mir sagen darf, irgendwann ...

Obwohl ich wirklich kein übellauniger Aufwacher bin, selbst hier nicht, ist zuweilen das Aufstehen hier schwer. Wenn ich in der Nacht die Lage geändert habe, beeile ich mich, die Decke über den Kopf zu ziehen bis nur ein kleines Atemloch bleibt, und darunter richte ich mich ein wie in einer Muschelschale. Seit ich hier bin und der Strohsack so sehr Zuflucht geworden ist, merke ich immer mehr, daß ich en chien de fusil [*mit angezogenen Beinen*] schlafe, was ich nie getan habe vorher – die Beine angezogen, die Arme auch immer näher an die Stellung des Embryos im Mutterleibe, der vollkommensten Geborgenheit (wie schade, daß die Menschen, wenn all das vorbei ist, nicht in dieser Stellung begraben werden!)

Eben höre ich, daß der junge Ital[iener] weiß Gott wahrhaftig, den Zweien da erklärt, was für eine Art Feiertag morgen ist – die wissen wirklich nicht, was es mit den h[ei]l[igen] drei Königen auf sich hatte – und der Junge, in seinem armseligen Französ[isch] beschreibt Weihrauch, Myrrhen und wie sie dem Sterne folgten. Und mir fällt Beffana[51] in Rom ein – wie wir, Erica und ich mit der kleinen Theodora über die fast tobsüchtige Piazza Navona gingen und Theodora zusammenschrak von all dem Lärm und den Leuten, die uns ihre Trompeten in die Ohren gellen ließen … Was für ein kindliches Volk, die Italiener (Piedigrotta in Neapel[52] fällt mir ein) alle ihre Laster sind infantile Laster, das Großsprecherische und die Grausamkeit … Gestern abends ging mir das Fragen nach dem »Liebe deine Nächsten« noch sehr nach, als der Junge von seinem Strohsacke neben mir zu reden anfing, mir sein recht verfahrenes Leben erzählte. Er hat in seinen Handelsstudien mittendrin aufgehört, weil er zugestandenermaßen zu faul war, hat trotz der Mahnungen der Eltern (che sono troppo buoni [*wie gütig sie sind*]) die Schule sein lassen und die kleine Stellung angenommen, die ihn zu einem elend bezahlten Angestelltendasein auf der Schattenseite verurteilt[,] mit kaum neunzehn ist er Soldat geworden, hat hier in Frankreich in Antibes das hübsche Mädel kennen gelernt, dessen Photographien er den ganzen Tag herumzeigt – und jetzt ist das junge Ding im siebenten Monate schwanger[.] Zum Glück wissen die Eltern es schon und setzen das Mädel nicht auf die Straße. Der Bursch kommt jetzt zur Besinnung – wieviele lernen im Gefängnisse erst das Nachdenken, wozu sie früher nie Zeit noch Lust gehabt haben!) Ich hab ihn reden lassen. Ich sah sein leichtfertiges kleines Leben, seine Freuden an Ausflügen auf dem Motorrade, seine Begeisterung für Motoren, für die Landschaften, die er kennen gelernt hat. Daß er Begeisterung für irgendetwas merken ließ, hat mir das Herz aufgetan. Und dann habe ich ihm lange zugeredet, daß Nichts verloren sei, daß alles von seinem Willen zum Gutmachen abhänge (<u>nur</u> vom Willen, Herrgott!) Und habe ihm lesebuchhafte Geschichten erfunden von Leuten, die in den verzweifeltsten Umständen durch Entschluß und Willensanstrengung hochgekommen sind. Er hat mir rührend gedankt zuletzt. Er wirds ja wohl doch vergessen und vielleicht auch das arme Mädel ebenso wie seine Entschlüsse, ihr eine gute Zukunft zu schaffen. Mit all seinen törichten leichtfertigen Dingen hab ich den Jungen gern, der doch warmherzig ist, echt jung, aufflammend, da kann ich die Kreatur lieben – Aber das ists ja doch nicht, was gemeint ist, daß man mit Auswahl lieben soll …

Spaziergang, eisig, herrliche Luft, Sonne. Ging mit Marquier – nichts Neues nirgendher. Fossigny sieht elend aus. Zeigt mir starke Hautschrunden, sieht wie Impetigo[53] aus. Sagt, daß sich das über den ganzen Körper verbreitet. Verlangt seit acht Tagen vergeblich, einen Arzt zu sehen. Allgem[eine] Verzweiflung über das völlige Fehlen von Nachrichten. – Wir sind im größten Kriege der Welt, vielleicht (hoffentlich!) nahe den Entscheidungen, wir dagegen sind in der Flasche und jetzt ist der Kork auch noch versiegelt worden. Was ich zu alledem denke, täglich, schreibe ich nicht auf …

Als ich voriges (ach, schon vorvoriges!) Jahr, recht in Zug kam, Form und Stil für den Roman zu finden, an dem ich damals so heftig geschrieben habe, empfand ich

---

51 Befana] im Volksglauben Italiens ein weiblicher Dämon, der in der Nacht zum 6. Januar aktiv ist.
52 Festa di Piedigrotta] neapolitanisches Volksfest mit vorchristlichen Wurzeln.
53 Impetigo] Grindflechte.

nach Jahren wieder dieses geheime Glück wieder, bei sich zu sein, die αναμνησισ[54] des eigenen Ich, wie der Autor sie erlebt, wenn plötzlich ein Satz entsteht, in dem er sich selber völlig empfindet, mit seinem Eigensten, das er nur hat und erlebt, indem er arbeitet, etwas schafft. Nach diesem Ich-Erlebnis habe ich jetzt in meiner armen Einsamkeit eine schreckliche Sehnsucht: nach dem Ich als Kraftquelle (und nicht als Elendsasyl)! Nach dem Erleben dieses Vorgangs, in dem man selber Schöpfer und Geschöpf, Autor und Werk ist. Werde ich es wieder haben können. Gott gebe mir das noch einmal! Ich muß dazu vor allem arbeiten können, schreiben wie es mir aus Hirn und Feder will. Dann kommt auch wohl die Sprache wieder, in der das Ich sich kundtut, in der man man selber ist …

Draußen große Unruhe, Laufen, Rufen, Türen werden aufgerissen, zugeschlagen – zweimal schon nebenan. Man wartet angstvoll, nervös, unmöglich etwas anderes zu tun als warten. Jetzt wars bei uns. Der Feldwebel kam, »Fagiani« – der Italiener wurde weggerufen. Es scheint sich um eine ärztliche Untersuchung aller der vielen Italiener zu handeln, die hier in der »Kriegswehrmachthaftanstalt« sind, das ist ja der Name, den zu übersetzen A[rtus] jeden Tag mehrmals von mir verlangt. Jetzt wird wohl bald ein größerer Transport Italiener abgehen. Andere werden wieder nachkommen, aber so voll wie jetzt wird das Haus hoffentlich nicht wieder werden! Die zwei Klötze da haben heute wieder endlos die Paketsache diskutiert, von allen Seiten. Nur von der vernünftigen nicht. Daß nämlich die Aufteilung der Colis [*Pakete*] noch eine Art vernünftigen Resultats im Sinne der Häftlinge und der Familien ergeben könnte, wenn nämlich nur wir »Polit[ische]« hier wären., [] denn fast jeder von uns hat bisher etwas von zuhause bekommen. Aber da sind diese Italiener, derer jetzt weit mehr sind als wir – und von denen auch nicht Einer ein Paket bekommen <u>kann</u> – die neue Maßnahme fordert also von den Familien der polit[ischen] Häftlinge daß sie alle diese ital[ienischen] Burschen ernähren sollen, die zwangsweise oder freiwillig zu den Deutschen arbeiten gehn. Das ist jedoch nicht Unvernunft – sondern brimade [*Schikane*]. –

Wieder auf dem Strohsacke eingerichtet für die Nacht, der Kerzenstummel auf dem Klapptische bereit, das Stück Brot und zwei Stück Zucker für die Schlafengehmahlzeit, wenn der Magen zu knurren anfängt und verlangt, noch ein bißchen was zum Verdauen zu kriegen – hélas [*leider*] er hat so wenig, daß die Eingeweide träge werden. Ich bin wirklich das Gegenteil eines Hypochonders, nämlich ein Verdränger von merklich werdenden Symptomen. Leider jetzt kann ich mir nicht mehr verhehlen, daß zwei Krankheiten sich in mir auswachsen: etwas ist mit der Leber gar nicht mehr in Ordnung seit langem, und ich habe bis zu diesem Herbst nur theoretisch gewußt, daß ich dieses Argen habe!) Das Liegen auf der rechten Seite ist schmerzhaft – ist die Acholie[55] … Nun ja, es nimmt sich hier vieles und wenig gibt sich … – – –

---

[54] αναμνησισ] Anamnesis, »Erinnerung«, Begriff aus der Seelenlehre Platons.
[55] Acholie] Gallenmangel, besonders bei Leberkrankheiten.

Die Legende von der Scheschina[56] ist mir vor mehr als zwanzig Jahren in München von dem Philosophen E[rnst] B[loch][57] erzählt worden, sie ist immer wieder in mir emporgetaucht und hat mir viel zu denken gegeben, besonders jetzt, als die Frage nach einer Entscheidung zu Gott in mir so heftig geworden war. Vor der Erschaffung der Erde, so heißt es dort, hat Gott in strahlender Zeitlosigkeit im All gethront, umgeben von Ewigkeit her von seiner goldenen Gottesglorie, der Scheschina. Nachdem Er aber den Menschen geschaffen hatte und sein Geschöpf, das Er nach seinem Ebenbilde schuf, sündig geworden ist, geschah das Ungeheure, daß die Gottesglorie zerriß und zerstob und in Myriaden von Myriaden winziger Fünkchen ins All zerstreut worden ist. Seither aber geschieht es, daß sooft eine Menschenseele geboren wird, daß ein Fünckchen bereits wartet, in diese neue Seele zu fallen. Da glimmt es matt bis zu dem einen Augenblicke in jedem Leben, in dem der Mensch sich vor die Entscheidung gestellt findet, sich zu Gott – oder zur Welt zu bekennen[.] Entscheidet der Mensch sich zu Gott, so beginnt es zu leuchten in ihm und leuchtet weiter unverlöschbar – in den Andern, den entschlossenen Weltkindern wird das Fünkchen matt und matter, bis es in der Todesstunde wieder ins All zurückkehrt zu den unzähligen wartenden irrenden Funken. Wenn aber der Gott-Entschlossene stirbt, so kehrt sein Funken nicht in das irrende Warten zurück, sondern er fliegt dahin im All, wo schon ungeheuer viele solcher durch ein Leben gegangene Funken vereinigt sind und schon eine große Helle bilden, einen Teil einer künftigen viel größeren. Diese wird geschehen, wenn der letzte dieser Funken durch eine gottgute Seele gegangen sich zu den Wartenden gefunden hat.[58]

Die alle – auch die noch irren mußten, bis sie eine rechte Seele zur Trägerin gefunden hätten, sollen solcherart bis zum jüngsten Tag, zum Tage des Gerichts harren. Dann nämlich, wenn Gott seine Kreatur gerichtet hat, geschieht das Ungeheuere an Gott, der damit sein eigenes Gericht gehalten hat über seinen Sündenfall in nach Seinem Ebenbilde Geschaffenen. Dann nämlich wird ein ungeheurer Goldregen niedergehen auf Gott den Herrn und um ihn werden alle die unzähligen Funken versammelt sein und ihn umgeben als seine erneute Glorie, seine letzte Scheschina, von Ewigkeit zu Ewigkeit zu leuchten bestimmt. Und ich, der diese Legende auf meine Art umformend bewahrt habe, stelle mir vor, daß sie anders leuchten wird als ehedem vor dem Erschaffen des Menschen. Denn jetzt wird ein wahres süßes Seelenlicht sich gesammelt haben in dieser Versammlung der göttlichen Seelenlichter, die nun die ewige Seligkeit haben, leuchten zu dürfen um Gott, für ihn, den Geläuterten, der auch sein Erdenteil gehabt hat mit uns allen – und als Er selber auf Erden ging und

56 Vgl. Anmerkung 47.
57 Ernst Bloch (1885–1977), deutscher Philosoph. Von der Freundschaft mit Bloch berichtet Gerty Wolmut in ihrer Biographie Rheinhardts, DÖW 11.601a.
58 Mit diesem Satz endet in der gebundenen Manuskriptkopie die Seite 69. Die Fortsetzung der Gedanken zur Legende von der Schechina beginnt dort mit der Seite 72; vermutlich ist dieser inhaltlich unbegründete Abstand beim Ordnen und Nummerieren der Blätter beim Kopier- und Bindevorgang entstanden. Hier wurde die inhaltlich logische Fortsetzung direkt angeschlossen.

teilhat an allen Menschen bis zur Qual und Todesnot. Möge das Fünkchen in mir nicht verglimmen und irren müssen, sondern aus mir, mit etwas von dem Meinigen eingehen, in die wartende Helle – ... Die Entsühnung Gottes und seines Werks![59]

Jetzt habe ich meine kleine Jause zu mir genommen. Ich war so schrecklich hungrig und konnte mich nicht beherrschen, das Brot doch etwas dicker zu schneiden und noch ein Stück Zucker zu mir zu nehmen – wehe, morgen früh wirds mir so fehlen. Wie gut ich den ital[ienischen] Jungen verstehe, der jede[n] Morgen gleich nach der Brotausgabe sich hinsetzt und kaut, bis der letzte Bissen unten ist. Ich möchts auch so machen, aber ich habe ein zu gutes Gedächtnis, das mich an die Morgen ohne einen Bissen Brot erinnert. Wie möchte ich mich schon wieder einmal sattessen, wie zu Weihnachten[.] Wenigstens einmal in der Woche müßte man sich wirklich sattessen können! Aber davon kann hier keine Rede sein. Wie schlimm ist das, wenn sich in alle Gedanken Bilder von Essen, Schaufenster von Selcherladen in Wien mischen. Oder wenn das Erwähnen von Mahlzeiten in Büchern gleich den Magen knurren und das Maul wässern macht!! Ich bin augenblicklich ganz wild vor Hunger. Mir graut vor der schon allzunahen Zeit, wenn mein kleiner Zuckervorrat zu Ende sein wird. Dann werde ich auch eben die letzte Zigarrette aufgeraucht haben. Ich spare damit wie nie vorher. Aber das nützt nichts mehr. Hätte ich ahnen können, daß die Pakete so jäh aufhören würden, dann hätte ich noch für länger sparen können, indem ich nichts weggegeben – ach was, hätte, Konsumgüter, die nicht ersetzt werden, gehen früher oder später zu Ende ...

Heute morgen hörte ich draußen eine nicht schreiende ganz kultivierte Stimme deutsch sagen: »Wenn ich nur wüßte, wie diesen Reibungen auszuweichen ...« Plötzlich hatte ich eine heiße, heimwehhafte Sehnsucht, wieder einmal mit einem feinen Deutschen zu sprechen, natürlich am liebsten mit einem Österreicher, der jede Nuance meiner Sprache, dieses Idioms des Herzens verstünde! Einmal wieder nicht immer durch mehrere Filter reden zu müssen und unaufhörlich mein eigner Dolmetsch sein müssen, nicht aus meiner Sprache ins banale Deutsch und dann noch ins banale Französisch übersetzen zu müssen. Ich begreife, daß mir allmählich jeder Satz im Munde welk und schal wird, bevor er ausgesprochen ist. Was für eine Lust war Reden einst mit meinen Menschen. Freilich war man jünger, mitteilungsfreudiger, auch gelüstiger, witzig und geistreich zu sein. Ob ichs noch sein könnte, überhaupt? Ich glaube fast doch noch. Denn in Menton ists mir doch zuweilen sogar auf Französisch gelungen, lustig und auf meine Art zu erzählen. Aber dazu brauchts nicht nur die Laune – aber die ist ja meist nicht *a priori* da, sondern es sind die Partner, die die Atmosphäre schaffen, die als Katalysator wirkt. Wie die Partner alles Gesagte formen, merke ich: seit der ital[ienische] Junge da in seinem erbärmlichen Französisch lange Gespräche mit den Zweien führt, ist alle Munterkeit aus seinem Reden fort, er quatscht über Personen, Preise, zählt Örtlichkeiten auf, die die Zwei auch kennen, ohne etwas davon

---

[59] Damit enden in der gebundenen Manuskriptkopie auf S. 72 Mitte die Ausführungen zur Schechina-Legende.

auszusagen, lediglich wie die, um die Namen zu nennen. Wenn Namen genannt werden und der andere »je sais [*ich weiß*]« sagt[,] ist schon volle Befriedigung erzielt und man kann sich zum Auffinden anderer Namen aufmachen. Keiner z. B. interessiert sich für irgendeinen Sport, keiner hat je Boxen gesehen. Doch bemühen sie sich, die Namen von Box-Champions seit Zeiten aufzufinden[,] in denen die Burschen da noch Schulkinder waren! Es muß wohl eine Art Sucht dahinter sein, eine mißverstandene Bildung auszupacken, wie es V[igliéno] mit Literatur und Malerei hält. Und wie A[rtus] es mit der Geographie macht: wenn ein Land genannt wird, sagt er: »A – X en est la capitale [*A – X ist davon die Hauptstadt*]«, daß er dabei nicht viel Glück hat, bedarf keiner Erwähnung. Nur Häfen weiß er zu placieren – aber auch nicht oft richtig genau. – Neulich fragte ich ihn beim Lesen nach zwei Fachausdrücken der Marinesprache. Er begann mich zu fragen: »Vous savez, qu'est-ce le mât [*Wissen Sie, was der Mast ist*]« und nach dreimaliger Wiederholung dieser Frage hab ichs aufgegeben, zu erfahren, was »une soute de bâbord [*ein Backbord-Laderaum*]« ist, bis ichs endlich aus dem Zusammenhang erraten konnte. Pech gehabt, alter Rheinhardt, der so gern immer etwas lernen möchte, irgendwas. Da ist nichts nichts zu lernen. Vielleicht wenn ich mit ihm auf einem Schiffe wäre, könnte ich ihm etwas abgucken oder mir handgreiflich was zeigen lassen. Aber mit Worten ist da nichts zu erreichen.

Neulich sagte er über ein Südsee-Abenteuerbuch »Was diese Leute da zusammenschreiben, die nicht wissen, was eine Sloop ist etc. Unsereiner müßte so etwas schreiben.[«] Ich konnte mir nicht versagen, zu bemerken »Mais on ne demande pas mieux que de vous entendre raconter vos expériences [*Aber wir würden nichts lieber tun als Sie über ihre Erfahrungen berichten zu hören*].« Aber ich weiß, wenn er zu erzählen anfinge, hieße es: es war im Jahre 21, nein, damals als mein Schwager operiert worden ist, das muß gewesen sein 26, in Cherbourg, aber nein, in St. Nazaire, es war ein 3 000 Tonner nein 4 500, wir hatten Häute an Bord, das stinkt »Et puis [*Und dann*]?« »Non, c'était en 23 [*Nein, das war 23*] … Und ich gebs auf und rede schnell von was anderem, nämlich von gar nichts. Und das tue ich so stetig, daß ich mich ordentlich daran gewöhnt habe. Aber doch hie und da überkommt mich die Sehnsucht nach einem Gespräche so stark wie in der Jugend die Gier nach einer Umarmung, nach dem Aufgehen in einem Körper. So jetzt nach dem Ich-Austausch in Worten, in der Köstlichkeit einer entstehenden gemeinsamen Atmosphäre. Das ist eines der subtilsten Glücksgefühle, das ich schon so lange nicht empfunden habe. Mit einer Frau [z]uletzt mit Lisa M (unabhängig von ihrem Reiz als Frau) von Lisa M habe ich letzthin öfter geträumt, wie reizend sie war. Und wie gut wieder die endlosen Gespräche, die wir hatten. – – –[60]

Wieder die Tür aufgerissen »Vier …« »Jawohl« Rumoren im Hause, neue Kunden sind wieder da. Die Unglücklichen. Der Bursch erzählt, sie waren bei der höchst summarischen ärtzl[ichen] Visite gegen siebzig, Junge, Mittlere – auch Alte, ein Mann

---

[60] Mit dieser Textstelle endet die Seite 71 der gebundenen Manuskriptkopie; der hier anschließende Textfortgang beginnt in der Vorlage auf Seite 72 in der Mitte.

von zweiundsechzig Jahren, alle zum Arbeitsdienst bestimmt. Jetzt geht wohl schon bald wieder ein Schub weg.

V[igliéno] hats wieder eingestellt, zu mir zu sprechen. Diesmal endgültig, hoffe ich[.] Ich möchte nicht mehr mitspielen mit seinen Minderwertigkeitslaunen. Einander gewähren lassen, sich nicht stören, das ist die einzige Möglichkeit. Das Negative nicht zur Kenntnis nehmen. So bin ichs recht zufrieden, wie es ist. – Ich habe mich gefragt, ob ich das als eine Schicksalsfügung betrachten soll, daß der damals wachthabende Deutsche mich gerade in die Zelle 97 hinein gestoßen hat und nicht gerade eine andere. Es widerstrebt mir, diesen dumpfen Regungen eines Soldaten, der grade nicht weiter gehn wollte, als etwas so Hohes wie Schicksalsäußerung anzusehen – aber ich muß denken, daß kein Sperling vom Dache fällt … und Gottes Willen sich auf Erden doch auf manche Weise kundtun muß … Also doch Fügung. Let's try to make the best of it [*Versuchen wir, das beste daraus zu machen*]. –

Es friert draußen. Mir fällt der liebe ferne Garten zuhause ein, die zwei Zitronenbäumchen, die ich selber gepflanzt habe, ob Erica die empfindlichen Pflanzen, die Bougainvillea etc wohl zugedeckt hat? Aber das Klima hier ist viel rauher als bei uns. Wie oft habe ich in der Zeitung gelesen, daß es in Nice stark fror, während bei uns es sechs Grad über Null waren[.] Hoffentlich. Der liebe Garten, dem ich durch bald zehn Jahren so viele Sorgfalt gewidmet habe. In drei Monaten sind es zehn Jahre daß wir in Les Chênes sind.[61] Wie Wolkenschatten vorbeigeflogen …

Sieben Uhr, bald wird das Licht abgedreht werden und die Nacht beginnt. Der Junge neben mir will noch was erzählen[;] möge er, ich höre seinen drolligen Mailänder Dialekt gern. Vielleicht kann ich ihn ein bißchen beeinflussen, sich doch zu einer Willensanstrengung aufzuraffen und ein bißchen etwas aus sich zu machen. –

Dreikönigstag [1944]

Brrr, es ist bitter kalt! Es muß stark unter Null sein. Der arme Kleine da der noch immer keine Decke hat, hat sich die ganze Nacht hin und hergeworfen. Wenn ich auch noch so angeschrieen werde, will ich versuchen, wieder eine Decke für ihn zu kriegen. Das war der Teufel, der mir jetzt plötzlich den Duft kochenden Kaffees in die Nase geschickt hat, der gleiche Teufel, der mich diese Nacht immer wieder von Schweinsbraten u[nd] d[er]gl[eichen] hat träumen lassen. Sieben Monate ist es her, seit der bösen Villa L[ynnwood][62] ist es her, daß ich am Morgen keinen warmen Schluck gehabt habe. Nun, man hat auch anderes entbehren können. Aber hilfreich wäre es, an einem solchen Morgen … Ich denke an die Wintermorgen vor den Jagden in Ungarn, an die Frühstücke mit Paprikaspeck, kochender Kaffee mit einem Spritzer Slivovitz darin, den großen Fahrpelz, die Fäustlinge … an das kochend heiße Waschwasser im Grabenhotel in Wien, das Frühstück unten im wohlgeheizten Café! Apage, Satanas [*Weiche, Satan*]!

---

61 Zur Datierung des Einzugs in die Villa Les Chênes vgl. Einleitung, Anm. 7.
62 Villa Lynnwood] s. Anm. 10.

Die Scheschina-Legende hat mich noch lange verfolgt. Ich muß sie noch einmal aufschreiben, ihre ganze Tiefe zu fassen zu suchen, die mir ahnt. Eine tiefe Versöhnung des Urzweifels scheint mir da zu warten.

Heute wird man wohl die meiste Zeit unter der Decke zubringen müssen. Hoffentlich hat Erica genug Holz, um zu heizen! Ich habe hier lungern müssen, statt Holz zu machen, wie all die Jahre.

Artus hat einen gewaltigen Schnupfen, übersprüht die ganze Zelle damit. Ach, wenn ich dem nur entgehen könnte. Es gibt nicht einmal ein Aspirin hier … Unter diesen Bedingungen gäbe es wohl kein Entrinnen vor der Stirnhöhlenentzündung, dem altvertrauten Übel. – Wie Gott will, sagt es in mir. Das ist neu – und ehrlich!

Ach, diese Stimmen draußen »RRRausss!« und »Auff!«. Diese Worte mit ihrem Klang haben alle Franzosen und Italiener gelernt – und auch die Slaven[,] die treffens ebenso gut wie die anderen, das Rr so kehlig zu sprechen, wie Erica es nachmacht, und ichs versucht habe, als ich vor 31 Jahren zum erstenmale in Berlin war, als ein hoffnungsstrahlender junger Dichter, dem die Gedichte von selber zuflogen – und der an nichts anderes dachte als an die vielen blonden Mädchen. Die Blondomanie ist geblieben, später waren es aber nicht deutsche Blonde, sondern nördlichere und dann westlichere …

A[rtus] in Schnupfenlaune begleitet jede Bewegung mit einem herzhaften »merde [*Scheiße*]…«. Dies ist mir doch lieber als das meridionale »Putain« [*Verdammt*] mit dem V[iglièno] seine Sätze anfängt. – Während des Fegens versucht, den Unteroff[izier] um eine Decke zu bitten – nicht einmal bis zum Anschreien gekommen[:] »später« bevor ich was sagen konnte. Wann sehe ich diesen wieder neu?

Acht Uhr, Fliegeralarm. Heute kommen sie zeitig!

Hemden gewaschen. Kann meine Hände nicht warm bekommen. Arme Wäscherinnen! Habe endlich doch zwei Decken für den Ital[iener] erreicht.

Spaziergang, eine halbe Stunde in schneidend kalter, aber köstlich reiner sonniger Luft. Ging mit dem jungen Ayrault. Das Fenster des Wachsöllers war wegen Kälte zu, so konnten wir sprechen. Jedes Wiedersehen mit einem Mentoner ist wie mit einem Familienmitglied. Nachrichten sickern durch. Es scheint, daß die Russen in Polen sind. Alle Mentoner gonflés à bloc [*zu allem entschlossen*] vor Optimismus. Man behauptet, daß hier nur triage [*Sortierung*] und Verteilung vorgenommen wird.

Habe ein Buch bekommen »Soho«, denke an Greek Street, German Street. Das ist weit fort wie die Jugend, doch kann ich [sie] wiedersehen vielleicht – und wieder Blumen kaufen in Charlotte Street wie einst[,] nur nicht mehr sie so strahlend froh derselben Frau bringen.

Oh Welt draußen, alles scheint schön und gut und reich, von hier erschaut[.] Man wird sich hüten müssen, wie nach der Rückkehr vom Kriege, nicht zu glauben, daß man ein enormes Guthaben beim Leben habe!

Mittag. Wie leicht und gerne hätte ich eine ganze Gamelle [*Blechnapf*] von der Nahrung an Linsen und Wrucken aufgegessen, wovon sie uns kaum eine Teetasse voll gegeben haben! Hunger und kalt. Und dabei erklärt mir der alte Ochse die ganze Zeit, was bacon [*Speck*] ist »Vous comprenez, une espèce de jambon, vous comprenez! Les Anglais en mangent quelquefois Vous comprenez … Moi, j'aime mieux le petit salé de chez nous, ce goût de fumé ne me plaît pas – Mais maintenant j'en mangerai tout de même, vous comprenez … Moi je faisais venir toujours du cochon de la Bretagne. Mais du bacon, maintenant j'en mangerai, vous comprenez, c'est une espèce de jambon [*Verstehen Sie, das ist eine Art Schinken! Die Engländer essen das mitunter, verstehen Sie… Ich mag lieber unser Pökelfleisch, dieser Rauchgeschmack behagt mir nicht – Aber jetzt werde ich es trotzdem essen, verstehen Sie. Ich ließ immer Schweinefleisch aus der Bretagne kommen. Aber jetzt werde ich auch bacon essen, verstehen Sie, das ist eine Art Schinken*] …« Er erklärt noch weiter. »…« Heute morgens hat er mir sehr lange erklärt »Mes patrons aimaient beaucoup le thé, vous savez ils en boivent, les Anglais, vous comprenez [*Meine Herrschaften mochten Tee sehr gern, die Engländer trinken das, wissen Sie*] (ad libitum!) – Ich übe mich in Stocktaubheit. Neulich hat er mir schon gesagt: »Si on a l'oreille dure comme vous, vous comprenez [*Wissen Sie, wenn man so taub ist wie Sie*] …«

Nachmittags. Ich bin schrecklich hungrig, kämpfe die ganze Zeit mit mir, um nicht hinzugehen und noch ein Stück Brot zu essen. Aber die Vernunft ist doch noch stärker.

Der junge Ital[iener] bleibt während des Spaziergangs immer in der Zelle, weil seine Schuhe zu schlecht sind, um damit zu marschieren. Leider merke ich, daß mein armer Zuckervorrat rapid abnimmt. Ich bin sehr unglücklich. Und meine Koffer haben keine Schlüssel, man kann nichts versperren. Da bleibt nichts übrig als schweigen und traurig sein, wie über die Rasierklingen.

Habe den Nachmittag über gelesen, gierig auf das Abendessen wartend, das kalt und noch weniger als mittags war. Dann Domino mit A[rtus] gespielt. Es ist eine gute Schule der Selbstbeherrschung, dem Jungen gegenüber gleichmäßig freundlich zu bleiben. Es nagt in mir, daß ich auch gefunden habe, daß er von meiner Confiture mit dem großen Suppenlöffel gefressen hat, weil nur er einen hat. Und ich habe mir grad nur eine Messerspitze voll pro Tag erlaubt – und jetzt, in sechs Tagen ist die Büchse schon halb leer. Schade. Muß morgen trachten, den Rest irgendwie zu retten. Wenn er nicht zum Spaziergang will, werde ich schlimmstenfalls bleiben müssen. Ungern. Vielleicht finde ich was anderes …

Wieder auf dem Strohsacke wieder für zwölf Stunden … In meinem Hirn ist für nichts anderes Platz eben als für Hungergedanken, alles platt und öde … Und das Gewäsch der Zwei drängt sich ein, so oft ein Gedankenkeim sich zeigt. Wenn man so ablenkungsbedürftig ist, kann man schwer sich taub machen. Wie gut wäre es jetzt, irgendwas sprechen zu können, was mich und die anderen interessiert, ein Gespräch führen, bei dem man etwas erfährt oder mitteilt. Ich hab mir bisher [eingebildet], daß es nicht schwer sein sollte, mit mir, den sovieles interessiert, ein Gesprächsthema zu finden. Hier bin ich eines Bessern oder Schlechteren belehrt worden.

Es ist schrecklich kalt. Ich wickle mich immer fester in die Decken. Ich bin froh, daß ich dem Burschen die Decken erwirkt hatte. Das wird eine schlimme Nacht werden. Ich glaube, in der Zelle kann es kaum mehr als 2–3 Grad haben.

Sieben Uhr vorbei. Möge mir die Nacht gute Gedanken bringen. Ich brauchte ihrer so sehr. Ich fühle mich so öde, voll Kanalluft und Lichthoffrostheit – – –

Das Lichtauslöschen kommt näher. Gestern war der Mond eine Weile vor dem Fenster – ich wurde sehr traurig[.] Bald ist Vollmond. Es war ja auch Vollmond, als ich hier ankam. Heute vor vier Wochen!

Freitag, 7. Januar [1944]

Eisiger Morgen. Bin noch zwanzig Minuten nach dem Aufflammen des Lichtes liegen geblieben, um noch die gute Wärme unter der Decke zu behalten. Mit dem Drei-königstag gestern war der letzte Rest Feiertag zu Ende, habe ich von der Kindheit her noch denken müssen, als man sich sagte »Jetzt ist nur Lichtmeß, um die lange Spanne Alltag bis zu den Osterferien zu erhellen …« Mir graut ein bißchen. Es war zwei Tage nach Ostern, daß ich verhaftet worden bin. Soll ich das volle Jahr als Gefangener durchmachen? In mein Denken gestern im Dunkeln redete mir noch der Hunger hinein und ich mußte an die guten Gâteaux des Rois [*Dreikönigskuchen*] vor dem Kriege denken, mit der fève [*Bohne*] darinnen, so wie das Sixpence-Stück im engl[ischen] Plumpudding … Ob das alte keltische Bräuche sind, die da überleben. Ich habe gehört, daß in der Vendée der Mistelzweig in der Neujahrsnacht die gleiche Rolle spielt wie in England zu Weihnachten. Wieder ein kalter hungriger Tag …

Ein kalter, weißer Himmel kommt herauf, so wie er über den Schneelandschaf-ten in Österreich zu stehen pflegte … Artus hat Fieber, bleibt im Bette heute. Mir benimmt das die Bedenken wegen der Zeit des Spaziergangs, während welcher also heute mein Zucker in Sicherheit ist. Ich habe etwas gelüftet, ärztliche Autorität an-nehmend hab ich es geschafft. Beißende Frostluft kommt herein, aber so rein, ohne Menschendünste …

Kürzlich hat A[rtus] mir ein Geschenk gemacht, ein Stück Lunte. Jetzt ist mein Benzin zu Ende und die Streichhölzer ebenso. Ich habs jetzt versucht, geht herrlich mit dem Feuerzeug. Ich wünschte, meine Zigaretten würden so lang dauern wie die Lunte!

Hélas [*Leider*]! Wieder zurück in der luftlosen Flasche! Der Spaziergang hat gut getan. Leider nur 18 Minuten. Die Luft brachte den Hauch weiter Schneefelder mit sich. Draußen wird in einer Stunde die Sonne schon zu wärmen anfangen. In unserem Speisezimmer muß es jetzt schon mittags schön sonnenwarm sein. – Habe seit mehr als 14 Tagen wieder Panier gesehen und gesprochen – der Wachthabende brüllte nur pro forma. P[anier] hat meine »Duse« jetzt gelesen, ist sehr begeistert, sagt er. Der Hof schwirrte von Neuigkeiten. Die Russen 80 km in Polen. Augenblicklich Grand Conseil de Guerre Allié à Londres, on délibérerait les débarquements imminents [*Alliierter großer Kriegsrat in London, man würde unmittelbar bevorstehende Lan-dungen überlegen*]. Allgem[einer] Optimismus, pas de cafard [*keine schlechte Stim-mung*]. Der Soldat heute morgens hat mir Zigarretten in Aussicht gestellt. Noch denke ich nicht daran, aber das ist wenigstens eine Hoffnung. Schade, man erzählt mir, daß vor unserer Ankunft die Deutschen hier in den Zellen bis zu fünfzig Pakete bleues [*Gauloises-Zigaretten*] angeboten haben zum Preise des marché noir [*Schwarzmarkt*] wie draußen. Pech, und damals gab es ja auch die Colis [*Pakete*]. Nun, vielleicht geschieht doch bald ein Wunder! Es wäre Zeit! Jedes Toilettemachen mahnt mich,

101

wie abgenützt man wird von der Existenz hier, die Haare, die immer grauer werden, gehen mir in großen Büscheln aus … Tant pis [*Kann man nichts machen*]. Wehmütig denke ich, wie Theodora mir den Kopf massiert hat … Wieviele Sorgfalt ist auf Viele von uns aufgewandt worden, wieviele Liebe hat sich bemüht, von jedem die Schädigungen des Lebens fernzuhalten – und hier geschieht wohl systematisch alles, um … und dabei sind wir ja alle nur in Untersuchung hier, keinem ist seine Schuld voll nachgewiesen, keiner ist verurteilt. Wie wäre es dann erst, wenn man verurteilt wäre?

Auf den Hocker gestiegen, um mit G[uénon] zu sprechen, aus dem Fenster gesehen. Links ist der Seitenflügel des Gefängnisses. Dahinter über der hohen Mauer die Hügel, zum Teil terrassiert, aber unbestellt, rechts schroffe Felsen mit Macchia darüber, links oben ein paar kleine nette Villen, rosa und ocker, leuchtend in der Sonne, zwei Schirmpinien.

Vor der Mauer ein verwahrloster Garten mit einem Unrathaufen links vor dem Gefängnistrakte. Zwei alte Feigenbäume. In dem einen wippten zwei kleine Vögel, zirpten wie Meisen. – Heftiges Heimweh nach Bäumen, Tieren, nach Blick auf Landschaften brennt mir im Herzen …

11 Uhr. Alerte. Rien d'autre à entendre que le long hurlement de la sirène.

Dehors grand remue-ménage. Des noms italiens sont appellées et voilà notre porte s'ouvrait »Fragiani« et le petit [*Alarm. Nichts anderes zu hören als das lange Heulen der Sirene. Draußen großes Durcheinander. Italienische Namen werden gerufen und da öffnete sich unsere Tür »Fragiani« und der Kleine*].

12h. Zweiter Fliegeralarm. Jetzt, nach 35 Minuten abgeblasen. Nichts zu hören gewesen. Indessen das Mittagessen. Trotz der Abfahrt von mehr als 60 Italienern in unserem Trakt kein rabiot [*Nachschlag*] wie in Menton. Hélas [*Leider*], jetzt schon nagt der Hunger. Außer dem Wruckenwasser gab es genau zwei Esslöffel halbzerdrückter Kartoffel. Ich schiele gierig nach meinem Brot – aber ich muß 2 Stunden warten. Tais-toi, carcasse [*Schweig, Knochengerüst*]!

Also ist der Junge fort. Trotz der Verwüstung, die er unter meinem Zucker und der Confiture angerichtet hat, denke ich freundlich an ihn – daß ich seine Abfahrt bedaure, kann ich nicht sagen. Denn für ihn bedeutet es doch Bewegungsfreiheit, Luft und mehr zu essen. Und für uns mehr Atemluft und die Möglichkeit, drei Schritte zu gehen. Er hat wieder sein ganzes Brot am Morgen aufgefressen und geht jetzt hungrig ins Ungewisse, denn die haben hier nichts zu essen gekriegt. Armer Junge, vierundzwanzig Stunden wenigstens Fasten und Frieren in seinen dünnen Lappen und den Schuhen, deren zerrissene Absätze mit Spagat [*Faden*] befestigt sind! Gern wüßte ich, ob er nach Deutschland oder in den französ[ischen] Westen zur Arbeit geht (es wird erzählt, daß viele in die Gegend von Calais geschickt werden.) Er sagte im Gehen »Scapperò via nel primo momento [*Bei der ersten Gelegenheit hau ich ab*]!«

Wie er das tun will, ohne Geld, ohne Papiere, mit seinem nicht existierenden Französisch. Er bildet sich ein, er könne zu seinem Mädel zurückkommen hier an die Côte. Möge es ihm gelingen!

Nachmittag. Eine gute gedankenfreundliche Stille herrscht in der Zelle, nur unterbrochen von Räuspern, Spucken, Nießen und vor sich-Hingrunzen des armen Artus, der sich im Schnupfenfieber auf seinem Bette hin und herwirft. Kein Wort wurde seit mittags gesprochen, als er dem von ganz was anderem redenden V[igliéno] die Vorzüge des Dieselmotors für Segelboote erklärte und vergeblich versucht hat, mir zu erklären, wieso der Dieselmotor eine französische Erfindung sei, wie überhaupt der Explosionsmotor – auf meinen Einwand, woher also der Name Benzin, Benzol komme, erwiderte er, diese Namen gäbe es in Frankreich eben gar nicht. Schnell redete ich von Anderem, nämlich von gar nichts. Jetzt habe ich schreiben wollen, um den Hunger zu vergessen. Aber es gelingt mir nicht. So will ich lesen, das hilft eine Weile, vielleicht. Noch zwei Stunden bis zum Abendfraß.

Ich hörte draußen meinen Namen nennen, den Schlüssel im Schloß, es durchfuhr mich heftig, als ich von dem wachthabenden Korporal aus der Zelle gerufen wurde. Ich wurde mit zwei anderen Gefangenen ins Bureau geführt, wo ich noch nie war. Großer heller Raum, herrlich geheizt. Lederstühle. Der Chef, vom Korporal mit Herr Feldwebel angeredet, äußerst höflich – es ist ein Mann um Fünfzig, der heraußen immer so engueule [*brüllt*]– sagte dann, ganz ausnahmsweise lasse er für uns Pakete zu, die außer der Zeit gekommen sind. Herrgott, ein Paket mit Wurst, Butter, Schmalz! Ich bin fassungslos vor Freude und Dankbarkeit. Die liebe, liebe Erica! Da ist das kleine Wunder, das ich so herbeigewünscht habe, grad jetzt, wo die Not am größten (?) ist. Und das köstlich warme Hemd und Strümpfe! Bin ich froh! Gott sei gelobt. Er vergelte Erica alle die Güte und Hilfe. Der unbescheidene Ich sagt natürlich: wie schade, daß nichts zu rauchen drin ist! Der Chef sagte: jetzt kann nichts zugelassen werden, aber er habe bei der Préfecture Zigarretten für uns angefordert. Wenns wahr wäre!

Wieder Strohsackzeit: seit langem zum ersten Male ohne den nagenden Hunger, Gottlob. Habe mir eine bescheidene Schnitte des köstlichen geräucherten Schinkens einverleibt, der nach Westfalen nach York und St. Daniele schmeckt. Dieser Räuchergeschmack und Duft hat viele Erinnerungen in mir wachgerufen, die Klobasse in Jugoslawien, die die Könige in der Wurstwelt sind neben der Kaiserin ungar[ische] Salami. Ich habe den Zweien ein Stück abgeben müssen, dem Alten ganz gern (V[igliéno] sehr ungern) der Alte ist auch auf der Zunge so blind wie auf allen Sinnesorganen. Er hat nicht einmal gemerkt, daß das etwas Geräuchertes war (chez nous on ne fait pas cela [*bei uns gibts das nicht*]) Moi »Comme le jambon de Bayonne [*Ich »Wie Bayonner Schinken*] (Herrgott, was für eine Erinnerung: Bayonne und der Gespensterzug 1940[63]) Er »Connais pas [*Kenn ich nicht*] ...« – Ich bin jetzt oft so hellhörig für die zartesten Associationen, so rasch im Augenblicks-Erspähen vorüberhuschender Empfindungen und Bildchen. Als ich in dem Bureau vor dem Chef stand und auf das große atelierartige wandfüllende Fenster starrte, fühlte ich intensivst: Das habe ich schon erlebt, fern irgendwann. Ich weiß, daß diese Déjà vu's nicht aus der Gleichheit der Situation sondern aus der Verwandtschaft der neuen und

---

[63] Nach der Kapitulation Frankreichs am 22. Juli 1940 versuchten etwa 2000 Häftlinge des französischen Internierungslagers Les Milles, vor dem Vorrücken der Deutschen in einem von der Lagerleitung genehmigten Zug zu fliehen. Der in der Grenzstadt Bayonne ankommende Zug fuhr aufgrund einer falschen Information zurück nach Nimes. Anders als andere Gefangene ergriff Rheinhardt nicht die Gelegenheit zur Flucht.

der schon einmal gehabten Empfindungen stammen. – Noch sitzt mir die schmerzhafte Hoffnung im Gefühle, die in mir aufgeloht ist, als ich da draußen wartete und
es mich jäh durchfuhr »Am Ende ists die Befreiung«. Dann muß ich schnell schnell
meine Sachen packen und trachten, vor Nacht nach St. Raphaël zu gelangen – und
blitzartig der Micheline-Bahnhof in St. Raphaël. Der süße Angstaugenblick war fast
zu stark, wirklich in den Knochen fühl ich die Erregung noch nach. Mein Gott, wird
der Tag kommen. Ich hoffe, warte, glaube – und wage doch nur davon zu träumen,
ganz vage, aber nicht daran zu denken. – Oft fürchte ich, wenn ich wirklich heraus
käme, würde ich ununterbrochen so weh enttäuscht sein nach der langen Erwartung,
so wie einst, wenn ich sehr lange auf die ersten Liebesstunden mit einer Frau gewartet
habe – oder wie ich im Winter 1918–19 nach der schweren Krankheit und der heftigen Sehnsucht nach Aufstehndürfen so schwermütig die Genesung erlebte. (Mir fällt
der weise Ausspruch von Nietzsche ein, daß die Frauen alle zur Enttäuschung durch
die Liebe verurteilt sind, weil das zu lange Warten darauf in dem Geheimnisse, das
über alle Liebesdinge gebreitet wird[,] eine Erwartung schafft, die keine Erfüllung
befriedigen kann.) Aber ich wills gern auf mich nehmen und bescheiden sein, an
all das Grausliche dieser Monate mahnend denken. – Da geht jetzt laut mahlend die
Quatschmühle, die den Tag über stillgestanden war. Ich empfinde es aber wie das
anonyme Geräusch von Wasser, einer Maschine, eines Zuges. Zuhause hat mich jedes
Gespräch gestört, das nachts von der fernen Straße heraufklang. Aber das ist mir
eben wirklich kein Gespräch, rührt an keine Horchneugier. Die Worte haben keinen
Sinn, der an mich rührt – – –
    Ich denke, die guten Sachen da muß Erica von ihrer Mutter bekommen haben,
denn dergleichen ist ja wohl in Frankreich nicht zu finden, oder sicher nicht erreich-
bar für unsereiner! Tant mieux [*Umso besser*], dann hatte sie nicht Unsummen dafür
ausgeben müssen – die Gute, hoffentlich hat sie auch etwas für sich behalten. Wie
möchte ich ihr Freude machen können! Das ist keine Selbstbeschönigung – das war
wirklich schon seit langem für mich das Beste an Freude für mich, schenken zu
können. Ich habs ja nicht genug gekonnt – und leider im Bereich des Möglichen doch
nie genug getan. Gott gebe, daß ich vieles nachholen kann! Das bete ich im Stillen so
oft: es möge mir vergönnt sein – wenn man ja auch Getanes nicht ungetan machen,
Versäumtes nicht nachholen kann, so doch den lieben Menschen soviel Liebes und
Gutes erweisen zu können, daß zuletzt die Summe des Negativen in der des Positiven
aufgeht (da ist irgendeine versteckte Karma-Idee in mir.)
    Heute möchte ich wieder noch so gern vieles schreiben können, aber es ist schon
sieben Uhr und jetzt kann jeden Tag der Soldat auf die Idee des Ablöschens kommen.
– Wieder habe ich heute einen Augenblick »Freude schöner Götterfunken« pfeifen
gehört, fast erschrocken mich erinnernd, daß es das noch gibt auf Erden und die
ganze göttliche Welt der Musik, von der ich jetzt so lange abgetrennt bin wie von all
der anderen Schönheit der Erde, vom Freiheitsglücke. Neulich hatte ich die schöne
dunkelblaue Tartan-Krawatte an und den Kopf senkend hat mich das Nebeneinander
des dunklen Kobaltblau und der Linie Zinnober und Schwefelgelb mich wie eine
Liebkosung berührt. Ich sehe ja nichts als die staubigen gekalkten Wände, Grau
des Bodens, dunkleres Grau der Decken, schmutzige Farben rundum. Wenn Erica

gesehen hätte, mit welcher Freude ich die schöngewaschenen, farbigen Taschentücher eins nach dem anderen in die Hand genommen, befühlt und beschaut habe. Das ist eine Empfindung, die nur Theodora voll mit mir teilen kann. Aber Erica verschafft sie mir so mitfühlend. – Ihr meine Lieben, wie sehnsüchtig ich an Euch denke, an Jede mit ihrem eigenen, einmaligen Wesen, das so sehr ein Wesensteil meiner selbst geworden ist. Ihr Lieben! Gott segne Euch. Wie oft denke ich voll Frömmigkeit an Euch, jede Nacht! Und an den alten lieben Bernhard, an Gwendolyn sehr oft auch. Auch an Scholz[64] zuweilen … der wäre wohl der beste Lebensfreund für mich geworden, wenn uns die Umstände nicht so sehr getrennt hätten seit 1930. Ob wir wohl noch zueinander finden könnten, wenn wir uns wieder sähen? Jetzt höre ich Stimmen und Schritte. Ich fürchte das ist wohl das Lichtauslöschen. Gute Nacht, Ihr lieben Menschen in der Ferne. Ich denke an Euch.

Samstag, 8. Jan[uar 1944]

Eisiger Morgen. Aber ich bin vom Magen her gut getröstet nach einem Butterbrot (Liebe Erica!) Am liebsten hätte ich mir gleich eine Schnitte Speck aufs Brot gelegt, bin aber zu feig gewesen, denn die Augen der Beiden weichen nicht von mir, wenn ich in meiner Schachtel krame. Aber sie haben doch auch für sich Confiture gehabt, Anchois [*Anchovis*], etc und nicht geteilt, als ich all das Meinige längst verteilt gehabt hatte. Ich habe diese Hungertage noch zu bitter in Erinnerung und die Worte des Chefs, daß das eine ganz einmalige ausnahmsweise Vergünstigung gewesen sei; so will und muß ich haushalten und so lange als möglich auskommen … – Der Mond, der grade in meine Ecke schien, hat mich lange wach gehalten heute Nacht, aber ich wars ganz zufrieden in meinem Nachdenken und Wachträumen voll alter vergessener kleiner Dinge und ferner Menschen und Orten.

Der alte A[rtus] ist ganz genesen heute, nach den zwei comprimés [*Tabletten*] von Antigrippine, die ich ihm von G. verschaffen konnte. Bin sehr froh für ihn – und für das liebe Ich auch, für das damit die Gefahr gebannt sein möchte. – Heute nachts habe ich mit heftigem Bedauern gedacht, wie schade es ist, daß ich nicht früher stets Tagebuch geschrieben habe. Weil es gut wäre, alle diese Dokumente des eignen Erdenwahns nachzulesen und Einfälle und Gedanken aufgezeichnet zu haben, die bald wieder vergessen worden sind. Vielleicht ist es für den Schriftsteller nötig, so eine Stelle zu haben, an der man recht ausgiebig von sich selber sprechen kann. Denn das mag dem Bedürfnis abhelfen, sonst anderswo in »objektiven« Arbeiten das Ich sich vordrängen zu lassen. Wenngleich die harte Schule der völligen Unwichtigkeit des Ichs in diesem »temps de maquis [*Zeit des Widerstands*]« ja genügen dürfte, um fürderhin zu verhindern, daß man noch ein Zittern des eigenen Herzens als ein katastrophales Erdbeben ausgeben wollte. – Muß Zelle fegen, A[rtus] bleibt im Bett und V[igliéno] tut dergleichen nicht, zumal er sich jetzt zum erstenmale seit Weihnachten den Oberkörper wäscht. Beim Fegen »durfte« ich das Fenster öffnen. Ich sehe den

---

64 Arthur Johannes Scholz (1883–1945), österreichischer Komponist und Musikpädagoge.

Rauch eines da stehendes Zuges nach Westen getrieben werden. Die Luft ist weniger schneidend als gestern. Leider bemerke ich »léger vent d'est aujourd'hui, et il ne gèle plus comme hier [*leichter Ostwind heute, und es friert nicht mehr wie gestern*].« Darauf A[rtus], … dabei ich den Kopf hob, um aufzuschauen: »Mais non, c'est du vent du Nord. Et il ne gèle jamais dans ces parages-ci [*Aber nein, es ist Nordwind. Und in diesem küstennahen Gebiet friert es niemals*].« Moi »Comment, vous avez beaucoup de vent de nord ici dans la région [*Ich »Wie, Ihr habt viel Nordwind hier in der Gegend*]?*« »Mais jamais, jamais [*Aber nein, niemals*]!« Moi »Donc, c'est bien du Vent d'est maintenant [*Ich »Also ist jetzt doch Ostwind«*].« »Mais pas du tout, c'est bien du vent du Nord en Janvier [*Aber keineswegs, im Januar ist Nordwind*] …« Ich fege heftig taubstumm. – Der Schlesier hat heute nicht Dienst – hatte gehofft einige Zigarretten nehmen zu können.

Beim Waschen begegnen meine Hände meinem Körper als etwas völlig Unvertrautes. An Stelle der straffen Muskeln von früher ist eine fremde, erschlaffte Substanz da[.]

Große Eile: »überraschende« Visite der Zellen angesagt: wie beim Militär einst: die Diensthabenden fürchten sich mehr als wir und warnen uns dringend. Also eifrigst Ordnung gemacht, alles verstecken, was entweder verboten ist oder den Inspizierenden auf die Idee des Verbietens bringen kann. Hoffentlich kostet uns die Inspektion nicht den Spaziergang. Die Sonne ist aus den Dünsten herausgekommen und mein Lufthunger steigt. Gegen die Kälte fühle ich mich gut gewappnet, seit ich ein Gabelfrühstück von etwa 30 Gramm Speck im Leibe habe. Dem fordernden Animal ist für eine Weile genug getan, zum Glück! In zweieinhalb Stunden wird es doch wieder aufbegehren, als ob es nie was gefressen hätte. Schritte nähern sich. Ich glaube, dieses liebe Heft werde ich besser in die Tasche stecken. Nachher werde ich Erica schreiben.

Midi. L'animal flotte dans une légère béatitude: il a bouffé une tranche de ce délicieux saucisson avec sa saveur de fumé comme la Metwurst, il a bu son verre de vin – depuis le jour de l'an on n'a pas eu du pinard, et maintenant il fume une bleue, hélas, une des dernières six qui restent. L'animal n'est qu'un animal! Si on ne lui donne pas à manger il est un triste animal. Mais ayant bouffé il est réconcilié pour un moment. Et l'homme qui prétend d'en être le dompteur en ressent toutes les humeurs. Il n'y a que peu à dire lorsque l'humeur dudit animal tend vers une bonté infinie. Pauvre Type l'homme [*Mittagszeit. Das Tier schwimmt in einer leichten Glückseligkeit. Es hat eine Scheibe dieser köstlichen Wurst mit ihrem Rauchgeschmack wie Mettwurst gefressen, es hat sein Glas Wein getrunken – seit dem Neujahrstag haben wir keinen Wein gehabt, und jetzt raucht es eine Gauloise, leider eine der sechs letzten, die übrig sind. Das Tier ist eben nur ein Tier! Wenn man ihm nichts zu essen gibt, ist es ein trauriges Tier. Aber nach dem Fressen ist es für einen Moment besänftigt. Und der Mensch, der vorgibt, sein Dompteur zu sein, empfindet davon alle Stimmungen. Es gibt nur wenig zu sagen, wenn die Laune des besagten Tieres sich zu einer unbegrenzten Güte hin neigt. Armer Kerl, der Mensch*]!

Was für ein Mißverhältnis besteht zwischen Dauer und Intensität eines physischen Verlangens und der Flüchtigkeit des Wohlbehagens nach der Sättigung. Jetzt, z.B. da ich nur noch die wenigen Zigaretten mehr habe, überkommt mich plötzlich ein kindisches Phantasieren, das mir vormacht, ich käme plötzlich in den Besitz von fünf oder zehn Paketen Zigarretten – und dabei weiß ich aus langer Erfahrung: wenn sich dieser Wunsch ganz plötzlich erfüllte, wäre ich nicht etwa in gleichem Maße zufrieden, wie ich heftig unzufrieden über den drohenden Mangel bin. Ich würde natürlich eine kurze Weile bei jeder Zigarette noch denken »Ah, ich habe jetzt genug.« Und dann würde das Haben schon Selbstverständlichkeit werden, sehr bald. Die eigentliche Befriedigung ist dann im Grunde nur das Aufhören des Unbefriedigtseins. Mir fällt jetzt ein: noch als Gymnasiast habe ich einen Ausspruch von R.W. Emerson[65] gelesen, der mich dauernd beeindruckt hat, den ich aber jetzt erst voll zu verstehen glaube. Er lautete »Wir besitzen Alles. Nur durch das Begehren berauben wir uns des Besitzes.[«] – Nur würde ich das Gleiche heute nicht so als Forderung formulieren, sondern es eher einfach konstatieren als eine der vielen Seltsamkeiten der wunderlichen Menschennatur konstatieren. – – –

Trotz A[rtus]'s Beteuerung »Il ne gèle jamais dans la région [*In der Gegend friert es niemals*]«, ist es derart kalt, daß ich (und die Zwei) nur aushalten kann, auf dem Strohsacke sitzend, bis zum Kragen gut zugedeckt. Aber die Hände, die das Buch halten, sind blau und so steif, daß ich nur ganz langsam schreiben kann.

Abends 1/2 7. Wieder daheim auf dem Strohsacke, zurück von einem Ausflug auf das Bett von Artus, auf dem sitzend ich abendgegessen und Domino gespielt habe. Herrgott, warum habe ich keinen humorvollen Menschen da, dem ich zuplaudern kann und der innerlich mit mir lacht über diese Gespräche beim Domino, die ich provoziere, die so prompt klappen wie ein richtig angestelltes chemisches Experiment! Oder warum habe ich kein Talent, ihn zu einer Lustspielfigur zu machen. Oder warum bin ich nicht gut und könnte ihn darstellen als einen der Einfältigen, derer das Himmelreich ist. Ein böses Wort drängt sich in die Feder, daß er wohl dahin eingehen müßte mit den Eseln, für die Francis Jammes so rührend gebetet hat.[66] Ich fürchte, mit aller meiner entschlossenen Gutwilligkeit muß ich mein Erdendasein schon mit meiner Art von Gescheitheit vollenden. Allzuviel ist ja damit nicht los – aber das bin eben ich, wie Gott mich angelegt hat. Was ich dazugetan habe ist ja leider leider nicht viel, nicht das, was hätte aus mir werden können mit mehr Willensaufwand – und mehr Ehrgeiz, an dem es mir gründlich gefehlt hat, um die Trägheit zu überwinden. Besagter Gescheitheit hat doch immer was wesentliches gefehlt,[] um wirksam als Regulation des Lebens zu dienen. Ich habe zwar gewußt, das und das wird kommen, wenn ich das oder jenes tue oder nicht tue – ich habe auch so gehandelt wie der alte Artus: der leidet an heftiger Hyperazidität[67] und weiß, daß Weintrinken ihm starke Magenschmerzen macht. Und obwohl er Wein gar nicht gern hat, trinkt er doch seinen von mittags aufgesparten Pinard [*Wein*] abends, wissend, daß er in zwei Stunden

---

65 Ralph Waldo Emerson (1803–1882), US-amerikanischer Philosoph und Schriftsteller.
66 Francis Jammes (1868–1938), südfranzösischer Lyriker und Erzähler, von dessen Texten Rheinhardt 1926 eine autorisierte Übersetzung in Deutsche »Das Paradies der Tiere« veröffentlichte; hier Anspielung auf das »Gebet, mit den Eseln ins Himmelreich einzugehen«.
67 Hyperazidität] Übersäuerung des Magens.

wildes Sodbrennen haben wird. Nein, ich hab doch nur die Fehler begangen, zu denen es mich gelockt hat, die zu begehren es mich heftig gelüstet hat – aber nie hab ich wie er etwas genußlos genossen, nur damit es nicht vielleicht sauer wird (als ob Wein bei der Kälte sauer würde!-) Lieber wird er selber sauer!

Gleich sieben Uhr, etwas nervöse Galgenfrist. Schade, daß ich auf die Uhr geschaut habe! Soviel hat gewartet niedergeschrieben zu werden. Jetzt bin ich schon zu kribblig. Jetzt fällt mir nur noch ein, daß der Strohsack schon schrecklich hart ist und ich jeden Tag zögere, ihn aufzukrempeln, befürchtend, daß er dabei wie nach dem ersten Versuche nur noch buckliger werden könne. Heute nachmittags war es ganz ungewöhnlich still im Hause. Jetzt fängt das Reden, Trampeln, Rufen an mit kehligen Rrrrs –. Hier bin ich zum ersten Male im Leben dabei, einen richtigen Winterschlaf zu machen: für zwölf Stunden Nacht liegend, und untertags auch eine Reihe von Stunden. In Menton habe ich verstehen gelernt, wie richtig der Wiener Ausdruck für Im-Gefängnis-Sein ist »Er sitzt.« Hier muß man sagen »er liegt!« und noch dazu so schlecht gebettet. Was gäbe ich jetzt nicht, wenn ich eine der vielen Matratzen von zuhause hier haben könnte, und einen Polster dazu, den schlechtesten meinetwegen, wenn er nur leidlich glatt ist und nicht so faltig wie mein Arrangement von Hausrock und Mantelfutter in ein Hemd gestopft. Nach einer Stunde ists runzlig wie das Meer bei Mistral, und die Runzeln kriegen harte Ränder wie Kalkgestein. – Ich warte, schreibe darauflos, schon ohne Konzentration. Die kommt dann im Dunkeln, nach acht Uhr, wenn A[rtus] die Redemühle abgestellt hat und an ihre Stelle die ersten Schnarchlaute treten. Ich bin so dankbar, daß V[igliéno] so ungezogen zu mir war und es mir so übel nimmt, daß ich keinen Anlaß mehr zu suchen brauche, zu ihm zu reden (wenn ich ihm etwas reiche, sagt er nicht einmal merci)[.] Er hat die Beziehungen abgebrochen, wobei ich merkte, daß gar keine bestanden haben.

Jetzt großes Laufen und Reden draußen, auch Französ[isch]. Leute kommen vom Verhör zurück. Leider kann man nicht verstehen, was sie berichten. Ich hörte nur »malmené [*mißhandelt*]«. Der Arme! Was V[igliéno] gesehen hat, macht mich noch schaudern.

Die Zelle ist jetzt voll von Flöhen. Die ersten Bißspuren haben mir Vergnügen gemacht, weil sie mich überzeugten, daß es nicht Läuse sind! Denn als der Italiener sich neben mir nachts so unaufhörlich kratzte, hatte ich Läuse befürchtet – das wäre hier schlimm, man würde sie nicht mehr los. Nach den morpions [*Filzläusen*] in Menton und der Krätzenachbarschaft wäre mir diese Erfahrung schon etwas viel gewesen. Einmal im Leben, im anderen Kriege, wars mir genug. Jeden Augenblick kommt einer näher, geht wieder weg, immer wieder glaub ich »Jetzt …« Aber es ist doch rechte Galgenfristhaft. – Wenn man hier doch irgendetwas zeitlich fixieren könnte, wenigstens genau zwischen … Der Tag ist von lauter Wartezeiten zerrissen. Erst auf den Besen, dann das Brot, dann der Spaziergang. Und gegen elf Uhr das erste Lärmen mit Gamelles [*Blechnäpfen*], man muß bereit sein, zwanzig–30 Minuten später kommt die Suppe – dann 20–40 Minuten oder länger Wartezeit auf den zweiten »Gang«, dazwischen auf den Wein. Man muß bereit sein, zur Tür zu springen, sonst wird man angeschrien, oder es gibt um eine Portion zu wenig, wenn nicht alle bei der Tür stehn, wo doch nur einer die Gefäße durch die Klappe nehmen oder die

Quarts [*Viertellitergefäße*] hinhalten kann. So ist das Warten en gros [*im Großen*] durch lauter Warten en détail [*im Kleinen*] gewürzt. So warte ich jetzt, aber doch etwas dankbar, das schlechte Licht eine Viertelstunde länger zu haben, ist ja doch ein Geschenk. Jetzt, da Mond ist, zünde ich meine geschrumpfte Kerze gar nicht an. Ich habe auch nur fünf Zündhölzer. Dazu hilft die Lunte ja nichts. Jetzt erklären die Zwei da einander was Physiognomie ist. Das ist perfekter »Bouvard et Pécuchet«.[68] »Tu sais, si quelqu'un a un gros nez et il n'est pas juif, ça veut dire que …« »Quoi?« »Tu sais, moi je ne m'y entends pas« »Alors, quoi …« »Il y en a …« »Quoi?« »Aussi pour la bouche …« »Quoi« »Il y en a qui ont la bouche …« »Quoi donc« »Par exemple, le gros Jean, tu sais.« »Mais c'est un Italien« »Ça se sait …« »Mais pour le physionomique oui, c'est si on …« »Je comprends« »Moi je connais un type, il a fait son service dans la Coloniale, il était sergent …« »Si c'est Henri, le pêcheur, jamais de la vie, il était caporal dans … »Merde, je connais son père, depuis douze ans … Merde, tu as toujours des remarques à faire …« [»*Weißt Du, wenn jemand eine große Nase hat und kein Jude ist, heißt das, dass …« »Was?« »Weißt Du, ich versteh mich nicht darauf « »Also was nun…« »Es gibt welche…« »Was?« »Auch für den Mund…« »Was« »es gibt welche die haben den Mund« »Was denn nun« »Zum Beispiel der dicke Jean, weißt du« »Aber das ist ein Italiener« »Weiß man doch…« »Aber für die Physiognomie, ja, wenn man…« »Ich verstehe« »Ich kenne einen Typ, er hat in der Kolonialarmee gedient, war Sergeant…« »Wenn du Henri meinst, den Fischer, nie im Leben, er war Caporal in…« »Scheiße, ich kenn seinen Vater, seit zwölf Jahren … Scheiße, du hast immer Bemerkungen zu machen«*]. Scheiß, jetzt löscht er nebenan ab.

Sonntag 9. Jan[uar 1944]

Brr, wie kalt! Und was für ein Sonntagsanfang. Um 1/2 7 durch das Licht und den Fußtritt gegen die Tür geweckt zu werden, und dabei denken zu müssen »Noch gut, daß der Fußtritt nicht mich selber getroffen hat!« Schlechte Nacht mit wenig Schlaf. Der Wachthabende hat sich damit amüsiert, mindestens zehnmal das Licht anzudrehen und so lange brennen zu lassen, bis man sich bewegte um nach der Uhr zu sehn und abzudrehen, bevor ich die Uhr erreichen konnte. Jetzt fühlt man sich wie nach einer Nacht in der dritten Klasse, nur daß man nach solchen Fahrten doch irgendwo angekommen ist – während ich jetzt doch nur wieder frierend auf dem Strohsacke sitze und die Zelle um mich habe. An Stelle der guten Gedanken und Träumereien war ich diese Nacht voll von Verhören, von Einfällen, was ich hätte dann und dann antworten müssen u[nd] d[er]gl[eichen]. Dazu die üble Erkenntnis, wie völlig ungeeignet ich bin für das Metier des Untersuchungsgefangenen. Weil mir die Schlagfertigkeit und Geistesgegenwart durchaus fehlt, wie sie z.B. mein Nachbar, der eiskalte junge Geismar in Menton hatte (und so viel andere Juden haben) – ich habe ja auch

---

[68] Bouvard und Pécuchet] Im gleichnamigen Roman des französischen Schriftstellers Gustav Flaubert (1821–1880) scheitern zwei Antihelden an intellektueller Anstrengung.

nie streiten und discutieren können, wie die es im Blute haben. Mir ist nie die einzig
nötige Antwort eingefallen. Noch auch konnte ich dieses Fehlen wie die Leute durch
eine Äußerung kalter Unverschämtheit wettmachen! Nun, vorher hat das ja auch
keine große Bedeutung gehabt: die Notwendigkeit zum »Streiten« hat sich lediglich
gegenüber gewissen Juden ergeben – und denen hätte man auch ausweichen können
und wird es tun (freilich mit denen war das unmöglich, die sich in meinem Lavandou festgesetzt hatten.) Ach, ausweichen können: »Vorübergehen, wo du nicht lieben
kannst« woran ich mich doch stets zu halten gesucht habe! – Jetzt fort, ihr Fetzen
des Nachtgraus! Und fort auch mit dem cafard [*Katzenjammer*], daß ich jetzt die
vorletzte bleue [*Gauloise*] geraucht habe! – Sonntag, wenn der doch etwas von dem
hätte, worauf man sich in zu grauen Winterwochen des Schuljahres freuen konnte,
sogar in diesem ödesten Abschnitte des Schuljahres zwischen Neujahr und Ostern.
In der Großstadt habe ich Sonntage immer ungern gehabt, nur in Rom nicht; dort
wars mit mir wie auf dem Lande, wo dieses kindliche Sonntagsgefühl sich immer als
überlebend erwiesen hat. Ich glaube, ich werde gelernt haben, daß man »den Feiertage
heiligen soll!« Das ist nicht nur fromm sondern auch voll weiser Lebensökonomie.

Ich habe so eifrig die Zelle gefegt, daß ich nicht aufgeschaut habe. Und jetzt sehe
ich das Fenster erfüllt von einer milden holden Farbenwelt, fliederbeerig, rosa und
zartes graues Blau des Himmels, der Hügel matt orange, beige rosée. Wie schön
ist diese Pastellskala des Morgens – und wie selten habe ich das in diesen Jahren
gesehen! Die

Ach dieses grau stopplige alte Sträflingsgesicht, das mich jetzt vor dem Rasieren
wieder aus dem Spiegel angeschaut hat! – Aber ich hatte keine Zeit zu müßigen
Reflexionen danach, denn gleich begann es zu krachen, um 8 1/2, Sirene und Flak,
Fliegeralarm. Ich öffne das Fenster. Noch nichts zu hören nach dem ersten Schießen.
Nichts in dem weißen Himmel zu sehen. Weiter war nichts zu hören. Nach einer
halben Stunde abgeblasen!

Der Spaziergang, halbe Stunde, war sehr ergiebig. Der Jude von neulich hat mir zwei
Pakete Zigarretten verkauft. Herrgott, gerade jetzt, wo ich bei der letzten Zigarrette
angelangt war, wenn das nicht ein kleines Wunder ist! Wie beneidenswert débrouil-
lards [*gewieft*] diese Juden sind! Inmitten all der Abgeschlossenheit und Feindselig-
keit ist es dem da gelungen, fünfzehn Pakete zu kaufen. Ob er an den 200 frcs, die er
pro Paket verlangt, etwas verdient, ist einem hier herzlich gleichgültig. Vorläufig habe
ich noch Geld, dank Erica! Jetzt ist l'animal fumeur [*das rauchende Tier*] wieder
hoffnungsvoller! – Die Nachrichten von neulich völlig bestätigt: Leider wird gesagt,
daß die Deutschen niemanden befreien[69], auch völlig Unschuldige nicht. Ich mag es
einfach nicht glauben: Man würde ja sein Verhalten hier doch nicht ändern, auch
wenn man das ein bißchen glauben müßte. Die ganze Lebensform ist doch auf einem
allmählich aufgebauten »Als Ob« aufgebaut. Man glaubt an das Gefangenbleiben so
wenig, wie man an den Tod richtig glaubt./ Der gute Jude geht in einer Woche weg

---

[69] befreien] im Sinne von freilassen, entsprechend dem französischen »libérer«.

in das Judenlager in Trancy[70], wo er glaubt es hundertmal besser zu haben als hier. Das bestimmt. Et il espère pouvoir foutre le camp [*Und er hofft, abhauen zu können*]. Der Sonntag, der sich so versprechenslos angekündigt hatte, hat doch Unerwartetes gebracht! Die so hochwillkommenen Zigarretten! Und jetzt öffnete sich die Klappe und es wurde jedem ein Stück Pâte de fruits [*Fruchtpastete*] ausgeteilt, recht gut und zuckerhältig: ein Geschenk des Roten Kreuzes. Also doch Sonntag! Man soll auch angesichts der scheinbaren Evidenz etwas irrational optimistisch sein! – Da sich im Großen hier ja doch vorläufig nichts zu ändern scheint, sind es diese kleinen Freuden, die einem leben helfen und auf die muß man hoffen lernen immer mehr. Denn das ist das Geheimnis der bon moral [*guten Gemütsverfassung*], immer etwas Naheliegendes zu erwarten haben oder zu glauben, daß … Wenn man sich dann auch noch mit Grund sagen kann, daß in der Welt etwas geschieht, das ein so großes Versprechen ist, dann haben Zigarretten und ein Stück Fruchtpasta noch den vielfachen Wert. –

Mitten in erneutem Fliegeralarm habe ich une petite fête dominicale d'animal [*ein kleines animalisches Sonntagsfest*]. Nach dem üblichen Fraß von hier habe ich ein Stück Brot geteilt, eine Hälfte mit einer Schnitte der köstlichen Wurst verspeist, dann die andere mit etwas Fruchtpasta, dann le quart de pinard [*das Viertel Wein*] und jetzt eine der guten italienischen Zigaretten A.I.O., kurzum, ich habe gehabt, was ich kürzlich noch so heftig gewünscht habe: mich einmal wieder leidlich satt zu essen, das erstemal wieder seit Weihnachten. Und ich bin leidlich versöhnt mit dem Dasein, indem ich die erhaltenen Nachrichten in mir ausbaue ins leicht Zauberische (denn ohne das geht ja in diesem Kriege gar nichts schnell – als anfangs das Schlimme) Mein Wohlbehagen ist stark genug, die unleugbare Kälte von innen her fernzuhalten … Kurzum! Wann wird es wieder Tag um mich?

V[igliéno] hat auch ein Paket Zigarretten gekauft, schimpft jetzt aber zu A[rtus] jetzt schon über den Preis »Moi, j'ai pensé que c'est un vrai camarade, le juif [*Ich dachte, der Jude sei ein wirklicher Kamerad*]!« – Nun, ich brauche jetzt keine Wohltäter, nur einen geschickten Geschäftsmann, der Ware beschafft und gegen erschwingliches Geld liefert. Mais moi, je ne suis pas un petit bourgeois Français [*Denn ich bin kein französischer Kleinbürger*]!

Ich lache in mich hinein. A[rtus] hat vormittags einen Moment beschlossen »Le temps est couvert [*Bedecktes Wetter*]« Seitdem ist längst die Sonne voll heraus. Dennoch wiederholt er alle halbe Stunde monologisch, ohne den Blick zum Fenster zu heben »Le temps est couvert [*Bedecktes Wetter*].« Und er sagt jeden Augenblick »Moi, je suis un réaliste [*Ich bin ein Realist*]!« Das sind mir diese Realisten, die durch die handgreiflichste Wirklichkeit nicht belehrbar sind! –

Ich lese eben von den Piloten-Fischen, die den sehr schwachsichtigen Hai führen und also ihm andere Fisch-Landsleute als Beute zugänglich machen. Das läßt mich an die Collaborationisten denken.

---

[70] Drancy] Sammel- und Durchgangslager nordöstlich von Paris, Ausgangspunkt der Deportationszüge mit französischen Juden in die Vernichtungslager.

Abends: Alles ist verändert. Vor der Suppe wurde die Tür aufgerissen »vite vite [*schnell, schnell*]« in eine andere Zelle. Mit allen unseren vielen Sachen, schnell schnell, zwei Stockwerke höher über eine Wendeltreppe. Als ich die Nummer <u>152</u> hörte, wußte ich, daß das schon schlechter ist – denn die geraden Nummern sind auf der anderen Seite, die nach Norden ist. Große Doppelzelle, eisigkalt, nur ein Bett[,] das gleich von Artus in Besitz genommen, denn Ochs und Esel sind mitgekommen. Hier fanden wir einen jungen Italiener, Offizier, der die ganze Occupationszeit in Lavandou mitgemacht hat und alles dort kennt. Komisch. Er sagt, seit November hat er in der Zelle keinen Strahl Sonne gesehen. Schade! Ich habe Heimweh nach der kleinen Zelle unten. Und außer der eiskalten Temperatur gibts noch etwas Arges hier, eine elende Funzel von Kohlenfadenlampe. Ich will versuchen, sie zu ruinieren und den Austausch zu erzwingen. Ein kleiner Trost, der Ital[iener] sagt, hier kann man von den Deutschen Zigarretten, Streichhölzer etc. kaufen. Das wäre immerhin viel.

Vorher habe ich einen Brief von Erica bekommen vom 28. Dezember[.] Die Arme ist Weihnachten fünf Tage weg von Zuhause gewesen, um mir das Paket zu bringen. Schreiben ist sehr schwer, das Licht ist schwächer als eine Kerze, und noch dazu blau. Auf morgen, mein liebes tröstliches Heft. Jetzt ist Strohsackzeit.

Montag, 10. Jan[uar 1944]

Kalt fängt mein zweiter Monat in diesem Gefängnisse an. Und leider scheint die neue Zelle nicht bloß ein Übergang zu sein. Ich habe eben mit dem sehr freundlichen Unteroffizier (einem Tschechen) gesprochen. Er sagt daß man auf die Briefadresse die neue Nummer 152 schreiben muß. Ich habe heftiges Heimweh nach N° 97[.] Jetzt morgens ist es hier mindestens 6–8 Grad kälter als unten, [e]ine Eiskelleratmosphäre. In der Nacht bin ich jeden Moment scheppernd wie im Schüttelfrost aufgewacht obwohl ich mich in Kleidern (mit der Woll-Golfhose, Pullover und Wollstrümpfen niedergelegt habe) Tant pis [*Na ja*]. Jetzt muß man seine Gesundheit vor allem behalten. Und trachten to make the best of it [*das Beste daraus zu machen*]. Der Zelleninsasse hier heißt de Nevasquez, ist spanischer Abkunft, sieht sehr degeneriert aus (ein bißchen wie Alfons XIII in seiner Jugend) ist Chemiestudent, 25 Jahre alt. Scheint recht durchschnittlich intelligent zu sein – neben meinen Zweien erscheint er ja als geradezu gescheit. Er ist hier, weil er nicht in die neue ital[ienische] Armee eintreten wollte, belastet noch dadurch, daß er in England geboren ist. Jetzt muß ich trachten, eine mögliche Installation hier zu treffen. Das Bett hat A[rtus], V[igliéno] hat sich auf dem letzten Platze eingerichtet – mir ist ein lichtloser Platz an der Nordmauer unter dem Fenster geblieben,

Komisches Phänomen: Jetzt habe ich versucht, die Glühlampe zu verderben, indem ich sie heftig gegen den mit der Decke bedeckten Hocker geschlagen habe. Als ich sie wieder ausprobieren wollte[,] hat sie viel besser gebrannt als vorher. Man konnte fast sehen. Jetzt beim Fegen habe ich gesehen, daß im ersten Stock auf der Südseite alle Zellen leer sind – und uns hat man daher gesteckt. Die guten Zellen kriegen wohl die Neuankommenden. Jetzt muß man sich aufs Winterquartier einrichten, kalte, lichtlose Existenz.

112

Jetzt, nach dem Essen, sitze ich wieder auf meinem Strohsacke – aber wie sehr hat die Umwelt sich verändert! Die Zelle ist doppelt so groß als N° 97 aber dafür sind wir jetzt <u>sechs</u> hier. Denn heute morgens hat man noch zwei hereingeschoben: Benard, ein Färber aus Paris, in meinem Alter, hager, unrasiert bis zur Bärtigkeit, lebhaft, gesprächig, sehr Pariserisch, sieht jüdisch aus – aber ich glaube nicht, daß er ein Jude ist. Wenn, dann, ein guter Typ, der alle Wesenszüge der Pariser Volkstümlichkeiten trägt. Der andere war mir schon vom Spaziergang her bekannt. Blanchard, Student der Chemie aus Lyon, 25jährig, mit einem jungen blonden Fischerbart. Netter belesener Bursch, der einen Haufen Bücher mithat, kennt England, etwas Österreich, spricht gutes Englisch, etwas Deutsch, kurzum, ein guter Gegensatz zu dem ungelüfteten Provinz-Nationalismus, der mir schon zum Kotzen ist. Man macht Projekte für Englischlektionen, Bridgelernen, etc. Deren Ausführung würde etwas auf Kosten meiner Meditationen gehen. Aber ich werde schon mehr als genug Zeit haben, meine Selbstgespräche fortzusetzen. Noch habe ich stark Heimweh nach der engen Südzelle, wo ich mich so gut habe abkapseln können. Jetzt kommts mir vor, als sei die Zelle da unten unter einem anderen Himmelsstriche, die Kälte da unten freundlich, heimelig. Hier dagegen ist die Luft wie in einem Eiskeller. Die Zelle ist frisch gekalkt und riecht auch danach. Ansonsten Tinette-System wie unten, überdies gibt die Wasserleitung nur einen dünnen Faden Wasser. Hier wirds mit dem Wäschewaschen eine Kalamität sein, zumal hier alles mehrere Tage zum Trocknen braucht. Das Essen kommt noch kälter an, war heute das schlechteste und wenigste, das ich hier gekaut habe. Gepriesen sei Erika, die mir den Zuschuß erbeutet hat, so daß ich trotzdem jetzt nach dem Essen nicht hungrig bin wie bisher. Kalt, kalt … es geht nur, wenn man viel unter der Decke ist, besonders die Beine. Zwischendrin kann man auf und ab gehn, acht Schritte, was ein Vorteil ist. Hingegen hat mir der Italiener während seiner (höchstsorgfältigen) Toilette ein Tierchen aus der Unterhose gefangen und gezeigt, es euphemistisch »morpion [*Filzlaus*]« nennend. Ich mußte ihn und alle arg enttäuschen. Es war eine richtige weiße Kleiderlaus. Donc, on en aura tout le monde [*Dann werden wir alle welche haben*]! Denn hier ist das nicht zu vermeiden. Den Ruf, verlaust zu sein, hat die prison de Nice [*Gefängnis von Nizza*] schon längst. An die Entlausung all der Wollsachen später wage ich vorläufig gar nicht zu denken. On en aura pour longtemps. Tant pis [*Damit werden wir lange zu tun haben. Kann man nichts machen*] … Heute haben sie uns auch mit dem Spaziergang betrogen, zur Entschädigung den Quart Wein nur halb angefüllt. – Eben Fliegeralarm[.] Das wenigstens ist jetzt regelmäßig und zuverlässig. Wo sie wohl Bomben abwerfen? Meine zwei Dummen schwelgen im Reden, Nennen von Namen, Suchen nach gemeinsamen Bekannten, und bitter enttäuscht, mit diesen Leuten aus ganz anderen Lebensgegenden gar nichts zu finden. Hindert nicht, dass weiter gefragt wird: »Vous connaissez certainement [*Sie kennen doch sicher*]?« Hoffentlich bewahrheitet sich, was der Ital[iener] erzählt, daß man hier durch die Deutschen was zum Rauchen, Streichhölzer, etc. kaufen kann. Das wäre schon ein großer Gewinn.

Nachmittags: jetzt fand die Verteilung der Beute statt, die aus der Kommunierung der Pakete sich ergab: auf jeden in der Zelle entfiel: je eine Ration von etwa 250–300 Gramm Brot, drei, vier kleine Karotten, 4 Orangen, 8 Stück Zucker. Viel ists nicht, aber doch ein willkommener Zuschuß., besonders das Brot, das erlaubt, eine kleine Avance zu haben.

Habe mit Blanchard geplaudert, ein ganz netter, lebhafter Bursch, recht unterrichtet, einfach normal jung, sprachkundig. Man kann z.B. mit ihm Diamino spielen und blödeln. In dieser Zusammensetzung erscheinen A[rtus] und V[igliéno] noch trottelhafter. Eben hat Blanchard auf einen der Monologe von A[rtus] mir gesagt: »I think, this one is one of the silliest people I ever met with [*Ich glaub, das ist einer der einfältigsten Menschen, die ich je getroffen habe*]. Ich frage mich übrigens, ob Bl[anchard] nicht Jude ist. Einiges läßt es mich vermuten. Nach dem Abendessen dank dem Brot-Rabio*t* [-*Nachschlag*] ganz leidlich gesättigt: d.h. man hat etwa die Hälfte der Kalorien zu sich genommen, die vor dem Kriege die Norm waren. Das Licht ist noch immer elend, dank der kleinen Hexerei, die ich heute morgens mit der Birne vorgenommen habe, kann man doch schreiben, allerdings ohne zu lesen, was man schreibt. Gestern wars noch ganz unmöglich. Und die sechs Leute in der Zelle erwärmen sie doch etwas. Trotzdem werde ich gleich große Lüftung verlangen und diese durchsetzen, weil die Neuen nicht Berufsferkel sind wie A[rtus] und V[igliéno]. Hoffentlich wird die heutige Nacht besser als die vorige, wenngleich der fehlende Spaziergang sich auswirken wird. Ein bißchen Reden und wieder etwas Lachen hat mich entspannt – und ich bin schon ganz leidlich ausgesöhnt. Man ist zum Glück so sehr bescheiden geworden – und, was mich in meinem Alter immer verwundert, so sehr elastisch und anpassungsfähig! Jetzt, direkt unter der Lampe sitzend kann ich etwas besser sehen. Aber dazu muß ich auf dem Hocker sitzen. Leider ists mit meinen geschriebenen Abendmeditationen auf dem Strohsacke jetzt vorbei. – Jetzt hat auch Benard schon Läuse auf sich entdeckt. Ich weiß, daß ich auch schon welche haben muß. Bisher habe ich sie »verdrängt«, habe sie Flöhe oder schlimmsten falls morpiones [*Filzläuse*] genannt. Nun ja, jetzt wird man sich schamlos kratzen und nicht mehr fürchten müssen, welche zu kriegen. Tant pis [*Kann man nichts machen*]. Als ich vor achtundzwanzig Jahren in der Bocche di Cattaro[71] von den K u. K Kriegsläusen befreit wurde, hätte ich nicht gedacht, daß ich als Alter noch französ[ische] Gefängnisläuse kennen lernen würde. – Wenn mich das kleine Heimweh nach meinem stillen Denkwinkel da unten in 97 packt, sage ich mir: jetzt kann ich wenigstens ein bißl meine Sprache sprechen, bin unter Menschen und nicht mit zwei Lemuren – und was an echten Gedanken in mir aufkommen will, wird auch hier sich melden können. Und ein paar gute Bücher werden gut sein gegen die übertriebene [A]utarkie. Ich glaube, in diesen Monaten ist mir das to try to make the best of it [*das Beste daraus machen*] allmählich zur Natur geworden.

Dienstag, 11. Jan[uar 1944]

Wieder ist der Aspekt der Zelle sehr anders geworden. Gestern abends, schon nach dem Auslöschen, wurden noch zwei Neue herein geschoben, was jetzt acht ausmacht

---

[71] Bocche di Cattaro] s. Anm. 35

auf einen Raum, der weniger als ein Drittel der Mentoner Zelle ist. Die Neuen sind ein zwanzigjähriger Laboratoriumsgehilfe[.] Ein fünfzigjähriger Russe, nach »›besserem‹ Mann« aussehend, spricht auch Deutsch. Der Junge hat noch nicht den Mund aufgemacht. Die Nacht war richtig »Nachtasyl«, als ich von polyphonem Schnarchen oft geweckt, mich im Mondlicht umsah. Ich fühlte, ça y est [*es ist soweit*], ich habe auch Läuse. Nun ja, das war unter diesen Umständen unausweichlich: ich werde das mit Würde und Fassung tragen und mich dezent kratzen. Man wird ja Zeit haben, sich an diese Symbiose zu gewöhnen, bei der ich nur gesittet Gastfreundschaft zu üben habe gegenüber ungebetenen Gästen, die für sich anzuführen haben, daß sie früher hier waren als ich. – Heute nacht ist mir der Anfang eines Reims im Kopfe immer wieder herumgegangen:

Der harte Strohsack ist unser Bette,
Das gute Gewissen ist unser Pfuhl.
Wenn man nur nicht die Läuse hätte
 Und im Magen das Leeregefühl
Und nicht das Problem der Zigarette
Wäre man, man recht guter Dinge …

Wird ausgebaut, wenn sich weiteres dazugesellt in stiller Nacht. Bei Tag ist wenig Möglichkeit, Verse zu fangen bei dieser Dichte der Bevölkerung von Einem pro Quadratmeter. – Der Russe spielt Bridge, also kann man eine der Mentoner Gepflogenheiten hier aufnehmen, ich muß den Culbertson-Lehrer machen »Denn dieser hat gelernt! …«

Der junge Blanchard schnarcht wie ein Großer, und das nur 50 cm von mir. Ich habe es schon gestern befürchtet, als ich seine Nase ansah. Diese und die Tatsache, daß er schon eine Adenoide-Operation[72] gehabt hat, (Adenoide sind nach meiner Erfahrung eine jüdische Nationalkrankheit wohl wegen der besonderen Gestaltung des Septums[73]) bestätigt mehr meine Vermutung, daß er Jude sein müsse. Wenn so, dann von der besseren Art, grundverschieden von dem Abschaum dieser Rasse, mit dem ich in Menton habe leben müssen und an dem man wirklich hätte können zum Antisemiten werden. Denn dumme Juden sind etwas so Widernatürliches wie es eine blödsinnige Schlange wäre. – Draußen geht ein Engeulieren [*Anschnauzen*] von extra-Ausmaß vor sich.

Heute sind wir schon um 6 1/2 geweckt worden. Und jetzt um halb acht ist es noch finster in der Zelle. Wie gut war das in 97, dies Tagwerden zu sehen. Diese Morgenröten werden mir lange im Gefühl bleiben, das ja für jedes Gewahrwerden der Natur so empfänglich geworden ist. Auf dem Hocker stehend habe ich gestern hier aus dem Fenster geschaut. Wie anders ist der Blick hier, ohne Intimität! In Entfernung zwei mittelhohe Berge. Ich muß sie erst in verschiedenem Lichte anschaun.

Mittags. Üblicher Fraß, bereichert durch eine Schnitte Wurst. Der Spaziergang eine halbe Stunde in kalter trockener durchsonnter Luft, war sehr enttäuschend: ver-

---

[72] Adenoide-Operation] Entfernung vergrößerter Gaumen-Mandeln.
[73] Septum] Nasescheidewand.

geblich mit dem Wachsoldaten wegen Zigarretten verhandelt. Nur sechs aus unserer Zelle im Préaux [*Gefängnishof*]. Benard (der seinen ruban rouge [*rotes Band*] dadurch erklärt, daß er Capitaine de la réserve [*Reservehauptmann*] ist) hat die ganze Zeit mit Läusesuchen verbracht. Bei der vierzigsten hat er für heute aufgehört. Er hatte mich gestern erst wegen einer interessanten Hautkrankheit konsultiert, die ihn schrecklich juckte. Die Diagnose wurde mir sehr schwer. / Der Russe, Axelrod aus Irkutsk, kleiner breiter Mann mit einem gutmütigen helläugigen stupsnäsigen Slavengesicht scheint verhaftet worden zu sein (samt Frau, die im selben Stockwerke ist), weil er den Namen des [»]berüchtigten« Kommunisten A. trägt.[74]– Der Unglückliche hat niemanden zuhause, der ihm Sachen bringen könnte, er ist hier angekommen mit dem, was er auf dem Leibe hat. Wir kennen das »unnötig, etwas mitzunehmen, Sie sind abends wieder zuhause.« Jeder von uns hat das erlebt. Der neue Junge hat ein extrem törichtes Gesicht ohne jedes Kinn mit drei Finger breiter Stirn, aber schmale Finger. – Habe »Lamartine« von Louis Bertrand begonnen.[75] Mir stofflich sehr interessant. Kultivierte trockene Schreibart. Erstaunlich daß ein Franzose dieses Rangs sich nicht entblödet, bei der Personenbeschreibung zu sagen »un front qui semble être fait pour recevoir le baiser de la Muse [*eine Stirn wie gemacht, den Musenkuss zu empfangen*].« Mir fehlt gleich zu Anfang die Atmosphäre einer Dichterjugend, die schon gleich empfinden läßt, warum dieser junge Mann nicht lediglich ein Aristokrat der Revolutionszeit wie so viele andere geworden ist. – Die beiden Frischverhafteten haben eine Menge Nachrichten gebracht, wenig Sensationelles. Trotz der Enttäuschung der ersten Minute wie immer, on finit par être gonflé à bloc [*sind wir fest entschlossen zum gemeinsamen Durchhalten*]. – Nach dem Abendessen. Der Nachmittag verging rapid mit Bridge. Hier, wenn man die Zeit nicht besser zu nützen die Möglichkeit [hat], lernt man den Wert des »Zeitvertreibs« schätzen[.] In Zukunft hoffe ich, etwas so Kostbares wie die Zeit nie wieder zu vertreiben wollen sondern zu verstehen, sie zu genießen und fruchtbar zu machen. – Hier nach dem Zusammensein mit sovielen rustres [*Bauerntölpel*] (zumal mit den A[rtus] und V[igliéno]s) schätzen. Das ist eine der Annehmlichkeiten von Nevasquez, wie komisch daß ich ihn jetzt so deutlich vor mir sehe, wie er in der Artillerieuniform mit dem Hütchen und der Fasanfeder auf seinem Fahrrade an Les Chênes vorbeikam. Dieser junge Grande von Spanien hat eine solche Natürlichkeit der guten Manieren (les grandes manières sans grandeur voulue [*vornehme Manieren ohne gewollte Vornehmheit*]) daß seine Gesellschaft stets angenehm ist.

Leider brennt das Licht wieder ganz miserabel. Jetzt möchte ich mich in meinen stillen Winkel in 97 auf meinen Strohsack setzen und schreiben können. Eine Menge Gedanken aus der Nacht möchten gesagt sein aber um mich stehen drei Leute in lebhafter Konversation. Es geht jetzt wie in einem Club hier zu, ohne Komfort, hingegen mit viel Schmutz und allem sonstigen Zubehör des Gefängnisses. Lieber gnädiger Gott, Danke Dir, daß auch das erträglich gemacht wird durch guten

---

[74] Pavel Axelrod (1850–1928), russischer Marxist, in der Russischen Revolution führender Menschewik, Emigration nach Berlin.
[75] Louis Bertrand (1866–1941), französischer Schriftsteller, Mitglied der Académie française.

116

Willen, ein bißchen Sanftmut und all dem, was ich in der zu langen Schulzeit der Gefangenschaft gelernt habe! Ich erwarte nichts, als leidlich in Ruhe gelassen zu werden – und bin dankbar für das kleinste Positive, eine freundliche Geste, ein artiges Wort, einen Fetzen vernünftigen Gesprächs … oder schlimmstenfalls ein leidlich gespieltes Spiel.

Ich fühle schon wieder eine Erkältung in mir schleichen, habe das letzte Aspirin genommen. Wenn es doch Erica gelänge, ein paar nötige Medikamente hereinzuschaffen. Aus meinem Weihnachtskorb haben sie alles weggenommen. Warum, da sie weder einen Arzt noch Medikamente für uns haben? Mit dem neuen Jungen ist es mir bis jetzt noch nicht gelungen, einen Satz zu wechseln[.] – Es gibt so eine Menge Bücher hier, die ich lesen möchte (davon fünf) aber wenn es still genug ist, fehlt das Licht. Jetzt muß ich erst den Lamartine beenden, mit dem ich langsam vorwärts komme[.] Es ist weder ein inspirierendes noch ein belehrendes Buch – noch auch gut unterhaltlich. Grad nur kultiviert. Ich hoffe, daß meine Biographien besser zum lesen sind. Ich glaube, wenn Gott mir gibt, daß ich noch Bücher schreiben kann, werden sie viel einfacher und mit dem Wesentlichen beschäftigt sein als meine bisherigen. Ich habe jetzt das Gefühl, daß ich noch überhaupt nicht angefangen habe mit der Schriftstellerei. Und jetzt, wo ich so heftige Lust darauf in mir wachsen fühle, ist alles Künftige so schrecklich fraglich. Gott helfe weiter: hinter mir plätschert es heftig in A[rtus]' Redemühle, die für den neuen Jungen die Männergemeinplätze mahlt, für die ich nach dem dritten Tage schon sehr ungern Abnehmer war. Ohne rechte Versenkungsmöglichkeit für mich ist die Wartezeit auf das Auslöschen vorbeigegangen. Jetzt muß ich mich strohsackfertig machen, auf die Nacht wartend … Möge sie stiller und reicher an Gedanken sein als die vorige – oder mir genug Schlaf schenken: Gott gebe es!, und das Andere, um das ich ihn bitte und bitte.

Mittwoch, 12. Jan[uar 1944]

Wie ist die erwachte Zelle laut für zarte Morgengedanken!. Um 6.15 Lust zu haben[,] soviel Lärm um nichts zu machen, dazu muß man so jung sein wie die zwei Redenden und so ein alter Esel wie A[rtus], der glücklich zwischen die Zwei hineinredet wie mit einem Megaphon, den Werdegang seines Rheumatismus erzählend. Jetzt muß ich wieder auf neuer Basis meine Exerzitien in Taubstummheit beginnen! Die Nacht war etwas fiebrig. Habe etwas Halsschmerzen, wie ich es schon gestern vorausgefühlt habe. Schade, daß ich keine Medikamente habe! Wieder ist der Augenblick des Fegens, von dem man sich jeden Tag viel verspricht, unnütz hier vorbeigegangen. Denn in dieser Minute war bisher die Möglichkeit gegeben, mit einem Soldaten ohne Überwachung zu sprechen, Verhandlungen wegen Zigaretten anzubahnen. Seit gestern ist kein Soldat mehr zu sehen, nur der Unteroffizier, der zwar ganz freundlich ist (Tscheche) aber in seiner Kühle unnahbar, außerdem braucht er das Geld nicht so nötig wie der gewöhnliche Soldat. Also muß man sich wieder gedulden und trachten, jeden möglichen Augenblick wahrzunehmen, – am ehesten – vor und nach dem Spaziergang. Unsere Möglichkeiten eines Kontaktes mit Soldaten sind so kläglich eingeschränkt und überwacht!

Schneidende Luft weht aus dem offenen Fenster herein. In der Nacht dachte ich, ich sollte wegen des empfindliches Halses heute nicht spazierengehen – aber da der Spaziergang doch die einzige Möglichkeit ist, etwas zu erfahren, vielleicht Mentoner zu sehen oder Zigarrettengeschäfte zu machen, werde ich doch mitgehen. Jetzt sind wir [zu] achten hier. Und doch sind A[rtus] und V[igliéno] die Hauptsprecher. Wie diese kompakte Masse von Tonalität sich durchsetzt! Erstaunlich, daß der Mangel an Persönlichkeit so ein Gewicht darstellen kann – unseren Benard habe ich früher plötzlich richtig gesehen. Daß ich den einen Augenblick für einen Juden habe halten können! Er schaut doch genau so aus wie ein Zuaven-Korporal[76] unter Napoleon III, – und hat auch diese spaßige französ[ische] Militärmentalität. Seine Lieblingsthemen sind ja auch aus seiner Dienstzeit gewonnen, [die] doch das große Erlebnis seines sonst farblosen Bürgerdaseins gewesen ist. Er redet von Galons[77], Garnisonen, Vorgesetztenänderungen der Beine seit 1910 – wie ein richtiger Kommißkopf, wie man den Typ in der österr[eichischen] Armee genannt hat. Aber guter Laune, Pariserisch lebhaft. Der kann bleiben, wie er ist. Ich muß vorsichtig sein, denn ich ahne hinter all dem ein enormes Teil von wildem Chauvinismus, wie sichs für einen wie er auch gehört. – Habe eben ein paar Worte mit Blanchard gewechselt. Resumiere: bei dem Wechsel der Zelle habe ich zwar sehr viel Möglichkeit des »Zeitvertreibs« gewonnen, verloren habe ich dagegen Wertvolles, die Stunden der inneren Schau, der Besserung, die mir da unten so selbstverständlich zum Taggang mitgegeben waren. Hier muß ich mir sie mit Bemühungen zu erwerben lernen, was sie noch wertvoller machen wird. Nur bedarf das sehr vielen Takts, um nicht als Hochmut, Unkameradschaftlichkeit ausgedeutet werden [zu] können. Ich muß doppelt vorsichtig sein, weil ich neben dem neuen Jungen der Einzige bin, etwas privat zu essen zu haben, was ja so leicht unbeliebt macht, zumal ich nicht gesonnen bin, mein Stück Wurst in acht Teile zu teilen. – Übrigens merke ich jetzt schon, daß ich in der Einschätzung von Blanchard zu hochgegriffen habe, was ja begreiflich ist. So wie der Ausgehungerte den Wert einer Mahlzeit enorm überschätzt, habe ich diesen Burschen, mit dem man überhaupt plaudern kann, eben für etwas gehalten, was er gar nicht sein kann, wenn er nicht sehr begabt ist, und das ist ja so sehr selten.

Axelrod erzählt jetzt von der völligen Verwüstung des Pont du Var in den Weihnachtstagen, der »en miettes [in Trümmern]« ist. Dieses völlige Abreißen des Verkehrs war wohl der Grund, warum Erica zu Weihnachten hat müssen so lange unterwegs sein, als sie mir mein Paket brachte. Fünf Tage hat sie gebraucht, die arme Liebe, um diese Distanz von 280 km hin und zurück zusammen, zurückzulegen.

9h15. Mitten in Erzählungen über die katastrophalen Wirkungen der neuen Bombardements in Deutschland ertönt bien à propos [genau passend] die Sirene des Fliegeralarms. Ich erfahre jetzt erst viele Tatsachen, die ich überhaupt nicht wußte, oder nur andeutungsweise durch die bobards [Gerüchte] in Menton gehört habe. Si possible encore plus gonflé [Wenn möglich, noch entschlossener durchhalten]. Vor-

---

[76] Zuaven] im orientalischen Stil gekleidete Söldnertruppen aus Nordafrika.
[77] Galon] Zierstreifen auf der Außennaht der Uniform- oder Frackhose.

läufig nichts weiter zu hören – Fahles Licht des trüben Tages in der Zelle, kalt … Vielleicht schlägt das Wetter um, denn letzte Nacht war Vollmond. Noch zweimal Vollmond bis zum Frühlingsvollmond und Ostern, womit das Jahr der Gefangenschaft sich schließen würde. Ob bis dorthin die erhofften großen Ereignisse geschehen sein werden? Gott gebe es!

Die Alerte [*Alarm*] ist rechtzeitig abgeblasen worden um uns unseren Spaziergang zu ermöglichen. Während der 25 Minuten ist die Sonne herausgekommen[.] Augenfreude, Himmelsblau, hellfarbige Wolken. Das Stück Garten hinterm Gitter ließ heute ein Zwiebelbett sehen, die weißen (ich glaube) Zwiebel schon recht entwickelt. Ich denke an meinen lieben Garten. Ob Erica wohl daran gedacht hat, die Beete zu wechseln? – Nur unsere Zelle in dem préau [*Gefängnishof*], sonst nur ein junger Mann in heftig elegantem Ledermantel und negerhaft ornamentierten Schuhen. Im Ganzen ein Zuhältertyp, richtiger Nervi[78], an dem nicht das Gefängnis erstaunlich ist, sondern die Abteilung für Politische. Unmöglich, mit dem Wachsoldaten zu reden, zu strenge Überwachung. Der heutige hatte ein gutes österr[eichisches] Bauerngesicht. Hätte gern mit ihm geredet, nicht nur wegen der ersehnten Zigarretten. [W]enn das so weitergeht … Faut espérer [*Man muss hoffen*]. Wie klug mein Instinkt war, der mir riet, mit Benard vorsichtig zu sein. Er erzählt mir so eifrig und wiederholt voll Bewunderung von Léon Daudet[79], der seine höchste geistige Autorität zu sein scheint. Wenn er auch vorsichtig ist, spüre ich schon die action Francaise hinter ihm.[80] Ist mir trotzdem lieber als die leere Biederkeit des blöden A[rtus]. [A]llmählich zeigt sichs, wie er sein Verhalten nach dem »Man kann nicht wissen« orientiert hat. Einerseits ist er hier verdächtigt, für seine patrons [*Auftraggeber*], die immer Engländer waren, Spionage gemacht zu haben. Andrerseits ist mit seiner Zustimmung sein 23jähr[iger] Sohn aus Tunis nach der Evakuierung nach Frankreich zurückgekommen und ist jetzt freiwilliger Arbeiter in Deutschland. Gesichtslosigkeit ist in solcher Zeit noch schlimmer als sonst. – Mittags: das Essen war etwas mehr und schmackhafter als immer, drei halbe Kartoffel mit choux fleur [*Blumenkohl*]-Blätter in einer Essigsauce, was den salatentwöhnten Gaumen angenehm ansprach. –

Früher hat Blanchard mich gefragt, ob ich »Sparkenbroke« von Charles Morgan[81] kenne. Schon in Menton haben mir etliche völlig unliterarische Leute zu meiner Überraschung von diesem Buch gesprochen. Noch überraschter war ich, zu erfahren, daß dieses schöne und so völlig kompromißlose Buch in diesem Jahre in der französ[ischen] Übersetzung ein enormer Erfolg geworden ist, viele Jahre nach seinem Erscheinen im Original. Ja, das Buch ist nur im Schleichhandel zu erhalten und kostet dann 1500 frcs, also soviel wie anderthalb Liter Öl. Das ist das erstemal, daß

---

[78] Nervi] Bedeutung unklar.

[79] Léon Daudet (1967–1942), nationalistischer Schriftsteller und Politiker, Chefredakteur und Herausgeber der reaktionären Zeitschrift »Action Française«.

[80] Action française] Gruppierung mit royalistischen, antisemitischen und nationalistischen Zielsetzungen, 1898 im Umfeld der Dreyfus-Affare entstanden.

[81] Charles Morgan (1894–1958), britischer Schriftsteller, dessen Roman »Sparkenbroke« 1936 erschien (deutsch »Die Flamme«).

ich von einem Buche (außer etwa Pornographie) höre, daß der Schleichhandel sich seiner bemächtigt hat. Ob »die verbotene Frucht« in dem so antienglischen Frankreich um solchen Preis erworben wird? Ich hätte das noch für ein so sehr wirksames Proletarierbuch verstanden wie »Gone with the Wind«, aber ein Ch[arles] Morgan? Ils sont drôles, ces Français [*Sind schon komisch, die Franzosen*], so oft völlig unberechenbar. – Axelrod hat mir ein Bild seiner Frau gezeigt, ein hübsches Berliner Puppenwesen, helläug[ig], katzenhaftes Dreieckgesicht. Und dieses bisher immer in Daunen gebettete Frauchen sitzt jetzt in der Zelle drüben auf der anderen Seite. Sooft die Türklappe offen ist, ruft ihr der Mann auf Deutsch ermutigende Liebesworte zu (denn sie ist Deutsche). Sie macht einen armen privaten Hungerstreik, seit sie hier ist, ißt und trinkt sie überhaupt nicht, starrt nur fassungslos vor sich hin. Daß die Zwei unschuldig sind, bin ich tiefst überzeugt. Komische Zelle hier. Ich wäre lieber unter schweren Fällen, wenn ich die Wahl hätte. Schon wieder meldet sich der Unzufriedene und möchte wieder was anderes! Nun es geschieht ja nichts Schlimmes damit, wenn ich mir dergleichen zugestehe.

Ach wie in den bleichen
Zellennachmittagen
Die Jahrgespenster uns umschleichen
Um uns anzuklagen …

Was ist denn los? Was fällt den Damen vom Roten Kreuz ein? Ganz plötzlich an einem gemeinen Mittwoch nachmittags geht die Klappe auf und es wird etwas verteilt: je ein Säckchen Zucker mit 6–7 Stück pro Kopf und etwa 100 Gramm Pain d'Epices [*Lebkuchen*], zwar sehr hart und trocken, doch hochwillkommen[.] Das fiel freundlich inmitten einer nervenden Cafard [*Katzenjammer*]-Diskussion und gibt tröstlichen Anschein, von der Welt nicht ganz vergessen zu werden. Dann spielte man Bridge und hat den nachmittags herum- und umgebracht, vorher wollte man nicht einmal das. Jetzt nähert sich die Suppenzeit und dann, wenn einmal das Licht angedreht ist, beginnt ja auch schon wieder das Bedauern, daß es bald abgedreht sein wird. Und das ist ein Lebenstag gewesen. Gottlob, ich bin nicht krank, bin nicht mißhandelt worden, habe keine böse Nachricht empfangen … Sogar gegen die Halsschmerzen habe ich etwas gefunden. Ein Nieren-Medikament, das Methylenblau enthält. Statt zu schlucken habe ich die Comprimés [*Tabletten*] gelutscht und den Hals desinfiziert, anscheinend wirksam. Morgen werde ich sehn. Suppe schon.

Jetzt bin ich wieder auf meinem Strohsacke für die Nacht eingerichtet, wenn auch nicht in der Stille wie in N° 97, denn es wird munter kreuz und quer geredet. Aber schon fange ich an, meine erworbene Übung in Taubsein, wenn ich will, auch hier zu praktizieren. Mein ja nicht starkes Redebedürfnis ist durch ein paar Gesprächsfetzen mit Blanchard und Benard stiller. Wirklich angenehm sind mir Minuten kleiner Gespräche einfacher Art mit Nevasquez und Axelrod. N[evasquez] hebt [e]ntschieden das Niveau durch seine große höfliche Freundlichkeit, die, wenn ich nicht einen warmherzigen jungen Menschen dahinter fühlte, etwas Chinesisches an sich hätte[.] Axelrod, der Axelrod? macht natürlich jetzt das Auf und Ab der Gefühle des neuen Gefangenen durch, der sich immer wiederholt »dans les mains de la Gestapo [*in den*

Händen der Gestapo]«, was in seinem Falle noch dadurch erschwert ist, daß seine Frau auch hier ist. Ich glaube, es gelingt mir, ihm aus meiner langen Erfahrung allerlei Trost zu geben. Sonderbar grausig mutet es an, mit welcher Geschicklichkeit die Dummen jeden zu deprimieren suchen, der etwas cafard [*Missstimmung*] hat, A[rtus] und V[igliéno] meine ich. Dabei ist A[rtus] doch von der sprichwörtlichen Gutmütigkeit der Dummen, da aber kann er sichs nicht versagen, den erfahrenen Miesmacher zu spielen. Er findet in mir einen ebenso vorsichtigen wie erfolgreichen Gegenspieler[.] Ich lerne hier spät eine Menge kleiner Tricks der schweren Kunst, Leute zu handhaben, an der es mir in den ersten Monaten in Menton so sehr gefehlt hat. Nun wars schon ein Pech, mit so extra schlechten Kerlen wie Lemarchand, dem bösen Neurotiker, und Reynaud und Pedolski, dem blödsinnigen reichen Sparer, zusammen sein zu müssen und wirklich auch nicht einen einfachen, simplen Menschen um sich zu haben. Gottlob, auch das ist vorbeigegangen und hat mich eher gefordert als geschädigt. Ich bin weit von Misanthropie, bereit, immer meine eigene Schuld zu suchen, aber auch bewahrt vor der verspäteten kindischen Vertrauensseligkeit, mit der ich in die Zellen früher eingegangen war. Ich bin nur froh, daß ich damals nicht wirklich gefährliche Vertrauensfehler begangen habe. – Ich hoffe für diese Nacht, daß das unvermeidliche Wachliegen doch in Zeiten fällt, in denen es still in der Zelle ist, so daß ich ruhig meditieren und mich warm in meinem »Schneckenhause« fühlen kann. Jetzt nähert sich die Auslöschzeit schon sehr. Hier ist sie noch viel variabler als unten. Aber je mehr das Löschen droht, desto schwieriger wird das Sich-Konzentrieren. So leg ich das Heft auf den Koffer neben mir, der jetzt mein Nachtkastl ist. Gute Nacht, Ihr meine Lieben, an die ich wieder so sehnlich Gedanken schicken werde.

Donnerstag, 13. Jan[uar 1944]

Schade, jetzt fängt mein Nachbar Blanchard den Tag um 6h25 mit dem Absingen von Jazz-Fragmenten an »Baby you don't mind«[. D]er Esel V[igliéno] stimmt falsch pfeifend ein. Und da kann man gar nichts machen als kämpfen, um etwas von den guten Gedanken der Nacht festzuhalten und aufzufinden. Es war erst eine recht fiebrige Nacht, voll wirrer Traumfetzen, die mir die Jugend als Medizinstudent herauf brachten aus der Tiefe, die schon voll Tod ist und aus der das Mädchen Ilse Zimmermann[82] heraustaucht so fern wie ein Mädchen aus der Jugend meines toten Vaters … Und Ilse brachte mir ein Gespräch, in dem die Träume von damals überleben: eine alles deutende Philosophie zu schaffen. Ich erzählte ihr, ich habe les limites de l'absolu [*die Grenzen des Absoluten*] abgegrenzt gegen das Relative von links und rechts: darin waren wohl das Bemühen, bald auf der rechten, bald auf der linken Seite liegend Schlaf zu finden. Wie tief und alles leitend solche Halbschlafgedanken anmuten, so daß man sich als Träger einer großen Botschaft empfindet. – Noisy beast you [*Du lärmendes Biest*]! Schmalzig aber laut singt er und falsch und schneidend pfeift der

---

[82] Ilse Zimmermann (1892–1935), eine Freundin Rheinhardts, Kinderärztin des Berufsberatungsamtes Wien.

Esel V[igliéno] aus seiner Ecke. Nichts zu machen. Well, one must not think people are nice before one knows their morning habits [*Naja, man soll Leute nicht für nett halten bevor man ihre Gewohnheiten nach dem Aufstehen kennt*] … Und jetzt gehts weiter »Je suis seul ce soir« das Lied, das ich zum ersten Male von dem jungen gefesselten Bombenwerfer in Villa L[ynnwood] gehört habe, der dem Carabiniere gesagt hat »Niente vinceremo, paghieremo [*Nichts werden wir gewinnen, bezahlen werden wir*] …«. Ob der tapfere Bursch noch lebt. Ich fürchte, nein. Der wird irgendwo in Italien eingescharrt sein. Wie frisch er gesungen hat mit seiner jungen Bubenstimme »Que la France est belle!« bis ein paar Tage [später] der närrische lange arabisch aussehende Carabiniere der immer sang, auch schon gesungen hat »Que la France est belle …!«. Oh die Macht des Gesanges. – Nein leider muß ich jetzt zu schreiben aufhören, Blanchard singt zu laut. Gestern nach dem Auslöschen haben die Leute noch Witze erzählt, zuerst ein paar bonnes blagues [*gute Scherze*], aber dann haben V[igliéno] und A[rtus] schläfrig Zoten hervorgeholt, völlig unfroh eintönig dreckige Worte heruntergeleiert, niemand lachte, aber es ging weiter, bis die Kerle Schlaf hatten. Die setzen sich durch. Stupiditas triumphans [*Dummheit siegt*]! – Der neue Junge ist wenigstens still und artig, liest, stört niemanden.

Ich glaube, es macht die Leute wie A[rtus,] Benard etc vor der Zeit alt, daß sie allmählich das an den Vätern gesehene Gehaben alter Männer angenommen haben in der Wäsche, die sie tragen, ihren recuperierten [*angenommenen*] Waschgewohnheiten etc. Ich habe es in alledem so weitergehalten wie in meinen jungen Jahren und bin entschlossen, es auch weiter so zu halten, solange Gott mir das Leben gibt. –

Welch ein Schauspiel, wie Benard und Nevasquez jeder in einer Ecke sich Läuse absucht. So weltverschieden die Zwei sonst aussehen, sie nehmen die ernsthafte Geflissenheit der Affen an, die sich flöhen und plötzlich ähneln sie einander sehr. Meine Bewohner stören mich vorläufig nur in der Nacht, wenn der Körper anfängt warm zu werden, dann freilich fängt das Kratzen an. Nichts zu machen als sich kratzen. – Das Methylenblau hat sehr geholfen. Der Hals tut schon sehr wenig weh. Das war eine gute Improvisation.

Spaziergang, heute eine gute halbe Stunde. Sonne, zwischen leuchtend weißen Wolken der Himmel so blau, und in der kalten Luft etwas Neues, das nach Versprechen riecht. Wie ich das wiedererkenne. Mein Gott. Das war alle die Jahre der Moment, in dem es mir einfiel, jetzt müssen die Vorbereitungen für die Saat getroffen werden: Treibkästen repariert, zerbrochene Scheiben ersetzt – wie habe ich voriges Jahr noch gearbeitet, gekittet, angestrichen. Und damals wars so leicht[,] von der italienischen Artillerie den Dünger zu kaufen, ich rieche noch den großen Haufen rauchenden Pferdemistes auf dem Eichbeete. Dieser Dünger kam von der Batterie, in der dieser Nevasquez da Leutnant war, der jetzt mit mir Gefangener der Deutschen ist. Seltsames Spiel des Schicksals. Ich denke an den ital[ienischen] Hauptmann auf seinem prächtigen Vollblutpferd, der täglich bei uns vorbei paradierte. N[evasquez] hat mir erzählt, daß die Deutschen ihm das Pferd, das er aufgezogen hatte und für das ihm ein Herr in L. vergebens 100000 frcs geboten hatte, einfach weggenommen haben. Und der Hauptmann hat dann in der Gefangenschaft nächtelang geweint wie ein Kind »O mio bello [*O mein Bester*]...«[.] Wieviel kleines Menschenglück haben die zerstört in diesen Jahren in all den Ländern! Soviel Unglück zu bringen war wohl bisher noch nie einem Volke auferlegt worden; quousque tandem [*wie lange noch*] ... Ich denke an die zerrissenen Bande der getrennten Liebenden, Familien ...

Wohl, damit wir nicht übermütig und üppig werden, ist heute nach der gestrigen Freigebigkeit des Roten Kreuzes (siehe Quantum) die Ration extra mager bemessen, köstliche Linsensuppe, von der man leicht und gern einen ganzen Napf voll aufgefressen hätte, aber es gab davon genau zwei Suppenlöffel voll – und mein Löffel ist von der kleineren Art. Am liebsten fräße ich jetzt ein großes Stück Wurst, aber nur ein winziges darf ich mir erlauben. Leider ist trotz der kleinen Dosen, die ich genossen habe, der gute wärmende Speck schon zu Ende. Also, bis 1/2 3, zur Brotschnitte mit einem Stück Zucker hungrig sein! Und leider ist der Wein, der am Sonntag wieder so erfreulich aufgetaucht war, schon diese ganze Woche verschwunden geblieben. Tant pis [*Schade*]. 12h30 Fliegeralarm. Noch nichts als die Sirene zu hören. -

Zur Abwechslung wartet man jetzt auf das stark verspätete Abendessen, mit einem Hunger wie Wölfe in wüsten Gegenden. Haben den Nachmittag Bridge gespielt. Man muß achtgeben. Axelrod wird jetzt sehr russisch, launenhaft, völlig undiszipliniert. Hört mitten im Bridge auf und geht ohne Wort weg. Zum Glück ist Nevasquez ein begabter Anfänger. Dem Russen muß man zugute halten, daß er nicht mehr zu ra[u]chen hat (ach, bald werde ich auch so weit sein – und werde trachten, mich nicht gehn zu lassen. Es ist hart, ich weiß es ja aus den Wochen in Menton, wo ich nichts hatte und mir keiner auch nur eine Zigarrette gegeben hat.) Hunger!!. Wenn nur schon das Wruckenwasser käme und es wenigstens warm wäre! Heute war den ganzen Nachmittag heftigst remue-ménage [*Durcheinander*] im ganzen Hause, es war, als ob die Deutschen mit einem großen Kochlöffel das ganze Gefängnis ständig umrührten. Niemand weiß, was vor sich ging. Das Abendessen (eiskalte Suppe mit halbgaren Wrucken und gute, kalte doch zu wenig Linsen) ist so spät gekommen, daß es jetzt schon gleich sieben Uhr ist[.] Also mußte ich gleich die Decken zurechtlegen und damit das Bettmachen beenden. Jetzt schlafe ich entschlossen in Hose und Pullover. Denn auf dem rauhen Strohsacke würde der Pyjama in einer Nacht ein Fetzen werden. Und die Haut des Schenkels in Berührung zu bringen mit den dreckigen Decken und dem Strohsacke bin ich doch nie genug abgehärtet. Jetzt habe ich sehr mit mir kämpfen müssen. Der Russe hat eine Zigarrette von mir verlangt. Ich kanns nicht tun. Wieviele habe ich schon »hergeliehen« seit ich hier bin und auch nicht eine von irgendwem bekommen! Ich habe mich zusammengenommen, an die vielen Refus [*Absagen*] zu denken, die ich von Leuten erfahren hatte, die viele Zigarretten hatten und das in Menton, wo man doch noch kriegen konnte – und ich habe mit allen freundlichen Gründen nein gesagt – jetzt wird es mit der Freundlichkeit vorbei sein[.] Schade. Aber ich muß die paar Zigarretten dauern machen, solange es geht denn jetzt hoffe ich schon nicht mehr, welche hier zu kriegen. Man sieht einfach keine Soldaten, von denen man welche kaufen könnte. Nur noch einen Unteroffizier. Bald, sehr bald werde ich so weit sein wie der Russe. Weiß Gott, bis jetzt bin ich immer der Geber gewesen und die anderen alle die Nehmer. Ich habe mein Ausmaß von Selbstsucht wie die meisten Leute, aber es wird aufgewogen durch unwiderstehlichen

Zwang zur Freigebigkeit, was schrecklich leider nicht allgemein so ist. Jetzt kaum auf dem Strohsacke eingerichtet[,] muß ich mich schon auf das baldige Auslöschen gefaßt machen. Wenn ich nur auf die Uhr schaue, was schwer zu vermeiden ist, gehen schon die wartenden Gedanken in ihren Winkel, aus dem sie erst wieder in der Nacht herauskommen werden. Und dann kann ich ja nicht mehr schreiben. Ich denke, eine spaßhafte Bemerkung zu Blanchard, auf englisch gemacht – da kann man so leicht so was sagen – wird verhindern, daß er morgens wieder das Singen und Pfeifen zu entfesseln [beginnt] wie heute. Denn der erste Morgen und der Abend waren die Zeiten, in denen ich am meisten zu schreiben das Bedürfnis hatte. Untertags ist die Zeit durch die Wartespannen zu zerstückelt, dann nütze ich das bißchen dünne Tageslicht zum Lesen, dann spielt man etwas. Und so läßt man sich im allgemeinen zum Zeitvertreiben verleiten. Wieder ein Donnerstag ohne schlimme Erlebnisse vergangen – denn Mittwoch (der Tag der Verhaftung) und Donnerstag haben mich nach zahlreichen schlimmen Erfahrungen abergläubisch gemacht. Wie schnell werde ich den Aberglauben los sein, wenn ich wieder unter einfachen Lebensgesetzen bin und nicht in den Fängen der Willkür, wie jetzt so lange schon. – Wieder Laufen und Trampeln und Schreien draußen. Hoffentlich hat das zur Folge, daß sie später auslöschen kommen.

Mir fällt jetzt auf, daß außer den zwei Neuen, dem Jungen und dem Russen, hier niemand mehr von Befreiung oder von hier Wegkommen redet. Ich tu es schon sehr lange nicht mehr. Das Einzige, was ich tue, ist, daß ich auf alle Cafard [*Missstimmungs*]-Äußerungen mit dem Tone der tiefsten Überzeugung erwidere: in drei Monaten ist für <u>uns</u> der Krieg schon aus. Ich wollte, ich könnte selber so daran glauben, wie Einige es mir glauben! Wenns einmal wirklich anfängt, wird das Ganze ja sicher nicht mehr lange dauern. Allein die Alliierten haben immer noch so viel Zeit! Und bis zum wirklichen Anfang kanns noch eine gute Zeit dauern! Jetzt sind wir schon im fünften Monate seit dem Waffenstillstand in Italien – und derweil ist doch schrecklich wenig geschehen. Die Regierungen haben soviel Zeit, aber der armselige Mensch nicht, und gar die nicht, die aus dem Blechnapfe fressen müssen. Jetzt gehts gegens Auslöschen, ich hör es schon …

Donnerstag, 14. Jan[uar 1944]
Heute ist die ganze übliche Ordnung umgeschmissen, weil unsere Glühlampe durchgebrannt ist und zum Wecken nicht mehr brannte. Statt eine andere Glühlampe aus einer der vielen leeren Zellen zu bringen, wird vielfach Meldung erstattet. Kurzum auch bei denen feiert die bureaucratie militaire [*Militärbürokratie*] ihre täglichen Orgien. Die Zelle konnte nicht ausgefegt werden und der Unteroffizier sagte: <u>Ihr</u> bleibt liegen, bis es Tag ist. So ist man jetzt um 1/2 9 erst aufgestanden, noch ungewaschen. Jetzt eben gab es eine angenehme Neuerung. Plötzlich hat man uns ein Quart einer undefinierbaren bräunlichen Flüssigkeit serviert, die warm ist und nach altgewordener Maté mit Suppe gemischt schmeckt – aber wirklich heiß ist. Das hat wohlgetan. Seit sieben Monaten zum erstenmal etwas Warmes am Morgen! – Ich bin also noch zwei Stunden im Dunkeln auf dem Strohsack geblieben. Heute ist Gertys Geburtstag – ich habe viel an sie denken müssen, an das Mädchen vor 25 Jahren, das wohl eines der

phantastischst begabten jungen Wesen war, das es damals in Wien gegeben hat. Hofmannsthal[83] hat sie Bettina genannt und immer wieder Vergleiche mit Bettina Arnim angestellt. Die sprühende Vielseitigkeit ihres Talents forderte ebenso zum Vergleiche heraus wie die Ähnlichkeit der Fehler. Nur hatte Bettina eine größere Stetigkeit der Vitalität – und eine Strenge im Niveauhalten, an der es Gerty völlig fehlte, die zu oft Wasser in den Lebenswein getan hat und zu früh klein beigegeben hat, um schließlich doch ein eheliches Notdach über dem Kopfe zu haben. Nun hat sie die Familie, die sie gebraucht zu haben scheint – und zu ihrem Glücke den Buben. Möge er ihre reichen Gaben geerbt haben, von dem kleinbürgerlichen Vater aber Festigkeit und Wahrhaftigkeit! Ich habe denken müssen, wie richtig meine Betrachtung über das Schicksal der Generationen war, die ich in dem Nachworte zur Education sentimentale[84] geschrieben habe. Daß die Generationen als solche doch ratées [gescheitert] zu sein verurteilt sind und nur einzelne, gesegnete Repräsentanten zu einer Erfüllung gelangen. Wenn ich an meinen Jugendkreis denke, ist nur der geniale Werfel[85] hoch hinaufgelangt. Von Einzelschicksalen kann ich fast nur Bernhard als nicht raté [gescheitert] betrachten, der trotz der großen Neurotikerin Gusti und der Widrigkeit der Umstände jetzt eine gutes Weltzuhause in seiner Familie mit guter nutzvoller Arbeit [hat]. Nur waren ja auch seine Ambitionen stets so sehr im vernünftigen Einklang mit den Möglichkeiten seiner Natur. Welch ein Unterschied gegenüber Gerty, die auf ähnlichem kleinbürgerlichen Lebensniveau angelangt absolut als gescheitert wirkt. In Gerty war hinter dem Individuellen zu sehr die Unrast der Begabten ihrer Rasse wirksam, etwas vom Ewigen Juden-tum[sic]. Gebe Gott ihr ein stilles Zuhausesein in ihrem engen Kreise, Freude am Heranwachsen des Buben – ach Gott, wie symbolisch scheint es mir für mein eigenes mißverstandenes Leben, daß ich mich zweimal selbst um das Kind beraubt habe, das erst meinem Dasein Stetigkeit und tiefere Zugehörigkeit zum Naturgeschehn gegeben hätte. Das eine Kind könnte jetzt 17 Jahre alt sein, das andere 12. ... Sie hätten einen alten Vater, der es zu nichts gebracht hat als zum politischen Gefangenen. – Da bin ich bei der alten Frage nach der Willensfreiheit, auf die ich nur die orakelhafte Antwort gefunden habe: daß vor dem Handeln der Wille frei ist – und erst nachher die Unfreiheit von damals sich erweist. – Jetzt ist aus meinem coupierten [im Keim unterdrückten] Halsweh doch eine ausgewachsene Erkältung geworden, das Hirn ist wie ein nasser Schwamm, die Gelenke wie aus Wolle. Und dagegen habe ich nicht einmal ein Aspirin. Aber Läuse, die die Fiebernacht recht munter beleben. Und als ich endlich zu schlafen angefangen hatte, gab es um ein Uhr Fliegeralarm, aber weder Flak noch Bomben waren zu hören. –

---

[83] Hugo von Hoffmannsthal (1874–1929), österreichischer Schriftsteller, Mittelpunkt der literarischen Wiener Moderne, zeitweise Förderer Rheinhardts.
[84] Education sentimentale] 1932 gab Rheinhardt in der Romanklassiker-Reihe »Epikon« seine Neuübersetzung von Gustave Flauberts Roman unter dem Titel »Die Erziehung des Herzens« mit einem neuen Nachwort heraus.
[85] Franz Werfel (1890–1945), österreichischer Schriftsteller, emigrierte von Südfrankreich in die USA.

Zurück vom Spaziergang, 20 Minuten unter eintönig grauem Himmel. Jetzt ist Mondwechsel und damit werden die Sonnentage wohl für die übliche Zeit zu Ende sein, denn es weht aus Osten, und das dauert ja um die Jahreszeit. Es ist um mindestens 5–6 Grade wärmer. Das wird wohl Regen bringen. Es ist heute wie einer der noch kalten Märztage. Heute waren wir im letzten préau [*Gefängnishof*] rechts, eine Anzahl jüngerer Männer, gens de bien [*ehrliche Leute*], die man noch nicht kennt. Es war unmöglich, ein Wort zu wechseln. Der Wachsoldat gröhlte »Wenn Einer spricht, wird der Spaziergang völlig eingestellt ... Die Mauern des préau tragen Inschriften, mit Steinen eingekratzt in das vermooste Grau, noch aus der Zeit, da »gemeine Verbrecher« hier im Kreise gingen. Ich las »carpe diem quam miserum [*Genieße den Tag, wenn er auch elend ist*]!« cogito ergo sum [*ich denke, also bin ich*]. Sic transit gloria mundi [*So vergeht der Ruhm der Welt*]. Und mehrmals in großen Lettern den Namen Panate mit wechselnden Epitheten, wie Panate le tueur [*der Mörder*], P. la panthère [*der Panther*], P. la terreur [*der Schrecken*]. Das war wohl einer der Helden der pègre [*Unterwelt*] von Nice. Die Kerle würden wohl sehr geringschätzig auf ihre Nachfolger hier herabschauen, auf poor me [*mich Ärmsten*].

Mittag! Wieder halbverhungert vor Warten. Gute weiße pâtes [*Nudeln*], aber so schrecklich wenig, etwa ein Achtel der Mentoner Portion. Effekt, meine Wurst und das Brot mußten herhalten ... Bald werde ich wohl dort sein, wo die anderen halten, die keine Vorräte haben. Ich beherrsche mich, soviel ich kann. Aber ich mag doch nicht nur ans Fressen denken. Das einzige Mittel dagegen ist aber zu essen. – Der Russe wird einen schlechten Gefangenen machen. Verwöhnter Individualist, dem es trotz der Revolution in der Jugend immer zu gut gegangen ist. Seine Brillanten und Erzählungen legen Zeugnis dafür ab. Er löckt zu heftig gegen den Stachel hier, ist zänkisch, sucht Händel. Mit mir wird ers schwer haben. Ich weiche aus. Zum Glück ist Nevasquez da fürs Bridge. Und wenn kein Bridge, dann gibts den Strohsack und ein Buch. Mit dem Lamartine bin ich doch schon weit. Klug ist der Vergleich mit Voltaire, die beide es verstanden haben, lebenslang Vorteil aus wirklichen oder vorgetäuschten Situationen zu ziehen. Das ist ja so sehr naheliegend für den natürlich zum Ichkultus neigenden Dichter.

Abendessen vorbei Herrgott, die neue Lampe ist noch schlechter als die andere war. Das ist eben doch eine Gefängniserfahrung: Man gewinnt bei keinem Tausche. Z.B. jetzt ist eine versprechensvolle Neuerung eben eingeführt worden. Statt daß das Essen auf zweimal serviert wird wie bisher, werden die Suppengamelle und zugleich mit einem kleinen Einsatze darauf gebracht. Man dachte, jetzt wird beides warm ankommen und man brauche [nicht] mehr die Suppe so schnell hinuntergießen, damit die Gamelle für den zweiten »Gang« freiwerde. Statt dessen ist jetzt beides völlig kalt und noch weniger als vorher. Hunger!

Nachmittags beim Coiffeur gewesen. Wollte Zigarretten kaufen, der Mann sagte, er habe keine, aber wenn er welche hätte, so würden sie 250 frcs kosten. Plötzlich werden Benard und Blanchard gerufen und man hat sie gezwungen, sich rasieren zu lassen. Benards Second Empire-Charakter ist völlig fort und der nette Schifferbart von Blanchard hat ihm ein Aussehen gegeben, das jetzt sehr fehlt.

Meine armen Augen! Jetzt kann ich nur mit der Hand ohne zu schauen schreiben. Ob ich selber das je lesen können werde, was ich da schreibe, ist mir sehr fraglich. Das Vieh Artus streitet daneben die ganze Zeit, daß die neue Lampe viel stärker ist. Er schaut aber gar nicht hin. Schade, jetzt wird das Schreiben bei Licht schon zu einer Marter für mich. Ich gebs einen Augenblick auf.

Eben erzählt Benard, wie nach dem Armistice [*Waffenstillstand*] überall im Norden Affichen [*Plakate*] die heimkehrenden Soldaten aufforderten, sich bei ihren »Mairien« [*Bürgermeisterämtern*] zu melden, um sich demobilisieren zu lassen, und wie die, die gehorcht haben, von den Maires [*Bürgermeistern*] dann den Deutschen ausgeliefert wurden, die sie in plombierten Wagen, ohne Essen, dann als Gefangene zur Arbeit nach Deutschland schafften.

Der Coiffeur hat erzählt, [da]ß in der Umgebung von Rom eine Schlacht im Gange sei. Wenn nur Rom nicht leidet! – Und daß die Russen dicht an der rumänischen Grenze seien. Wenns nur wahr wäre! It is still a long way to go [*Ein langer Weg liegt noch vor uns*]!

Ich habe die Wahl zu beschließen, ob mein starkes Kopfweh von dem rapid ansteigenden Schnupfenfieber kommt oder dem heftig nagenden Hunger. Ich glaube, ich muß vor dem Schlafengehen doch ein Stück Brot essen, sonst wird die Nacht noch gestörter sein. – Heute nachmittags war zweimal Fliegeralarm. Das gehört schon sosehr zum Alltag, daß nur noch A[rtus] ausruft: »Alerte [*Alarm*]...« Es ist gleich sieben Uhr. Ich muß mich für die Nacht vorbereiten, die in Symbiose mit Läusen und Schnupfenbazillen nicht sehr gemütlich sein dürfte. Wir haben schon jedem Unteroffizier gesagt, daß es bei uns Läuse gibt, die Antwort war: »So ...« und weggehen.

Ich muß die Ohrenklappen fest zumachen. Was die Wortführer A[rtus] und V[igliéno] da von sich geben, macht mir augenblicklich etwas Brechreiz. Ich habe den schon sehr platt gelegenen Strohsack zurechtgeschüttelt. Wirkung null. Das Stroh ist schon zerfallen und ist schon nur eine dünne Mohairschicht zwischen dem Zement und meinem Körper. Der alte Gefangene E[mil] A[lphons] R[heinhardt] wird morgen traurig sein, denn jetzt hat er eine dickere Brotschnitte gefressen, als er sich zugestehen kann. Aber er konnte den Hunger nicht mehr aushalten. Tant pis [*Kann man nichts machen*]. – Also bin ich wieder auf dem Strohsacke für die lange Nacht eingerichtet, mit dem Empfinden, daß es soeben erst gestern gewesen war, seit ich mich wieder hingelegt und das Heft auf die Knie zum Schreiben gelegt habe. Die Tage vergehn doch schnell, nur die Nächte nicht. Wenn mir gute tröstliche Gedanken kommen und dann eine Spanne Schlaf, ist auch die Nacht bald herum. Nur dieses sich hin und herwerfen von einer schmerzenden Seite auf die andere ist recht schlimm, wenn es unaufhörlich bewußt geschieht und der Hauptinhalt von Stunden ist.

Ich will mir als warnendes Beispiel einprägen, wie gehässig und knurrend der Russe das Nichtrauchenkönnen jetzt trägt und böse Laune um sich verbreitet, so daß man ihn schon nicht mehr anredet. Alter Rheinhardt, wirst Dich zusammennehmen müssen!!!

Jetzt kommt die Auslöschzeit nahe heran.

Samstag, 15. Jan[uar 1944]

Auftauchend aus der Nacht wie aus einem Moraste von Rotz und Schleim begrüße ich die kalte, dunkle Welt mit Husten, Niesen, Spucken und Schneuzen, tastend nach dem letzten trockenen Taschentuch. Und dabei hat man verschwollene Gedanken wie etwa, so jetzt sind die ersten zwei Wochen der zweiundfünfzig von 1944 um – wenns nur nicht so weitergeht mit Ereignislosigkeit. Ereignislosigkeit ringsum, gegen die man aufbegehrt, bis das traurig erfahrene Herz darein redet. Wenigstens haben die zwei Wochen nichts Böses für uns gebracht, nichts, das unsere Situation noch aussichtsloser gemacht hat. So dank ich Gott, daß ich es gelernt habe, mich in die neue kalte Zelle leidlich zu schicken. Möge ich nur nicht richtig krank werden hier ohne Medikamente, ohne Arzt … Das alles ist grade nur erträglich, wenn man die vollen Widerstandskräfte dagegen stemmen kann.
– Im Traum war ich jung mit Emmy Heim, in einer hellen Welt voll Liedern von Hugo Wolf, Stücke witziger, lachender Gespräche schwirrten und vor dem Fenster blühten weiß und rosa die Kastanienbäume wie im Rathauspark in Wien auf dem Wege zur Universität. Und das Trostfegefeuer des alten Gefangenen war nicht mehr da. Und meine Peiniger A[rtus] und V[igliéno] die Sendboten der gemeinen lichtlosen Dummheit gab es nicht wie jetzt, da sie die Zelle mit braunem Spülicht lauter sinnloser Worte überschwemmen. Aber schnell werde ich die Ohrendeckel wieder befestigt haben.

Heute Nacht ging es wild zu im Hause mit Rennen, Schreien, Türenschlagen, schwerem Trampeln auf den hallenden Galleriegängen. Niemand weiß warum. Jetzt erschallen von draußen Frauenstimmen, unterbrochen von »Raus da endlich, vite vite [*schnell, schnell*]«. Unsere zwei braven Mädchen aus Menton sind wohl noch immer da, für die wir vor fünf Wochen die unverzügliche Befreiung erhofft hatten … Pauvres filles [*Arme Mädchen*], ob die wohl auch verlaust sind? Ich gehe unter die Decke, mich fröstelt.

Allmählich, langsam langsam hat sich der Tag durch die dicken grauen Schwaden durchgekämpft. Als die Zellenwand gegenüber nun weiß wurde, habe ich mich aufgerappelt, nach der überraschenden Helle am Himmel zu schauen – und mich fröstelnd angezogen und große Toilette gemacht. Nach viel Reiben und Seife und Wasser haben mich erwärmt und die Spuren der Nacht beseitigt. Jetzt werde ich doch zum Spaziergang gehen – vorher dachte ich, ich würde nicht. Nur nicht sich gehen lassen. Ich sehe zuviel warnende Beispiele rundum. Jetzt fange ich an, in meinem kleinen Arsenal von Optimismus nach etwas Rüstzeug zu kramen, mit dem ich auch den Tag durchkommen kann. Wirst auch den schaffen, alter Rh[einhardt]. Und schließlich auch etwas gute Laune aufbringen für dich selber und die Nachbarn. Eine kleine spaßige Bemerkung hilft einem selber und den Gespaßigen unter den Gefährten der unfrohen Tage. Donc, soyons prêts [*Sind wir also bereit*]!

Jetzt in das Warten auf den Spaziergang kommt heute verfrüht der Fliegeralarm. Wildes Laufen im Hause, die Deutschen rennen um die Gewehre (gegen uns) und die Gasmasken zu holen. Es sind alles franzöz[ische] Gasmasken. – Wieder nichts weiter zu hören als das lange Heulen der Sirene. Ob sie wohl nur vorbeifliegen oder auch an der Küste bombardieren? Die Nachrichten werden immer spärlicher. –

Alerte [*Alarm*] ist rechtzeitig abgeblasen worden, um uns den Spaziergang zu ermöglichen. Nur zwanzig Minuten[,] zum Glück war meine Wetterprognose zu pessimistisch. Es gab etwas Sonne, Ostwind, wieder diese Frühlingsahnung in der Luft, die mir das Herz zuschnürt vor Sehnsucht – ich weiß nicht gleich wonach, wohl all dem, was die Welt ist, die ein freier Mensch hat. – Dann Diamino. Habe Nevasquez eine Englischstunde gegeben. Er hat die ersten Kinderjahre in London zugebracht. Es ist erstaunlich, wie plötzlich aus der Urkenntnis Worte in vollkommenster Aussprache auftauchen. Der Bursch ist so angenehm manierlich, daß jeder Kontakt mit ihm wohltuend ist. Die gute gesittete Mittelmäßigkeit mit gerade dem kleinen Ausmaß von Snobismus, das eine große geistige Strebsamkeit für die wenig Begabten ersetzt. Von jenem Snobismus, den man achten soll, weil er den Autoren und Künstlern das Großteil ihres Publikums zuführt, und wie gesagt einen Hang zum Besseren schafft, der sonst den mittleren Naturen versagt ist.

Das Mittagessen war wirklich erbärmlich, noch weniger als je vorher, sogar die Suppe nur noch drei Löffel graues Wasser ohne Spur Gemüse darin, dann zwei halbe kleine Kartoffeln in zwei Löffeln Absudwasser. Jetzt schon so Hunger, trotz der Schnupfendumpfheit. Und doch rühre ich das Brot vor der kleinen Jause [nicht] an. Heute vormittags hat sich der Verstoß von gestern zu sehr gerächt. Noch immer kein Wein. Vielleicht morgen zum Sonntag?

Da ich mich jetzt abends im Scheine der gelben-trüben Lichtfunzel wieder auf meinem Strohsacke einrichte, merke ich wie leer, wie wirklich zerstreut ich nach einem solchen Nachmittage des Zeitvertreibs zu mir zurückkehre. Gleich nach dem Essen versuche ich mal wieder zu lesen, aber sieben redende Leute um sich zu haben, davon fünf Franzosen, das ist zuviel selbst für meine erprobten Ohrendeckel, besonders da ich einfach nicht umhin kann, wenn ich angeredet werde und eine Meinung abgeben soll, dann muß ich einfach irgend was sagen – und schon Fahrwohl den keimenden Gedanken …

Man hat Bridge gespielt, ich beteiligte mich kläglich und mit viel Vorsicht nur, wenn es sich schon so ergab, den Russen zum Gegner zu haben. Denn das Nörgeln und Zanken, wenn er mein Partner ist, ist eine zu große Nervenbelastung. Und dabei ist er ein höchst mittelmäßiger Spieler, der doch von mir eben die Regeln des Culbertson erlernt hat und keifend darüber mit mir diskutieren will. Ich aber nix. … Daß das Abendessen kalt, elend und weniger als wenig war, sollte ich gar nicht mehr erwähnen. Ach, wie gerne würde ich mir ein ordentliches Trumm von der köstlichen Räucherwurst abschneiden, statt vorsichtig grade nur einen Millimeter dick mir erlauben zu dürfen. Beim Essen hatte ich die Vision eines großen Wiener Selcherladens voll der unzähligen Köstlichkeiten in Massen – und das heftige Bedauern kam mir, daß ich alle die Jahre in Wien nicht einmal in einen solchen Laden gegangen bin und einen Kilo gemischten Aufschnitt gekauft und in eine Weinstube mitgenommen habe. Das ist wie in der Kindheit die Visionen von Konditoreien und soviel Geld haben, daß man ganze Creme-Torten fressen könne. Ich bin nicht einmal beschämt über diese Rückfälle in die Frühkindheit, die ja so ein heftiges Großteil der Menschenkindheit ausmacht.

A[rtus] erläßt die ganze Zeit von seinem Bette aus Proklamationen, was er jetzt essen möchte »Moi, je voudrais un rôti de boeuf, bien saignant, comme on le fait chez nous, mon vieux [*Also ich möchte einen Rinderbraten, schön blutig, so wie man ihn bei uns macht, alter Kumpel*]« wobei »chez nous« nicht seine heimatliche Vendée ist, sondern die Bretagne, wo seine Frau herstammt. Und jede dieser Aufzählungen beginnt mit merde [*Scheiße*] oder putain [*Verdammt*] und endet mit mon vieux [*alter Kumpel*]. Niemand hört seiner Lautheit zu, nur V[igliéno] versucht noch lauter zu deklamieren »Moi au lieu … [*Also ich stattdessen …*]«, bis A[rtus] ausführlich und deutlich zu scheißen anfängt und auf der Tinette sitzen[d] doch noch lauter sagt: »Putain, je te dis, tu ne connais pas [*Verdammt, ich sag dir doch, kennst du nicht*] …« Und er nimmt sich nicht einmal die Zeit zum Arschwischen und geht schnell aufs Bett weiter reden. »Putain, je te dis …« Das alles macht nicht eben meditativ und ich schaue doch auf die Uhr. Wieder sieben Uhr vorbei. Ein Zug pfeift durch die kalte Nacht, ich habe das Fenster aufgemacht, denn trotz meines Schnupfens … ach, wenn ich doch ein Aspirin hätte. Also bereite ich mich auf die lange Nacht vor, daran denkend, daß die vorige, die sich noch schlimmer angekündigt hatte, schließlich doch vorbei gegangen ist. Ich denke jetzt an die liebe herzensgute Erica, die wohl abends auch an mich denkt, aber für sie ist ja um sieben Uhr nicht auf die gleiche Weise Abend wie hier[.] Gott segne sie. Sie hat es schwer mit mir gehabt und hats noch. Also mache ich halt, bevor der Auslöscher mich dazu zwingt.

Sonntag, 16. Jan[uar 1944]
Daß heute Sonntag ist, wurde ich schon um vier Uhr morgens belehrt, als zwei mit lauter Stimme zu reden anfingen »Ah, dimanche, au moins aujourd'hui on touche quelque chose [*Es ist Sonntag, zumindest heute kriegen wir was*] …« Und das weiter mit Aufzählen, was man heute wohl extra kriegen könne, und ich hätte so gern weiter im Schlafe Schnupfen und Fieber vergessen. – Jetzt war ein freundlicher Soldat, Österrei[cher], Wache während des Kehrens. Habe versucht, wegen Zigarretten mit ihm zu verhandeln, vergeblich. Sie fassen selber nur 3 Zigaretten pro Tag – und zu kaufen wagt er nicht für mich. Die alle zittern, als ob man sie zum Hochverrat bewegen wollte. Und dabei haben die Deutschen gar kein Recht (Recht?), uns das Rauchen zu verbieten, denn wir, die wir in Untersuchung sind nicht Verurteilte, müßten doch wie Kriegsgefangene behandelt werden. Ach, internationale Rechtsgepflogenheiten! Chaque sous off[icier] peut s'en foutre [*Jeder Unteroffizier kann sich einen Teufel darum scheren*].
Im langen Wachliegen dieser Nacht haben sich Gedanken gemeldet, die des Aufschreibens wert schienen. Aber jetzt ist der Kopf dick verschwollen und nicht imstande, gegen die Flut der mich umbrandenden Konversation anzukämpfen. Ich habe Sehnsucht nach meinem Winkel in Zelle 97, trotz der zwei Esel – die habe ich ja hier auch, nur ohne die Zelle da unten und die Sonne. Heute ists eine Woche, daß ich hier bin in 152 – ob man vorab hier bleibt zu achten? Es scheint, daß jetzt fast die ganze andere Seite des Hauses leer ist, die Südseite. Alles das geht nach geheimnisvollen unerratbaren Gesetzen vor sich. – Gestern abends gab es ein politisches Gespräch,

vorwiegend von Benard geführt, der bei dieser Gelegenheit sich als alter P.S.F. (La Roque!) herausstellte. Ich hatte ihn schon sehr weit nach rechts placiert, aber Feuerkreuzler ...[86] Wunderlich, seit Monaten bin ich jetzt von Leuten umgeben, die wegen Widerstandsverdacht etc. gefangen sind, und sie alle – die Mentoner ebenso – sind stark rechts gewesen, Antikommunisten, Antisemiten. Das hätte man sich von draußen nicht vorgestellt. Außer ein paar Italienern und ital[ienischen] Abkömmlingen habe ich keine Leute von links gekannt. Die überhaupt Überzeugungen hatten, waren Chauvinisten von der Art Lemarchands. Wunderlich, wo die Anderen geblieben sein mögen. Schon lange vor uns verhaftet und verurteilt? Die Leute wie Rossi wie Nerlas[87], Gott weiß wo die sind.

Wieder Alerte [*Alarm*]. Vergebens starre ich in den opalen leuchtenden Morgenhimmel, nichts zu sehen. Jetzt sind es wohl nur avions de passage venant de l'Italie qui survolent la côte, sans y bombarder [*aus Italien durchziehende Flugzeuge, die die Küste überfliegen ohne zu bombardieren*]. – Heute ist uns eine halbe Tasse von einer Art Ersatz[-]Kaffee gegeben worden, köstlich warm. Wie ich das genossen habe, als seis der beste Mokka. Wie gut bescheiden man geworden ist. Seit wir vorigen Sonntag das Stück Pâte de fruits [*Fruchtpastete*] bekommen haben, wartet jeder auch heute darauf, als hätte man ein Anrecht darauf. Freilich, nach unserem Gefühle der um so vieles Betrogenen hat man ein Anrecht auf viel viel mehr, ja auf alles. In diesen Gefühlen ist eine große Gefahr, ich weiß das, daß man sich hüten muß, Entschädigungen vom Leben zu fordern. Nevasquez sieht mir zu, wie ich die schon zweimal angezündet gewesene halbe Zigarette wieder ablösche und ausweide und in die Tabatière [*Tabakdose*] tue: »quando potremo permetterci di fumare una sigaretta intera, soltanto allora la guerra sarà finita [*wenn ich mir erlauben kann, eine ganze Zigarette zu rauchen, erst dann wird der Krieg zu Ende sein*] ...« Dabei hat er ja bis zum Armistice [*Waffenstillstand*] doch noch alles gehabt, sigarretta à volontà [*Zigaretten soviel er wollte*] – während wir schon vor zwei Jahren die mégots [*Kippen*] sorglich gehütet haben. Nun ja, für ihn ists genau so schlimm, vielleicht noch schlimmer. Aber er hat eine lächelnde Grazie, Schmutz und Hunger beiseite zu schieben. Es ist wohltuend, zu sehen, wie liebevoll genau er seine Waschung durchführt wie eine sacrale Handlung, mit seinem winzigen Stückchen Seife. Ich werde ihm ein Stück geben. – Die Alerte [*Alarm*] kam früher als üblich. Der Spaziergang angenehm, 25 Minuten. Ging mit einem Pariser, der meinen Namen wußte, Industrieller aus dem Norden, er sagt »je suis un Rodier en plus petit [*ich bin ein kleiner Rodier*]), type cultivé, très Monsieur [*kultivierter Typ, sehr förmlich*]. Er ist seit 4 Monaten hier. War 3 Monate au secret [*im Verließ*], völlig allein.

Die Sonntagsüberraschung war ein kleiner Apfel und 5 trockene Pflaumen, von dem Unteroffizier zugeschmissen wie für Schweine. Das Mittagessen erbärmlich, mein

---

[86] P.S.F., Feuerkreuzler] Dem 1937 verbotenen faschistischen Parti social français PSF hatten sich Mitglieder des Croix-de-Feu angeschlossen, einer Frontkämpferorganisation, die unter François de la Rocque zur faschistischen Kampftruppe geworden war.

[87] Rossi, Nerlas] vermutlich Gefährten Rheinhardts aus dem Widerstand; gemeint ist möglicherweise Loulou Rossi, vgl. Gritti S. 332.

Fleisch lächerlich, kaum 10 Gramm! Die gute Wurst mußte herhalten. Hélas [*Leider*], sie verkürzt sich rapid. Hunger. Kein Wein, leider. Es wird behauptet, daß der pinard [*Wein*] nicht mehr gegeben wird. Schade um den Kalorienzuschuß. Er hat so gut gewärmt nach den paar Löffeln kalten Fraßes. Der Apfel kam vom Roten Kreuze. Ich wünschte, sie könnten mehr für uns tun als diese freundlichen Gesten guten Willens zu machen. Eben jetzt 1 Uhr, wieder Fliegeralarm. Der Herr auf dem Spaziergang erzählte, daß die Russen weit in Bessarabien und Lithauen sind. Et en Italie ça tape dur [*Und in Italien gehts heiß her*]. Allgem[einer] Optimismus. Habe ein paar Worte an meinem abgestandenen Brief für Erica daran geschrieben. Es wird mir fast unmöglich, ihr etwas Wirkliches zu sagen. Nur gerade ein paar trügerische Worte und Bitten, die sie doch nicht wird erfüllen können. Z.B. Aspirin. Die Hoffnung auf Tabak fange ich aufzugeben an.

Der leere Tag geht zu Ende, banal, terre-à terre [*nüchtern*], so fern von Gedanken, so gnadenlos gottfern. Nein, dieser Zwangsumgang mit der Untermittelmäßigkeit bekommt mir nicht, verdirbt mir den Aspect auf mich selber. Er erweckt einen Hoffnungshochmut, von dem ich mich so geheilt glaubte. So kehre ich reuig immer wieder aus der Umwelt zu mir zurück, wie ich mich eben finden kann oder zu diesem Heft, das mir eine Art Tränenkrüglein geworden ist. Herrgott, laß mich wieder in eine Südzelle zurück, mit zwei wohlerzognen normalen Leuten, die sich auch mit sich selber beschäftigen und einem nicht übelnehmen, wenn man es auch tun will[.] Wie gern würde ich auf das Bridge verzichten, das in Menton so angenehm Zeitfüllsel war. Mit dem Russen ist es wirklich unmöglich. Ich habe einen kleinen Zerstreutheitsfehler gemacht, worauf er aufspringt und schreit, »J'en ai mare de voir toujours devant moi cette vieille figure de ce type-là [*Ich habs satt, dauernd das alte Gesicht dieses Typen da vor mir zu sehen*].« Leider sprang ich auch auf, ließ mich von Benard zurückhalten. Schrecklich peinlich, daß ich nicht kühl geschwiegen habe – aber plötzlich hat dieses Asiatengesicht so wenig Gutmütigkeit gehabt wie ein Schweinskopf. Vorbei, nur Beschämung bleibt, etwas von dem [] Kleie-Gewicht-Gefühl, Stille Nacht, sei still und laß mich ein bißchen sauber zu mir zurückfinden, in meine enge innere Zelle, in der nur die paar Geister meiner Lieben Zutritt haben oder Worte edler Menschen, wie sie aus Büchern in mir aufbewahrt sind. Und in gesegneten Stunden ein Gottgefühl, das jetzt so ferne ist, da unten habe ich es so oft gehabt, in Menton so gut. In dieser Zelle werde ich so voll Widerstand gegen die Umwelt, ich muß mich wehren oder versuchen, ja zu sagen, wo ich nur einfach konstatieren oder wegschauen dürfte. Mag sein, daß das Erwachen des Geschlechtsverlangen, das sich neuerdings in all dem Hunger und der Reizlosigkeit wieder geregt hat, mich vom Seelenhaften des Alleinseins so entfernt hat. – Jetzt ists Zeit, ich muß auf den Strohsack zurück und mich für die Nacht vorbereiten. Jetzt bin ich in meinem Winkel wieder, aber nicht wie da unten in 97 doch durch anderthalb Meter vom Nachbarn getrennt, denn Blanchards Strohsack liegt parallel zu meinem mit nicht zwei Zentimetern Abstand. Ja, das ist es, so abstandslos ist alles hier. Mir ist so sehr traurig zumute, so einsam in der kalten Welt voll von deutschen Mächten und Gefangenen. Mir fällt aus der Kindheit ein »Wohin soll ich mich wenden …« mit der Schubertmelodie, ich höre sie von Knabenstimmen gesungen, unter denen auch meine mitgewesen war, diese Stimme, die jetzt farblose Worte den ganzen Tag auf Französisch sagen muß. Ach dieses Ich, überlebend aus allem Schönen, das allmählich sinnlos wird in der Welt, nur noch sich selber verständlich. Herrgott, hilf mir, bewahre mich vor Verzweiflung!

Ich glaube, das was man gemeinhin das Gereiftsein der Leute nennt, ist das Abgestumpftsein, vermöge dessen sie breitspurig ihren Gewohnheitstaggang gehn, in dem sie jeden Fußbreit kennen. Wenn ihnen etwas aufstößt, das sie nicht kennen können, nehmen sie es einfach nicht zur Kenntnis. Dieses »reife Alter« der Durchschnittsbürger ist nichts anderes als das Einseitig-Gewordensein, sich für nichts interessieren als was in die »Spezialität« gehört, die ihre ist. Nein, lieber unsicher bleiben, erschütterbar – als diese stumpfe Geborgenheit. Nur nicht das Stück Vielseitigkeit verlieren, das mich ausmacht, wenn es mich auch teuer zu stehen kommt. – Erschreckt denke ich, daß morgen wieder eine neue Woche anfängt, und ebenso sehr erschrocken merke ich, daß als einziger Lichtpunkt dieser sieben Tage nun mir die Tatsache einfallen will, daß morgen wieder »Verteilung« der Pakete ist, d.h. eine Brotration und ein paar Orangen. So sehr bin ich schon richtiger Gefangener eines Hungergefängnisses geworden, daß mir das als ein Lichtpunkt erscheinen kann. – Der heutige Abend will mir schon nichts mehr Rechtes bringen. Bald kommt der Auslöscher. Dann muß ich noch den Reden halbtaub zuhören, ganz darf ichs nicht sein, weil doch immer die eine oder andere Frage an mich gerichtet wird. Es stört mich sehr, und wenn sie schließlich derartiges selber entscheiden, wozu ihnen die einfachsten Mittel fehlen, bin ich doch leicht unmutig, um der Sache willen; sage ich mir. Oder ists doch der leidige Hochmut. Ich habe ihn weiß Gott nicht von mir selber, auch kein Minderwertigkeitsgefühl, ich bin dann eben das erfahrene Ich. Eben ist der Junge, der jetzt so still die Woche dagewesen ist, abgeholt worden »vite vite [*schnell, schnell*]« mit allen Sachen. Ein Platz frei. Morgen um 7 Uhr Früh geht er fort. Wohl nach Deutschland[.] Bonne chance pour le petit [*Viel Glück für den Kleinen*]!

Montag, 17. Jan[uar 1944]

Wie mit einem Kopfsprunge in eisiges Wasser habe ich mich in diese Woche hineingestürzt, um mich der G[eb]orgenheiten in tröstlichen Träumen zu entreißen, aus denen mich das Lichtandrehn und das Schlagen gegen die Tür gerissen haben. Es war zu gut da unten bei den Träumen, Liebe und Freundschaft umgaben mich, Ehren wurden mir erwiesen, Schönheit bot sich mir so bereit dar. – Nun, ich bin wieder in Zelle 152. Zu meiner Rechten ist mehr Platz als gestern. Der Strohsack des jungen Pierre ist fort. Von draußen sind viele Schritte und Kommandorufe zu hören. Es scheint, daß unten ein Trupp Gefangener Aufstellung nimmt. Wohl ein Convoi, der abfahrtfertig gemacht wird. Mit dem geht auch der Junge mit. – Jetzt während des Tages trat ich einen Moment auf die Galerie hinaus. Es sind viele Zellen leer. Das Gefängnis leert sich und, mir fällt ein, daß man schon eine Weile [nicht] mehr Gruppen hat ankommen gehört, so wie wir einmal ein ankommender Trupp gewesen sind. Das Gefängnis scheint sich zu leeren … Wird nicht mehr so munter verhaftet? Sind schon alle en taule [*im Knast*], die dazu geeignet sind? – Ich höre einen Fetzen von Gespräch:

Nevasquez erwähnt zu Benard den Namen Marconi[88]. A[rtus] mischt sich eifrig ein: »Ne me racontez rien de lui. J'étais à côté de son yacht à Gênes [*Erzählen Sie mir nichts von dem. Ich lag neben seiner Yacht in Genua*] ...« Folgt eine Beschreibung mit Fachausdrücken, Pferdestärken. Damit überlebt der große Physiker im Hirne des A[rtus], der sich noch ereifert, weil N[evasquez] von den Arbeiten Marconis redet: »Moi, je connais ce type [*Ich kenne diesen Typen*] ...« Es ist, wie der Weinreisende Axelrod neulich bei Erwähnung eines Académiciens gesagt hat »á celui-là j'ai vendu un lot de Chambertin [*An den hab ich eine Kiste Chambertin verkauft*]« – Moi [*Ich*] »C'était le vin de Napoléon [*Das war der Wein von Napoléon*]« Axelrod darauf »Que me parlez-vous? Le type m'a fait des difficultés [*Was reden Sie mir da? Der Typ hat mir Schwierigkeiten gemacht*] ...« Mir fällt in diesem Zusammenhange ein, wie vor vielen Jahren in Marburg die kleine Dora meinen Pullover befingerte »Ist der auch warm?« und ich stolz antwortete »Den habe ich in England gekauft« worauf sie »Ach so? Und ich hab geglaubt, der ist gute echte Brünner Wolle.«

Unangenehmer Moment. Nach sorgfältigster Toilette Wäschewechsel, will meine wärmsten Strümpfe anziehen, die schönen beige Wollenen, die Erica mir in dem letzten Pakete schickte. Nach langem Suchen unmöglich sie zu finden. Konstatiere es laut. Nur A[rtus] empört sich, man könne nicht die Leute des Diebstahls zeihen, Bernard interveniert, stellt richtig, es handle sich um keine Anklage. Ich packe nochmals alle meine Sachen Stück für Stück auf den Strohsack, nichts zu finden. A[rtus] murrt noch weiter »J'aime pas les sous-entendus [*Ich mag keine Unterstellungen*]« Ich stelle richtig, habe nichts als festgestellt. Schließlich Ergebnis das gleiche wie nach dem Verschwinden der Rasierklingen. Verzichten, vergessen vergeben. Bedaure doch lebhaft, denn für sehr viel Geld könnte man diese guten Strümpfe nicht mehr ersetzen. Tant pis [*Schade*] ... Nach zweimaligem Fliegeralarm verspäteter Spaziergang, nur zehn Minuten. Blauer Himmel mit leichten Wolken, weniger kalt, Ostwind. Keine Neuigkeiten erfahren. Nur uninteressante drei Leute mit uns gewesen, auch schon lange verhaftete. Und ich habe das Gefühl, da[ß] sehr Wichtiges vor sich gehe – und man erfährt nichts.

Das große Ereignis der Woche, die Verteilung des Montag–Ertrags aus den Familiensendungen – wurde durch eine neue Geste des Roten Kreuzes vorbereitet, diesmal mehr als eine Geste, sie gaben uns eine Schnitte (etwa 100 Gramm) pain d'épices [*Lebkuchen*], ein kleines Stück ganz trockenen Kuchens und ein Dreieck Gruyère (Vache qui rit)[89]. Diesmal müssen wir wirklich dankbar sein für die guten Dinge, die doch erlauben, sich einmal zusammen mit dem Prison-Essen leidlich sattzuessen (d.h. eine Weile nicht ans Essen zu denken.) Und dabei sollen wir doch Nachmittags das Brot etc. bekommen. – Weil heute schon journée des pertes [*Tag der Verluste*] für mich ist, ich habe eben gehört, da[ß] der Junge im Weggehen mein Glas, das meine Freude war, mitgenommen hat, nehme ich diese Gaben doppelt dankbar auf und will mich gerne entschädigt wissen.

---

[88] Guglielmo Marconi (1874–1937), italienischer Physiker und Elektroingenieur, Pionier der drahtlosen Telekommunikation.
[89] La vache qui rit] französische Käsemarke.

Um Halbzwölf begann man, aufs Essen zu warten – denn man muß immer bereit sein, in einer Sekunde die Gamelle zu übernehmen. Und jetzt ists ein Uhr vorbei und keine Suppe kommt. So spät hat es noch nie das Essen gegeben. Das ganze Haus ist grabesstill, dann hört man so deutlich durchs offene Fenster Gespräche von einer Zelle zur anderen: »Ciano[90] a été fusillé [*Ciano ist erschossen worden*]« höre ich eben sagen. Leider jetzt nur noch Privates, keine Nachrichten weiter: »Il paraît qu'ils n'interrogent plus [*Es scheint, dass sie nicht mehr verhören*].« Ein Eindruck, den ich auch habe. Die ganze vergangene Woche war um die übliche Verhörstunde nichts mehr davon zu merken gewesen. Was geht vor? Jetzt ist es halb drei und wir haben kein Essen bekommen. Heute zum erstenmale. War das Geschenk des Roten Kreuzes eine Entschädigung für den Ausfall einer Mahlzeit. Hätte man es so aufgenommen und nicht als ein erfreuliches Extra, das man gleich genießt, so hätte mans für mittags aufbewahrt. Statt dessen habe ich schon mehr als die Hälfte meiner Brotration aufgefressen und mich also bei mir selber in Schulden gestürzt. Es ist also Nachmittag geworden, ohne daß es Mittag gewesen ist, so empfindet man das jetzt.

Wieder ist der Abend da. Der Tag hat doch eine Freude gebracht: einen Brief von Erica, der nur vier Tage unterwegs gewesen ist. Ein so lieber Brief. Ich bin voll Heimweh nach dem kleinen Leben in Les Chênes … Die verheißenen materiellen Genüsse waren mit der bescheidenen Beteilung am Morgen zu Ende. Statt der erwarteten Verteilung der aufgeteilten Pakete hat man uns – kein Mittagessen gegeben. C'était tout [*Das war alles*]. Nun, vielleicht morgen. Ich werde es auch sehr brauchen. Denn mir bleibt grad nur eine winzige Schnitte Brot, das ist das Ergebnis eines Tages, der besser sein sollte als die anderen. Messieurs, les brimades sont bien inutiles [*Meine Herren, die Schikanen sind doch unnötig*] – hier wächst kein Baum in den Himmel. Jetzt allmählich das »je connais [*kenne ich*]« des Russen erraten, es ist weiß Gott, kein politisches[.] Sondern nur ein schwarzes, nämlich vom marché noir [*Schwarzmarkt*], der die Quelle seines Reichtums zu sein scheint. Er kann keinen Anlaß sich entgehen lassen zu bemerken, wie gut er gelebt habe und wie es ihm an nichts, an gar nichts gefehlt habe. Man hat Mühe, eine leise Schadenfreude zu unterdrücken. Und das uns Poli(ti)schen, denen es so sehr am Meisten gefehlt hat, –

Die liebe <u>Erica</u>. Wie sie sich bemüht für mich! Aber leider wird es jetzt unnütz sein. Das Paket Zigarretten da wird für lange das letzte sein[.] Ich habe noch immer gehofft. Aber jetzt noch ein paar Tage, dann wirds noch schwieriger sein: Zu den vielen Verzichten en gros auch noch der Detailverzicht. Muß auch gehn! Daß Erica beim Roten Kreuze etwas erreichen könnte, war noch meine Hoffnung gewesen – leider schreibt sie, daß die Croix Rouge nicht Tabak noch Medikamente, nicht einmal Streichhölzer den Gefangenen zukommen lassen dürfe. Obgleich les conventions internationales [*die internationalen Konventionen*] etc. Ach was conventions dans ce temps de mépris [*Abmachungen in dieser Zeit der Verachtung*]. – Erica sagt, daß

---

[90] Ciano] Galeazzo Ciano Graf von Cortelazzo (1903–1944), italienischer Diplomat und Schwiegersohn Mussolinis, der ihn am 11.1.1944 hinrichten ließ.

schon Narzissen im Garten blühn, ich glaube ich weiß wo die ersten sind. Und daß sie jetzt schon Kartoffel pflanzen will und Mist besorgt.

Sie debrouilliert sich zum Glück ohne mich. Mir ging den ganzen Nachmittag eine Erzählung oder Theaterstück im Kopfe herum: die Heimkehr eines lange gefangen Gewesenen, der einen Gefängnis-copain [-*Kameraden*] mit nachhause nehmen will. Dieser bittet ahnungsvoll, draußen warten zu dürfen. Der »Held« tritt ein, kommt wieder und geht mit dem copain fort, um dessen Heimatlosigkeit zu teilen. Das ist durchzudenken. Scheint voll Möglichkeiten zu sein. In diesem Stoffe scheint sich mir die in mir umgehende Angst verdichten zu wollen, daß man in diesem langen Abgetrenntsein von der Wirklichkeit da draußen mehr und mehr überflüssig wird, herausgefallen aus den Zusammenhängen der Wirklichen, die an uns schon wie an Tote zu denken anfangen, wohl mit der Auferstehungshoffnung der Frommen – und daß in ihren Briefen und Bemühungen für uns etwas von Blumen auf ein Grab legen ist. Und daß man eines Tages als ein revenant [*Wiedergänger*] vor den Fenstern der Lebendigen stehn, hineinhorchen und schaun könnte und merken, daß kein Platz mehr für einen da ist. Gott bewahre uns gnädiglich davor.

Dienstag, 18. Jan[uar 1944]

Wie gut ist der erste Atemzug reiner Luft, wenn durch die offene Tür und das offne Fenster die Nachtdünste verwehen: Es ist wie ein Lungenbad – besonders nach einer wenig durchschlafenen Nacht wie dieser, Gottlob, vergangenen. Meine Erkältung stört mich noch immer sehr. Nach dem üblichen Reden nach dem Auslöschen fand ich mich bald in eine andächtigere Nachdenklichkeit als mirs die Nächte vorher gelungen war, und ich war ein wenig getrost eingeschlafen – dann aber kamen richtige Sträflingsgedanken, in denen alles ins Drohende verzerrt ist und sich selbst aus freundlicheren Bildern die Zellengegenwart vordrängt – und alles, wessen man sich anzuklagen hat, richtet sich böse auf, unwiedergutzumachend, und alles schaut einen hoffnungslos an »Fini, raté,« trop tard [*Vorbei, gescheitert, zu spät*]! –

Es sind jetzt 10 Tage, daß ich keinen Mentoner mehr erblickt habe. Hoffentlich sind nicht die Jungen mit dem gestrigen Transporte abgegangen! In unserem zweiten Stock ist schon keiner von ihnen mehr. Schade, daß wir copains [*Kameraden*] so getrennt sind … Ich wüßte so gern, was mit allen ist, ob schon jemand verhört worden ist. Das Längerwerden der Tage ist doch schon freudlich merklich. Jetzt um 3/4 8 ist über dem Dache rechts der Himmel schon emailliert hell. Noch vierzig Tage, dann ists März und die kalte Zeit vorbei und mehr Licht in der Zelle … Vielleicht komme ich bis dahin doch in eine andere. Gott gebe es. Es ist der ewige Reim des Gefangenendaseins

»Qu'as-tu fait, toi,
De ta jeunesse?«
[*Was hast Du gemacht aus Deiner Jugend?*]

Heute Nacht sah ich plötzlich mit schauriger Deutlichkeit wieder den breiten Rücken Lichtensterns, wie der in meinem Zimmer stand und in meinen Manuskripten kramte und mehr und mehr in seine Aktentasche stopfte. Wie ich es erst Monate später gesehn und – verstanden habe, daß er einfach meine ganzen ungedruckten Prosaarbeiten und alle die schon niedergeschriebenen Gedichte geraubt und fortgetragen hat. Wohl um sie unter seinem Namen zu veröffentlichen, denn dieser impotente Ehrgeizige kann ja auf keine andere Weise sich in die Literatur hineinstehlen. Schaurig gleichnishaft erschien mir, nachtverzerrt, dieser Raub. Auch das geht fort, wie ganze Bücher verloren gegangen sind, der Xenia-Roman, der Gedichtband »Die brennenden Ufer« voll intensiver Jugend, der Prosastückeband »Die orphische Nacht«, von dem nur mehr die gedruckt gewesenen Stücke überleben. Und die umfangreiche Novelle »Zlatka«, die Désirée einfach weggeschmissen hat, Désirée das Gleichnis allen Vergeudens und Vertuns, denn dank ihrer ist alle meine Münchner Habe samt Manuskripten so hoffnungslos verkommen. Ich will schnell Wäsche waschen, allerlei tun, um diese wirklichen Gespenster für eine Weile zu scheuchen. – Der Vormittag mit vergeblichem Warten auf den Spaziergang und nach elf auf das Essen, vergangen. Man muß doch immer bereit sein, sogleich hinauszulangen, wenn die Tür aufgeschlossen wird oder sich auf die Gamelle zu stürzen, wenn der guichet [*Durchreiche*] aufgeklappt ist. Jetzt ists halb eins, ich werde lesen, dann warten, ob doch Spaziergang oder die erhoffte Verteilung aus den Paketen. Man ist »auf Warteposition« (Hungerration). Heute das erstemal seit langem kein Fliegeralarm gewesen. Leer im Hirn. Das bißchen Gehen unter dem Himmel fehlt doch schrecklich. Nur Zelle, Zelle umgeben von Reden, Pfeifen, meist »Lustige Witwe« die ich schon vor dreißig Jahren gemieden habe, jemand fügt »Walzertraum« als Neuerung hinzu. Mir fällt das verlebte Fischgesicht von Felix Dörman[91] ein, dem Dichter des Walzertraums, wie ich ihn vor 1914 fast täglich im Café Museum [sah], und den langen hakennasigen Oskar Strauß[92], den Komponisten, sehe ich so deutlich vor mir damals im Gerichtssaale, wo wir jungen Künstler die Angeklagten wegen der Ohrfeigen waren, die Oskar Strauß und seine Leute bei dem Schönbergkonzerte bekommen haben, bei unserem Konzerte, des akadem[ischen] Verbands für Literatur und Musik.[93] Ich sollte meine Erinnerung an damals aufschreiben, an Trakl, Robert Müller etc. Nur Buschbeck weiß ich von damals überlebend – und der wird wohl noch in Wien sein.

5 Uhr. Jetzt ist man den ganzen Nachmittag herumgesessen und gestanden, wartend, auf den Spaziergang und auf die Verteilung des Brotes etc. aus den Paketen. Denn diese Pakete müssen Montag morgens bis 11h abgegeben werden. Demgemäß hatten wir vorige Woche schon Montag vor dem Essen das Brot noch recht frisch. Jetzt ists Dienstag abends, alle haben ihre Ration Brot aufgefressen, sicher, daß jetzt

---

[91] Felix Dörmann (1870–1928), österreichischer Schriftsteller und Librettist der Operette »Walzertraum«.
[92] Oscar Straus (1870–1954), österreichischer Operettenkomponist, änderte seinen Namen, um Verwechslung mit der Wiener Walzerdynastie Strauß auszuschließen.
[93] Akademischer Verband für Literatur und Musik] Zusammenschluss junger Intellektueller und Künstler in Wien vor dem Ersten Weltkrieg, mit den Schriftstellern Georg Trakl (1887–1914), Robert Müller (1887–1924) und Erhard Buschbeck (1889–1960) sowie Rheinhardt als musikalischem Leiter im Vorstand; Verweis auf ein »Watschenkonzert«, bei dem Schönberg-Anhänger die neue Musik handgreiflich verteidigten.

das Supplement kommt. Nichts, keine Verteilung, kein Spaziergang. Man hat gewartet, außerstande sich mit etwas zu beschäftigen, sogar das Bridge ist keine Möglichkeit in dem Falle. Wir sind unter dem régime de la pagaye malveillante [*Herrschaft der missgünstigen Unordnung*].

Z.B. Unsere Briefe sollen reglementgemäß zweimal monatlich abgehen, man nimmt an: am 1. und 15. Die letzte Abholung (erste nach der neuen Ordnung[)] war am 26. Dezember [] und jetzt 22 Tage später warten unsere Briefe schal und abgestanden hier darauf, dann eine weitere Woche bei der Zensur herumzuliegen[.] Es ist zum K. Und der Sonnentag, der auf diese Weise hingegangen ist mit leerem Warten und Hungerhaben. Die Mittagsportion war kleiner denn je. Und der Magen knurrt.

Abends. Also verkrieche ich mich aus diesem zerfetzten öden Wartesaaltag auf meinen schlechten Strohsack zurück, der doch noch das Beste ist, das man hier hat. In den nagenden Hunger mischt sich bittere Empörung. Das heutige Abendessen war wirklich der comble [*Gipfel*]: Kalt wie das Wasser der Leitung: abgemessen drei Löffel graues Wasser, mit einem Bröckchen Wrucke und einem Zentimeter Mehlfragment und dann zwei Löffeln Linsen. Und ich habe grad noch etwa fünfzig Gramm Brot gehabt, von dem ich die Hälfte für morgen aufheben muß, damit das Aufstehn nicht zu schwer ist. Also hat man schrecklich Hunger – niemand hat mehr Brot, denn jeder hat auf die Verteilung dessen gewartet, was die Familien hier gestern abgegeben haben. Wiederwärtig ist das[.] Es ist sieben Uhr und man hat noch zwölf hungrige Stunden vor sich. Den[n] Wurst ohne Brot darf ich doch nicht mir gönnen. – Jetzt sagt da Einer: das ist besonders findig sadistisch gewesen, daß die B[oches] gerade den Montag Morgen zum Pakete abgeben gewählt haben; denn dann sind die Bäckerladen geschlossen und für die, die von auswärts kommen, gibt es die meisten Autobusse nicht, die sonst verkehren. Voll Fürsorge für unser Wohl. Nein, die Propaganda hat nicht übertrieben … Was diese Dinge mit so schlimm macht ist die laute Unzufriedenheit, die die Zelle momentelang so geräuschvoll macht, daß der Wachthabende gegen die Tür hämmert und Ruhe brüllt. Mein armer guter Lebenstag, der voll Sonne war! Ich hätte im Garten mich zu den Narzissen niederlegen und zu den Katzen liebkosend reden können, zu diesen Aristokraten, diesen herrlichen Repräsentanten der Natur. Ich habe so Sehnsucht nach dem seidigen Fell, der Anmut ihrer Bewegungen, nach ihrem Distanzhalten. Wie alles einem so schrecklich plump nahe kommt. Dabei sind das Franzosen mit der so fälschlich berühmten Höflichkeit. Aber ich darf nicht generalisieren! Meine nunmehrigen Erfahrungen mit Franzosen dürfen mich wirklich nicht verleiten, allzu hart zu urteilen. Es sind ja doch vor allem schlimm mittelmäßige Provinzler gewesen, mit denen ich habe leben müssen. Und ich muß hinzurechnen, daß ich sie als Gefangener und als alternder Mensch so erlebt habe. Ich frage mich, mit Leuten welcher Nation man hätte unter diesen Umständen befriedigend leben können. Ich dachte zuweilen, mit Engländern. Aber wenn ich an den undurchdringlichen Stumpfsinn englischer kleinerer Bürger wie die alten Fischers[94] denke, merke ich den Irrtum. Menschen muß man in selbstgewählten Dosen genießen oder ihnen

---

[94] Fischers] gemeint sind wohl die Eltern von Marie Thérèse Fisher.

nur in praktischen Zusammenhängen begegnen, als Käufer und Verkäufer z.b. Schein von Schicksalsgemeinschaft wie Militär, Gefängnis etc. schaffen zwar ein[e] Art kameradschaftlichen Verhaltens, aber weiß Gott keine Gemeinsamkeit. Beim Militär allerdings ist man ja doch jung und da ist alles soviel einfacher. –

Jetzt ist wieder die Auslöschestunde da. Und jetzt kommt das Reden, das heute wohl mir aufgeladen wird, Blanchard und Benard haben mich schon mehrmals über medizinische Dinge interpelliert. Nun, ich werde mir selber etwas erzählen und trachten, es so klar, korrekt und umfassend zu tun, daß ich schließlich eine bescheidene Zufriedenheit über eine richtig gelöste Aufgabe empfinden kann. Denn diesen Benards etc etwas über den praktischen Nutzen Hinausgehendes klarzumachen ist eine Aufgabe. Zum Glück kann ich dann aufhören, wann ichs will, und dann mich in die Nacht hineindrehen, die da in dem kleinen Winkel für mich Trost und Alleinsein aufspart, trotz Schnarchens, und sonstiger Geräusche. Jetzt gehen hallende Schritte die Galerie entlang. Bald geht das Licht fort und ich kann dann an meine Lieben denken.

Montag, 19. Jan[uar 1944]

Es ist halb sieben und das Haus ist so laut von Rennen und Brüllen. Mich hats nicht geweckt, denn schon vor mehr als zwei Stunden hat mich der schmerzende Hunger aus dem fadenscheinigen Schlaf geholt und ich lag und wartete auf das Kommen des Lichtes, um mein aufgespartes Stück Brot zu essen, das, als das Licht endlich da war, leider so viel kleiner war, als ich es gierig gehofft hatte. Die Verteilung der Pakete, die eine Verbesserung für uns bedeuten sollte, hat diese Woche nur Unordung und Hunger gestiftet – timeo Danaos et dona ferentes![95] Heute nachts sind mit enorm viel Lärm wieder Neue in die Zellen gebracht worden. Einer sagte da eben: »Jetzt weiß ich, warum der Chef gestern die Pakete nicht ausgeteilt hat: damit das, was unsere Angehörigen für uns mit vielen Mühen und Opfern hergebracht haben, auch einer Bande von verlausten Italienern zugute kommt, die angemeldet waren!« Ob es in der Absicht so war oder nur aus Schlamperei so geschieht, tatsächlich geschieht es so. Sechzig oder siebzig mehr Mitesser in der Abteilung verringern den Anteil derer sehr, denen Familien etwas gebracht haben. Wenn man unsere Zelle als Maß annimmt: so sind unter uns sieben nur drei, deren Angehörige Brot Zucker etc. jede Woche herbringen. Der Einzelanteil ist also schon gering genug. Und jetzt noch die Italiener, von denen niemand etwas von Zuhause kriegen kann … Jemand sagt noch: »Et nos familles doivent secourir ces salauds fascistes qui vont travailler pour eux et les familles françaises se privent pour ceux-là [*Und unsere Familien müssen diesen faschistischen Halunken helfen, die arbeiten gehen für die Deutschen, und für die nehmen die französischen Familien Entbehrungen auf sich*]! ‒ ‒ ‒

Depuis hier la cuvette à l'eau est bouchée, encore une fois, et on essaye en vain d'en obtenir le débouchage. C'est une calamité, car il faut y pisser. La tinette destinée

---

[95] timeo Danaos et dona ferentes] »ich fürchte die Danaer, auch wenn sie Geschenke bringen«: In Vergils Aeneis Warnruf des Trojaners Laokoon vor dem schadenbringenden Pferdegeschenk der Griechen.

à un seul prisonnier, est pleine après quelques heures si sept gens y pissent – et il est interdit de la vider plus d'une fois dans les 24 heures. Saloperie. – Impossible de ne pas être grincheux si on doit vivre au milieu de toutes ces saletés inutiles [*Seit gestern ist der Wasserabfluss verstopft, wieder einmal, und wir versuchen vergeblich die Entstopfung zu erwirken. Es ist eine Katastrophe, denn man muss pinkeln. Der für einen einzigen Häftling bestimmte Blecheimer ist nach einigen Stunden voll, wenn sieben Leute hineinpinkeln – und es ist verboten, ihn öfter als einmal in 24 Stunden zu leeren. Schweinerei. – Unmöglich, nicht übellaunig zu sein, wenn man inmitten all dieser unnötigen Schmutzigkeiten leben muss*]. – – –

Also beginnt ein neuer Tag, kalt und so freundlich wie die Antwort des Sous off[icier] dem ich eben von der Wasserleitung Meldung erstattet habe. – Wieder ein Tag im Wartesaal – aber im Wartesaal eines Bahnhofes außer Gebrauch, in dem schon fast nie mehr Züge ankommen oder abfahren und der trotzdem überfüllt bleibt von Reisenden vierter Klasse. Also warten wir jetzt auf das Brot, dann darauf, daß man sich etwas waschen kann, dann ob es Paketverteilung oder Spaziergang gibt – und so fort bis abends aufs Lichtauslöschen, der graue Taggang. – Jetzt ist es zehn Uhr. Derweil haben wir schon ein sehr aufregendes Ereignis gehabt. Gegen 8 Uhr standen wir wie üblich wartend auf das Brot, als die Tür aufgerissen wurde, der »Chef« ein Feldwebel stand da »Blanchard, vite, vite, préparez vos affaires [*Blanchard, schnell schnell, packen Sie Ihre Sachen*].« Große Eile. Strohsack, Decken etc., Koffer – alles unter strenger Überwachung, damit dem Weggehenden nicht Briefe zugesteckt werden. Wir glauben alle, daß es für ihn wirklich die Freiheit ist … Er hat vorgestern seine Erklärungen unterzeichnet. Ich gönne es dem braven Burschen. Il l'a échappé belle [*Er ist mit knapper Not davongekommen*], nur siebzig Tage und dann Freiheit! Gestern abends haben wir Projekte gemacht, zusammen energisch Englisch zu arbeiten, um gegen die geisttötende Öde hier anzukämpfen. Er kehrt zu seiner Chemie zurück, nach Lyon. Und ich muß mir weiter allein behelfen im Ankämpfen gegen die Leere hier. Er war der einzige intelligente junge Durchschnittsmensch hier, mit einigen Kenntnissen und nicht provinzlerisch, mit dem man annähernd reden konnte. Bleibt Nevasquez als Faktor[.] Artigkeit, Freundlichkeit, Gesprächsressourcen sind gering. Er ist doch lediglich der nette Aristokrat ohne wirkliche Komponente. Mein Strohsacknachbar wird jetzt leider der Russe, mit dem ich auch nicht ein Thema banalster Art zu besprechen habe. Daß er das Budapester Orpheum in Wien gekannt hat, genügt nicht. Pech, alter Rh[einhardt].

Und jetzt geht das Warten weiter, ob Spaziergang, ob Verteilung? Wie gestern, da capo [*von vorne*] …

Mittags: Also, das war alles, worauf man jetzt den dritten Tag gewartet hat und wofür man zweimal auf den Spaziergang hat verzichten müssen. Jetzt nach 12h fand die Verteilung statt. Wie üblich wird eine Decke von Zweien ausgebreitet gehalten. – Heute hat der verteilende Chef nicht einmal gefragt, wie viele wir sind – sondern blindlings ohne zu zählen gegriffen und geworfen. Ich sah wohl, auf dem großen Tablette gab es Pakete Schokolade, Kuchen. Kurzum, mein Teil waren zwei Stücke Brot, zusammen zwischen 150 und 200 Gramm, zwei mittlere gekochte Kartoffeln, drei Stücke Zucker, etwa 20 bis 30 Gramm Zwieback. – Das war alles, wirklich alles aus der Verteilung der Pakete. Da ich am Morgen schon die heut[ige]e Brotration anschneiden mußte, bleibt mir jetzt nach dem Mittagessen von der Bescherung der Zucker und gerade nur soviel Brot, als ich vorige Woche noch jeden Tag ohne Bescherung hatte. Es ist lächerlich und traurig. Benard dit [*sagt*] »Et pour cela mes gosses donnent pain et sucre à leur père [*Und dafür geben meine Kinder ihrem Vater Brot und Zucker*].« – Am meisten empört bin ich, daß man sich verleiten hat lassen, wie alle <u>so sehr</u> darauf zu warten.

> Aus diesem leeren Januarnachmittag
> Fliehe ich fort zu der vergangenen
> Wiesenwelt die groß in Jugendsonne lag
> Wo es keine Wächter gab und keine Gefangenen.

Abends, wieder heimgekehrt in den Strohsackwinkel. Der Tag hat doch noch einen kurzen Spaziergang gebracht, nach fünf Uhr, der Himmel war grau wie die Mauern, feuchte Kälte eher herbstlich als vorfrühlingshaft. Sonst gab es heute nichts als Bridge mit den üblichen engueulades [*Anschnauzereien*]. Denn sowohl Axelrod wie Benard glauben jeden ihrer groben Fehler durch das Anschreien des Partners gutzumachen. Dabei ist Benard komischerweise fortwährend darauf bedacht, daß etwas Strenge eingehalten wird, was er die Höflichkeitsregeln des Bridge nennt, die er ad hoc erfindet und als ewig unumstößliche Regeln darstellt. Komische Leute. Leider hat der Russe den vorher farblos indifferenten Ton der Zelle etwas verdorben und viel Sich Gehnlassen verbreitet. –

Zum Glück hat er jetzt seinen Strohsack wieder in die Mitte zurückgetragen, so daß ich einen Meter Raum zur Linken habe und rechts die Ecke, geformt von dem etwa 25 cm-Mauervorsprung, dann Platz, dann Nevasquez, dann das Bett mit A[rtus]. Es ist doch mehr Platz geworden durch den Abgang Blanchards. Doch bedaure ich sein Fehlen sehr für mich, denn damit sind die Abendgespräche völlig der platten Masse anheimgegeben – und ich werde wieder <u>so</u> gerne schweigen[.] Ich habe jetzt eine schlechte leere Zeit. Das ist eine alte Erfahrung in meinem Leben, daß die letzte Dekade des Januars eine Zeit absinkender Vitalität war, unfruchtbar in jedem Sinne – und sie hat mir mehrere böse Erlebnisse gebracht. Dreimal Trennungen von Frauen: von Emmy H[eim], Gerty und Désirée (diese und Emmy am 26. Januar) Mögen diese Tage einmal ein Übriges tun und die schlimmen alten Tage durch einen wirklich guten gutmachen. – Heute abends habe ich seit langem keinen Hunger, habe das halbe Zuschußbrot mit den 3 Zuckerstücken aufgefressen. So kann ich wenigstens hoffen, die Nacht nicht von diesem Hungerkrampf gestört zu werden, der letzte Nalcht wirklich wie heftige Schmerzen war. Gott gebe mir endlich wieder nach öden Tagen reine Sammlung, rechte Gedanken statt Bilderserien von Wunschträumen ganz kindlicher Art, in denen sich der traurige, zu kurzgekommene Mensch armselige Erfüllungen vorspiegelt. Ich möchte doch versuchen, mir das Thema von der Heimkehr der Gefangenen zurechtzulegen, es wenigstens roh zu einem Stoffe zu formen. Ob ich hier innerlich und äußerlich zum schreiben komme, bezweifle ich. Wenigstens den effort [*Anstrengung*] muß ich machen, etwas innerlich vorbereitet zu haben. Der Erzählungsstoff, den ich in der letzten Zeit in Menton schon schreibfertig glaubte, steht mir jetzt völlig im leeren Raume. Denn er hatte zur Bedingung, daß der »Held« aus dem Gefängnisse jetzt mit dem Kameraden [] nachhause kommt. Ich kann mir die Umwelt dieses Zuhause absolut nicht mehr vorstellen, wie sie jetzt in dem besetzten Lavandou ist. – Also müßte ich versuchen, einen Stoff zurechtzumodeln, der unabhängiger von aktuellen Umständen ist. Komm gute Nacht, beschenke mich mit haltbaren Bildchen und Figuren, mit denen der einsame Alte längere Zeit ernsthaft sprechen kann.

Donnerstag, 20. Jan[uar 1944]

Das Aufwecken früher hat mich aus einem Traum geholt, einem jener befruchtenden, die ich früher als der mythischen Schichte angehörig bezeichnet hatte, in denen eine wie überindividuelle Welt ins Schwingen gekommen ist und man nicht mehr als ein Ich und Selbst zu schwingen scheint sondern als Repräsentant einer jungen gefährlichen panischen Welt. Ich war in einer Landschaft, die etwas von Hartenstein, aber mit einem südlichen Dekor hatte. Es war ein von großen Wolken durchflogener warmer Tag, der doch winterlich war. Und es standen überall kleine Gruppen von Leuten, die ich reden hörte von Ferne. Eine Frauenstimme sagte »Bei uns blühen die Apfelbäume so stark«, anderswoher eine Stimme: »In den Bächen treiben Scharen von Muscheln, die sich an alles ansetzen wollen. Sie sind den überall aufgetauchten Lerchen gefolgt; und darüber fliegen Heupferde wie sonst Mücken.« »Bei uns ist der weiße Wein seit gestern rot geworden. Und den Frauen ist es verboten zu menstruieren.« »Die rosa Mimosen riechen nach Tuberosen und bluten, wenn man einen Zweig abschneidet.« Ich stand inmitten von all dem, das mir zugleich so unheimlich und ahnungsvoll traurig süß war. Und ich wußte, daß ich träume und fragte mich, ob das nicht jenen alten Traum aus Fontenay fortsetzte, den vom »pays des trépassés [*Land der hingeschiedenen Seelen*].« Nach dem Erwachen hatte ich ein Gefühl von dankbarer Befriedigung das mich daran erinnerte, wie ich es früher hatte, wenn ich plötzlich eine Abrechnung vom Verleger bekam, die mir sagte, daß ich noch ein vergessenes Guthaben habe. Und im Aufstehen dachte ich »wie gern möchte ich jetzt zum Bäcker gehn und einen Laib noch warmen Brotes holen und ihn auf ein weißes Tuch auf den runden Tisch legen.

Mir fällt ein: In der Villa L[ynnwood] redete man von der sinnlosen Vergeudung an Leben im Kriege. Da sagte jemand: Vous savez, les vies se gaspillent aussi bien en temps normal. Je me souviens: le garçon le plus beau et le plus génial que j'ai connu qu'était avec moi à l'Ecole Normale Supérieure. Je rappelerai toute ma vie deux poèmes qu'il m'a montrés. Celui-là venait de se fiancer avec une fille magnifique qu'il aimait depuis l'enfance, fille aussi riche et fine que belle qui s'est tuée après. Car mon type, vous savez, pendant son retour du service – il était Spahi[96],

---

96 Spahi] Reiterkrieger im osmanischen Heer; orientalisch gekleidete Regimenter der französischen Armee in den nordafrikanischen Kolonien.

– il restait à Casablanca avec un copain. Celui lui montrait le quartier indigène. Et là un soir mon ami était tué dans un bordel [*Wissen Sie, auch unter normalen Verhältnissen werden Leben verschleudert. Ich erinnere mich an den schönsten und klügsten jungen Mann, den ich kannte. Er ging mit mir an die Ecole Normale Supérieure. Mein ganzes Leben werde ich mich an zwei Gedichte erinnern, die er mir gezeigt hat. Er hatte sich gerade mit einem wunderbaren Mädchen verlobt, das er seit der Kindheit liebte. Ein ebenso reiches und feines wie schönes Mädchen, das sich hernach umgebracht hat. Denn mein Typ, wissen Sie, blieb auf der Rückreise von seinem Militärdienst – er war Spahi – mit einem Freund in Casablanca. Dieser zeigte ihm das Einheimischenviertel. Und dort wurde mein Freund eines Abends in einem Bordell getötet.*]

Mittags: Wieder ein langer Vormittag ohne Spaziergang. Schade! An diesem sehr kalten Sonnentage hätte das Gehen und Atmen besonders gut getan. Aber diesmal war der Ausfall erklärlich. Denn heute war der längste Fliegeralarm bisher, von 8 Uhr bis nach 12h. Aber ohne Flak. – Heute zum erstenmale seit 12 Tagen gab es zum Mittagessen Wein, u[nd] zw[ar] nicht gewässerten guten kleinen Wein – wie gut dieses Quart getan hat! Was für ein süchtiges Wesen ich bin malgré tout [*trotz allem*]. Die paar Schlucke Weins genügen, mich mit einer blühenden Euphorie zu erfüllen. Es ist eben doch das Bedürfnis nach einem Katalysator, der das Eingehn der Verbindungen zwischen dem Ich und einer Objektwelt (selbst einer subjektiven) beschleunigt. Mir haben die Gaben des Bacchus lange ein wenig diese Rolle gespielt. Aber stärker und reiner die Nähe des Eros. Sie hat mich nicht in Helena jedes Weib sehen sondern im Helena-Weibe die Menschennähe fühlen lassen, mir die Menscheit affekterreichbar gemacht. Ich hoffe, dieses Stück schöpferischer Verliebtheit wird auch dem Alten nicht versagt sein. Noch voriges Jahr hat ein so sehr unpoetisches junges Frauenwesen heftig diese Rolle spielen können, ohne daß ich mir Illusionen über diese Barbara gemacht habe, die lediglich die glandulären Prozesse in Gang gebracht hat, welche die Vorbedingung des Schöpferischwerdens sind.

Das ist nicht »materialistisch[«] gedacht. Ich möchte nur nicht höhere Mathematik dort anwenden, wo das Einmaleins ausreichend ist. Mir scheint es vielmehr, seit dem der Glaube mir ein so zentraler Lebensfaktor werden will, steigt mein Bedürfnis nach Denkschärfe und Sauberhalten der Methoden. Es ist schon sieben Uhr geworden und ich komme erst jetzt zum Schreiben. Denn wir haben erst um 1/2 7 das Abendessen gekriegt. Der Nachmittag verging mit Bridge im Warten auf den Spaziergang, zu dem wir endlich schon nach Sonnenuntergang aus dem Käfig herausgelassen wurden. Ich profitierte von der unregelmäßigen Anwesenheit des Coiffeurs, um mir die Haare schneiden zu lassen. Ich lasse mir den Schnurrbart stehn, nach mehr als dreißig Jahren Bartlosigkeit. Bei genauem Hinsehen tue ich es wohl, weil mir schon vor dem Gesicht da graust. Ich glaube, das ersetzt mir einen neuen Anzug, das sich gelegentlich anders anziehen[.] Ein bißchen »novarum rerum cupidus [*begierig auf neue Sachen*] bleibt sogar der alte Gefangene in dieser kleinen weltlichen Eitelkeit. – Wie soll ich je dieses Geschreibsel wiederlesen können. Das Licht oben am Plafond auf 3 Meter von mir, wird elender jeden Tag. Ich habe heute plötzlich so lebhaft an den

Dr. Tausk[97] denken müssen, der auf meine Entwicklung als Zwanzigjähriger einen so großen Einfluß gehabt hat. Ich sollte es versuchen, ein geistiges Portrait von ihm zu schreiben als das des kompromißlosesten »esprit fort« [*starker Geist*] den ich gekannt habe. Sein Tod noch hatte etwas sehr Bedeutendes. – Ob wohl sein Freund, mein guter Lehrer Ernst Gerß, noch unter den Lebenden ist? Er müßte schon siebzig sein.

Der Esel nebenan ist höchst bavard [*geschwätzig*] und versucht unaufhörlich mich in seine Monologe zu verwickeln. Ich bin schrecklich taub heute. Leider höre ich doch die nahenden Schritte des Auslöschers. Er geht nochmals vorbei. Ich sehe die Laternenanzünder meiner Kindheit in einer Art Ärztemantel mit einer Uniformmütze und der langen Stange in der Hand, mit der sie die Gaslaternen angezündet haben. Das Auslöschen erinnere ich mich nicht, je gesehen zu haben.

Freitag, 21. Jan[uar 1944]

Ich fühle mich wie nach einer langen vielaktigen erschütternden Theatervorstellung, denn als eine solche hat diese Nacht sich für mich erwiesen. Jeder Akt hatte einen anderen Schauplatz, der leidende Held war immer ich zusammen mit Frauen leidend, die es dabei auch nicht besser hatten. Dieses traurig bunte Stück danke ich einem besonders sadistischen Soldaten. Dieser hat nämlich während der ganzen Nacht zusammen achtmal – in Abständen von 30 bis 50 Minuten das Licht angedreht – und es solange brennen lassen, bis er sich durch den Judas [*Guckloch*] überzeugt hatte, daß auch nicht einer der Zellenbewohner mehr schliefe, sondern sich aufgerichtet, nach der Uhr sah, nach der Zeit fragte, worauf er gegen die Türe schlug und »schlafen« brüllte. Daß davon nicht mehr die Rede sein könne, mußte sogar ihm klar sein. Mir riß mit jedem der Beleuchtungsspiele ein Akt meines Lebensstückes ab. Es hatte mit dem Leutnant Rheinhardt in Wien begonnen, Begegnung mit der reizenden Gerty L[andesberger]. Und dann in jedem Detail das Sterben ihrer Schwester Luli, der lieben, sanften, die wohl eher zur Frau für mich getaugt hätte als die haltlose flackernd begabte Gerty, die doch auch so unwahr sein konnte. Lulis Begräbnis ... der Tod des Vaters mischte sich darein – »Ruht in Frieden alle Seelen ...« und der Sarg, in rote Rosen gehüllt, der Vorfrühlingstag auf dem Döblinger Friedhof. Dann die völlig zusammengebrochene Gerty bei mir in der Anton Franck Gasse 10. Dann ich in meinem Wohlstande, mit der fabelhaften Garderobe, der Abschiedsabend in Wien mit meinen Jugendfreunden, mit Hofmannsthal, Wassermann, Arthur Schnitzler ... Dann München, der Anfang einer bürgerlich gesicherten Existenz. Dann Strindberg-Akt: Gerty als Ehefrau, und dann grausig: die erste rein sexuelle Beziehung meines Lebens, Désirée, lemurenhaft, bis ihre so reinliche Gegenspielerin Erica kam. Und dann alles, was noch jetzt weiterspielt mit dem Schauplätzen Lavandou, Menton, Nice, mit dem schicksalsvollen Zwischenspiele Marseille September 1940 und nachts

---

97 Viktor Tausk (1879–1919), Jurist, Psychoanalytiker und Neurologe in Wien, arbeitete zur klinischen Psychose und zur Künstlerpersönlichkeit; Schüler und Konkurrent Sigmund Freuds, Tod durch Selbstmord.

am Hafen Werfel, der mir sagte: »Rh[einhardt] bleiben Sie nicht hier. Kommen Sie mit uns. Sie werden hier zugrunde gehn.[«] Und dann weiter der alte Gefangene, dem die Befreiung nur die Erkenntnis bringen kann, daß Theodora verloren für ihn ist und nichts mehr bleibt als noch weiterzutreiben in die Aussichtslosigkeit, traurige Armut.

Der Zellentag hat angefangen, die Tür wird aufgerissen, der Reisigbesen wird hereingeschmissen, »Raus mit dem Scheißkübel … vite vite [*schnell, schnell*] …« Staub wird aufgewirbelt, ich trete einen Augenblick in die Tür, schaue hinunter in die schlecht beleuchtete Halle dieser Fabrik zur Erzeugung von »sachgemäßer« Haft. Die Tür wird zu geschmissen: »Rrrrein?« Ich öffne meine Zigarrettenschachtel. Noch bis morgen. Dann ists auch mit diesem bißchen kleinen Glück dauernd zu Ende. Jetzt ists aussichtslos, noch was zu versuchen. Noch umhängen mich die Schwaden dieser Nacht. Wenn es etwas lichter wird, werde ich mich ausgiebig waschen, Strümpfe stopfen und waschen. Und dann die Beschäftigung des successiven Wartens beginnen. Auch der Tag wird vorbeigehn wie die 268 vorher vorbeigegangen sind. Noch bleiben 97 Tage und dann ist das Jahr Gefängnis um.

Hier ist meine melancholische Morgenversonnenheit gestern jählings unterbrochen worden. Die Tür ging auf »Rheinhardt, zum Verhör.« Ich war von 8h morgens bis 3/4 8 abends im Hotel Hermitage. Darüber habe ich morgen zurecht …

Sonntag 22[.] I[.] [1944]

Jetzt warte ich darauf, heute wieder abgeholt zu werden und zum Verhör geführt zu werden. Gott sei mir gnädig! Die Nacht war schlimm. Denn die ganze Nacht brüllte aus irgendeiner Zelle ein Mensch in Schmerzen wie ein Wahnsinniger, ohne Unterlaß. Ob es wohl einer ist, der geschlagen worden ist? Gott sei uns allen gnädig. Gestern beging ich doch vor dem Abtransport une gaffe terrible [*eine schreckliche Dummheit*]. Zwei Leute kamen vom Verhör zurück. Der eine, groß, elegant, etwa 30 Jahre alt, ein sehr kultiviertes Französ[isch] sprechend, sah so leidend aus, wie am Zusammenbrechen. Ich fragte ihn teilnehmend »Vous ont-ils malmené [*Haben sie Sie misshandelt]?*« »Qui ça [*Wer denn]?*« »Mais, eux [*Na sie (die Deutschen)]*«. Er sah mich abweisend an, zuckte die Achseln und drehte sich um. Dann sagte mir der Wachsoldat. »Aber, der ist doch von der Gestapo.«

Nach der bösen Nacht voll dieses elenden Heulens und Fetzen von Träumen von Verhören und anklagenden Bilder alles dessen, was ich versäumt habe, Theodora Liebes zu tun, habe ich die Nacht mit viel eisigem Wasser wegzuwaschen versucht und mich fertig gemacht zum Transport. Und jetzt ist die Stunde des Abtransports zum Verhör vorbei – und ich sitze auf dem Strohsacke, Mantel und Barrett neben mir, das Stück Brot in der Tasche, das mir gestern morgens so gefehlt hat. Also wieder aufgeschoben ins Ungewisse. Normalerweise müßte man sich sagen: wenn gestern die Zeit gefehlt hat, mich noch zu verhören, würde man mich heute morgen als Ersten vernehmen. Irrtum, es geht nicht so rational vor sich. Gestern morgens sind wir zu vieren hingebracht worden, die Russin (48 Jahre, Artistin), der Stefan Renner aus Wien, ein französ[ischer] Apotheker und ich. Alle drei sind drangekommen, und jetzt warte ich. Die Russin und Renner sind zum Abtransport nach Deutschland bestimmt worden, beide – die Frau durch Heirat, als Deutsche. Renner, der in einer polit[ischen] Sache ernst kompromittiert zu sein scheint, hat sich zuletzt angesichts der bösen Entscheidung über sein Schicksal einen Mut und eine unwehleidige Entschlossenheit gezeigt, die mir imponiert haben. Der Tag gestern war so aufregend wie eine große Reise, daß ich abends, als ich 1/2 9 in die Zelle zurückkam zerschlagen wie nach einer Bergbesteigung. Ich seit Monaten an dieses liegende sitzende Leben gewohnt, bin den ganzen Tag auf und abgegangen oder im Korridor gestanden um mit den anderen Gefangenen und Soldaten zu reden. Was ich von denen gehört habe, hat mich ungeheuer überrascht. Alle waren überzeugt von denselben Dingen wie die Laueren unter uns. Ich habe zusammen mit achten gesprochen, nur einer glaubt noch an das, was er zu anfangs für sicher gehalten hat. Die Menschen und die Reise werden mir für lange in Erinnerung bleiben. Schrecklich ist, wie diese sonst ganz human tuenden Soldaten, die jedem von uns freundlich Dienste erweisen, mir hat man etwas Tabak und eine Zigarette <u>geschenkt</u>, starke Raucher, die selber nur 7 Zigaretten pro Tag haben, wie die von Schlagen als etwas ganz Selbstverständliches reden wie etwa sonst ein Justizsoldat von Unterschriften u[nd] d[er]gl[eichen] gesprochen hat. Daß man das den Menschen selbstverständlich machen kann? O humanitas [*Menschheit*]! Aber als ebenso selbstverständlich nehmen sie die bombardements [*Bombardierungen*] Deutschlands hin. So ist eben das Leben, man schlägt und wird selber sehr böse geschlagen. – Sonderbar, wie ich nach der Rückkehr von diesem angstbewegten Tage die Zelle als ein geborgenes Zuhause empfand. Die Anderen hatten mir Essen, Brot und Wein aufgehoben, denn gestern mittags hat es zum ersten male wieder le quart [*den Viertelliter*] gegeben. Aber es war doch gut, gestern von Luneville[-]Tellern[98] mit Silberbesteck zu essen statt aus der rostzerfressenen Gamelle kalten Fraß. Und doch …

Ich habe nachts mein Herz so gefühlt wie nach der Villa L[ynnwood]. Das muß doch physiologisches Gedächtnis sein. – Wann werde ich also dahin gebracht werden? Heute wäre mir viel lieber gewesen, weil ichs dann hinter mir hätte, wenn ich schon so vorbereitet bin, möchte ich nicht wieder neu überrascht sein. Und für heute haben mir zwei Soldaten Zigarretten versprochen. Weiß Gott, was für welche das nächste Mal Dienst haben werden? Reden kann man ja mit denen, die sind in der Monotonie des Dienstes auf uns als einzige Zerstreuung angewiesen. Nur mit den jungen Slaven – die sonst sehr freundlich sind – ist sprachlich die Verständigung fast unmöglich. Sie können gerade nur 200 Worte Deutsch zum Dienstgebrauch. – Das Verhaften scheint doch munter weiterzugehn. Wir kamen zu vieren in diesen leeren Sous-sol [*Untergeschoß*], beim Abtransport waren wir durch Frischangebrachte schon auf vierzehn angewachsen gewesen. Unter den Neuen waren zwei Frauen, anscheinend Mutter und Tochter, die mir durch ihre wirklich Große-Dame-Haltung Eindruck gemacht haben. Die Ältere in einem fabelhaften Astrachanmantel sah aus, wie man sich eine richtige Königin vorstellte.

---

[98] Luneville-Teller] aus der traditionsreichen Fayencemanufaktur Lunéville-St Clement in Lothringen.

Von neun bis elf Uhr wars wieder ein gewöhnlicher Vormittag; nun kam zu meiner großen Freude gegen zehn Uhr ein klein wenig Sonne hoch oben ins linke Fenster. Also schaut die Zelle doch nicht ganz nach Norden. Um elf Uhr wurden wir in den Hof geschickt: Decken mitnehmen. Man hat also Decken ausgeschüttelt und ich auch Rock und Hose. Wie alles verstaubt war. Schade um die zwanzig Minuten in der köstlichen sonnigen Frische. Die Sonne schaute ja in die préaux [*Gefängnishöfe*] nicht hinein, aber man sah sie auf den Mauern und dem Stückchen Gemüsegarten – und man atmete wunderbare Frische voll Frühlingsversprechens. Jetzt elendes kaltes dürftiges Essen. Ab zwei Uhr kann ich mich doch wieder gefaßt machen, zum Verhör geholt zu werden. Üblich ists am Morgen bis spätestens neun Uhr. Aber zuweilen kommts auch nachmittags vor. Also werde ich bereit sein. Habe mich leider hinreißen lassen, dem Trottel A[rtus] zu sagen, er solle mir doch nicht ununterbrochen lauter Sachen erklären, von denen er keine Ahnung hat und über die er völlig Falsches sagt. z. b. sagt er Dartmoor ist ein Kalkgebiet. Er hats gehört und streitet. Ich sage, aber ich war dort und habs gesehn, daß das Granit ist. Er ist böse und sagt ich suche Händel! Lieber immer zu allem Unsinn schweigen. Werde ich auch …

Abends: Bin nicht geholt worden. Ich ziehe mich früher als gewöhnlich auf den Strohsack zurück, um eine kleine Distanz zwischen die Redenden und mich zu schieben. Ich bin etwas krank von diesem unsagbaren Schreien, da ein paar Zellen von uns weg. Den ganzen Tag aus der Tiefe unvorstellbaren Leidens brüllt da ein Mensch: zu den Menschen, zu Gott, um Hilfe. Die Menschen in deutscher Uniform, reissen von Zeit zu Zeit die Zelle auf, schreien etwas, was aber nicht einmal dieses Urstöhnen übergellen kann, schmeissen die Tür zu und trampeln weiter. In der Zelle sind den ganzen Tag über nur zwei etwas zerquälte Bemerkungen über die Störung gefallen. Niemand hat von Morphin, einem Arzt gesprochen, niemand »armer Mensch« gesagt. Es ist ein urhaftes Schreien, wie das der Kreissenden, ich habe dergleichen noch nie gehört. So schreit vielleicht ein tödlich Verwundeter, der mit aufgerissenem Leibe irgendwo vergessen liegt. So irgendwo vergessen liegt auch der Unglückliche da. Ein Mensch, der irgendwo Liebe sucht und herbeisehnt, dem gütige Hände bei einem kleinen Fieber den Polster glattgestrichen haben – und der jetzt niemand mehr findet[,] der abgerissen von den Seinen daliegt wie ein weggerissenes Glied, wie das Bein, das ich neben dem Eisenbahngeleise im Schnee liegen sah, während das verblutende Mädchen unter dem Waggon hervorgezogen wurde. Mein lieber gnädiger Gott. Wie hart ist Dein Gesetz des Lebens auch in sich, auch, wenn nicht noch der Mensch über den Menschen herfiele! – Zuweilen ebbt das Schreien ab, wird erlöst sanfter, als ob der Leidende endlich in Ohnmacht fällt. Aber dann nach einer allzukurzen Weile fängt es wie gräßlich erschrocken wieder an, als sagte es: Herrgott, ich bin noch immer da mit der Qual und muß weiter schreien. Mein Gott, gib ihm eine lange tröstende Ohnmacht, in der die Schmerzen Zeit hätten, sich von ihm loszulösen, sich aus seinem Hirne und aus den Nerven zurückzuziehen, ins Unpersönliche, wo sie gegen kein Ich mehr stoßen können. Ich möchte mich in eine Ecke knien und beten für den gequälten Urmenschen. Plötzlich fällt mir ein, wie G. und B. mir erzählt haben, daß auch ich in einer Nacht wie eine »bête fauve [*wildes Tier*]« gebrüllt habe – und ich weiß nichts mehr davon, nur das Grauen jener Nacht rundum weiß ich noch. Ich kann mir den Ausdrucke kindlich gelüsteter Neugier vorstellen wie weit man noch gehen kann, bevor das Schreiende da ganz kaputt ist – zuweilen artikuliert sich das Schreien, als ob es ein Wort werden wollte, aber ehe es so weit ist, bricht die Qualpanik durch und zerstört den Wortansatz, das sinnlose Beginnen, etwas sagen zu wollen vom Unsagbaren. Herr Gott …!

Drüben sagt einer: »Demain est dimanche – encore un dimanche [*Morgen ist Sonntag – noch ein Sonntag*]«, und ein Anderer: »On n'est jamais libéré le dimanche [*Am Sonntag wird man niemals freigelassen*]«. Als ob man sonst jeden Tag befreit würde. Ich verbiete mir striktest, daran zu denken. Ganz fern hinten darf es daran glauben, aber in den Denkkreis darf das nicht hinein – sonst gibt es zu bittere Vernunfttatsachen zu hören.

Ich habe heute Apostelgeschichte gelesen: wie einen Stoß empfing ich die längst vergessene Erwähnung der Brüder Jesu. Eine maßlose Ungeduld faßte mich, zu irgendwem zu laufen, den ich fragen könnte, wie sie waren, warum man denn gar nichts von ihnen weiß[,] es konnten doch ihrer schon Erwachsene sein, um die Zeit der Pfingstfeier. Sie sind verschollen in jener Zahl der hundertzwanzig Mitglieder dieser ersten Gemeinde, unsichtbar im Anfang unserer Glaubenswelt aufgegangen.

Abendappel: ich sage dem Sous-off[icier] [*Unteroffizier*]: Morgen ist 4 Wochen, daß unsere Post nicht abgeholt worden ist. Wir sollen uns an den Chef wenden. Der Chef ist aber unsichtbar für uns. Montag wird abgeholt. Das hat er genau so vor einer Woche gesagt. La pagaïe malveillante [*Vernachlässigende Unordnung*]. – Das Schreien fängt wieder stärker an. Lieber Gott, hilf ihm! – Seit Blanchard fort ist, habe ich niemanden mehr da, an den ich zuweilen eine Bemerkung sachlicher Art richten kann, mit dem man über eine »Sache« reden kann, nicht Worte hervorstoßen ohne Zwecke als die akustische Entladung. Also schweige ich entschlossen, soweit sich das ohne große Unhöflichkeit durchführen läßt. Ach gute Zelle 97. Wenn man doch wieder umgeschaufelt würde in kleine Zellen. Wenig Hoffnung. Das Haus ist wieder ganz voll. Mir fallen die zwei Damen von gestern abends ein. Wie muß diese erste Nacht voll dieses Schreiens ihnen gewesen sein! Es wird Auslöschzeit!

Sonntag 23. Jan[uar 1944]

Heute schon um 6h15 geweckt worden. Habe seit langem wieder eine gute Nacht gehabt. Der unselige Schreiende muß zu Anfang der Nacht in eine entfernte Zelle gebracht worden sein. Nur zuweilen habe ich weither gedämpft diese Klage der Kreatur gehört. Immer, wenn ich nachts aufwache, bin ich mitten in meinem Leben mit Theodora und vor »kleinen« Geschehnissen, die mich still anklagen mit Theodoras großen Augen, die liebsten schönsten Augen, die in diesem Leben auf mich geschaut haben – und deren Blick sich von mir abgewandt hat. Ich bin still traurig und dämmere ins Hoffnungslose hinein, betend, daß Gott mir Kraft und Gesundheit geben möge noch so lange zu halten, bis … bis wann? Auf etwas warten muß auch der Hoffnungslose, aber er soll dem Erwarteten keinen Namen geben. Lieber Gott gebt mir die Kraft viel zu schweigen und still zu bleiben – noch vier Tage und es sind neun Monate Gefangenschaft um, die Zeit, die es braucht, um aus einem Ei und einem Spermatozoon ein lebensfertiges Menschenwesen mit allen Organen werden zu lassen. Was hat die Zeit aus mir gemacht: ecce me [*sieh, das bin ich*]! – Heute scheint wenig Aussicht auf Verhör zu sein. Bereit muß ich doch sein bis neun Uhr. Dann weiß ich, ob wieder ein gewöhnlicher Tag zu durchleben ist. Jetzt bin ich mit den Zigarretten zu Ende. Noch eine und ein bißchen Tabakstaub in der Tasche, und dann ade du Trost!

Habe mir einen ruhigen Vormittag gemacht. Apostelgeschichte gelesen, nachgedacht. Als Benard ununterbrochen gellend »Lustige Witwe« neben mir pfiff, habe [ich] ihn höflichst gebeten, doch von Zeit zu Zeit ein Pause zu machen. Erfolg gröblichst emmerdé [*angepöbelt*]. Schwieg. Kalter weißer Vormittag. Wurde an Kindheitssonntage erinnert, da wir ins Kunsthistorische Museum gingen, uns von der Messe drückend, immer zuhause erzählend, man sei im Hochamt gewesen. Dann zuhause gebackenes Kälbernes mit Salat, Erdäpfel, Sellerie (Zeller genannt) und Vogerlsalat. Als Mehlspeise Tortenschnitten aus der Konditorei. Unwillkürlich drängt sich das bescheidene Kindheits-Sonntagsessen heftig vor jetzt nach diesem extra erbärmlichen Sonntagsessen des Gefangenen: zwei halbe Kartoffel, Fleisch im Gewichte von 15–20 Gramm. Drei Löffel leeres kaltes Wruckenwasser, aber eben jetzt der ›gute‹ pinard [*Wein*]. Das bißchen Euphorie wurde unterstützt von der unwiderruflich letzten Zigarrette. Ich habe es wirklich zuwege gebracht, mit dem letzten Pakete traurig leerer (ausgelaufener) Gitanes eine ganze Woche auszukommen. Jetzt habe ich noch etwas Staub in der Tasche für heute abends. Morgen beginnt das Néant [*Nichts*]. Wenn ich morgen zum Verhör komme, gibts noch etwas Hoffnung auf Rauchen. Après on verra [*Danach sehen wir weiter*], wer denkt hier noch über morgen hinaus? Der Ton in der Zelle wird immer vulgärer und lauter. Der einzige Höfliche bleibt Nevasquez (eben gröblichst beleidigt von V[igliéno] der ausrief das ital[ienische] Königshaus soll krepieren.) Wir haben nichts gemeinsam, nichts als etwas Entschlossenheit, uns hier zu »halten«, gewaschen zu sein und trotz Läusen und Pöbelhaftigkeit rundum nicht wie bagnards [*Sträflinge*] zu sein. Ich will auch das Bridge höflich abbauen, immer mehr und mich einzurichten trachten wie in 97. Schweigen mehr als dort unten. Aber irgendwie allmählich ohne es merken zu lassen, gehts schließlich doch sicher auch. Wenn es mir nicht so widerstrebte, von den D[eutschen] etwas zu erbitten, könnte ich um Umsiedlung in eine andere Zelle bitten – aber ich vermeide es, so lange ichs hier leidlich aushalte. Das bleibt als letzte Hoffnung erfüllbarer Art: die Übersiedlung in eine kleine Zelle zu erreichen, mit zwei Leuten, die ja auch einfach wohlerzogene artige [Leute] durchschnittlich intelligent sein könnten, wie etwa Dorie[99] etc. nichts Intellektuelles, nur gerade nicht kaffernhaft.

Jetzt ist der Nachmittag und auch das Abendessen vorbei. Die ganze Sonntagsheiligung bestand darin, daß uns der Spaziergang gestrichen worden ist und selbst die sonstige kleine Geste des Roten Kreuzes, dass der erhoffte Kuchen doch nicht verabreicht worden ist. Hingegen war für uns, die wir hart gewöhnt sind, die Quantität

---

99 Marius Dorie, ein Bekannter Rheinhardts in Le Lavandou. 1945 bis 1955 und 1959 bis 1971 Bürgermeister der Gemeinde, http://www.lelavandou.eu/var/mairesdulavandou.htm 18.5.2011.

des Abendessens doch noch eine Überraschung. Die paar halben Kartoffeln völlig kalt, Wrucken wie Sägespäne, nicht einmal gesalzen, die paar Löffel Suppe gleichfalls Temperatur der Außenwelt ... Noch bleibt ein Stück der guten Wurst. Ich will trachten, noch eine Woche damit hauszuhalten. Solange wird noch mein Zuckervorrat (zu zwei Stücken pro Tag genossen) reichen dann ist der kleine Wohlstand wohl endgültig beendet und der Hunger wird wieder das Zeichen sein, in dem man die Zeit hinbringt. Schlimm ist, wenn man jede Nacht wieder mit qualvollen Hungerschmerzen aufwacht. Und denk ich dazu die nunmehr herangekommene Tabaklosigkeit, so ist die nächste Zukunft wohl nicht recht versprechensvoll. Für morgen erwarte ich das Verhör. Ich erhoffe es und fürchte es. Denn das [G]ute, die Befreiung, ist mir allzu unwahrscheinlich. Und das Schlimme, ein Konzentrationslager in Deutschland, erscheint mir immerhin als sehr möglich, nach allem was ich gesehn und gehört habe. Gott helfe mir gnädig weiter. Daß der Krieg bald zu Ende sein kann, gilt als Trost, solange ich noch in Frankreich bin, in diesem Lande, das ich so viel mehr liebe als den Durchschnitt seiner Menschen, das doch meine Heimat geworden ist ... Von hier fortzumüssen wäre mir entsetzlich! Nicht auszudenken. Soll aber auch nicht vorhergedacht werden. Es gibt nur das Gottvertrauen, das mir seit dem 7. Mai durch alle Fährnisse hindurchgeholfen hat. Wenn es auch zuweilen lauer wird, ist es doch im Grunde meines Wesens weiter da, jetzt schon endgültig. Es ist sechs Uhr. Bald werde ich mein Bett machen.

Meine Ohrendeckel scheinen ja leider [nicht] sehr schalldicht. Wie wenig ich auch horche, höre ich ja doch. Nur rede ich nichts. Außer ein paar Worte beim Domino mit Nevasquez. Jetzt ists anscheinend nach dem gestrigen Ausbruch von B[enard] mit dem Bridge zu Ende. Wie zufrieden bin ich es. Dieser heutige Nachmittag hat mirs bewiesen, daß auch der Nachmittag vergeht, ohne daß ich den Zeitvertreib mit Angepöbeltwerden bezahlen muß. Das ist also meinen Wünschen voll entsprechend. Und ich hoffe nur, daß ich auch nicht bei jeder Gelegenheit interviewt werde von Leuten, die gar nichts lernen, nur reden wollen und nur sich selber zuhören. Ich bin weiß Gott kein Bildungssnob und rede und höre so gerne von einfachen Lebensdingen – aber dazu kommt es doch in diesem Gehabe von Inkompetenzen leider nicht. Und warum soll ich Leuten »Bildungsfragen« beantworten, für die z.b. die Marquise de Sévigné (einmütig) lediglich der Name einer Schokolade ist[100]. Habeant verba sua – sed non mea [*Mögen sie ihre Worte haben – aber nicht die meinen*]! – Wieder im Strohsackwinkel, bereit für wieder zwölf Stunden. Ich glaube, der unselige Schreiende muß doch ins Spital gebracht worden sein. Denn trotz der relativen Stille im Hause habe ich seit Mittag nichts mehr von ihm gehört. Vielleicht hat sich der Chef doch im Schlafe gestört gefühlt. Denn sonst ... Ich sagte mir wieder, wie gestern abends, ich muß wieder meine Verteidigung mir durchdenken. Aber es ist sinnlos, da ich ja doch nicht weiß, wessen sie mich beschuldigen. Gott gebe mir nur, wenn ich drankomme, Klarheit und Geistesgegenwart und bewahre mich vor der Stumpfheit und Hirnmat-

---

[100] Marie de Rabutin-Chantal, Marquise de Sévigné (1626–1696), Autorin geistreich-unterhaltsamer Briefkorrespondenzen.

tigkeit, mit der ich damals in Menton, von Fieber geschüttelt und klappernd[,] mir überhaupt nicht klar machte, was ich gefragt wurde und was ich antworte. Dieses Verhör kann den Rest meines Lebens entscheiden. Ich kann mich nur auf Gott verlassen und suchen, mit meinem so gar nicht dazu geeigneten Hirn möglichst richtig zu funktionieren. Gott sei mir gnädig! Schade, daß das Verhör gerade in diese letzte Januardekade fallen muß, vor der ich jedes Jahr eine abergläubische Scheu hatte. Ich will mir einzureden suchen, daß das jetzt für mich eine gute Zeit werden kann und muß. Jetzt bin ich nicht fähig, viel Rechtes zu denken und gegen die Niedergeschlagenheit anzukämpfen mit meinem ungelüfteten Hirn nach diesem wieder sitzend und liegend in der Zelle verbrachten Tage. Gott gebe mir eine stärkende Nacht!

Montag, 24. Jan[uar 1944]

Nach einer verhältnismäßig ruhigen Nacht gut ausgeruht, getrost und voll Gottvertrauen habe ich mich in die neue Woche aufgemacht, die wahrscheinlich mit einem Tage des Verhörs durch die Gestapo beginnen wird. Gott, der mich bisher nicht verlassen hat, wird weiter helfen! – Als ich Freitags morgens so plötzlich zum Verhör gerufen wurde, war ich ungewaschen, habe nicht einmal mein Stück Brot einstecken können. Heute habe ich schon sorgfältige Toilette gemacht, kleine Vorsichtsmaßregeln getroffen, mir Brot und die Bibel bereitgelegt zur Wegzehrung durch die langen Stunden des Wartens, auf die man auch gefaßt sein muß; jetzt warte ich doch darauf, gerufen zu werden. Ich wäre sehr froh, wenn der Wiener Soldat Dienst hätte, nicht nur wegen der Hoffnung auf Zigarretten (auf die ich sehnlichst hoffe) sondern um etwas von dieser landmännischen Freundlichkeit in der Nähe zu haben, dort in der Gehenna, dem Hauptquartier des Menschenleidens[101]. Gott sei uns allen gnädig, deren Namen für heute bestimmt sind, dort zum Fall zu werden. Derweil ist es Tag geworden, ein leuchtender Himmel von goldrosa Wölkchen durchflogen wölbte sich vor dem Zellenfenster. Ich warte, warte. Jetzt ists halb neun vorbei. Wenn ich um neun Uhr nicht gerufen werde, ists für heute wieder nichts. Ich weiß von Samstag, wie sehr man die Augenblickerleichterung dann mit dem bitteren Wissen bezahlt, daß man dem doch nicht entgeht, also besser gleich als wieder warten … Und heute fühle ich mich moralisch und körperlich in guter Form und wohlvorbereitet. Und die Hermitage ist doch immerhin eine Möglichkeit, sich ein paar Zigarretten zu verschaffen – und Neuigkeiten zu hören von Frischverhafteten. Jetzt ists wieder so lange her, daß man nichts mehr gehört hat, was in der Welt jenseits dieser Mauern vor sich geht, nicht einmal die Alertes mehr erinnern jeden Morgen daran, dass … Seit Freitag war kein Alarm mehr. Eben sagt da jemand etwas, was sich mir herauslöst aus dem zusammenhangslosen Wortemengsel »Ils n'interrogent pas tous les jours, surtout pas lundi, car lundi ils ont toujours un tas de nouveaux arrêtés à interroger [*Sie verhören*

---

[101] Gehenna] in der jüdischen und frühchristlichen Mythologie ein Ort göttlicher Strafe, wo »der Wurm nicht stirbt und das Feuer nicht erlischt« (Mk 9,44); die Zunge kann, von der Gehenna »in Brand gesetzt«, durch sündiges Reden »das Rad des Lebens in Brand« setzen (Jak 3,6).

151

*nicht jeden Tag, vor allem nicht montags, denn montags müssen sie immer viele
neu Verhaftete verhören].«* Mag sein. Jetzt dürfte es wohl für heute vorbei sein und
ich muß mich wieder auf einen gewöhnlichen Zellentag einrichten. Wieder einer
der Tage, die zusammen die Wochen und Monate der Gefangenschaft machen: das
tägliche Warten auf Spaziergang, auf das Essen etc. Und weil es Montag ist, beginnt
auch jetzt das Warten auf die Aufteilung der Pakete. Heute ist der 29. Tag, seit zum
letzten Male Post abgeholt wurde. Wozu diese gedruckten Reglements, die strikte
Ordnung vorspiegeln? Die arme Erica hat also einen Monat wieder keine Nachricht
von mir und weiß nicht einmal, daß ihr kostbares Paket in meine Hände gekommen
ist (allerdings nachdem der Herr Chef die Zigarretten herausgenommen hat.) Er, der
selber ein starker Raucher ist und den man nie ohne Zigarrette sieht (Wunder!) möge
bald lernen, wie das Nichtrauchen tut. Dies ist kein christlicher Wunsch, ich weiß,
aber ich bin nicht so gut wie ich sein sollte! Und mit dem Verzeihen ist das so eine
Sache. Ich vergebe meinen persönlichen Feinden – aber den unpersönlichen … nein,
das führte in molluskenhafte Gestaltlosigkeit. – Kaum hatte ich das fertig geschrieben, als schon die Sirene zu heulen begann. Jetzt ist es ein Uhr und wir haben schon
zweimal Alarm gehabt. Also sind wir doch nicht vergessen. Als die Verhörsmög-
lichkeit um war, habe ich mir einen geschäftigen Vormittag gemacht, Taschentücher
gewaschen. Dann dem so artigen Nevasquez eine Englisch-Stunde gegeben. Er, der
die ersten acht Lebensjahre in England verbracht hat, würde instinktiv sehr schnell
erlernen, nur instinktiv, denn verstandesmäßig ist er ja leider schrecklich unbegabt.
Ob er es in seiner Chemie zu mehr bringen kann als zum Durchschnittsangestellten,
bezweifle ich. Aber die Familie hat Geld und Beziehungen en masse, also wird es ihm
trotzdem nicht schlecht gehen. Eine große Bescheidenheit und Artigkeit und wirklich
aristokratische Art, nie beleidigt zu sein, machen es mir leicht, gar nicht die geringste
geistige Anforderung an ihn zu stellen. –

Ich habe gedacht, das stärkste Kriterium für die Bedeutung einer Liebe für einen
Menschen ist, wie sehr er dauernd von dem geliebten Wesen beeinflußt worden ist.
Danach zu schließen sind die zwei entscheidenden Lieben meines Lebens Emmy
H[eim] und Theodora gewesen. Von beiden trage ich völlig unauslöschbare Einflüsse
in mir, die ganz und gar Teil meines Wesens geworden sind. Das hängt freilich auch
damit zusammen, daß die beiden auch die stärksten Persönlichkeiten unter allen
Frauen sind, die mir nahe gekommen sind.

Nachmittags. Eben waren zwei Verteilungen fast gleichzeitig. Das Rote Kreuz hat
gedörrte Zwetschken, für jeden ein Säckchen von etwa 100 Gramm, gespendet. Und
das Ergebnis der Pakete, diesmal ganz einfach nur noch Brot, ein ordentliches Stück,
etwas mehr als die Ration hier. Kein Zwieback, nicht Zucker mehr, gar kein Drum
und Dran. Die Familien haben wohl meist die Lust verloren, etwas anderes als Brot
zu schicken. Seit ich das letztemal die Schokolade an uns vorbeitragen und die Spur
von Butter, die anderswo hingekommen ist, gesehen habe, kann ichs begreifen. – Ich
fresse dürre Zwetschken, voll von Kindheitsgefühlen, vom Zwetschkenkrampus, den
ich stets eiligst aufgeputzt habe … Wie stark sind diese uralten Erinnerungen an
Geschmack und Geruch gebunden []! Schon sieben Uhr. Mußte nach dem allzufrü-
hen Abendessen beim Bridge mittun, dringend gebeten! Ungern und unfroh, elende

Spieler, aber auf eine sachliche Bemerkung von mir über Marmier heute ohne engueladen [*Anpöbeleien*]. – Sind wieder erst bei Sonnenuntergang zum Spaziergang getrieben worden. Sehr schöner Vorfrühlingshimmel. Wir im allerletzen préau [*Gefängnishof*] sahen draußen richtige Sträflinge im Gemüsegarten die Choufleur [*Blumenkohl*] häufeln, fast habe ich sie beneidet um die Gärtnerei. Leider gehn wir jetzt immer nur unter uns zum Spaziergang, ob [das] mit Absicht so eingerichtet ist oder weil unsere Zelle die letzte im Gange ist. Das hat zur Folge, daß man kein anderes Gesicht sieht, nur die stumpfen der fünf Mit-Häftlinge. Und keine Neuigkeiten. Bin jetzt richtig sattgegessen mit Brot und dem Säckchen Zwetschken. Das passiert einmal die Woche, daß ich ohne Hunger zu Bett gehe. Rather nice feeling that [*Das ist ein ziemlich gutes Gefühl*]. – Ach, wenn ich doch wieder eine so gute Schlafnacht haben dürfte wie die vorige! Man kommt nach einer guten Nacht wie nach Ferien in das Gefängnis zurück, sogar heute morgens, da ich das Verhör zu erwarten hatte. Und morgen erwarte ich es ja wieder. Wenn es doch vorbei, gut vorbei wäre. Gott gebe es! Heute beim Spazierengehn las ich die kläglichen Mauerninschriften der richtigen Sträflinge und merke »Sic transit gloria mundi [*So vergeht der Ruhm der Welt*]« und Cogito ergo sum [*Ich denke, also bin ich*], diese mit neuen Daten. Ich denke in aller Zukunft werde ich an keinem Gefängnis vorbeigehen können ohne Erschütterung. Mir fallen die öden grauen oder gelben Fronten ein, Ara Coeli in Rom, des grauen Landesgerichts Moabit, als Kind hat mich das Wort Gefängnis schon erschüttert und ich habe Gefängnisangstträume gehabt. Ich erinnere mich so deutlich des Anfalls tobsüchtiger Klaustrophobie dass ich einen Frühlingssonntagnachmittag in Horn sechs Stunden Karzer hatte, damals war ich knapp fünfzehn Jahre. Wie tragisch einsam ich mir dann vorkam, als das Toben abgeklungen war: an mein erstes Gefängnis, das Glück Einzelhaft in dem netten Zimmer in Hyères denke ich fast mit Heimweh. Wenn ich dort hätte bleiben können, hätte ich wahrscheinlich ein Stück geschrieben. Aber das hätte doch nicht so sein können. Ich wünschte nur, ich könnte es wagen, diese Aufzeichnungen mit der Vorgeschichte Hyères und Villa L[ynnwood] zu ergänzen, solange die Eindrücke noch so frisch voll aller Einzelheiten sind. Im Großen werde ich ja so bald nichts davon vergessen, aber Gesichter und Kleinigkeiten werden sich verwischen, und auf die kommt es doch so sehr an. Das Ablöschen droht schon. Wie weltfern ist das, daß man aufbleiben konnte, wielange man wollte, ablöschen, wenn es einem an der Zeit schien. Überhaupt, von einem Raum in den anderen zu gehen, zu denken »Jetzt werde ich …« und es auch tun. Und sich Dinge auf lange Sicht vornehmen zu können. Ich hoffe, daß dieses alles, woraus die Freiheit besteht, mir eine lange Zeit immer neue Freude gewähren wird, wenn es mir wieder gegönnt sein sollte, es wieder zu haben. Ich wage nicht, als selbstverständlich anzusehen, daß ich eines Tages frei sein werde. Mir ist, als sei die Menschheit in Freie und Gefangene zerfallen – und Gefangene können nicht Freie werden. Ich habe nach der Befreiung Blanchards vergeblich versucht, ihn mir als freigeworden vorzustellen. Es scheint so unmöglich, daß ein richtiger Gefangener wirklich frei herumgehen könnte, ehe die Welt draußen nicht anders geworden ist, so daß Platz für Freiheit vorhanden ist. Daß unsereiner

Dienstag, 25. Jan[uar 1944]

Nach einer Gottlob recht guten Nacht leidlich ausgeruht, bin ich mit einem Empfinden aufgewacht, das mir aus Halbtraumbegegnungen mit Theodora sehr stark geblieben ist. Meine Träume beweisen mir, daß fast mein ganzes inneres Leben um sie kreist. Ich sehe sie sanft und ohne ein anklagendes Wort vor mir, wie sie ja immer zu mir war. Nur alle Erinnerungen an mein Tun und Lassen – ach, wie viel Lassen! – ist eine unablässige Serie von Anklagen, von bitterster Reue begleitet. In diese wehvertraute Reue hinein redete mir diese Nacht immer wieder eine Stimme – sie ist verloren für Dich. Und das ist nicht genug Strafe. Jetzt, seit der Verhaftung, hat die Buße angefangen für alles, was du an diesem zarten Leben getan hast, das unendlich wertvoller ist als deines. Nun geh und büße. Und wenn die Gestapo jetzt sehr Hartes über dich bringt, so ists ein Teil der Buße für all das Unsühnbare. Ich glaube, ich weine oft still in der Nacht um Theodora, die beste Liebe meines Daseins, die ich mir verscherzt und vertan habe. Daß es so ist, daran kann ich nicht mehr zweifeln. Alle Briefstellen, die mir in Erinnerung kommen aus diesen Jahren der Trennung beweisen mir, daß sie – ohne Anklage, still, liebevoll höflich, fortgegangen ist von mir für immer. Mein Gott … Und jetzt geh, du alter Mensch – büße – und bleib ein gefangener Büßer, mit der Gestapo über dir!

Es ist dreiviertelacht. Der Himmel, der eben noch unheimlich violett war, von einem Violett wie auf den Fresken von Luca Signorelli[102], ist jetzt pfauenblaugrün, der Tag kommt herauf, Gott helfe mir! Ich sitze da, fertig zum Weggeholtwerden wie gestern. Ich warte, sehr ergeben, ich höre plötzlich die Beichtformel in mir »Ich armer, sündiger Mensch …« Wenn ich einen weisen, gütigen, erfahrenen Beichtvater finden könnte, wäre mir wohl leichter. Aber es soll mir ja wahrscheinlich nicht leichter sein. – Es scheint mir ein tiefes Gleichnis zu sein, daß ich, während meine Gedanken Nacht um Nacht zu ihr, der Reinen an Leib und Seele [gehen], daß ich liege, von Ungeziefer geplagt und mich blutig kratze[,] dieses Ungeziefer, gegen das alle meine Säuberung ebenso ohnmächtig ist wie meine Reue gegen die Folgen meiner Schuld. –

Doch wieder nichts. Nach acht Uhr wurde die Tür aufgerissen, ich stand fertig da. Axelrod wurde gerufen. Nach wenigen Minuten war er wieder da. Irrtum, seine Frau war gemeint. Sie ist jetzt mit dem Transport fort zum Verhör. In mir die Enttäuschung stärker als die Erleichterung. Das Stück Januaraberglaube hatte mir öfter zugeflüstert, wenns nur nicht grade am 26. Jan[uar] wäre. Und jetzt kann es gerade auf diesen Tag fallen – kann, aber muß nicht. Sonderbar, alle bestätigen mir, daß ich mich sehr getäuscht habe, als ich glaubte, meinen Namen aufrufen und 152 zu hören. Vielleicht war das ordre [Befehl] [ge]geben und dann wieder geändert worden? Es bleibt weiter beim Warten.

---

[102] Luca Signorelli (1441–1523), italienischer Maler der Renaissance, dessen Fresken die Sixtinische Kapelle des Vatikans schmücken.

Wie doch anders sieht die Welt mir heute aus als da ich gestern diese Zeilen ge-
schrieben habe, die ja nicht eben weltfreudig gewesen waren. Ich bin später als die
Anderen, doch noch in die Hermitage gebracht worden. Habe dort den ganzen Vor-
mittag im Gespräch mit recht netten Soldaten verbracht, besonders mit einem Bayern,
Braumeister aus Ulm, habe schließlich vier Pakete Zigarretten zusammengekriegt.
Heute konstatiere ich wieder bedauernd das Mißverhältnis zwischen der Depressi-
on, wenns mit dem Rauchen zu Ende ist, und der geringen Bedeutung, welche die
Befriedigung hat, wieder etwas zum Rauchen zu haben … Jetzt nach einer bösen
Nacht, wie zerschlagen befinde ich mich vor der trübsten Aussicht meines Lebens.
Ich kam erst gegen drei nachm[ittags] zum Verhör. Dieses dauerte eine Stunde, war
bis zum Resultat ein eher angeregtes Gespräch mit dem Kommissär, einem Bayern,
Scholer oder Schöler, einem blonden, eleganten Mann von etwa 45, der gewandt,
kultiviert, fast wie ein Diplomat, sprach. Ich in einem bequemen Klubsessel, die mir
wiederholt angebotenen amerikan[ischen] Zigarretten rauchend. Das Ergebnis ließ
nach schmeichelhaften Worten über meine literar[ische] Tätigkeit an Deutlichkeit
nichts zu wünschen übrig. Die Aussagen über mein »Vergehen« wurden gar nicht
weiter diskutiert. Es handle sich um meine Person, mein Vorleben (Recherchen über
meine Angaben vor drei Monaten sind bis jetzt überhaupt nicht angestellt worden!)
Erst wieder die Frage, ob ich Jude, beschnitten sei: Man müsse sich Klarheit über
meine Nationalität schaffen, man müsse feststellen, man müßte sich Klarheit schaffen, ob ich noch Deutscher sei, ob vom Recht her nicht etwas gegen mich vorliege.
Kurzum, mit größtem Bedauern, man müsse mich nach Deutschland bringen, vorerst
zum Zwecke von Feststellungen nach Marseille, ins Gefängnis, das angebl[ich] besser
sei, als hier[.] Soviel besser, daß ich mehr als Zweifel habe. Man werde mich bald
nach Marseille bringen. Ich wurde mit warmem Händedruck, erneutem Bedauern
verabschiedet, noch eine Zigarrette angeboten. Also Marseille. Jetzt habe ich noch die
eine Hoffnung, daß es dort recht lange dauern werde, ehe die Entscheidung fällt; denn
solange ich noch an meinem geliebten Meer bin, kann ein Wunderereignis mir noch
Rettung bringen. Wenn aber … Mein gnädiger Gott! Laß mich nicht verzweifeln!
Und bewahre mir nur die Gesundheit! In der Nacht voll traurigen Hin und Her habe
ich beschlossen, dem Kommissär heute noch einen Brief zu schreiben, so wenig ich
mir auch davon verspreche, will ich klar die Rechtslage auseinandersetzen, feststellen,
daß ich staatsrechtlich nie Deutscher gewesen bin etc, auch daß ich kein Emigrant
bin etc. Um der Genauigkeit willen tue ich dieses wenig Aussichtsvolle, weil ich ja
gar nichts anders zu tun weiß als Grübeln und als eine Buße auf mich nehmen, was
die Schickung aus diesen Händen über mich verhängt.

Draußen vor unserm nördlichen Fenster heult ein wilder Mistral, seit langem der
erste, den ich wahrnehme – und den ich hier, fröstelnd und mit wirrem Kopfe, doch
fast liebhabe als ein Teil unseres Südens. Oh, mon midi [*mein Südfrankreich*]! Jetzt
bange ich um das Schicksal dieses Heftes, das ich nicht auch verlieren möchte wie so
vieles jetzt. Wie schade, daß ich es nicht gestern mithatte. Denn dort hätte sich eine
einzigartige Gelegenheit ergeben, es durch einen freundlichen alten Mann (dessen
Sohn aus dem Gestapoauto erfolgreich geflohen ist) nachhause zu schicken. Das Wort

nachhause tut mir körperlich weh … Denn der Alte, mit dem ich die zwei opulenten Mahlzeiten dort gehabt habe, wird heute entlassen und er hat mir ein Wort an Erica mitgenommen. Wie schade. Denn jetzt ists wenig wahrscheinlich, daß ich nochmals dahin komme und selbst wenn, die Befreiten sind mehr als rar. – Habe gestern mehrere Stunden dort in angenehmem Gespräche mit einem Pharmacien [*Apotheker*] aus Nice, Astrando, verbracht, civiler, recht unterrichteter Mann. Haben zusammen das überraschend gute Abendessen gegessen, das Essen der Polizeitruppe. Für 30 frcs von einer Qualität und Quantität wie im Frieden, üppig voll Fett und soviel, daß ich dem Alten ausreichende Portionen von allem abgeben konnte. Jetzt werde ich viel zu tun haben: Wäsche waschen, alle meine Sachen reisefertig machen, das schwierige Arrangement in den Koffern, die nicht Platz für alles haben, etc. Mir bleiben im Ganzen 2000 frcs, wohl das letzte Geld für lange Zeit. Von Erica werde ich wohl kaum mehr was kriegen können.

Mittags: eben hat mich das Pfeifen eines Zuges noch weher ins Wunde getroffen als sonst. Wohl weil sich in alles aufgestaute Reiseweh jetzt das Wissen mischt, daß bald mich ein Zug wegtragen wird ins Ungewisse. Mein Gott!

Wie wunderlich ist es, daß das Herz sich über das große Unrecht, das einem in dieser Zeit geschieht, so viel eher hinwegsetzen kann, als über das erbärmliche Alltagsunrecht. Daß ich nach dem, was dies Gestern mir gebracht hat, jetzt so tief verbittert in mich hineinbrüten muß, in meine Ohnmacht, weil der ganze Vormittag nur mit lauter kleinem Anschreien vergangen war. Seit dem Morgen wende ich mich an jeden Soldaten, um einen Unteroffizier zu sehn, dem ich das kleine geschriebene Ansuchen an den Chef übergeben will, das ich morgens geschrieben habe. Zweimal hat mich ein Unteroffizier angeschrien und die Klappe zugeschlagen, ich soll es dem Chef selber übergeben, obwohl jeder weiß, daß man ihn kaum alle zehn Tage zu sehen kriegt. Und dabei will ich ja dem Chef erst den Brief an den Kommissär übergeben, in dem ich die rechtliche Seite meiner Lage klarmache. Daß selbst, wenn ich ihn übergeben habe, noch Zeit bis zum Weiterleiten, dann bis zum Lesen vergeht, kostbare Zeit, macht alles noch bitterer. Und daß ich der Gestapo einen Brief an Erica vorlegte, die doch seit einem Monate ohne Nachricht von mir ist. Arme liebe alte Erica, sie wird viel Geduld lernen müssen, so wie der alte Rheinhardt! Gott gebe ihr Mut, Vernunft und Kraft und Gesundheit. – Abends. Jetzt geht der gefürchtete 26. Januar zu Ende, ohne mir weiteres Unheil gebracht zu haben. Gottlob. Aber leider waren diese 48 Stunden nicht dazu angetan, mich von meinem Aberglauben zu kurieren. Der Tag war unangenehm genug. Bis zum Abend ists all meinem Betteln nicht gelungen, dem Chef mein kleines Schreiben zu übergeben. Schade. Der Lichtblick war eine Viertelstunde im Hofe ein Gespräch mit einem sehr distinguiert aussehenden Herrn meines Alters, der sich mir als confrère [*Schriftstellerkollege*] vorstellte. M[onsieur] de Gruenwald[103], Livländer, ganz französisiert, schreibt auch Französisch, hat bei Grasset Bücher über Stein und Metternich veröffentlicht. Dieser

---

[103] Constantin de Grunwald (gest. 1976), Übersetzer, Herausgeber und Autor von Herrscherbiographien.

Weltmann[,] Mischung von monarchischen Reaktionären und Demokraten hat Beziehungen in allen Lagern, sehr viele drüben. Ist fast 3 Monate verhaftet ohne Verhör. Sieht ein wenig ernst aus. Oder hält man diesen Uradeligen wegen des Namens für einen Juden? Sogar das ist möglich. Nach unserer Unterhaltung, erschien mir die Gesellschaft hier so abscheulich, daß ich beinahe über das Wegmüssen getröstet war. Leider ließ ich mich nach langem Drängen zum Bridge bereden. Natürlich gab es trotz meiner Lammsgeduld einen widerwärtigen Krach mit Benard, der mir nicht verzeihen kann, daß ich eben ich selber bin und schon gar zu pöbelhaft wird. Heute ließ er sich hinreissen, mich als allemand [*Deutschen*] zu bezeichnen. Mir das nach neun Monaten taule [*Knast*].

Gar allzubald ist nur der üble französ[ische] engstirnige Kleinbürger übrig geblieben. Das sind die Schattenseiten dieses Volkscharakters – aber wo wäre Kleinbürgertum sympatisch?

Morgen gehen die [ers]ten neun Monate meiner Gefangenschaft zu Ende – heute habe ich das traurige Gefühl, daß diese – trotz der Villa L[ynnwood] am Ende noch das bessere Teil der Haftzeit gewesen sein können. Lieber Gott, was wird jetzt kommen? Und wie lange wirds noch dauern? Gegen Andere zeige ich eitel Optimismus, spreche von Ostern als Umschwungszeit – aber im Innern ist ein trauriges vernünftiges Besserwissen. Die Alliierten haben keine Eile und sonst … sieht alles nach »Toujours pareil [*immer gleich*]« aus wie die Miesmacher über die Nachrichten sagen. Gestern hat man mir von einem débarquement près de Rome [*Landung in der Nähe von Rom*] erzählt, es scheint kein bobard [*Märchen*] zu sein. Magari [*Schön wärs ja*]. –

Ich bin des Treibens so müde, und gerade jetzt darf ich nicht müde werden, im Gegenteil. Der Gedanke an Selbstmord ist mir nie ernsthaft gekommen, wohl weil das Gottvertrauen mir doch immer Kraft gibt. Nur seit den Tagen in Hyères habe ich sorgfältig eine dort gefundene Rasierklinge versteckt gehalten, mit dem Gedanken, daß sie mich vor Unerträglichem bewahren könne. Aber ernsthaft habe ich nie daran gedacht … Möge Gott mich davor bewahren, diesen Gedanken je nachhängen zu müssen. Ich will heute nachts versuchen nicht an meine Lage zu denken, sondern mich in eine Meditation zu versenken, wie sie mir oft in Menton so seelenstärkend gelungen ist. Die lange Nacht kommt näher. Man weiß ja jetzt nie, wann ausgelöscht wird, so daß ich mich wieder mitten im Schreiben unterbreche. Dann werde ich noch ein bißchen mit dem freundlichen artigen Nevasquez plaudern vor dem Nachtmachen. Seit gestern habe ich in jedem Augenblicke sich vertiefender Besinnung das Gefühl, daß ich so völlig aus meinem bisherigen Leben fortgeronnen bin, daß nichts abzusehen ist, wie ich dahin zurückfinden soll, von wo ich fortgegangen bin. Das hängt wohl mit der nagenden Überzeugung zusammen, daß Theodora mir verloren ist, sie, an die in diesen Jahren alle meine Hoffnungen auf Zukunft sich knüpften. Was soll noch werden? Gott weiß es und wird helfen, wenn er mich lebendig aus diesem großen Übel kommen läßt. Gnädiger Herr Gott, hilf mir. Gib mir Mut und Kraft und Gesundheit für Leib und Seele!

Eisiger Morgen, man schaudert beim Gedanken an das Waschen und wartet damit,
bis es etwas heller wird. Trotz der zunehmenden Ungezieferplage (bin schon ganz
blutig gekratzt) eine recht gute Nacht verbracht, wenn auch ohne die erhoffte Erhebung. Ich bin so angebunden an das Wegmüssen ins Unbekannte, daß mir keine
rechte Verinnerlichung gelingt, nur armselige halbwache Wunschträumereien, die
mich für eine Weile aus der Not der kleinen Wirklichkeit wegtragen. Ich versuche
vergeblich, recht zu beten. Es wird matt. Um den Wachträumen zu entgehen, denke
ich an die praktische Notwendigkeit, an das, was ich zu tun habe, damit ich im
Augenblick des Fortmüssens alle meine Sachen bereit habe. Denn es ist ja immer
so, daß es heißt »vite vite [*schnell, schnell*], mit allen Sachen.« Und sie, die doch
schon viele Stunden vorher wissen, daß man weg geht, sagen es erst in den letzten
Minuten vorher, wohl planmäßig, um irgendwelches Hinausschmuggeln von Briefen
etc zu vermeiden. Heute werde ich den Tag gut nützen, um wirklich fertig zu sein.
Ich habe schon gestern mit dem Wäschepacken angefangen. Will heute alle Wäsche
sauber kriegen. – Da ich entschlossen bin, selbst wenn die Leute beleidigt sind,
nicht mehr Bridge zu spielen, habe ich den ganzen Tag für meine Geschäftigkeit
zur Verfügung. Wie schwierig ists, die paar Sachen in Ordnung zu halten. Trotz des
gedruckten Reglements, das verspricht, die Wäsche werde hier im Hause gewaschen,
muß ich alles selber machen. Zum Glück habe ich noch Waschpulver. Hoffentlich
sind die materiellen Bedingungen in Marseille besser! Meine erste Hoffnung für dort
ist, daß ich vielleicht entlaust werden kann. Das wäre physisch und moralisch eine
große Erleichterung. Allerdings, nach allem, was man von französ[ischen] Gefängnissen gehört hat und weiß, darf ich mir nicht zu große Illusionen über Hygiene etc.
machen. Und für die Ernährung habe ich große Bedenken. Denn jetzt weiß ich erst,
daß hier der so magere deuxième plat [*zweiter Gang*] vom Roten Kreuze geliefert
wird und vorher ausschließlich das Wruckenwasser – einmal im Tage – als Essen
gegeben wurde. Jetzt bin ich dem Roten Kreuze, über das ich gemeckert hatte, doch
recht herzlich dankbar. Wenns auch dürftig ist, ohne diese Intervention, hätte man
seit dem Verbot der Colis [*Pakete*] wirklich hier langsam verrecken können. – Wenn
es in Marseille doch wenigstens so wäre, wie es hier vor der nur für Suppe erlas-
senen Neuordnung gewesen ist! Dann könnte man existieren. Wenn nämlich Erica
mir nur meine Ration an Zucker etc. schicken kann und etwas Brot, so kann man
schon durchkommen. Im Laufe der Haft scheint der Magen geschrumpft zu sein,
sodaß der Quantitätsbedarf sich recht verringert hat. Ich habs vorgestern gemerkt,
wie wenig ich von dem köstlichen Essen in der Hermitage zu mir nehmen konnte.
– Es gibt hier in der Zelle einen Band Verlaine.[104] Wenn ich den doch mitnehmen
könnte! Ich würde wie in der Jugend versuchen, wieder einige Gedichte zu übersetzen. Jetzt wirds heller, ich muß mein Tagewerk anfangen. Noch eine Hoffnung für
Marseille muß ich hier vermerken: dank der großen Langsamkeit der Prozedur, die
für meine Enquête [*Untersuchung*] Monate in Anspruch nehmen kann, hege ich die

---

[104] Paul Verlaine (1844–1896), französischer Lyriker.

Hoffnung, daß derweil die Ereignisse mir zu Hilfe kommen können. – Jetzt ruhe ich mich auf dem Strohsacke etwas von dem busy morning [*geschäftigen Morgen*] aus. Ich habe, wie die Hausfrauen in Lavandou vom Mistral – und die in Rom von der Tramontana – profitiert und soviel als möglich Wäsche gewaschen. Jetzt sind beide Fenster offen und die paar Schnüre sind vollbehängt. Es bleibt nur noch ein Hemd. Leider haben wir, Nevasquez und ich, zusammen nur zwei Eßschalen, sonst wäre schon alles fertig und ich könnte die zwei Koffer reisefertig machen. Bis abends ist alles trocken. Indessen hat uns das gute Rote Kreuz freundlich beschert: für jeden einen Apfel, ein Säckchen mit 8 Stücken Zucker und ein Stückchen pâte de fruits [*Fruchtpastete*], alles hochwillkommen. Meine Vorräte sind auf ein kleines Stückchen Wurst, etwas Knoblauch und ein Restchen Milch in der Büchse eingeschrumpft. Der Zucker ist – dank dem Zugreifen des Italieners in N°97 – auf wenige Stücke eingeschrumpft. Die heutige Gabe ist ein wertvoller Zuschuß für eine Weile (der Apfel ist schon verschmaust) Und bald bin ich ja fort von hier. Wie wirds wohl dort sein? Ob sich die Croix Rouge [*Rotes Kreuz*] dort auch der Gefangenen annimmt? 11 Uhr: Fliegeralarm. Kurz vorher hörte ich Flugzeuge. Gestern hat man bis in die Nacht hinein massenhaft Flugzeuge gehört. Busy! Abends. Jetzt aber, da ich mich nach einem geschäftigen Tage zum Schreiben auf dem Strohsacke eingerichtet habe, wird das Licht abgelöscht, um 6h25, während die Meisten eben ihr Abendessen beendeten. Wir haben einen neuen Chef (qualis visus [*Was für eine Erscheinung*]!) vielleicht wieder Neuordnung?

Der Tag hat mir eine rechte Freude gebracht. Beim Spaziergang habe ich den lieben kleinen Guénon wiedergesehen. Wenn ich doch mit ihm zusammengeblieben wäre, redlicher, kleiner Mann! Das ist der einzige wirklich gute Mensch, den ich unter all den vielen Zellengefährten kennen gelernt habe. Wie gerne schrieb ich jetzt vieles. Aber der Kerzenstummel, bei dem ich schreibe, ist zu kostbar. Ich erfuhr, daß Carivet nach Marseille gebracht worden ist. Violette ist seit Neujahr befreit. Das sind die Neuigkeiten. Le commandant A. a continué à donner les gens. G[uénon] est gonflé à bloc [*Kommandant A. hat weiterhin Leute verraten. Guénon ist zu allem entschlossen*]. Lieber Kleiner. Er fährt mit dem Tagebuch fort. Etwas Gutes, das ich gesät habe. Jetzt muß ich sparen und Schluß machen!

28. Jan[uar 19]44

Heute beginnt also der zehnte Monat meiner Haft. In Gottes Namen! – Er beginnt nicht gut. Nach einer sehr fieberhaften Nacht mit starken Halsschmerzen, zu wenig Schlaf, wirren Traumfetzen und ich war von meinem Ungeziefer ärger geplagt als je bisher. Guénon hat mir gestern gesagt, er habe auch Läuse, das sei allgemein hier. All meine Sauberkeit nützt dagegen [n]ichts, ich muß mich ebenso heftig kratzen wie Benard, der sich kaum wäscht noch die Wäsche wechselt. Wie gemütlich erscheinen mir die Flöhe und Wanzen in Menton gegenüber diesen gespenstischen Läusen, die farblos, fast zweidimensional und daher untastbar sind. Ich werde immer wunder von all dem nicht zu vermeidenden Kratzen. Pfui Teufel – wie diese Käfigexistenz die physische Widerstandskraft schwächt! Das ist die vierte Erkältung, die ich seit

November habe. Und Halsweh habe ich draußen alle paar Jahre einmal gehabt. Wenn der Abtransport sich doch noch ein paar Tage verzögern wollte! Es wäre nicht angenehm, in diesem Zustande wegzumüssen. Ich nehme an, daß Montag der Tag sein wird (wieder fällt mir Sam Weller und der Gehängte[105] ein)[.] Der vorige Transport nach Marseille ging Montag ab. Gestern habe ich das Ansuchen an den Chef endlich abgeben können, aber der neue Herr hat bisher nicht geruht, davon Kenntnis zu nehmen. Bis jetzt hat sich seine Gegenwart nur durch das frühe Ablöschen bemerkbar gemacht. Das wär peinlich, selbst für die kurze Zeit, wenn das Auslöschen um halb sieben jetzt zur Regel würde! Gestern habe ich vor dem Schlafen Nevasquez eine Predigt gehalten, er solle sich nicht so sehr geistig gehen lassen – Eben wird zum Verhör gerufen, Viglieno und nebenan Gruenwald. Gott sei ihnen gnädig! – Wenn Gott behüte einer der aus Rußland gekommenen Soldaten Flecktyphus einschleppte, dann wären sie (»sie« werden hier les Européens genannt) bald die polit[ischen] Gefangenen los. Meine Vorstellungen wegen des Entlausens vor 14 Tagen sind ohne Ergebnis geblieben. Meine gestern gewaschene Wäsche ist trocken. Jetzt kann ich ans Einpacken gehn und das letzte Hemd waschen. Wie armselig sind meine Versuche zur Reinlichkeit inmitten all dieses Drecks und des Ungeziefers! Und doch! – – – Meine Moralpredigt für Nevasquez gestern abends hat mich einen Blick in das Wesen dieses wirklich anständigen, sauberen Burschen tun lassen. Ich war verwundert, wie gerührt er von meinem Bemühen war, ihn aus der Lethargie von drei Jahren Militär und jetzt der Haft aufzurütteln. Ich hoffe, ihn bewogen zu haben, sich stetig geistig zu beschäftigen, sein Französisch zu verbessern etc. Denn wenn der wieder an die Universität zurück soll, wird er dastehn wie Einer, der nach drei Jahren Bettruhe ein Fußballmatch spielen soll.

Dieses abscheulich heimeliche Bild wird mir wohl neben dem grausigen der Haft in Villa L[ynnwood] im Gedächtnisse bleiben, wie es sich jetzt immer der morgendlichen Lichtempfindlichkeit aufdrängt. In dem starken Morgenlichte die grelle Weiße der einen Wand, davon sich abhebend zwei Männer, über das Innere ihres Hemds gebeugt, Läuse am Daumennagel knackend, die zerwühlten Strohsäcke mit verspäteten Schläfern, Artus auf seinem Bette unter seiner breit rot und blau gestreiften Decke, das jetzt schon ganz graue Haar zerrauft, eine Brotrinde kauend. Ich selber, auf einem Hocker an der hellen Wand sitzend, langsam einen Strumpf stopfend. Benard, toujours gueulant [immer grölend] unter seiner Riesennase, durch die Zelle gehend, die Bänder seiner langen schmutzigen Unterhose nachziehend, vor der Wasserleitung wieder umkehrend.

Mittags. Habe den Vormittag wohl ausgenutzt, meine Koffer sind in Ordnung, die dem tägl[ichen] Gebrauch dienenden Sachen können in das Körbchen in zehn Minuten verstaut werden, das ist ja auch das Maximum an Zeit, das einem gelassen wird. Früher nach dem Coiffeur (den ich mir gönne, um die paar verbliebenen Klingen zu schonen) habe ich mich im Spiegel gesehen, sehr betroffen von dem veränderten Gesichte mit dem kleinen Schnurrbart und dem Anflug von Koteletten. Theodora

---

[105] Sam Weller, der Gehängte] Figuren aus der Novelle »Die Pickwickier« des englischen Erzählers Charles Dickens (1812–1870).

wäre wohl erstaunt, mich so wiederzusehen. Lieber daran nicht weiterdenken. Gestern abends und heute haben wir ganz leidliche Portionen zu essen gehabt[,] gestern Kartoffeln, heute pois chiches [*Kichererbsen*]. Gruenwald hat mir sagen lassen, er habe Nachrichten aus Paris erhalten, daß la Croix Rouge Internationale [*das Internationale Rote Kreuz*] sich jetzt besonders bemühen wolle um die Verbesserung der Lebensbedingungen für die politischen Gefangenen. Hoffentlich gilt das auch für Marseille. Denn das wäre zu blöd, wenns hier eben besser wird und ich weg muß. Aber das wird sich doch auf alle Gefängnisse beziehen! Wie viele es derer gibt! Ich bin gespannt, ob V[igliéno] abends etwas von Gruenwald zu erzählen hat. Hoffentlich ists gut abgelaufen. Ich nehme aber an, daß er auch ein Fall für Marseille sein dürfte! Das scheint das Rendez-Vous solcher Affairen zu sein. Zu meiner Beruhigung kommen auch Franzosen dahin, wie Carnivet etc. – Nachmittag. Jetzt habe ich alle »Reisevorbereitungen« getroffen, was noch zu tun bleibt, kann ich nur in den letzten Minuten tun, wenn schon der Soldat in der Tür steht und »vite vite [*schnell, schnell*]« sagt. Mir ist beinah leid, daß ich nichts mehr zu tun habe. Dabei vergeht so einfach die Zeit ohne allzu schwermütige Gedanken. Jetzt hängt das letzte Hemd und Taschentuch zum Trocknen, leider kann ich dabei nicht mithelfen. Unberufen scheint das Methylenblau meinem Hals wieder sehr gut getan zu haben, der in der Nacht so bedrohlich war, und ich bin jetzt auch fieberfrei. – Einen hübschen Zwischenfall muß ich vermerken. Vor vier Wochen hat mir Artus eine Tube Aspirin geliehen, als ich dachte daß im nächsten Paket von zuhause auch Aspirin sein würde. Das letzte Mal hab ich es kurz vor unserer Übersiedlung in diese Zelle auf dem Tische unten gesehn. Schon als ich nach den verschwundenen Strümpfen und Rasierklingen suchte, war es nicht mehr da gewesen. Vorige Woche sagte A[rtus] sehr freundlich, er habe Kopfweh, ob ich ihm nicht Aspirin geben könne? Ich sagte ihm, ich wüßte nicht, wo es geblieben sei, fing aber nochmals in den Koffern zu suchen an, vergeblich. Seitdem fängt Benard, den das doch wirklich nichts angeht, bei jeder aber auch ohne Gelegenheit stänkernd von dem Aspirin zu reden an. Soeben, als ich mich etwas hingelegt hatte, sagte er extra laut, man müßte mich durchsuchen, fouiller [*durchsuchen*]! Ich stellte mich schlafend, schwieg. Angenehme Gesellschaft[,] was für eine tiefe grundlose Gehässigkeit. Ich bleibe unnahbar. Wenn ich in Marseille doch nur mit einigen wohlerzogenen durchschnittlich intelligenten Leuten zusammen käme, mehr wage ich nicht zu hoffen. Wenn ich doch mit Guénon und Leutchen wie Ayraux, Berson etc hätte zusammenbleiben können! Aber Gott kanns diesmal vielleicht viel besser machen.

Abends. Well, it was as I feard [*Nun, es war so, wie ich befürchtete*]. In der Tat haben sie uns heute abends ohne Licht gelassen. Aber ich kann diesen leeren farblosen Tag der uns nicht einmal den Spaziergang gewährt hat, nicht beschließen, ohne ein paar Zeilen in das liebe Zufluchtsheft zu schreiben. Indessen ist dem Russen mitgeteilt worden, daß er mit seiner Frau als Interpret zur Organisation Tot[106] abgeht.

---

[106] Organisation Todt] militärisch organisierte Bautruppe der nationalsozialistischen Kriegsführung.

Tant mieux pour tout le monde [*Umso besser für alle*]. Ich bin zufrieden, daß er nicht am Ende mit mir in die nächste Zelle kommt. Ich steh zwar mit ihm jetzt so gut, als ich mit einem Henkergesellen stehn kann. – Jetzt wartet man auf die Rückkehr Viglienos vom Verhör, wie es gegangen ist, auf Nachrichten etc. Leider darf ich die ganze Kerze nicht mehr benutzen. Also auf morgen, meine Schreibgedanken. Wie schade. Nie war mir Schreiben so gut wie hier.

Samstag, 29. Jan[uar 1944]

Jetzt sind die Schwätzer leider schon wach und überfluten die Zelle mit lauter leeren Wörtern. Ich hätte gern noch ein bißchen vor mich hingedacht, wie sonst. Die Nacht hat mit einem Augenblick guter Versenkung begonnen und ist dann wieder lausig geworden. Um acht Uhr abends ist Vigliено vom Verhör zurückgekommen. Die Dinge haben sich für ihn besser gestaltet. Er ist nicht geschlagen worden wie vorher. Er nimmt an, daß er »nur« zur Arbeit nach Deutschland geschickt wird. Er erfuhr, daß Blanchard nicht in die Freiheit ging sondern mit einem Transport nach Marseille, was meinen Skeptizismus rechtfertigt, daß immer weniger befreit wird[.] Man sagt, daß Marseille in jeder Hinsicht besser sei als hier, viel weniger Einschränkung für Korrespondenz, Colis [*Pakete*] etc. Hoffentlich! – Die Nachrichten sind weiter gut. Trotz seiner guten Behandlung sagt V[igliéno,] daß in der Hermitage fest weiter geschlagen wird (wie ichs ja auch gesehen habe!) Ich will heute versuchen, Erica durch den weggehenden Russen einen Brief zu senden. Wenns nur ginge. Die Arme wird schon sehr um mich besorgt sein. Brr es ist eisig auf der Welt! – Ich bin empört, daß sie uns hier jetzt wirklich abends ohne Licht lassen.

V[igliéno] erzählt eben, daß ein Bursch mit ihm war, der 1500 Brotkarten auf sich hatte. Und daß der Handel damit und mit falschen Identitätspapieren blüht. Jetzt ist große Bewegung im Hause, viele Nummern und Namen werden zu Verhör gerufen. Es scheint, daß sie sich jetzt beeilen, das Gefängnis hier zu leeren. Grünwald ist gestern nicht mehr drangekommen –

Mittags. In der Tat wird das Essen hier seit vorgestern reichlicher. Gestern hatten wir Pois chiches [*Kichererbsen*], fast genügend, jetzt pâtes [*Nudeln*] einfach abgekocht, aber fast eine normale Portion. Wenigstens muß man nicht gleich Hungerphantasien haben. Jetzt, da meine Vorräte zu Ende gehen, doppelt willkommen. – Vormittags habe ich köstliche 25 Minuten verbracht. Ein Sonnentag, kalt wie in Wien oft im April, mit leuchtenden Wolken auf dem seidigen Himmel. Ich war nur mit zweien aus der Zelle im Hof, habe meine Augen gebadet im Anblick des kleinen Gemüsegartens hinter dem Gitter, das gelbe Grün von Romaine, das bläuliche der jungen Zwiebel das graue, rosa Blau von Kohlblättern wie ein festin [*Festschmaus*] für meine Augen und ich wurde fast lustig nach dem ersten Sehnsuchtschoc. – Jetzt habe ich durchs Fenster mit Guénon gesprochen. Nichts Neues. Ich sehe jetzt zuversichtlicher Marseille entgegen, zumal seit ich weiß, daß hier an Befreiung für mich nicht zu denken ist. Ich bin zu verdächtig. Der Salaud [*Schurke*] di Mauro hat mir eine zu schlimme Etikette auf den Weg mitgegeben. Wie lange wird die noch an mir hängen? Hoffentlich reissen die Ereignisse sie bald so von mir, wie man den Transportzettel von einem angekommenen Koffer reißt.

162

Es ist halb sechs, draußen klappern die Gamelles [*Blechnäpfe*], d.h. gleich ist das Abendessen da – und nach der herrlichen Neuordnung beginnt für uns die Nacht, die jetzt vierzehn Stunden dauert, weil der Tag länger wird. Unter dem Vorwande, daß die Lampen nicht blau sind, wird einfach das Licht nicht angedreht. Wie entsetzlich, nichts mehr tun zu können! Sondern einfach bis morgen früh auf dem Strohsacke zu liegen, von dem lauten Gespräch umgeben – und meine halbe Stunde abends in dieses Heft zu schreiben ist dahin. Es dauert ja hier nicht mehr lange. Eine leichte Empörung kocht in mir, angefacht dadurch, daß ich eben (zum dritten male) V[igliéno] sein voriges Verhör erzählen hörte: »Le type qu'ils m'ont montré pour m'effrayer était par terre, et avait le crâne ouvert; ils versai[en]t un seau d'eau sur lui et ils l'ont fini. C'était un juif allemand qui avait résisté [*Der Typ, den sie mir gezeigt haben, um mir Angst zu machen, lag auf der Erde und hatte ein Loch im Schädel; sie schütteten einen Eimer Wasser auf ihn und machten ihn fertig. Es war ein deutscher Jude, der Widerstand geleistet hatte*]«. – Heute nachmittags hätte ich so gern konzentriert geschrieben, war voll Sensibilität und Geschichten aus der Jugend. Aber dieser grausliche Benard hat pausenlos gellend gepfiffen und dann ebenso laut »lustige Witwe« gesungen. Vorbei waren die guten Stunden. Dagegen war nicht anzukämpfen. Und wenn man ihn bittet einen Augenblick still zu sein, tut er es noch lauter und dann überhaupt ohne Ende uns einen zu singen. Also schwieg man und spielte schließlich Belotte mit Nevasquez.

Sonntag, 30. Jan[uar 1944]

Also bin ich doch die Woche hier bleiben können – aber ich will nicht voreilig sprechen denn man kann am Sonntag ebensogut von hier weggebracht werden wie Montag oder wann immer. Eben sagt mir A[rtus] ganz wohlwollend, daß ich heute Nacht wie in den letzten Nächten vorher sehr heftig mit den Zähnen geknirscht habe, schade für die Zähne und den ganzen alten Rh[einhardt] der also auch nicht in der Nacht eine volle Entspannung findet – denn trotz der neuen Annahme, daß der Musculus Maseter[107] der einzige sei, der im Schlaf sich nicht entspanne, weiß ichs aus Erfahrung, daß in guten stillen Nächten ich nicht knirsche – in Menton ists mir in der letzten Zeit selten gesagt worden. Das war eine schlechte Nacht, voll phantastischer Gedankenfetzen, wenig später Schlaf, weil hellhörig für alle Geräusche! Der üble nuisance [*Belästigung*] Benard weckt mich unaufhörlich, besonders, da er auf das leiseste Schnarchen der Anderen mit einem heftigen Pfeifen reagiert – zu seinem gewalttätigen Schnarchen sagt keiner etwas. Und das Geräusch der Leute, die sich wild kratzen[,] ich tus auch – und all die unnennbaren Geräusche. Ach Gott, es scheint weltweit zu sein, daß ich ohne Ungeziefer in einem sauberen Bette allein in einem Zimmer geschlafen habe, zuhause, in Hotelzimmern ... Das letzte Mal hatte ich ein gutes, wenn auch schmales Bett, in der Kaserne in Hyères. Das ist nun auch bald neun Monate her ... Mir fällt plötzlich das hübsche Wort Emmy H's ein, als ich sie das letztemal sah »time is playing tricks on me [*die Zeit spielt mir einen Streich*]«,

---

[107] Musculus Maseter] ein Kaumuskel.

das ich erst jetzt völlig verstehe, da ich in allen Richtungen des Zeitlabyrinthes auf und ab getrieben werde. – In dem Rasierspiegel an der Wand mir gegenüber erscheint etwas fahle Helle. Ich bin aufgestanden nach dem Fenster zu sehen (das ich hinter mir hoch oben hab) – will das ein grauer, regnerischer Tag werden? Es ist nicht zu erkennen, obs noch zu früh für mehr Helle [ist] oder ob dieses bleierne matte Licht durch eine gleichmäßige Wolkenschicht passiert. – Draußen wieder Türaufreißen, Rufe, Nummern, Auf- und Ab, wohl wieder Vorbereitungen zum Abtransport zum Verhör. Doch auch am Sonntag? Das ist selten. Sonntag – wieder reden die da, was es heute wohl extra geben werde? Ich denke auch sehr materiell, daß ich lieber nach der morgigen Paketverteilung erst wegkäme, weil ich dann die extra-Ration Brot mit auf dem Weg hätte in die unbekannten neuen Verhältnisse. Üppig wirds ja dort doch nicht sein und ein Stück Brot mehr kann man wohl brauchen. An Vorräten bringe ich ja nichts mehr ein als zwei Köpfe Knoblauch und etwa noch 50–60 Gramm Wurst. Und glücklicherweise noch zwei Pakete Zigarretten. Ob ich nochmals in die Hermitage geholt werde, um etwas zu unterschreiben wie die andern, bevor sie weg gehen? Es wäre mir willkommen wegen der Zigarrettenmöglichkeit. Des voix gutturales gueulent ... bruits de transport [*Kehlige Stimmen grölen, Transport-Lärm*], wieder werden Menschen transportiert, wie die Colis [*Pakete*], aber alle bleiben auf dem Transport – wie der hübsche französische Ausdruck sagt – irgendwo en souffrance c'est ça, nous sommes des colis humains en souffrance ... Quand arrivera-t-on à destination naturele [*leidend, das ist es, wir sind leidende Menschenpakete ... Wann werden wir am natürlichen Bestimmungsort ankommen*]?

Die Wolkendecke ist jetzt schnell dünner geworden und an die Stelle des blau-grauen Lichtes ist eine freundliche gelblichweiße Helle gekommen, die mit dem dünnen Wandlungsglöckchen aus der Sträflingsmesse hier zusammen eine kleine freundliche Sonntäglichkeit in mir schaffen. In ihr tauchen Bildchen von Kindheits-sonntagen auf, die Rückkehr aus der späten Messe in der Mariahilfer-Kirche durch die Straße mit den geschlossenen Laden, ich selber klein im Sonntagsmatrosenanzug neben meiner Schwester Adele hergehend[,] sie mit einer wattierten blauen Haube mit Seidenrüschen[.] Herrgott, und derweil habe ich schon ein ganzes Menschenle-ben gehabt, und das alles ist noch so da mit dem unaustilgbaren Gefühl, daß alles noch immer nicht recht angefangen hat (während es doch schon angefangen hat, auf-zuhören – wie Scholtz[108] es einmal gesagt hat) und ich bin von deutschsprechenden Menschen unter Franzosen als Gefangener gehalten, der ich trotz allen polyglotten Blendens mein Leben lang auf Deutsch gedacht und die Welt auf deutsche Worte bezogen erlebt habe ... närrisches trauriges Spiel ... – Mittags: das Sonntagsessen ist schon geschluckt. Le plat [*Das Hauptgericht*], weniger als 20 Gramm Kalbfleisch mit drei Kartoffeln, war so daß man schrecklich Lust bekam, einmal ein richtiges warmes Essen mit Fleisch zu kriegen. Eine schmerzlich liebe Überraschung hat mir der Tag doch gebracht, einen – leider kurzen – Brief von Erica. Die Arme ist jetzt seit 34 Tagen ohne Nachricht von mir. Großartige gedruckte Reglements – und dann

---

[108] s. Anm. 64.

das! Sie schreibt vom Garten, in dem jetzt die Arbeit anfängt, was mir schrecklich Heimweh nach meinem kleinen bukolischen Leben in Les Chênes, mit den Jahrzeiten so engverbunden, macht. Ich bin jetzt wieder zum Städter geworden, nach 14 Jahren entschlossenen Landlebens. Und unter was für Bedingungen ein Städter. Wie gut hats dagegen der Proletarier in einer Zinskaserne in Neu-Margarethen, Wedding oder Belleville! Ich rede gar nicht von seinem bißchen Freiheit, dessen Bestes doch ist, daß er nicht mit Menschen wie diesem Benard zusammen schlafen muß. Der Kerl ist eine der härtesten Prüfungen der ganzen Zeit[.] Er pfeift vom Morgen bis zum Abend gellend »Lustige Witwe«, unterbricht sich nur um ebenso gellend 50cm von mir zu reden – und in der Nacht schnarcht, grunzt und pfeift er. Mein Mitmensch. Und dabei war er ja der, der hier die Läuse eingebürgert hat. Er ist so versaut, daß er am Ende schon draußen welche gehabt hat. Und dieses Stück Dreck ist Capitaine de l'Armée Française [*Hauptmann der französischen Armee*] und nennt mich »l'allemand [*der Deutsche*]«! Schnell wegschauen, weghören. Ich fürchte, die liebe Erica beginnt schon etwas den Mut zu verlieren. Es ist lang für sie: Ich danke nur Gott dafür, daß meine Verhaftung sie nur indirekt leiden gemacht hat. Wie lange wirds noch dauern, bis ich sie wiedersehe! Ich fürchte länger, als mans gern wissen möchte. Heute nachts war Alerte [*Alarm*] eine maßlos heftige Hoffnung hat mich erfüllt – aber bald wars vorbei. Warten, warten alter Rheinhardt, der gerade das so schlecht verstanden hat im Leben! Jetzt wird ers allmählich erlernt haben, der ewig Ungeduldige. – Der grau gewordene Nachmittag schlich dahin mit Lesen (ein schönes Buch von Estaunié[109] »Solitudes«) und Belotte mit Nevasquez. Eine angenehme Unterbrechung gab es. Wieder eine Verteilung vom guten Roten Kreuz: für jeden ein Stückchen Kuchen und pain d'épices [*Lebkuchen*], ein Apfel und 4 dürre Zwetschken. Danke, liebes Rotes Kreuz! Und jetzt nach 34 Tagen ist auch unsere abgestandene Post abgeholt worden. So kriegt Erica ein Lebenszeichen – vielleicht hat sie derweil schon die Zeilen aus der Hermitage – und Axelrod versprach, auch einen Brief zu befördern, wenn er kann. Er ist sicher, daß er morgen wegkommt. Ich glaube, ich auch. Tant pis, tant mieux [*Sei's drum, umso besser*].

Schon hört man von unten den Lärm der Gamelles [*Blechnäpfe*]. Schon um 5 Uhr! Und in einer Stunde ist wieder lichtlose Nacht. Jetzt ist es sechs Uhr und ich profitiere davon, dass zum Bettmachen das Licht angedreht worden ist. Es wird ja ebenso plötzlich verschwinden, wie es gekommen ist. Ich flüchte mich zu dem Hefte vor dem allgemeinen Gespräche über Läuse, wo sie am meisten beißen, etc. Ich könnte dazu Einiges sagen, aber ich habe keine Lust, mit Monsieur Benard, der wahrscheinlich der fournisseur [*Lieferant*] ist, selbst auch das als gemeinsam zuzugeben. Ich kann mir nicht helfen, [bei] diesem Ausmaß von Vulgarität gibts für mich nur hochmütiges Schweigen[.] Das ist ein Hochmut <u>nach</u> dem Falle, zu Hochmut geworden an der Vereinsamung, die das einzige Gut anderer Art ist, an das man sich klammert!

---

[109] Eduard Estaunié (1862–1942), französischer Erzähler.

Montag, 31. Jan[uar 1944]

Ich bin in das Wissen aufgewacht, daß heute ein Schicksalstag ist. Ich bin ruhig, voll Gottvertrauen und denke nur an praktische Dinge[.] Wie es immer dort sein möge, wohin ich gebracht werde, es ist eine neue Etappe, die mich dem Ende der Gefangenschaft näher bringt. Hier verlasse ich nichts und niemanden mit Bedauern – nein das ist schon wahr: den gentle [*netten*] Nevasquez, der inmitten der Öde ein rechtes élément humain [*menschlicher Bestandteil*] für mich gewesen ist. Dem grauslichen Benard müßte ich sogar dankbar sein, denn dank seiner Gegenwart hier ist mir das Wegkommen aus dieser Zelle wünschenswert geworden. In aller meiner Ruhe ist natürlich das Unbehagen, das jede ungewollte Zustandsveränderung begleitet (vom Geschrei des Neugeborenen bis zur Qual der Todesstunde) – Es ist noch so finster, daß ich mit den letzten Vorbereitungen nicht anfangen kann, sonst würde ich mich lieber erst reisefertig machen als noch auf dem Strohsacke zu sitzen. Vor einer Stunde wird nichts in Gang kommen.

Jetzt steht schon ein fahler Tag in den Fenstern. Ich bin gewaschen. Aber das Körbchen zu packen hebe ich für die letzten Minuten auf, es liegt ja alles bereit: nur noch das Waschzeug etc. ist hinein zu tun, mein Brot, wenn man uns noch die Ration gibt. Also warte ich. Es ist 3/4 8. Wenn eine Entscheidung kommt, kanns nicht lange dauern. Blanchard ist eben um acht Uhr weggeholt worden. Also, in Gottes Namen. – Halb neun. Nichts. Eben sagt Nevasquez zu mir: »E ben probabile que non partite quest'oggi perche ne eravamo tanto certi – spapete, in prigione niente viene come si l'aspetta … [*Gut möglich dass Sie heute nicht abreisen, weil wir so sicher waren – (), im Gefängnis kommt nichts so wie es aussieht*]«. Er hat recht. Also betrachte ich das als Generalprobe des Unvermeidlichen. Ich habe jedes Stückchen, das noch zu verstauen ist, nochmals bereitgelegt. Hier ist ja der kleinste Gegenstand von der größten Wichtigkeit. Ich habe Nevasquez ein kleines Stück Seife und ein Taschentuch geschenkt, eingedenk der Wochen in Villa L[ynnwood] wo ich ebenso arm an Dingen war wie er. Ich hatte wenigstens Geld (für das ich freilich nichts kaufen konnte) während er im Ganzen 600 frcs besitzt ohne Aussicht, irgendwoher Geld zu kriegen. Für den reichen jungen Grafen ist das eine harte Schule, die aber schon sichtlich sehr gute Früchte gezeigt hat. Er ist so bescheiden, bereit, jede Zellenarbeit zu machen, so bedürfnislos, so dankbar für jeden mégot [*Kippe*], ein Stückchen Zucker. Während die Anderen an den Gaben des Roten Kreuzes herummäkeln, preist er immer wieder die Hilfe, die uns von dort kommt, mit einer ihm sonst nicht eigenen Beredsamkeit. Er hat einen Charakter, den Theodora sehr gutheißen würde und, um dessen willen man so gern vergißt, daß er sonst recht uninteressant ist. Also, für den Morgen ists wohl nichts mit Abtransport. But you never can tell [*Aber man kann nie wissen*]. Es kann auch um 1h mittags oder um 7h abends sein. Unerforschlich sind die Sitten und Gebräuche der »Europäer«.

Ein bißchen Sonne kommt in die Zelle, malt zwei gelbe, von Stäben durchschnittene Flecken an die linke Wand – und sie scheint mir durch das langsam aufgebaute wertvolle Gebäude von Verdrängungen hindurch bis dahin, wo das wirkliche Ich haust, das noch immer sich der Gefangenschaft entzieht und lebt mit Gärten, Landschaften, Bildern vieler Städte, in einer Welt, in der die Eisenbahnen fahren und wo liebe Menschen wandeln und zueinander[.] Bleib still, da unten, du Nicht-Häftling, laß dich nicht von zwei Sonnenflecken herauslocken in dieses Dasein, wo Du ein Gefangener der Deutschen werden kannst und bedroht bist, aus der Zelle 152 in Nice ins Unbekannte abgeschoben zu werden.

Oft mitten in einer Beschäftigung, beim Waschen, Lesen, Belottespielen durch-fährt es mich heftig: merk ichs denn nicht, daß ich die ganze Zeit schlafe, Wochen, Monate und daß ich doch irgendwann aus diesem langen Traum aufwachen muß aus dieser Nebelwelt in der ich meine Zeit verbringe mit irgendetwas Unwirklichem beschäftigt so wie man im Schlaf atmet, zuweilen redet. Manchmal glaube ich, daß mir bei diesem Gedanken das Herz stehen bleibt, so erschrocken wie ein Reisender, der bemerkt, daß er in eine völlige unbekannte Gegend geraten ist und der keinen Weg sieht, der ihn herausführen könnte.

Mittags. Derweil ist wieder ein ganz gewöhnlicher Tag geworden. Benard schmatzt und schlürft beim Essen wie sonst. Und wenn er damit aufhört[,] pfeift und singt er à tue-tête [*aus vollem Halse*] »Lustige Witwe«.

Jetzt redet nicht einmal Axelrod von weggehen, dem noch gestern der Chef gesagt hat, er würde heute um 1/2 11 entlaust, wenn er dann noch da sei … Der hat noch nicht unsere Erfahrung gemacht, »que ça ment comme ça respire [*dass die bei jedem Atemzug lügen*] …« – aber schließlich habe ich Alterfahrener auch dem Kommissär geglaubt, als er sagte, mein Abtransport sei eine Frage von ganz wenigen Tagen, er werde in meinem Interesse dafür sorgen. Morgen ists eine Woche seitdem. Nun ja, jeder Tag im Midi ist ein Gewinn, jeder Tag bringt das Ende des Krieges näher, dieses verfluchten endlos scheinenden »Blitzkrieges«[.] Herrgott, wenn doch nur öfter gute Nachrichten zur Seelenstärkung kämen. Es genügt doch nicht, daß man sich immer wieder sagt, es geschähen vielleicht in diesem Augenblicke schon ganz entscheidende Dinge. Aber man hat die Leichtgläubigkeit dem Radio gegenüber mit zu langen leeren Wartezeiten gebüßt, um sich noch mit allgemeinen Tröstungen abspeisen zu können. Derweil ist man im Lande hier geblieben, hat sich redlich unterernährt, ein Jahr Le-bens nach dem andern hingehen gesehen – und hat mehr und mehr verloren an Zeit, an Lebenswerten. Ach, Theodora … Dabei bin ich ja unerschütterlich optimistisch, nur habe ich nicht viel davon! Was für eine enorme Vitalität ich gehabt haben muß, daß ich – so sehr ich damit auf jede Weise gewütet habe – noch heute nach all dem Erlebten diesen Instinktoptimismus in mir vorfinde, wie sehr mir auch die realistische Vernunft die Aussichtslosigkeit meines Lebensrestes zeigt. Quand même, obstinément quand même [*Und dennoch, standhaft dennoch*] … Gott gebe, daß Es recht habe! Dieses irrationale Es, das weiter hofft und weiter will.

Dienstag, 1. Februar [1944]

Der neue Monat beginnt für mich in der Tat in veränderter Umgebung – aber nur zwei Stockwerke entfernt von der Zelle 152. Gestern nachmittags nach der Montags-verteilung des Inhalts der Familienpakete kam der Chef um uns mitzuteilen, selber zu sagen, daß wir entlaust werden. Die Freude war von kurzer Dauer. »Vite vite vite [*schnell schnell schnell*]« mit allen Sachen in andere Zellen. Wilde Hast, als ob er das nicht schon zwei Stunden früher gewußt hätte. In der Hast ging mein kostbarer Schatz, der Kerzenstummel verloren, unwiderruflich wie alles, was man hier verliert. Eine Genugtuung hat mir die sonst wenig vorteilhafte Übersiedlung gebracht, nämlich daß ich mit Nevasquez und Axelrod in eine Zelle kam, endlich ohne den Graus Benard. (Es war hübsch, wie gestern abends die zwei da einstimmig ihren Ekel vor dem schmutzigen Kerl ausdrückten!) Die Entlausung besteht lediglich darin, daß die Zelle oben unter Chlor gesetzt wird, der Strohsack und die Decke wird desinfiziert, wir bleiben verlaust, die Träger der Läuse. Aber Schluß mit dem Räsonnieren. Eben wird mir mitgeteilt: in einer halben Stunde werden Sie abtransportiert. Also Adieu Nice! Somit geht der Abschnitt Nice zu Ende. Ich sitze wartend neben meinen zwei Koffern, ich kann aufrichtig sagen, avec du très bon moral [*in sehr guter Verfassung*]. Jetzt mein Gott, ins Unbekannte führe mich gnädig wie vorher! Gott hilf mir: Es ist Lichtmeß heute! Fahrwell Nice!

Marseille, Mittwoch 3. Februar [1944]

Herrgott, wie hat meine Umwelt sich verändert seit gestern morgens. Aber ich will diesen memorablen Tag ausführlich aufzeichnen und systematisch anfangen. Um 1/2 9 Versammlung in der Halle unten. Welche Freude, als ich gleich ein paar Gesichter aus Menton sah. Und bald waren alle da[,] außer dem C[opain] Canivet (der schon vor 14 Tagen nach Marseille gebracht war) Guénon, Marquier, Panier, Saubain, Berson, Gastaud, Ayrault und die brave Yvette – sonst ein paar andere Unbekannte. Wir wurden erst auf die Bahn gebracht, aber der Zug war schon weg. Also in das Souterrain der Hermitage. Hier hoffte ich auf gutes Essen und Zigarretten. Und die hätte ich beinahe gehabt und wieviele! Der brave treue Bernard war da, sagte mir er habe 10 Pakete. Es galt schnell 1500 frcs zusammenzukriegen (das war schon um 1/2 2, derweil hat man geplaudert, Zeit verloren mit Warten auf Essen – unnütz – als ich das Geld einsammeln wollte (ich hatte nur 900 frcs) gab es ein ständiges Gestoße, Gedränge, daß – nun als Bernard endlich sagte, schnell, da habe ich die Zigarretten, gib das Geld her – ertönte schon der Befehl zum Abmarsch. Das schlimmste Hindernis war die Russin gewesen, die mir einmal am ersten Verhörtag eine Zigarrette gegeben und sie gestern gleich mit Wucherpreisen zurückverlangt hat[.] Sie drängte sich in alles. Kurzum, die 10 Pakete waren verloren. Wieviel sonst noch an diesem Tage!

Um zwei Uhr waren wir auf der Bahn, in richtigen III. Klasse-Waggons, ich mit allen Copains [*Kameraden*] außer Marquier und Gastaud. Schön war die Sonnenlandschaft, die ersten blühenden Mimosen in diesem Jahr und auch die letzten auch! Und wie herrlich das Meer. Und dann der Pont du Var, quel boulot! Vraiment en miettes [*was für eine Arbeit! Wirklich in Trümmern*]. Und später bei Anthéor die Bombenkrater (wie um den Pont du Var) und auseinander geblasene Häuser. In Antibes erlebte ich eine heftige Überraschung. Ich sah zwei deutsche Soldaten die Poststücke übernehmen, eine Frau redete mit ihnen, die mir vom Rücken und nach den Gesten bekannt vorkam. Sie drehte sich um – es war <u>Désirée</u>! Wie ungeheuer wunderlich! ich konnte mich ihr wegen der Wachen im Corridor nicht bemerkbar machen. Ich sah sie dann mit den deutschen Soldaten weggehen! Bei ihrer ungeheuren

Lebenszähigkeit war zu erwarten gewesen, daß sie es sich auch selbst mit dieser Zeit eingerichtet hat – besser als ich. Dennoch beneide ich sie nicht. Wir fuhren in dem überheizten Zuge, hungerten und dursteten (bis jetzt, 11 Uhr vorm[ittags] haben wir seit vorgestern abends noch nichts zu essen bekommen).

[ca. vierte Märzwoche 1944][110]

Als ich ein paar Stunden später dieses Heft wieder in die Hand nahm war es zu spät, die Anfänge dieser Episode Marseille aufzuzeichnen: denn ich war »fouillé« [*durchsucht*] worden. Meine Füllfeder war mir wegenommen worden, auch der teure kleine Bleistift, alles (ach, Zigarretten, Zündhölzer, Briquet [*Feuerzeug*] – alles! Wie ein Neuling bin ich in die Falle gegangen, anstatt alles in meiner weiten Golfhose zu verstecken. Nun ja, derweil sind fast sieben Wochen vergangen, Herrgott, es waren harte Wochen: echter bitterer Hunger, echter bitterer Frost in der Zelle, durch die der eisige Mistral Tag und Nacht fegte, und am Morgen war das Wasser in der Cuvette gefroren. Dreiundzwanzig Tage war ich in Einzelhaft. Dann wurden Panier und Marquier zu mir gebracht, Ersterer willkommen, zweiter hat sich selber dazugeschlagen, weniger willkommen. Nun, jetzt haust man schon die fünfte Woche zusammen – und die Zeit ist vergangen, etwas schneller als da ich noch allein war. Ich weiß nicht, ob es damals nicht etwas besser war? Gedankenvoller. Aber jetzt hat man keine Wahl.

Marseille, Les Baumettes, Sonntag, 26 März 1944

Eben habe ich mich entschlossen, etwas Tagebuch zu schreiben. In Schlagworten will ich Einfälle, Gedanken, die paar Ereignisse festhalten, die in der Öde dieser Zelle vorfallen. Ich muß erst wohl mit einem résumé [*Zusammenfassung*] der ersten Zeit anfangen. Als die Zwei hier ankamen, war ich in elendem Zustande, hatte Ödeme an den Beinen und um die Augen, heftige Schlafsucht, ohne genug Schlaf in der Nacht zu finden wegen der Läuse, die damals mich schon ganz envahi [*überwältigt*] hatten. Ich konnte mich auch wegen der Temperatur nicht genug selber entlausen, denn es fror so heftig, daß ichs nicht wagte, eine halbe Stunde ohne Kleider zu bleiben in der Zelle[,] durch die der eisige Mistral blies. Es war schlimm. In der ersten Zeit des Lebens, mit den Beiden hier, im Reden, beim Spielen schlief ich unaufhörlich ein. – Seither habe ich Angst, einen Diabetes zu haben: viele Symptome sprechen dafür seit Herbst in Menton, die heftige Freßsucht, der Durst[,] die Harnmenge. Zur Harnanalyse gibts keine Möglichkeit ebensowenig wie zu einer Änderung der Verpflegung. – Nun, jetzt seit drei Tagen bin ich endlich entlaust. Und ich erhalte auch dank Erica etwas zu essen aus der Außenwelt[,] auch Wäsche. Allmählich will ich aufschreiben, was diese Zeit hier charakterisiert hat, das Leben mit P[anier] und M[arquier].

---

[110] Fortsetzung des Eintrags nach mehreren Wochen.

Montag 27. März [1944]

Was für ein gesegneter Frühlingsmorgen kommt durch das offene Fenster, Mein Gott wenn sie uns wenigstens das Fenster länger offen ließen. Gestern, Sonntag, kaum eine Stunde. Was kostet sie das, das Fenster den ganzen Vormittag wenigstens offen zu lassen!

– In dem großen Hofe rechts neben dem Gebäude gegenüber ist jetzt Spaziergang einer Gemeinschaftszelle (die beneidenswerten sind etwa dreißig zusammen) In der langen Reihe der gehenden Männer jedes Alters trabt ein <u>Bub</u> von 11–12 Jahren mit. Das muß schon ein ganz arger Terrorist in seinem Alter sein, noch ärger als meine Lavandouer Mitbürger Boglio, Touze[111] etc sind, die seit ein paar Wochen auf dem selben Korridor in Einzelhaft sind, mit der Marke T neben ihren Namen auf dem Zettel an der Tür (T ist terroriste!) Was für ein Zufall, daß wir nicht ähnlich klassifiziert sind! Wir haben keinen Vermerk mehr, auch nicht das A, von dem man nicht weiß, ob es ein warnendes Achtung! ist oder heißt, daß die A-Leute zur Arbeit abgeschoben werden. – Das ist so schwierig hier, sich Kenntnis zu schaffen über das Gefängnis selber, seine Insassen, etc. Die serveurs [*Essenausteiler*] wissen entweder nichts, und sie sind so scharf überwacht, daß man nur gerade zwei Worte wechseln kann, während sie die Suppe einfüllen. Nett und gefällig ist der chef-serveur Baudouin, ein Mann meines Alters, irgend Mittelklasse, aus Paris, seit 14 Monaten in Haft, auch bei den Italienern gewesen (nehme an, ähnlicher Fall wie ich, auch »Beleidigung« der ital[ienischen] Armee) – Die Vormittage sind jetzt so lange. Man steht lange vor sieben Uhr auf, um bis zum Kaffee die Zelle in Ordnung zu kriegen, was aber nicht Zeit zur ordentlichen Toilette für einen selber läßt (hier ist alles nur for show [*zum Schein*], aber nichts normal vernünftig, hygienisch. Alles muß genau gefaltet liegen, aber daß keine Viertelstunde bleibt zum Auflüften des Strohsackes, der Decke, etc! Herrgott – ich wage noch immer nicht voll daran zu glauben, daß ich wirklich gänzlich frei von Läusen bin und diese gräßliche prurigo[112] im Abklingen nur noch die arme mißhandelte Haut ist … – Jetzt bin ich wieder gut gewaschen, habe saubere Wäsche auf dem Leibe und fühle mich nicht mehr wie ein elender clochard [*Penner*], wie der pellerin [*Pilger*] in Menton (diesen haben die Ital[iener] wenigstens gleich bei der Ankunft entlaust. In vieler Hinsicht war dort bei den Ital[ienern] besser vorgesorgt für die Gefangenen, Es gab Arzt regelmäßig, Medikamente, bessere Hygiene. Gar nicht zu reden von Kantine Raucherlaubnis etc. Herrgott, jetzt ist es sechs Wochen seit dem Freitag, an dem ich im Finstern meine letzte Zigarrette geraucht habe. Wann werde ich wieder eine haben? Ich habe Geld versteckt, aber es nützt nichts. Ich wills als Symbol ansehen, ob es mir gelingt, mir Zigarretten zu verschaffen[,] es scheint aussichtslos. – Nachm[ittags] auf dem Wege zum Spaziergang rief mich der Ob[erleutnant] an, teilte mir mit, daß ich von jetzt an zu ärztl[ichen] Diensten herangezogen werde. – Mir hochwillkommen, als Möglichkeit, den Unglücksgefährten nützlich zu sein, etwas zu tun, aus der Zelle herauszukommen. Hoffentlich kann

---

[111] Boglio, Touze] Mitglieder des Widerstandes aus Le Lavandou, s. Gritti S. 331 und passim.
[112] Prurigo] stark juckende Hauterkrankung.

ich richtig was tun! – Der Spaziergang war köstlich, nur beeinträchtigt dadurch, daß man uns befahl, im Hofe das liebe junge Gras auszureißen und durchs Gitter in die Macchiareste zu werfen. Die Luft so köstlich, fast warm. Herrgott, wann wird man wieder über Deine Erde gehen dürfen, ohne Gitter und Wachen! – Ich redete über die Mauer hinweg mit Boglio, der im Nachbarhofe war. Der Unglückliche ist allein, au secret sévère [*im strengen Verlies*] unter strenger Geheimhaltung. So hat ihm seine pusillanimité [*Verzagtheit*] nichts genutzt, ihn nicht vor dem Gefängnis bewahrt. Ich muß trachten, ihm etwas zum Lesen zu schicken, schwierig für seinen Fall.

Jetzt werde ich Evangelium lesen. Das Johannes-Evang[elium] ist mir eine große erschütternde Entdeckung. Jetzt fange ich auch zu ahnen an, was Christentum wirklich sein kann und wie ungeheures Menschentum sich in den Evangelien offenbart. Spät, alter Rh[einhardt]!

Dienstag 28. März [1944]

Himmlischer Frühlingsmorgen, so milde Luft kommt durchs offene Fenster an dem wir drei stehn um für die kurze Zeit, die es offen ist, hier unseren Anteil an der Welt der Sichtbarkeit zu genießen. In dem kleinen Hofe sind heute zum erstenmale außer der stämmigen Wäscherin in der ziegelroten Fischerhose andere weibl[iche] Häftlinge sichtbar gewesen, sieben ganz junge Mädchen von 15 bis 20, einige wie Schulmädchen. Warum die wohl hier sein können, in den deutschen Gefängnissen? Wegen einer Manifestation. Im rechten großen Hofe begießt jetzt ein Mann die neuangelegten Beete, in denen schon etwas Grün sich zeigt – oh mein Garten, unschuldiges Glück der Morgenrundgänge[.] Eben hat der seltsame viel brüllende Feldwebel einen Blick in unsere Zelle geworfen und ausnahmsweise gar nichts zum Gebrüllen gefunden. Das runde Gesicht mit den Brillen hat einen Ausdruck von Besorgnis, Ängstlichkeit, ja Schüchternheit, vielleicht schreit er uns an aus Verlegenheit. Und was tut man schließlich sonst auch mit Gefangenen? – Ich habe ein Paar Meisen drüben auf dem Dache im Werbeglück gesehen, Schmetterlinge, jetzt ein Zitronenfalter. An den Fenstern hört man da und dort »… les nouvelles sont très bonnes – front enfoncé [*sehr gute Nachrichten – Durchbruch an der Front*]«. Wäre es doch wahr. – Jetzt: »Berlin encore lourdement bombardé [*Berlin wieder schwer bombardiert*]«.

Mittwoch, 29. März [1944]

Jetzt um 9 1/2 ist schon das Fenster geschlossen und damit sind wir von der schönen Welt und der hellen reinen Luft abgesperrt. – Es ist ein geringer Trost, daß der wachthabende sous off[icier] [*Unteroffizier*] auf mein »Schade!« sagt »Wir sind auch eingesperrt.[«] Aber nicht auf die paar Quadratmeter und die zu wenige Luft der Zelle verwiesen, die immer nach Lysol, dem Entlausungsschwefel und – uns dreien riecht. Jetzt haben wir den Traum, doch in eine Gemeinschaftszelle zu kommen, wo 30–70 Häftlinge zusammen sind. Angebl[ich] ist das Essen reichlicher dort – und es gibt Neuigkeiten, vielleicht auch Zigarretten zu kaufen. Wenn ich erst Gelegenheit habe, medizinisch in Funktion zu kommen, will ich um unsere Umsiedlung ansuchen. – Es ist völlig unfaßlich, nach welchen Prinzipien die Häftlinge in Gemeinschafts- und Einzelzellen verteilt werden. Da unten in den Gemeinschaftszimmern wissen wir eine Reihe richtiger cas graves [*schwere Fälle*], während andererseits hier unter den Zelleninsassen peccadilles [*Kavaliersdelikte*] sind. Geheimnisvoll, jedenfalls nach keiner faßlichen Logik geordnet.

– Jetzt in dem Sonnenmorgen habe ich die ersten Schwalben gesehen! – Ach, wenn sie uns doch zuverläßliche Nachrichten brächten. Gestern beim coiffeur hörten wir von ungeheuren Fortschritten in Rumänien. Aber ich habe gar kein Zutrauen in die hier umlaufenden Nachrichten – bis jetzt war alles bobards [*Lügenmärchen*]. Mein Vertrauen bezieht sich auf die Grundsituation – aber gut täte es einem doch, richtige gute Nachrichten zu kriegen. Jetzt im Frühling ists ja so an der Zeit (so wie früher ein neuer Anzug …)

Donnerstag, 30. III[. 1944]

Der erste graue Tag seit Wochen, mir sehr lieb, denn die lange Reihe schöner Tage ist beängstigend geworden. Der ganze Winter war furchtbar trocken, auch der letzte Herbst. Ich bin zu sehr mit der Gegend hier verbunden, um nicht unter der Trockenheit mitzuleiden. Wie seelig war ich alle die Jahre wenn der erste rechte Herbstregen fiel! Also jetzt erste Hoffnung auf guten Frühlingsregen, richtiges Äquinoktialwetter endlich! – Bis jetzt bin ich als Arzt noch nicht gerufen worden, heute hat mein Freund aus Düsseldorf es mir angekündigt. Hoffentlich, jede Unterbrechung der Monotonie und jede Entfernung von diesen banalen Burschen P[anier] M[arquier] ist mir lieb. P[anier] ist nur dumm (aber wie dumm, [] er ist das unwissendste an Mensch, das mir begegnet ist, auf sämtlichen Gebieten lückenlos ignorant und ohne irgend eine Spur Interesse für irgendwas außer Rugby – M[arquier] hingegen ist von einer gewalttätigen Dummheit, alles an ihm ist gewalttätig, seine Basedowzüge und seine Ausbrüche)[.] Wenn ich nur wieder auch andere Gesichter sähe – ich fürchte, es geht denen mit meinem traurigen alten Gesicht genau so! – Der vierte Stock des Hauses hier ist für deutsche Soldaten reserviert und einige Italiener (in Uniform) wie gern wüsste [ich], warum diese Burschen von der Luftwaffe, deutschen Marine etc hier sind, wegen Disziplinarvergehen. Neulich hörte ich den Feldwebel brüllen »Alle Österreicher haben sich[«] … was? Ob es da eine Gruppe isolierter Österr[eicher] gibt? Isoliert als verdächtig? Wenn man doch mit ihnen reden dürfte? Wie wohl denen sich die Welt darstellt? – Die Leute, die mich so viele Monate umgaben, haben doch recht hemmungslos alle ihre Wünsche ausgesprochen. Aber nie habe ich einen sagen gehört: »wie gern würde ich jetzt Waffen tragen und bei denen sein, die die Welt zu befreien sich anschicken![«]

Freitag, 31. III[. 1944]

Gestern zirkulierte die Nachricht beim Spaziergang, daß die R[ussen] Bucarest genommen haben. Bobard [*Lügenmärchen*]? – Machten ersten Krankenbesuch, []Fälle. Ich bemühe mich, etwas zu erreichen. Der San[itäts-]Unteroffizier ist schwierig.

Bekam gestern durch Rotes Kreuz unerwartetes Päckchen von Erica mit Süßigkeiten, ein paar Äpfeln. Wie lieb die Gute für mich sorgt. – Habe seit Tagen vor
dem Einschlafen wieder schwermütige Gedanken an alles Verlorene meines Lebens.
Am 28. März mußte ich unaufhörlich fünf Jahre zurück an die letzte Begegnung
mit Gwendolyn in Paris denken. Wie unwiederbringlich weit Gwendolyn fort ist in
der Realität – aber in mir geht das alles weiter und ist dageblieben – – – Der Chef-
serveur B[audoin,] gegen den ich erst viele Vorbehalte hatte, ist sehr freundlich zu
mir und uns drei, schenkt uns Brot, serviert uns womöglich immer Extra-Rationen.
Die zwei sind ganz begeistert von ihm. Ich war wenig überrascht, als heute in einem
unbewachten Moment ein junger Serveur uns zuflüsterte, auf der Hut vor B[audoin]
zu sein. Ich hatte das Gefühl, daß der seinen Frieden gemacht hat.

Montag, 3. IV. [1944]
Die Osterwoche beginnt mit dem ersten Tage der neuen Sommerzeit, für uns mit dem
Aufstehen um sechs Uhr astronom[ische] Zeit, d.h. lang vor Sonnenaufgang womit
für eine Weile die morgendliche Zunahme des Tages verloren geht. Heute ist der
letzte Tag meines fünfundfünfzigsten Lebensjahres, welches das allerbitterste aller
meiner Jahre gewesen ist. Mit ihm verglichen erscheinen mir jetzt alle anderen Jahre
als Festeszeiten – ja jedes mutet mich wie ein Jubeljahr an. Mein Gott, wie gut war
das Leben trotz allem, bis zuletzt! Erst mit diesem 28. April 1943 hat das Fest des
Lebens sein Ende genommen. Dieses gute (freilich oft gestörte) Fest der Eitelkeiten
und der schönen Illusionen! Jetzt glaube ich zu sehen, was mir erlaubt hatte, in diesem langen Sonn- und Feiertagstun fortzufahren. Es war, daß ich mich mit Menschen
meiner Wahl umgeben hatte – und alle anderen entweder von mir fernhielt oder sie
lediglich als Funktionen (wie Lieferanten etc) sehen mußte. Das hat mir erspart, die
Menschenwirklichkeit in ihrer ganzen Kraßheit zu sehen. Diese Schau ist erst diesem
Jahre vorbehalten geblieben: die Schau auf den nackten Menschen, den unbegabten
dummen Menschen, auf die Benards, Axelrods, Marquiers, Paniers etc etc. Es ist
grotesk, daß mir diese Schau gerade im polit[ischen] Gefängnisse zuteilgeworden ist.
Von einer Stätte also, die man sich also voll Märtyrern, großherzigen opferfreudigen
Leuten vorgestellt hätte, voll kühner Neuerer – statt solcher (die wenigen Ausnahmen
genügen leider nicht, um die Trübnis zu erleuchten) habe ich böses enges gieriges
Kleinbürgertum gefunden, Unwissenheit, reaktionärsten Nationalismus[,] Haß gegen
fast alles ohne versöhnende Liebe irgendwo. Ich versuche mir das Bild des kleinen
generösen Guénon heraufzurufen als Trost, armes kleines Lichtlein in einem Meer
von Trübnis, das ich ein Jahr lang durchfahren habe. Und auf dem ich noch weiter-
treibe. Wie lange noch? Wann und wo werde ich landen. Rationaliter sagt man sich,
daß dieses Frühjahr die Wende bringen soll und mehr als die ratio sagt es noch der
hoffnungsseelige Glaube … Mein Gott, jetzt naht die Wiederkehr Deiner Aufstehung
aus dem Grabe. Oh, gib uns doch, daß wir auch aus dem Halbtode des Gefängnisses
auferstehen dürfen, aber bald, bevor noch das letzte Freudenlicht der Welt mir ganz
erloschen ist, das mir helfen soll, damit nicht mein Stückchen Zukunft nicht grau sei
in seiner Menschenwirklichkeit wie dieses Kerkerjahr.

Blicke zurück auf Geburtstage der Kindheit machen mir klar, was der eigentliche Zauber der Jugend ist: die völlige Neuheit der Welt, die ja doch jedem Geborenen so neu ist wie das Paradies für Adam und Eva – und im Glanz dieser Neuheit ebensosehr Paradies. Ein rechter gelungener Blick enthüllt mir dieses Glänzen, so daß die ganze Erdenwelt dem rückschauenden Auge funkelt und glitzert wie ein Stück Hügelland am Morgen nach einer Frühlingsregennacht –

4. April [1944]
Mein Geburtstag fing mit Alarm an, großer Aufregung im Hause und viel Flug-zeuglärm schon vor Morgengrauen. Ein glücklicher Schrecken durchfuhr mich: ist es endlich … aber schließlich wurde doch das Fenster bei uns geöffnet – vielleicht ist die Alerte [*Alarm*] vorbei? Als der Feldwebel schließen kam, hatte er die Gasmaske am Gürtel – das erste Mal, daß man hier eine sieht. Ach Gott, wenn doch endlich endlich etwas geschähe! – Ich glaube der heutige ist der erste Geburtstag meines Lebens, an dem mich nicht ein Lebenszeichen von irgendwoher erreichte. Aber ich weiß auch diesmal, daß Erica mir viel Freundliches erweisen möchte, wenn sie es nur könnte. Sie wirds zum ersten Pakettage tun, übermorgen und Freitag, nämlich durchs Rote Kreuz und direkt wird sie mir etwas zu essen zukommen lassen. Das ist ja das Einzige, was die draußen für uns hier drinnen tun können. Kein Buch darf herein, keine Zigarrette – nur zu essen.»Nur« – ich weiß ja jetzt leider, was das bedeutet, nach diesem Hun-germonat Februar, am Ende dessen ich so völlig zusammengeklappt war. – Kurz vor der Mittagssuppe wurde die Tür aufgerissen[,] mein Freund, der lange sousoff[icier] [*Unteroffizier*] aus Berlin (Neuland) kam mit dem wohlbekannten Korbe, den Erica zu bringen pflegt. So hat die Liebe es doch möglich gemacht, mir zum Geburtstag eine Freude zu machen[.] Was für ein köstliches Freßkörbchen! Zwei Kuchen, einige harte Eier, Konservenbüchsen mit foie gras, lauter Köstlichkeiten, wie ich deren nicht gesehen habe seit Gottweiß wann. So habe ich mir ein richtiges Geburtstagsmenu gemacht: Radieschen, ein hartes Ei, die (heute extradünne) Suppe, eine halbe Schach-tel foie gras, dann Kuchen und köstlichen cremigen Roquefort! Also hab ich mein Geburtstags- und Osterpaquet erhalten. Liebe gute Erica! Gott lohne ihr die Treue! Und er gebe mir, ihr bald selber danken zu können! Es geht gegen Abend, damit ist der Geburtstag vorbei, auf den doch etwas in mir so gespannt gewartet hat, wie auf Weihnachten[.] Das ewige Kind will immer noch seine Feste haben. Um wieviel mehr noch hier, wo man ja so wenig hat, worauf man warten kann. Jedes Aufgehen der Tür ist eins der Ereignisse: Morgens »Aufstehen«[.] Dann »balayures [*Fegen*]«, »au jus [*Kaffee fassen*]« Dann das Fensteraufmachen und allzubald wieder das Zumachen. Und dann wartet man auf die kleinen Wunder, die da sind: Spaziergang, Coiffeur, gelegentlich Douche-Inspection [*Duschen und Untersuchung*] – für mich neuerdings gibt es das Abgeholtwerden zu Krankenbesuchen. Das ist auch heute geschehen. Ich habe 5–6 Kranke gesehen, einen Tuberkulosen. Armer Teufel, hier in der Luftlosigkeit – und arme Mitinsassen der Zelle! Ich habe ein bißchen Erleichterung verschaffen können. Das war der Tag. Wieder kein Spaziergang – seit 5 Tagen keiner. Das ist der Frühling der Gefangene[n,] höchstens zweimal die Woche 15–50 Minuten in den Hof

gelassen werden. Man braucht enorm viel Gesundheit, um das auszuhalten. Und das geht jetzt schon bald ein Jahr. In Menton war zum Glück immer das Fenster offen.

Mittwoch 5. April [1944]
Der Tag begann mit allzufrühem Wecken, so früh, daß man den Kaffee noch in tiefer Finsternis trinken mußte. Und jetzt fiel schon die beste Freude des Tages weg: das Fenster ist nicht geöffnet worden. Wenn es heute überhaupt noch geöffnet wird, haben wir jetzt schon 1 1/2 Stunden Atemzeit verloren. Nicht einmal das mehr? Man braucht viel Gesundheit und Geduld hier! Jeden Tag wird etwas Lebensnötiges verringert. Dank sei Gott und der guten Erica, daß ich etwas zu essen von draußen habe: denn das nie üppige Essen hier nimmt rapid an Qualität und Quantität ab. Gestern war die wässrigste Suppe je von allen bisher. Und gestern und vorgestern nichts zum Abendessen! – Meine lieben guten Ericapakete haben eine peinliche Folge für mich, ich muß jedes Colis [*Paket*] mit einer wüsten Schimpfszene mit Marquier bezahlen. Er kriegt einen Anfall von Neidwut. Er bekommt seit Monaten nichts von zuhause, seine Frau, die ihn schon in Menton völlig vernachlässigt hat, scheint sich überhaupt nicht um ihn zu kümmern. Tant pis [*Pech*]. Bisher habe ich ihnen von den Paketen entsprechend etwas abgegeben. Aber jetzt nach den Beschimpfungen habe ich wenig Lust darauf, einen professional bully [*berufsmäßigen Grobian*] noch zu bezahlen? Ich schweige – bis es mir zuviel wird. Nur kann ich von Natur überhaupt nicht streiten, am wenigsten auf Französisch mit einem schimpfprofessionellen Feldwebel! Herrgott, wie eine weite öde Wüste ist so ein Tag an dem nichts zu erwarten ist! Nicht einmal der Spaziergang, zu dreien in die kleine luftlose Zelle gepfercht, nichts zu lesen, keine stetige Beschäftigung. Schreiben ist keine – und den Bleistift kann ich nur für beschränkte Momente von P[anier] ausleihen … Wenn ich doch etwas zu lesen hätte, wie gern würde ich oftmals Gelesenes nochmal wiederlesen, den Witiko oder den Nachsommer[113], oder einen Dickens oder Thackeray[114]. –

6. IV. Gründonnerstag [1944]
Die Karwoche, für die ich mir diesmal recht viel Sammlung versprochen hatte, fängt mit einem Somme [*Batzen*] voll Empörung und Entrüstung – und häßlichen Kopf-schmerzen an: Was wir bisher für Nachlässigkeit gehalten haben, ist jetzt Einrich-tung: das Fenster wird nicht mehr geöffnet. Eben hat mir der sonst so freundliche sousoff[icier] [*Unteroffizier*], der kleine Rheinländer, den ich crapaud [*Kröte*] getauft habe, es mir mürrisch über seine Ohnmacht mitgeteilt. Die Fenster bleiben geschlos-sen und alle die Hunderte von Gefangenen in die luftlosen Zellen gepfercht ohne die kurze Lungenerholung morgens. Warum? Vielleicht hat Einer am Fenster geredet. (Es war der syphilitische Marokkaner zwei Zellen weiter, der noch dazu Arbeiter

---

[113] »Witiko«, »Nachsommer«] Romane des österreichischen Schriftstellers Adalbert Stifter (1805–1868).
[114] William Thackeray (1811–1863), englischer Erzähler.

für die Deutschen ist und nur wegen eines Formfehlers seiner Papiere hier ist und der die ganze Zeit gebrüllt hat »Voilà, Jean, vois-tu ta femme [*Da, Jean, siehst Du Deine Frau*]« etc Und dafür sind wir ohne Luft, zu ständigem Kopfweh verurteilt. Drei große Leute auf 25 Kubikmeter Luft! Wir haben eben ausgemessen – und davon gehen noch die Möbel (Betten etc) ab[.] Jetzt versteht man erst, was Lufthunger heißt, denkt an die Leute in Unterseebooten. Und diese Zellen haben keine richtige Lüftung vorgesehen, überhaupt keine; die Luft erneuert sich lediglich durch die minimalen Fugen in den nur allzugut gearbeiteten Fenster- und Türrahmen. Herrgott, wie soll man das aushalten? Jetzt ist man richtig im cachot [*Verließ*]. Und durch die Ripsgläser der Fenster sieht man, daß draußen ein herrlicher Frühlingstag ist. – Wenn Halbwilde wie Montenegrier dergleichen tun, wärs zu verstehen, aber ein Volk, das sich immer seiner Fortschrittlichkeit in Hygiene etc rühmt. Aber das ist es ja, wozu all die Kenntnisse dienen müssen. Pro homine [*Für den Menschen*]? Also jetzt wieder dreizehn Stunden, bis es Abend wird, mit Kopfweh abwechselnd auf dem Hocker und dem Bett herum sitzen, grübeln, Patiencen legen – mein lieber Gott …! Das neue Lebensjahr fängt gut an für mich. Die einzige Genugtuung waren die coupures de journaux [*Zeitungsausschnitte*], die wir gestern bekamen (nur eine Woche alt) Es geht etwas vor und vorwärts. Da ist alle Hoffnung für uns. Ach Gott, laß dieses Haftjahr mir nicht zu Ende gehen ohne Entscheidungen, die schnelle Erlösung versprechen!

Die Maße unserer Zelle sind:

Länge 3 m 80

Breite 2 m 40

Höhe 3 m

Karfreitag, 7. April [1944]

Nach der gestrigen intensiven Lektüre der Passion war ich sehr erschüttert und voll Hoffnung, daß mir davon endgültig Spuren bleiben würden. Für heute habe ich mir wieder eine Weile Osterexerzitien vorgenommen und fand mich bereit beim Aufstehn. Aber derweil hat der bittere Gefängnisalltag sich auf mich geworfen. Es ist wieder das Fenster nicht geöffnet worden und nach den verlegenen achselzuckenden Antworten der Wacht-Sousoff[iciers] [-*Unteroffiziere*] scheint es sich um eine definitive Maßregel zu handeln. Lieber Gott gib uns Geduld und Gesundheit … Eine lange Zeit so zusammengepfercht hier verbringen zu müssen, in den Miasmen der Eingeweide von drei mit Hülsenfrüchten genährten Leuten, das ist wirklich sehr schlimme Strafe! In diesen Dingen kommt das System zum Vorschein, der herrschende Geist, den uns für Stunden täglich die unterbrechenden Freundlichkeiten der Unteroffiziere vergessen machen. Wie viele gibt es hier mit schon eklatanten Lungenschädigungen nach den Entbehrungen dieser Jahre – und wieviele werden sich jetzt dazu gesellen! Daß sie nicht nur die Lebensmittel sondern auch die Luft uns versagen! – Ich darf nicht zuviel an das denken, sonst versinkt man ganz ins Negative.

Der gestrige Tag hat mir eine große Freude gebracht. Ich habe nach sieben Wochen (abends im Dunkeln) zum erstenmale geraucht, eine kleine Zigarrette! Ich dachte, nach der langen gierigen Erwartung würde ich enttäuscht sein. Aber es war so gut!

Karfreitag, 8. April [1944][115]

Jetzt wird es unmöglich, sich weiter Illusionen über unsere Aussichten zu machen: was bisher Gefängnis war, ist eindeutig strenger Kerker geworden. Allgemeines Rauchverbot, die Korrespondenz besteht in einer lächerlichen Komödie: man gibt uns einmal im Monat ein Blatt Papier und einen Umschlag, um nachhause zu schreiben: die Familien dürfen zweimal des Monats an uns schreiben. Aber unter den älteren Insassen des Gefängnisses hat noch niemand je eine Zeile empfangen. Daß unsere Briefe auch nicht abgeschickt werden, ist wohl auch sicher. Denn nie enthält ein Paket das, was man an Wäsche und Medikamenten verlangt. Und jetzt die neue härteste Verschärfung verbietet endgültig alle Illusionen: die Fenster bleiben weiter geschlossen! Jetzt da die Woche damit zu Ende geht, ist wenig Hoffnung, daß das noch geändert werden wird. Und das Essen hat sich auch geändert. Seit einer Woche sind die Portionen Butter, Käse oder Konfitüre (25 Gramm) die man zum Abendessen bekommen hatte (vom Roten Kreuz N.B.) abgeschafft, neuerdings gibts viermal die Woche abends die leicht gezuckerte Nudelsuppe (bouillie [*gekochtes Rindfleisch*]), dreimal gar nichts als den »Kaffee« -. Meine Medizinerei hat auch schon wieder eine Einschränkung. Ich werde nicht mehr zu den Visiten geholt. Schade für die Kranken und für mich. Aber das kann sich auch noch wieder ändern, hoffe ich. Es ist alles so planlos hier. Der einzige wiederestablierte Plan ist die brimade [*Schikane*]!

Der dumpfe Kopf macht es schwer, sich in die Versenkung der Osterexerzitien zu finden, auf die ich so sehr für mich gehofft habe. – Empörung drängt sich darein gegen die, die uns die Atemluft wegnehmen. Das ist eine Neuerung, die kennen zu lernen diesem meinem fünften Gefängnisse vorbehalten war. Sogar in der Villa Lynwood sind bald die zugenagelten Lüftungsklappen aufgerissen worden. Und zu denken, daß es hier die große Ventilation über dem Fenster gebe (das gebe ein Fenster von etwa 35x100cm) aber die so innen vorbereitete Ventilation ist sorgsam zugenagelt. Und in den Zellen, die für einen Häftling gerade reichen, sind drei zusammen eingepfercht ohne anderen Luftwechsel als den durch die minimalen Spalten von Tür und Fenster. Und für den Spaziergang ist auch alles hurtig vorbereitet. Es gibt eine Unzahl an Courettes [*kleine Höfe*] ganz unten um das Gebäude. Und dank der Wachgalerien genügt ein einzelner Posten zur Überwachung einer ganzen Seite, also keine Inanspruchnahme der Mannschaft. Dennoch gab es einen einzigen Spaziergang von 40 Minuten in acht Tagen. Wenn wir heute nicht herausgelassen werden, kann man sicher sein, daß es frühestens Dienstag geschehen kann, denn Sonn- und Feiertage gibt es keinen Spaziergang. – Die Stimmung ist immer mehr »Totenhaus«. Jetzt noch mehr in der Zelle, nachdem gestern P[anier] das so sehr erwartete Osterpaket nicht erhalten hat. Nun ja, begreiflich, die Enttäuschung, man hat ja hier nichts sonst zu erwarten – und er hat auch noch für M[arquier] zu sorgen, der überhaupt nichts von zuhause bekommt.

---

[115] Der 8. April 1944 war ein Samstag.

Soweit das durch die undurchsichtigen Scheiben erkennbar ist, scheint es regnerisch zu sein, zum erstenmale seit langer Zeit. Gestern war trotz Lufthungers (kein Spaziergang und weiter Fensterverschluß!) etwas wie eine Vorosterstimmung im Hause. Das Rote Kreuz hatte Osterpäckchen geschickt für alle, besondere für die[,] die nie etwas von zuhause bekommen. Ich habe nur das blaue Ei, ein paar Biscuits [*Kekse*] und etwas pâte de fruits [*Fruchtpastete*] behalten, den Rest M[arquier] gegeben (es waren 6 Dreiecke Gruyère, Zucker, etc.) was nun doch ein Osterzuschuß ist[.] Als man heute festlich gestimmt an die Toilette ging, der kommenden Dingen wartete – kam nichts als der jus [*Kaffee*]. Die Leute hier bringen es also wirklich über sich, zum großen Feste der Menschheit Hunderte doch zum größten Teil völlig Unschuldige der Atemluft zu berauben. Herrgott, ich fange jetzt ohne Haß vieles zu verstehen an, was ich bisher nur theoretisch wußte. Ich verstehe die Andersartigkeit jetzt. Gestern habe ich mich medizinisch etwas nützlich machen können. Ich war so froh. Wenns nur öfter der Fall wäre.

So wird man Ostern im Gefängnis begehen. Zum Glück im guten Einvernehmen mit M[arquier] und P[anier], so daß die Atmosphäre ganz gut ist, wir werden besser zu essen haben dank meiner Erica-Pakete, denn P[anier] ist nicht angekommen und um den unseligen M[arquier] scheint sich niemand mehr zu kümmern.

Wieder steht ein strahlender Gottesfrühlingstag vor dem undurchsichtigen Fenster, das geschlossen bleibt wie nun schon seit sechs Tagen und wohl von nun an weiter. Allein in diesem Stockwerke sind 240 Häftlinge, aber es sind mehr Stockwerke und Gebäude. Aber hier ists wohl am schlimmsten, denn in dem Zellentrakte sind in die Einzelzellen je drei (meistens) zusammengepfercht … das geht also weiter. Es heißt mit ständigem dumpfem Kopfweh zu leben bis in die Nacht. Ich verbringe jetzt die Nächte für einige Tage besser, denn dank meiner geleg[entlichen] medizin[ischen] Tätigkeit ist es mir gelungen Gardenal[116] zu verschaffen, leider wird es nicht lange vorhalten, dann wirds noch schlimmer sein. Aber hier lebt man ja voll après nous le déluge [*nach uns die Sintflut*]. – Ich habe schnell meine Osterspaziergang-Sehnsucht abgewürgt. Man hat ja schon so eine Technik darin, die Sehnsucht nach der schönen Welt voll von Blumen, Bäumen und freundlichen Tieren zu ersticken. Sie ist bei uns alten Gefangenen hinuntergesunken in die wohlversteckte allgemeine Traurigkeit, die mir schon wie die Grundstimmung des Daseins vorkommen will. Aber ob nicht da der alte gelüstige Kerl durch ein Genüßlein wird zu bekehren sein? Der Augenblick blödsinnigen Glücksgefühls beim Rauchen der ersten Zigarrette hat mir meine Zweifel eingegeben. – Sicher ist, daß man traurig ist, daß wir zum Lufthunger verurteilt sind, daß keine guten Nachrichten uns helfen – und die Verwaltung hier sich kräftig bemüht hat, für uns Ostern zum tristesten Alltag zu machen, mit Alltagsessen und eben keinem

---

[116] Gardenal] angst- und krampflösendes pharmazeutisches Medikament (=Luminal).

Spaziergang und dem weitergehenden Lufthunger[.] Das ist wirklich schlimm, den Kopf wie einen Taucherhelm zu fühlen, in den zu wenig Luft hinein kommt. Und jetzt der lange Tag vor einem. Man schleppt ihn weiter, zur Mahlzeit, die man sich macht, als Etappe zu nehmend: um 9h eine Schnitte Brot, um 1/2 12 die Suppe, um 2h eine Schnitte Brot mit Zucker – dann nächste Etappe Abendessen. Dazwischen nach den Mahlzeiten Bridge. Sonst für mich Evangelium lesen, etwas Pascal. Der Kopf ist öde und dumm und reicht grade zum Patiencenlegen. Herrgott so bringt man Deine Tage herum. Ich fühlte mich gestern wirklich wie ein Mörder von etwas Schönem, einem göttlichen Ostertage. Aber es ist ja das einzige Ziel des Gefangenen, die Zeit schnell zu vertun. Und am Tun von etwas Nützlichem Sinnvollen hindert uns das zu Dreiensein hier, das Alleinsein der Einzelhaft hat man auch gekannt – sie hat auch nicht viel gefrommt. Gott, Herr, gib, daß das Gefängnis sich bald für uns öffne!

Jetzt ist der größere Teil dieses traurigen Feiertags um, 5h nachm[ittags]. Wir haben aus meinen Vorräten ein Essen gemacht. Ich gebe gern von dem, was Erica mit so vieler Mühe zusammenbringt. Eine leise verächtliche Bitterkeit mischt sich ins Geben, wenn ich daran denke, wie die zwei mich bei jeder Verteilung betrügen, einander zu winkend, meinend, ich merke es nicht, und wie P[anier] mir von seinem einzigen Pakete bisher zwei Biscotten [*Zwiebäcke*] gegeben hat: etc. Das Glück des Tages waren die etwa 20 Minuten Spaziergang. Was für ein strahlender Sonnentag, wie hab ich den reinen Wind eingeatmet. Ich sah in dem Stück Maquis [*Buschwald*] hinter den Gittern eine junge Smaragdeidechse. Ich mußte an Theodora denken, die liebe Ferne, die mich wohl längst vergessen hat. Gott segne sie mit allem Guten der Erde, umgebe sie mit Schönheit! – Es muß etwas vorgehen hier. Das Fensterschließen ist ein Symptom. Es sind eine Menge neuer Gesichter unter den Wachthabenden und – zum ersten Male haben die Wachen beim Spaziergang Gewehre. – Herrgott, wenn man doch wüßte, was in der Welt vor sich geht!

Nun heiligen sie den heutigen Feiertag damit: daß sie uns überhaupt nichts zum Abendessen geben! Les S[alauds] [*Schurken!*].

Dienstag, 11[.] April [1944]
Am Morgen, solange der Sinn noch hell ist und noch nicht banalisiert von dem unvermeidlichen Reden der Beiden, das einen wirklich »wie ein Stein« zur Erde zieht, am Morgen also zuweilen gelingts mir, den feuchten Morgengeruch des Gartens zu empfinden, voll von mannigfaltigen Düften, Eukalyptus überwiegt darin, aber wilde Minze ist darin – und später der Geruch der Tomatenpflanzen[.] Mein Gott, wie sehr habe ich das alles geliebt! Das war mein eigentliches Weltzuhause. Und jetzt habe ich die schlimme Kalkzelle[,] in der es nur nach Essen und dessen durch den Menschen umgeformten Gegenteil – und nach verbrauchter Luft riecht. Heute ist es eine Woche seit dem Fensterschließen – jetzt ist wohl keine Hoffnung mehr auf Widerruf. Gott sei uns gnädig! Herrgott, wie schlimm ist es, ohne Deine Luft zu leben, die draußen unermeßlich duftend, durchsonnt als ein ungeheurer Ozean die Erde überflutet. Und Deiner Kreatur wird davon nur gewährt, was durch Millimeterspalten sich durchzwängt. Geduld, alter Rheinhardt … Weitertun von Mahlzeit zu Mahlzeit,

nachmittags zwei Stunden Bridge, nachts Schlaf. Jetzt wartet man bewußt kaum mehr auf etwas. Dieser Dienstag nach Ostern war voriges Jahr der letzte Tag, den ich in Freiheit verbracht habe. Es ist mir so deutlich gegenwärtig. – Ein Jahr im Gefängnisse verbracht – Gottlob, daß Ostern vorbei ist. Man erwartet immer etwas zu Feiertagen.

Mittwoch, 12. IV[. 1944]

Jetzt morgens sind nach acht Tagen die Fenster geöffnet worden. Ich atmete die kühle beseeligende Morgenluft mit vollen Lungen, es war einer jener Morgen, wie sie dem Menschen gegeben wird zum Entgelt für vieles. Nun hat das Glück eine Viertelstunde gedauert. Der Sousoff[icier] [*Unteroffizier*] kam zum schließen – und wir sind zurückgeworfen in unseren eigenen Gestank und den der Decken und Kleider, in denen noch für lange das Schwefelpräparat von der Entlausung haftet. Wenn der nette anständige lange Berliner die Zelle betritt, sagt er angeekelt: »Großer Gott, was für ein Mief!« Und da müssen wir leben und unsere Zeit verbringen. Mein Gott, dieses sinnlose Zeitverbringen fällt manchmal schwer auf mich, daß ich heulen möchte vor Traurigkeit, dieses gerade nur bis zur Nacht-Gelangen durch die langen Nachmittage. Das kann keiner verstehen, der nicht Gefangener war. Dieses Dahocken in dem blinkenden Glanze des blinden Fensters, auf das Servieren der Suppe warten (vom ersten Geräusch bis zum Austeilen kann es 40–50 Minuten dauern) und dann blödsinniges Bridge. Dazwischen die Schwermut ernstester Gedanken, die mir sagen, immer wieder sagen während ich hier hocke, Monat nach Monat, vergeht nicht nur mein halbes Leben, sondern ich verliere alles was dem Leben Wert gegeben hatte: die Möglichkeit von Arbeit, Theodora (ach Gott, ich kenne sie) die sich mit jedem Tage von mir entfernt, bis ich … und ich werde als ein alter Gefangener in eine mir leergewordene Welt zurückkehren, wenn ich zurückkehren kann. Das ist sündhaft. Gott hat bisher weitergeholfen, er wird mir auch helfen, wenn ich endlich erlöst bin aus dieser Hölle, ein Fegefeuer ists wohl! Gott helfe mir!

Donnerstag[,] 13. April [1944]

Ach Gott, wie ist es schwer aus den vielen Träumen zurückzukehren, in dieses Hier der ewigen Zelle. Denn dort gibt es nie Gitterfenster, kein Anschreien. Es gibt fahrende Züge, die man nehmen kann, weite Landschaften, wie heute voll fliegender Wolken über wehendem silbernen Getreide. Und dort ist alles nachbarlich zu Lieben, und nichts ist unwiederbringlich wie jetzt in meinem Dasein – fast wage ich nicht mehr Leben zu sagen. Es ist schlimm jetzt, dieses Dasein! Die Fenster bleiben geschlossen. Was mir schon Erleichterung gewesen war, ist mir durch B. verdorben worden, die Arztgänge – jetzt bin ich wieder confiniert [*eingesperrt*] – wer kann sich das sonst vorstellen, dieses Existieren: ohne Nachrichten aus der Welt, ohne Möglichkeit, nachhause zu schreiben, von zuhause ein Wort erhalten. Man kann kein Wäschestück, kein oft lebenswichtiges Medikament von zuhause verlangen, nichts. Und die geschlossenen Fenster! Mir das, der ich an einem Regentage krank zu werden glaubte aus Lufthunger! Geduld, alter Sträfling, es kann vielleicht noch lange dauern und du mußt es ertragen oder krepieren[.] – Du hast sonst nichts als das Gottvertrauen, das dich stärkt. Ruf es an, du brauchst es wieder sehr. – Einige haben Besuche der Ihren erlaubt bekommen. Für mich ist das ausgeschlossen. Warum – nicht etwa, weil ich ein so schwerer Fall bin, sondern weil Erica nicht meinen Namen trägt. Lieber Gott!

Und die Fenster bleiben geschlossen und wieder keine Spur von Spaziergang!

Wer zuviel will und zuviel hat,
Wer friedlos tauschet Frau und Stadt
Dem bleibt am Tage des Gerichts von
all der Habe-Bürde nichts
Denn Liebe liebet immer neu
Und Stadt ist keinem Herzen treu -
Wem dann kein Bleiben Zeugnis gibt,
Der steht, als hätt' ihn nichts geliebt[117]

---

[117] Das Gedicht Rheinhardts aus den 1930er Jahren steht in der gebundenen Manuskriptkopie allein auf der letzten, unlinierten Seite 147. Im Typoskript von Erica de Behr fehlt es, was darauf hindeutet, dass es beim Binden eingefügt wurde.

E.A. RHEINHARDT

TAGEBUCH II

DACHAU

E.A.Rheinhardt

No 77343
Block 30/I
31. Okt. 44[1]

Incipio in nomine Eius
qui me conduxit in omnibus
periculis epochae istae.[2]
31. Okt[ober 19]44

An diesem grauen eisigkalten Nachmittage des letzten Oktobertages beginne ich in
diesem kleinen Buche zu schreiben. Mein Schüler, der ein Buchbinder ist, hat es mir
angefertigt, weil ich ihm gesagt habe, daß mir allmählich meine sämtlichen Notizen
und Aufzeichnungen, die ich auf Zetteln in der Tasche herumgetragen habe, verloren
gegangen sind. Mögen es gut[e], des Bewahrens werte Gedanken sein, die ich in
dieses Buch einzuschreiben habe! und möge ich es bald in ein freundliches Zuhause
tragen können! – Mein Schüler ist ein zwerghaft buckliger Mensch von 33 Jahren,
und dieser rötlich behaarte armselige Knirps, der doch voll Würde ist, heißt voll
Schicksalsironie Scherz (Franz)[3]. Er stammt aus Ternitz unterhalb des Semmerings.[4]
Er hat in viereinhalb Jahren Zuchthaus nicht nur die Buchbinderei ausgelernt, so daß
er, der vormalige Fabrikshilfsarbeiter fortan Buchbinder sein wird;. Sondern er hat
auch (angeblich gut) Russisch erlernt und auch fleißig Englisch studiert. Jetzt hat er
ein riesiges Vokabular im Kopfe, aber da er noch nie recht Englisch sprechen gehört
hat, hat er keine Ahnung von der Aussprache und bringt wahre Monstruositäten von
Worten hervor. Ich lasse es mir redlich angelegen sein, diesen so strebsamen fleißigen
Menschen weiter zu bringen. Die größte Schwierigkeit ist das tiefe Eingewurzeltsein
der fest eingelernten falschen Aussprache und leider ein für einen Österreicher sehr
seltener Mangel an Gehör. Das bewirkt, daß er gar nicht merkt, wenn ich ihm ein
Wort richtig wiederhole, wo sein Fehler war. Na, ich fahre fort und bin geduldig.
Habe ich nicht großen Erfolg, dann begnüge ich mich eben mit dem, was ich zuwe-
gegebracht habe. Und ich muss mich eben nur mehr bemühen. Viel habe ich hier ja
nicht Gelegenheit, mich nützlich zu machen.

---

[1] Handschriftlich auf dem ersten beschriebenen und gezählten Blatt der Manuskriptkopie.
[2] *Ich fange an im Namen dessen, der mich durch alle Gefahren dieses Zeitalters hindurch-
     führt.* Handschriftliche Eintragung auf der zweiten beschriebenen Seite der Manuskript-
     kopie. Der erste Tagebucheintrag beginnt dort auf der dritten beschriebenen Seite.
[3] Franz Scherz, geb. 1911 Wimpassing, Arbeiter.
[4] Ternitz] Kleinstadt südöstlich von Wien, in der Nähe des Ausflugsziels Semmering.

Wenn bei Begegnungen auf der Lagerstrasse (deren Pappeln jetzt schon eilig die Blätter fallen lassen) befragt, wie es mir gehe, sage ich ohne nachzudenken: Eh bien, comme on vit dans une salle d'attente [*Wie man eben in einem Wartesaal lebt*].« Das drückt das Wesentliche der Stimmung hier aus. Obwohl man sich vernunftgemäß auf ein langes Hierbleiben einrichten sollte, bleibt doch das Wartesaalgefühl im Wesensgrunde vorherrschend[.] Warten, auf was? Man darf nicht einmal auf Post hoffen, denn niemand weiß mehr, wo man ist, niemand könnte also schreiben oder ein Päckchen schicken.

Eben finde ich diese Verse:

Mach einfältig uns gleich Tauben,
Segne uns mit Kinderglauben.
Laß die Engel bei uns wachen,
Daß wir wie die Kinder lachen,
Daß wir wie die Kinder weinen,
Laß uns alles <u>sein,</u> nicht scheinen !
(Brentano)

Sonntag 12. Nov[ember 19]44

Jetzt ist die erste Woche meiner neuen Funktion im Revier herum. Montag morgens bin ich hierher geholt worden, mit Freude und Bangen habe ich die Nachricht empfangen, daß ich als Schreiber auf Block 7[6] eingestellt sei (demselben Block 7, wo ich vor 3 Monaten meine kurze psychiatrische Tätigkeit entfaltet habe). Das Bangen, daß das nur eine Vorbereitung für ein anderes Kommando sein könnte, am Ende gar Auschwitz, ist noch immer nicht herum. Nun, ich habe eine sehr geschäftige Woche hinter mir. Jetzt habe ich eben um 3 1/2 h die letzten Krankenblätter fertig gemacht und genieße, satt gegessen, das Gefühl, einen Nachmittag und Abend für mich zu haben. Es ist ein rechter kalter Winternachmittag mit vielem Schnee und blasser Sonne, so eine Stimmung, wie ich sie vom Fenster der Zelle 356 in Marseille einen Februarnachmittag gesehen habe. – Es hätte um 2 Uhr im Revier Kammermusik sein sollen – mit einem Schubertquartett – leider ist nichts damit. Wie sehr hatte ich nach so langer Zeit Musik hören wollen! Aber für heute ists nichts damit, höchstens »leichte Musik« in einem Block, und darauf hab ich gar keine Lust. So werde ich jetzt Brentano lesen und nachher Besuch machen gehen: zum braven Reiter, dann Stummer[7] und nachher die copains [*Kameraden*] der 30. sehen, besonders Bernard.[8]

---

5   Der im Manuskript auf einer neuen Seite beginnende Eintrag weist eine andere Schriftstimmung auf, was darauf hindeutet, dass er möglicherweise erst beim Kopieren und Binden an diese Stelle gelangte. Im Typoskript aus dem Nachlass DL heißt es an dieser Stelle »Kein Datum«.

6   Zur Topographie des Konzentrationslagers Dachau siehe Abb. 19.

7   Rudolf Stummer, geb. 1905 in Wien.

8   copains der 30., Bernard] Haftgefährten Rheinhardts im Gefängnis in Marseille; Henri Bernard, (1914 Paris–1945 Dachau), Lehrer, mit Rheinhardt aus Compiègne deportiert,

Jetzt habe ich ein bißchen Ruhe und gerade noch etwas Licht zum Schreiben. Die
bleiche Wintersonne ist schon hinter dem beschneeten Dache des Nachbarblocks verschwunden. Brrr, so winterlich. Ich habe eben meine Wintervorbereitung getroffen,
nämlich meine ganz zerrissenen Schuhe, die mir die Füße ganz verdorben haben,
gegen ein Paar Riesenschuhe eingetauscht, die wenigstens wasserdicht aussehen[.]
Meine Schritte durch die Krankenzimmer sind leicht wie die eines alten Elephan-
tenbullens.

Ich fürchte, wir werden doch diesen Winter hier bleiben – und ich hoffe es doch
zugleich. Denn hier ist man eingelebt. – Die guten Gedanken, die ich gern in das
Buch da eingeschrieben hätte, wollen sich nicht melden. Wenn deren überhaupt welche noch kommen, dann ists nachts im Bette, und da kann ich sie ja nicht aufschreiben. Und wie weit bin ich von allem rechten Nachdenken fort! In der Zelle in Nice
und Marseille hab ich es noch gekonnt. Aber hier ist man doch nur im Bett allein
in etwas Stille. Alles Denken vollzieht sich hier als Improvisation in Gesprächen –
Konzentrationslager ist ein lucus a non lucendo.[9] – Vielleicht treffe ich es, allmählich in ruhigen Momenten Konzentrationsübungen zu machen. Aber selbst wenn mir
Nachdenken auf eine Art gelingen will, mischen sich doch sogleich die bangen Fragen
nach Theodora und Erica ein, nach allem, was mein Leben gewesen ist und von dem
ich jetzt nur das weiß, was in mir davon weitergeht. Vor den paar Vertrauten hier tue
ich stets, als ob alles verbürgt weiterginge und ich nur in Freiheit zu sein brauchte,
um gleich ein bereites Leben zu finden. Nun ja, tun wir eben als ob …!

In den letzten Tagen habe ich zweimal ein wirkliches Glücksgefühl gehabt: es gibt
zwei Katzen hier, etwa 3 Monate alt, ein Marius roter Kater, mit dem ich in der
Lichtstation[10] lange geredet habe – es war etwas von innerem Weinen in dem Glücksgefühl. Ach Gott, mein Titi, und der edle Marius und Rufus, und Philipp, den ich nur
als Baby gekannt habe. Die andere Katze ist eine Kätzin, weiß mit Tabbyflecken.[11]
Sie ist oft hier im Zimmer 7/4 und spielt das internationale Katzenspiel – wenn sie
zu mir kommt, bin ich wirklich geehrt – und gerührt. Oh, wie weit ist »die heitere
Unschuld des Lebens« von mir: da aber ist sie trotz allem süß ewig neu … Ich erschrecke fast, wenn ich die holden Bewegungen dieser jungen Tierleiber erblicke …
und ich bin zugleich voll überströmender Dankbarkeit. – Und der nette neue Capo
Wastl hat zwei Kanarienvögel in seinem Zimmer. – Und da und dort gibts Aquarien
mit Fischen, z.B. Meisels »Häftling«, blau weiß gestreifte Fische. – – –

---

richtiger Name Albert Sciaky. Er publizierte während der Okkupation unter dem Pseudo-
nym François Vernet einen Roman und Erzählungen; s. Rost S. 262ff.

[9] Lucus a non lucendo] wörtlich »Das Wort für Hain (lucus) kommt nicht von Leuchten
(lucere)«. Redewendung der lateinischen Rhetorik, die aus Wortähnlichkeiten assoziierte,
aber dem Sinn nach falsche Sprachbedeutungen karikiert.

[10] Lichtstation] vgl. Anm. 30.

[11] Die Tiernamen beziehen sich auf Katzen in Rheinhardts Haus in Le Lavandou.

Freitag 24. Nov[ember 1944]

Seit dem 15. bin ich krank gewesen. An diesem Tage habe ich auf Block 19 mitgearbeitet bei der Ty[phus] Ex[anthemicus][12] Kontrolle, nachmittags im Doucheraum hatte ich schon Schüttelfrost, einer der Ärzte gab mir ein Thermometer: sehr hohes Fieber. Ich wurde nach 7/3 geschickt, von dort nach zwei Tagen auf 3/3[13] verlegt, wo ich noch bin, heute, Samstag, 25.9.[14] Nach 10 Tagen mit meist über 39° Fieber bin ich jetzt sehr elend und matt. Große Kräftereserven habe ich ja nicht gehabt – natürlich fühlt man sich schwach, zumal, wenn man die Zeit über fast nicht gegessen hat. Na ja. Und die Welt rundum ist höchst unwirklich geblieben. Durch diese Schutzschicht von Irrealität ist nicht einmal voll durchgedrungen, dass ich indessen für einen Transport nach Auschwitz bestimmt – und wieder von der Liste gestrichen worden bin und der Transport gestern ohne mich abgegangen. Aber im Grunde zittert doch noch etwas nach von der Drohung. Jetzt kommt eine böse Nachricht nach der anderen. Erst die, daß mein Posten auf 7/4 schon neu besetzt ist – und jetzt die, daß ich »abgestellt« bin, d.h. heute wieder auf den Block zurück soll. Vielleicht gewöhne ich mich morgen wieder an diese Notwendigkeit schon – ich habe mich ja an so Vieles gewöhnen lernen müssen. Nur gerade jetzt in dem Mattigkeitselend ist die Aussicht auf das wieder am Frühappell stehen zu müssen düster: Nun ja, es heißt halt wieder die Zähne zusammenbeissen und hoffen und Vertrauen haben. Deus ludet ne [*Gott würfelt nicht*]!

Grau grau hängt der November
In die Welt der grauen Blöcke hinein.
Schließ die Augen, wispert »Remember«
Und ich flüchte ins Gesternreich hinein.
Aber »Auf Gehts« und verstoßen
Aus Ehdem und Morgen sogar
Treib ich wieder im Umrisslosen
Grauen grauen Häftlingsjahr.

Mein Gott, schick in der lichtlosen Tage Schleichen
Mir einen Brief – da mir solang schon Keiner schreiben kann.
Herr, schick meinem schlechtgläubigen Herzen ein Zeichen
Leite mich zu einem guten Gedanken an!

Zum 27. Nov[ember 1944][15]

Freundin, die mein Herz so innig kennt
Heut' ist alles Leben Dein Gedenken.
Durch den halben Erdteil von Dir getrennt
Schick ich meine Barke mit Geschenken
Segelhell ins liebesblaue Element.

---

[12] Typhus exanthemicus] Fleckfiebertyphus.
[13] Die schwer lesbare Angabe von Block und Stube ist im Typoskript mit »3 3/6« transkribiert.
[14] Der 25.11.1944 war ein Samstag.
[15] 27. November] Geburtstag von Erica de Behr. Das Datum steht in der Handschrift mittig als Titel des Gedichtes.

Nicht viel Neues kommt zu dir in meiner Fracht.
Ich belade sie aus unserem Vergangenen:
Römische Tage und südliche[16] Sommernacht
(Was fände ich sonst im Elend des Gefangenen!)

Mit einem Mittelmeerstrauß bin ich heut erwacht
Den üppigen Strauß vertrau ich meinem Liebesboot'
Das ich belade von jener Glücksterrasse
Freesienduftend mit bougainevillearot
Mispelherbstlich und narzissenblasse
Toscanaabende und Provence – Liebesnot

Alles Alte, aufgeblüht in neuer Zärtlichkeit
Will ich jetzt zu Dir nachhause senden
Damit Du es bergest aus der Häftlingszeit
Und es uns bergest mit Deinen Händen,
Liebesgut aus Liebe heimgeführt!

Ich schicke Dir, wie wir toll gewesen sind
Und wie unwissend wir glücklich waren
Tagverloren und schicksalsblind
Und was ich Dir alles war in diesen Jahren
Geliebter, Herr und Höriger und Dein Kind.

Und ist Dir manch Gewächsstock unbekannt,
Schwesterherz, im heutigen Gebinde
So nimm auch das traurige Blühen in Deine Hand
Dornen aus Dachau und die Compiègner Linde
Und was ich in den Kerkerhöfen fand.

Und riechst Dir bitter in all den Süden hinein
So sinds die schwarzen Lilien der Qualen
Die blut- und tränengedüngten Akelein
Die Vergißmeinnicht aus dem Lande »Sehr-Allein«
Die aus dem Marterkeller mit der Farbe von Wundermohn,
Die setz mir sorgsam im Liebesgarten ein.

Sie werden demütig sanft abseits stehn
Zum drängenden Wachsen und Treiben -
Und wenn wir zu heftig wieder durch den Garten gehn
Werden sie in unseren Blicken bleiben.

So fahr in den Geburtstag hinein
Mein zärtliches Boot mit den Liebesstandarten
Bring der fernen Freundin die Spezereien
Die ich ihr ernte in dem vereinsamten Garten
Fahr hin mein Boot in den Süden hinein
Bring der Lieben all mein Warten
Und die des Heimwehs, wieder in ihr geborgen zu sein!

---

[16] oder: südende

Ericas Geburtstag, vollangefüllt mit Träumen und Gedanken an all die gemeinsam
verbrachten Feste, hat mir ein recht wunderhaftes Zeichen gebracht wie einen Treue-
gruß von der Lieben: einen Brief von Ricarda[17] als Antwort auf den vor 3 Wochen an
die Mutter Ericas abgesandten Brief. Wie froh ich war, nach mehr als zehn Monaten
zum erstenmale wieder einen Brief erhalten zu haben! Und daß mir Ricardas Brief
ein Päckchen in Aussicht stellt, fügt zu der Freude über die hergestellte Verbindung
zu Ericas Schwester noch die tröstliche Aussicht auf kleine materielle Genüsse hinzu, vor allem auf etwas zum rauchen – denn jetzt lebe ich nur von Almosen, einer
Zigarrette, die mir der gute Bauer bringt und die 24 Stunden reichen muß in zwei
bis drei Kapiteln. – Ich liege weiter auf 3/3, mit einer Leberschwellung und der
Diagnose Cholangitis[18]. Derweil soll sich etwas für meine Unterbringung entscheiden (Revier oder Plantage[19])[.] Möge sich etwas gefunden haben, bevor ich dieses
gütige refugium des Bettes hier verlassen muss! – Ich habe hier enorm begeistert
einen Band Erzählungen von Jeremias Gotthelf gelesen, ganz hingerissen von der
Schwarzen Spinne, tief getroffen von der wunderbar innigen »Erdbeer-Mareilli«[.][20]
Wie herrlich säftevoll das Deutsche da klingt, was für eine großartige Durchdrin-
gung von ahnungsreicher Frömmigkeit und erdvertrauter vegetativer Wirklichkeit!
Solche Bücher und dazu Keller und unser Stifter[21] tun not, um die Gewissen wach-
zurütteln zum rechten Menschsein und zum Bewusstwerden von Ehre und Würde
der deutschen Sprache. –
    Mit Niko Rost[22], der zuweilen an meinem Bett sitzen kommt, reden wir ein we-
nig »Literatur«, und ich fühl mich dabei wie Einer, der ein guter Schüler gewesen
ist und aus dem harten Leben für Augenblicke in die Schule zurückdarf, wo ers gut
hat, weil er dort seine Sache kann … – Ach, wenn ich jetzt nachhause dürfte und
mich wieder vor weißen Papierblättern bewähren dürfte, da glaub ich, würde mir die
Schreibtischangst vergangen sein und ich mich munter mit der Feder herumtummeln
und dankbar drauflosschreiben. – Ach wärs doch nur bald!

1. Dez[ember 1944] Freitag
Der kalte bleiche Wintertag hat sich mir freundlich erwärmt: das von Ricarda ange-
kündigte Päckchen ist gekommen: es brachte mir etwas zu Rauchen und das gerade
in einem Augenblicke, in dem ich nur noch gehabt habe, was Bauer mir geben konnte.

---

[17] Ricarda] jüngere Schwester von Erica de Behr.
[18] Cholangitis] Entzündung der Gallengänge.
[19] Revier] Krankenstation; Plantage] auf dem Lagergelände betriebene Plantage zum Anbau
    von Heilkräutern; an beiden Orte waren die Haftbedingungen besser als in den Blöcken.
[20] »Die Schwarze Spinne«, »Das Erdbeeri-Mareili«] Novellen des schweizerischen Schrift-
    stellers Jeremias Gotthelf (1797–1854).
[21] Gottfried Keller, TB I, Anm. 20; Adalbert Stifter (1805–1868), österreichischer Schrift-
    steller.
[22] Nicolaas Rost (1897 Groningen–1967 Amsterdam), niederländischer Journalist und Über-
    setzer deutscher Klassiker ins Niederländische.

Sonntag werde ich R[icarda] für Brief und Sendung danken. Werde ich mich traun, um etwas zu Essen zu bitten? J'en aurais tellement besoin [*Ich hätte es so sehr nötig*]! In meiner Arbeitsfrage noch keine Entscheidung. Noch bin ich im Revier. Wie lange kann ich noch hierbleiben? Gern bliebe ich noch – die Krankheit hat mich doch sehr hergenommen – ich bin noch recht matt – und die Lebersache ist sehr widerwärtig! – Nichts zu Lesen. Nur den Ärztekalender von 1939. Bleibt nur süchtiges Träumen von zuhause. – Wie weit ists!

Samstag 2. Dez[ember 1944]

Da ich dieses Datum schreibe, taucht etwas Feiertägiges aus der Kindheit herauf: kurz vor Nikolo: Thronbesteigung des Kaisers, unseres Kaisers. Und darüber schichtet sich aus den ersten Geschichtskenntnissen schon bald Austerlitz[.] Und lange später her der Gedenktag des Second Empire.[23] Wunderlich gehts zu in mir, dessen ganzes Inneres einen übervollen Kalender von Gedenktagen birgt, in den auch noch eine lange Reihe historischer eingefügt sind wohl noch aus der Zeit, da das beziehungsgierige Ich sich bis in alle Vergangenheit seine Bezüge sichern wollte und so in alles Gewesenes selbst ein Tröpfchen Ichwichtigkeit hineintrug. Wie wunderlich ist dieser innere Hausrat zusammengetragen! Und wie beharrlich ihn die Kräfte, die ihn zusammenborgten, auch in seiner krausen Ordnung zusammenhalten!! Was da nicht alles hat beisteuern müssen, um so ein verbindungssüchtiges junges Wesen überallhin reichen zu machen: alle Lektüre von der Biblischen Geschichte bis zum Robinson Crusoe, Rom, Hellas, deutsche Heldensagen und österr[eichische] zurechtgeklitterte Geschichte. Und die Musik von Meierbeer bis zu den Messen der Kindheit, von den Schulliedern bis Schubert[24] und den Dienstbotenschmachtfetzen wie »verlorenes Glück«, vom ersten Eros sentimentalis wehsüß ichschmackhaft gemacht. In unserem Trödelmarkt von innerem Hausrat zu stöbern ist das häufigste Tun des leeren Gefangenenleben: man blättert unablässig in dem alten Bilderbuch bis eine wirre Bilderflucht vor dem inneren Blicke vorbeijagt, wie in der Kindheit, wenn man zu lange die Kaleidoskop-Rolle vor den Augen hin und hergedreht hat.

Montag 4. Dez[ember 1944]

Fahler naßkalter Tag mit Augenblicken der Aufhellung zu ein wenig weißem beinahe tragischen Lichte. Ich habe in einem sehr klugen Buche von Richard Benz über die Romantik[25] gelesen, das mir der gute Nico Rost gebracht hat. Zitate aus Wackenro-

---

23 2. Dezember 1805] Sieg Napoleons I. bei Austerlitz; 2. Dezember 1848] Thronbesteigung Franz Joseph I.; 2. Dezember 1852] Selbstkrönung Napoleons III. zum Kaiser der Franzosen, Beginn des Second Empire.
24 Giacomo Meyerbeer (1791–1864), deutscher (Opern-)Komponist und Dirigent. Franz Schubert (1797–1828), österreichischer Komponist.
25 Richard Benz: Die deutsche Romantik, Leipzig 1937.

der, Novalis und Jean Paul[26] haben bewirkt, daß unter dem vielen Schutte von Zeit und Ich-Detritus[27] etwas leise süß zu quellen anfängt und zu murmeln und silbrig klingend sich den Weg bahnt herauf aus dem Reiche der Begeisterungen voll Musik und »melodischer Schwermut«. Und eine wehmütige Besinnlichkeit zaubert in das leere weiße Licht blasse Häuche einer fernen Bilderwelt: als obs die doch trotz allem weiter gäbe und es nur des kleinen möglichen Wunders der Heimkehr bedürfte, damit Gestalt und Farben wieder seien auch in meiner Welt. Ungeheuerlich scheint es mir[,] wie tragisch es hergehen könnte, wenn nach unserer Odyssee die νόστοι[28] zuhaben! Aber süß erschrocken empfange ich diese Ahnungen, selbst wo sie drohen: denn in ihnen ist noch, was mir ehedem als das einzige heilige Element erschienen war: es sind noch die Begeisterungen da mit ihrem dunkleren Gold, dem weinfarbenen Abendmeere und dem heroischen Blau in zerrissenen Märzsturmwolken, die über schwarze Pinien und Zypressen hinfliegen. Und in diesem erregten Ahnen ordnen sich die lange gehegten Stücke bukolischen Bürgerträumens alt neu ins Tragische endlichen Liebens mit einer echten Todeswirklichkeit.

5. Dez[ember 1944]
Seit gestern geht eine Geschichte in mir um: der alte chinesische Stoff vom Verschwinden des Bildners im Gebilde. Allmählich fand sich eine neue ichaktuelle Gestalt dafür. Ein Bildschnitzer österr[eichischer] Herkunft, durch des Vaters Lehrjahre und die ital[ienische] Mutter von früh auf mit Italien verbunden, wohin ihn auch der Vater lernen schickt. Er wird dort jung berühmt für seine farbigen Figuren in Landschaften und Interieurs. Als junger verwöhnter Götterliebling sündigt er viel an Frauen und Freunden. Reich und umworben kommt er an den Hof seines Herzogtums, wird Freund des Herzogs. Dann in den Wirren der Risorgimentozeit ist er immer mehr verstrickt in die Carbonarobewegung.[29] Der reifende Mann fühlt seine Zugehörigkeit zum ital[ienischen] Lande umso mehr, als Hof und herrschende Klasse mit den Okkupanten kollaborieren. Er wird verhaftet, nach langer Haft in Italien auf eine österr[eichische] Festung gebracht. Der Edelgewordene erringt sich allmählich die Gunst des Gefängnisvogts, für dessen Kinder er Figuren schnitzt. Er hat ein wenig Freizügigkeit, sitzt oft allein am Fenster des Wachlokals. Hier kommt alle paar Monate eine Frau vorbei, die ihn sucht. Jedesmal ist sie eine andere, eine Geliebte von fern her oder näher. Und sie wechselt weiter, wird immer älter. Zuletzt bringt sie ihm Buchsholz und er sieht daß es die Mutter ist, die ihm sagt »Darin ist die Freiheit und die Heimkehr. Schaff sie Dir.[«] Er beginnt wieder inspiriert zu schnitzen.

---

26 Wilhelm Heinrich Wackenroder (1773–1798), Novalis (Georg Friedrich Philipp Freiherr von Hardenberg, 1772–1801) und Jean Paul (Johann Paul Friedrich Richter, 1763–1825): deutsche Schriftsteller der (Früh-)Romantik.
27 Detritus] zelluläre Zerfallsprodukte (Biologie und Medizin).
28 νόστοι = Nostoi] Heimkehrer-Epen der griechischen Heldensagen, hier wohl Ausdruck der Sorge, ob nach der Befreiung eine Rückkehr in heimische Verhältnisse wieder möglich sei.
29 Carbonari] Geheimbund der italienischen Nationalbewegung im 19. Jahrhundert.

Endlich wirds eine südliche Landschaft. In die stellt er sich immer neu als Jüngling oder jungen Mann hinein. Aber die Ichfiguren wollen solang nicht hineinpassen – bis er sich einmal im Spiegel sieht. Da schnitzt er sich selber grauhaarig, schon etwas gebeugt. Und er stellt die Figur in die Landschaft. Da kommt eine sehr alte Frau ins Wachlokal, holt aus einer Lade das Schnitzwerk, schlägt es in ein Tuch, nimmts an die Brust trägt es fort auf die nach Süden führende Landstraße stellt es neben einen Felsen in den Hellschatten eines Rosenbusches. Sie schaut in die Landschaft hinein, wird immer kleiner und geht in die Landschaft hinein/. Spielende Kinder setzen sich davor nieder, tun einen langen seligen Blick über Zypressen, Pinien auf die säulengetragene Villa und die weiße Straße entlang gegen das blaue Meer des Horizontes[.] Und auf der Straße sehen sie eine alte Frau einen ältlichen Mann an der Hand führen. Und die beiden gehen bis sie immer kleiner werden und dem Blicke der Kinder verschwinden. Derweil fallen immer mehr Rosenblätter darauf. Die Kinder gehen spielen, kommen sehnsüchtig zurück. Suchen den Süden und finden nur einen Haufen Rosenblätter. Weinend kehren sie auf die Landstraße zurück auf der sie für immer bis ans Ende gehn werden auf der Suche nach der vollkommenen Stille des erschauten Südens.

Gott gebe, daß ich diese Geschichte so schreiben könne, wie ich sie fühle.

Etwas weißliche Sonne ist in dem Krankenzimmer[,] auf dem Dache liegt Neuschnee und darüber ist ein Streifen blaßblauen Himmels zu sehen, oh Heimweh nach blauen Himmeln! Ich bin traurig. Ich habe heute ein Stück schöner Zukunftshoffnung zusammenbrechen gesehen. Bauer hat in den letzten Tagen viel mit mir geredet über seine Arbeit mit Penchenat und sein eifriges Lernen der Methode, auf die er seine Zukunft bauen wollte.[30] Wollte. Denn soeben kam er mir sagen, daß er abgestellt[31] sei. Der Arme – es tut mir im Herzen weh …

6. Dez[ember 1944] Mittwoch

Wie die Kindheitsfeste mit ihren Überraschungen und Wunscherfüllungen nach einem halben Jahrhundert weiterwirken! Seit gestern suchen sich in das vage Tagträumen Erinnerungen an Nikloabende mit dem Krampusgruseln zu mischen. Aber die Traurigkeit über das Fortmüssen des guten Kameraden B[auer] scheucht schnell immer wieder jede aufkommende kleine Traumwohligkeit. – Heute ists drei Wochen her, seit ich mitten in guter Arbeit krank geworden bin. Jetzt bin ich zur Behandlung

---

[30] Ferdinand Penchenat (1890–1966), französischer Ringkampf-Champion, entwickelte nach dem Ersten Weltkrieg als Physiotherapeut in einem Pariser Krankenhauses eine Behandlungsmethode, die heute noch in Québec bekannt ist (»table Penchenat«). Seit 1942 Mitglied des nationalen Widerstands in der Charente, verhaftet und deportiert. Im Konzentrationslager Dachau diente seine »Lichtstation« zur Heilbestrahlung als Treffpunkt französischer Résistancemitglieder, s. Michelet S. 206f.

[31] abgestellt] für den Transport in ein anderes Konzentrationslager bestimmt.

auf Block 9 verlegt zu dem freundlichen Dr. F. mit seinen Kräutertees und seiner Iridoskopie[32]. Er findet eine Leberhypertrophie mit Cholecystis.[33] Eine Behandlung brauche ich wirklich – die Diagnose freilich scheint mir etwas generalisierend. Vedremo [*Wir werden sehen*]. Leider habe ich hier nicht die gute Ruhe von 3/3, keine Mittagsstille und nach dem allzu frühen Wecken bald wilder Krach, so daß das hilfreiche lange Schlafen recht eingeschränkt ist. Das »gute« Bett hier hat den Nachteil daß jeden Augenblick das Fenster neben mir aufgerissen wird, auch nachts – und ich habe nicht drei Decken wie drüben. Und draußen ists rechtes Nasser-Schneewetter. Na ja … patience [*Geduld*]. Ich denke viel an B[auer], Strafkompagnie und Transport. Und vorgestern schien er noch der festessitzende von allen im Revier. Cito[34] … ich verliere den sehr guten Kameraden – und einen teilnehmenden Freund. Auch der gute kleine Reiter geht jetzt fort höre ich, Gottweiß warum, und wohin[.] Ces jours me rappellent avec véhémence combien nous sommes des jouets de bas hazards ici – mais aussi qu'il n'y a de secours que chez Lui [*Diese Tage erinnern mich heftig daran, wie sehr wir hier Spielsachen niederer Zufälle sind – aber auch, dass es Errettung nur bei Ihm gibt*]. Wäre ich noch ein paar Tage auf 3/3 geblieben, so hätte ich vielleicht mein Märchen schreiben können – aber vielleicht wär auch Schlimmes dazwischen gekommen! Also: Vertrauen und trying to make the best of it [*versuchen, das Beste daraus zu machen*]. – – –

Ich geh im Streifenkleide Weiß – und Blau.
Der Kopf ist mir kahl geschoren.
Die Wangen sind von Stoppeln grau.
Der Moorwind pfeift mir um die Ohren
Alles geht im großen Krieg verloren.
Gib uns Kraft, Unsere Liebe Frau!

Freitag 8. Dez[ember 1944]

Wieder sehr »bei nassem Schnee«-Stimmung. Körperlich flau, Leberschmerzen. Hunger, Breikost. Die Fr[anzosen] haben Colis bekommen. Hoffte auch auf eins, zumal da Zigarretten, Tabak, corned beef etc drin sind. Meine Hoffnung wird schon dünn. Habe freundliches gestern erfahren vom Gen[eral][35] und einem netten kleinen Mann. Materiell ein Nichts – moralisch wohltuend. – Lese weiter in dem guten Romantiker-Buch von Benz, solange Rost es entbehren kann. Sehr geistbelebend. Wenn ich je in Freiheit sein sollte, werde ich ständig in den besten Büchern, nur in solchen lesen müssen, die mir Brücken schlagen zum Geistigen und Höheren meines Wesens, das hier im Zeit- und Haftschutt nur noch zu vagem Träumen kommt. Ich lasse die Bildschnitzer-Idee nicht fahren. Wenn ich doch nur Ruhe hätte, sie auszuführen!

---

[32] Iridoskopie] Augendiagnose; Verfahren der Alternativmedizin, bei dem vom Aussehen der Regenbogenhaut (Iris) auf durchgemachte und bestehende Krankheiten geschlossen wird.

[33] Leberhypertrophie] Vergrößerung der Leber; Cholecystitis] Entzündung der Gallenblase.

[34] Cito] »schnell«, medizinischer Vermerk auf Eilrezepten.

[35] Vermutlich Charles Delestraint (1879–1945, hingerichtet), General der französischen Armee und führende Persönlichkeit der Résistance, oder ein General von der Gestelle.

Das Herz im Leibe erschreckt mir weh, wenn mir der Garten zuhause einfällt wie er jetzt sein muß, den Rosen, die jetzt noch blühen längs des Weges, das stark blaugrüne Meer zwischen den hohen Eukalyptus. Und ich schaue durch die Fenster gegenüber auf den grauen gefrorenen Schnee auf dem Dache und den kaltgrauen Himmel. Es geht mir körperlich etwas besser. Das zähe Fieber ist wieder abgeklungen. Nur die Leber tut weh[,] ich kann rechts kaum liegen, wie ichs doch lebenslang gewohnt war. – Na – ich schau auf meinen Nachbar den Lothringer:

Der Schmerzensmann, der da neben mir liegt
Und der schon nicht mehr essen mag
Schaut so ergeben, so sehr besiegt,
So wächsern still in den Wintertag

Langes Gespräch mit F.R. gehabt. Er hat vor einem Jahr einen Arm völlig verloren: über die seelischen und praktischen Probleme des neuen Krüppels. Seinen Kampf, nicht ein ganz schlechter Charakter zu werden aus Neid, aus dem vermeintlichen Rechte übertriebene Erwartungen an die anderen zu stellen. Das Leben lernen mit einer Hand Waschen, Essen Anziehen etc. Jetzt die Angst, daß eine Frau ihn nur aus Mitleid wollen könnte, daß jede gesunde Frau instinktiv Ekel vor dem Krüppel haben müsse (Ich dagegen: Ja gegen den geborenen, nicht aber gewordenen Krüppel.)

Für das Bildschnitzermärchen: die Überführung der hilflosen rationalen Gedanken ins wirklich »geistmächtige« Magische muß sich mit uralten Symbolen einleiten: dem Auftreten einer weisen Schlange, des wissenden Katers, der bei dem Schnitzer bleibt und zuletzt mit ihm und der Frau den großen Weg ins »alte Land« antritt.

Der eigentliche menschheitliche Wert des Dichters liegt darin, daß er der Bewahrer des Urgeheimnisses ist. Er ist umsomehr Vater, je tiefer [er] der magischen Vorwelt verbunden ist, dem Tiergeheimnis – denn das Tier wußte ja die Zukunft.

Es ist hell heute in dem Krankenzimmer mit den über 100 Betten. Etwas Sonne scheint auf die Betten im 2. Stockwerke gegenüber. Ich bin wohlgelaunt davon und weil es mir nach der fiebrigen Nacht wieder etwas besser geht. – Der unselige Lothringer, der wegen eines Darm-Ca[rcinoms] operiert worden ist und wohl schon eine Menge Metastasen hat, ist verlegt worden, in ein Bett, an das man von zwei Seiten heran kann. – Ich bin zufrieden, daß es mir gelungen ist[,] ihm sein Colis Français [*französisches Paket*][36] zu verschaffen. – Ich habe meines noch nicht, aber wieder ein

---

36 Colis français] Versorgungspakete aus dem seit dem Sommer 1944 befreiten Frankreich, deren Adressaten nicht mehr am Leben waren.

Versprechen. Hoffentlich, ich könnte es brauchen. In dieser Woche habe ich 3 1/2 Kilo abgenommen, das ist ein bisschen viel[.] Na ja, Breikost ist zwar leicht verdaulich, aber nicht eben substanzerhaltend. – – –

Mein Nachbar rechts, Jugoslave (Pleuritis)[37] rouspette [*meckert*] über alles und »droht« jeden Augenblick, er werde sofort auf den Block zurückgehen – dabei kann er nicht einmal auf den Abort geh[n]. Vor einigen Tagen war er noch Oberleutnant. Heute ist er schon übergangslos Major (ebenso wie der amerikan[ische] Hilfspfleger, den ich im Sommer noch auf 3/2 als lieutnant [*Unteroffizier*] gekannt habe und der sich derweil auch zum Major gesteigert hat. Das beste Beispiel für diese Lagererscheinung, daß es soviel Millionäre, Univ[ersitäts-]Prof[essoren] von eigenen Gnaden gibt, war Trubell, mein Nachbar auf 3/3, der sich jeden Tag neue Würden beigelegt hat, Univ[ersitäts-]Prof[essor] in Aix, England, Amerika – dann wieder französis[cher] Konsul – und der mit jeder Person von Rang verwandt oder verschwägert war.[38] Ob wohl der Häftlingsminderwertigkeitskomplex diese Blüten treibt, die über das tägliche Elend hinwegtrösten sollen. —

Ich habe nicht viel Glück mit meinen Bettnachbarn hier. An Stelle des armen Lothringers ist ein Kärntner gekommen, der wie ein Wiesel aussieht. Er liest im »Gänsemännchen«[39]. Heftig überfielen mich die Erinnerungen beim Anblick des Bandes (Originalband von S. Fischer.) Ich sah den lieben guten Jakob, hörte die warme verführerische Stimme Kapitel daraus vorlesen, ich sah das schiffshaft anmutende Bibliothekszimmer in dem Kaasgrabenhause[40]. Und ich sehe mich selber, jungen Offizier, neben Emmy sitzen[.] Emmy W.[41] auch, Mimi Giustiniani[42] und die anmutige Steffi[43], ihre Schwester die längst tot ist wie Jakob selber. Wen könnte ich noch wiederfinden aus dem Freundeskreise von damals? Müller-Hofmann[44] vielleicht, Isepp[45]. Hoffentlich die beiden Emmys! Wie alte Leute sind wir derweil geworden! Alle haben sich ihr Dasein klüger eingerichtet als ich. Und doch …

37 Pleuritis] Brust- oder Rippenfellentzündung.
38 Marcel Trubelle (1894 Tunis–1945 Dachau).
39 »Das Gänsemännchen«] Roman von Jakob Wassermann.
40 Kaasgrabenhause] Wassermanns Villa in der Künstlerkolonie am Kaasgraben, Wien 19, gehörte zu einem herausgehobenen Ensemble der Wiener Architekturmoderne, vgl. Meder S. 63f.
41 Emmy Wellesz (1889–1987), Kunsthistorikerin, Ehefrau des Komponisten Egon Wellesz (1885–1974), Komponist und Musikwissenschaftler. Beide waren in Wien mit Rheinhardt und seiner zweiten Ehefrau Gerty befreundet, 1938 Emigration nach England.
42 Mimi Giustiniani (1882–1964), geb. Bachrach, Ehefrau des österreichischen Musikwissenschaftlers Viktor Zuckerkandl (1896–1965), Übersetzerin von Texten des modernen Judentums, vgl. Zuckmayer/Bermann Fischer S. 92f.
43 Stefanie (Stephi) Bachrach, geb. ca. 1887, Schwester von Mimi Bachrach, Geliebte Jakob Wassermanns, Tod durch Selbstmord.
44 Wilhelm Müller-Hofmann (1885–1948), österreichischer Maler, von den Nationalsozialisten 1938 aus seiner Lehrerstelle an der Kunstgewerbeschule in Wien gedrängt; Ehemann von Hermine Zuckerkandl.
45 Sebastian Isepp (1884–1954), Wiener Maler und Restaurator, emigrierte mit seiner jüdischen Ehefrau 1938 nach England.

Donnerstag 21. XII[. 1944]

Seit meinen letzten Eintragungen hier war ich sehr krank. Mehrmals plötzliches hohes Fieber, Schüttelfröste. Endlich Donnerstag, nachdem der behandelnde Arzt schon
seine ganze Assurance [*Zuversicht*] verloren hatte, zeigte sich ein Erysipel[46]. Das
hatte die bittere Folge, daß ich aus der guten freundlichen Athmosphäre des Block
9 in die kalte hostile [*feindliche*] von Bl[ock] 7/4 verlegt wurde, erst auf 7/2, auch
hier die herrschenden Polen mit ihrem Gebrüll »Lappe« auflegen was sich auf einen
borwassergetränkten Lappen bezog. Jeder Handgriff war wie eine Strafe. Zum Glück
hat der freundliche Dr. M. für die Behandlung gesorgt, nach gewaltigen Sulfona-
middosen[47] ging die Temperatur die bis auf 41° gewesen war, rapid herunter[.] Die
Heilung vollzog sich erstaunlich rasch. Es war vorgesehen gewesen, daß ich nach
Abklingen des Erysipels auf Bl[ock] 9 zurück verlegt werde. Aber die Verlegung von
dem Erysipelzimmer wurde nicht genehmigt. Und ich wurde einfach aus dem Revier
entlassen. Und der gute alte Block 30 ist als typhusverdächtig geschlossen. Also
bin ich auf einem der halbgeschlossenen Durchgangsblöcke angelangt, Block 19. Ich
fühle mich körperlich hundselend, bin bis auf die Knochen abgemagert, habe auch
Gelbsucht, die Leber tut weh wie blöd. Sobald es irgend geht, kehre ich ins Revier
zurück[.] Der erste Frühappell, 1 1/2 Stunden im beißenden Ostwind, war hart. – Und
noch die Wiederwärtigkeit dieses Blocks: daß man ununterbrochen seine Sachen in
Auge haben muß, weil sonst alles gestohlen wird. Mein hübscher Zigarrettenspitz ist
schon fort und meine zweiten Socken, schöne warme[.] Schade. Jetzt kann ich die
da nicht waschen, bis ich andere »organisiere[«]. Und das kann lang dauern. Mies!
Aber Gott wird mir schon aus diesem Elend wieder heraushelfen[.] Er, der mich auf
dem Transporte bewahrt hat.

Bevor die Misere ganz schwarz wurde, d.h. ich überhaupt nichts zu rauchen mehr
hatte, ist der gute Jan D[rost][48] gekommen und hat mir ein Paket Zigarretten gebracht.

Freitag, 22. Dez[ember 1944]

Sehr deprimiert. Eben vergebl[ichen] Vorstoß wegen Colis [*Paket*] unternommen. Unterwegs K. gesprochen[,] der mir keinen anderen Rat wußte als baldigst als Kranker
ins Revier zurückzukehren. Das will ich ja auch morgen versuchen. Wie froh wäre
ich, wenn ich wieder ein Bett auf Bl[ock] 9 und Diät hätte! Habe Hunger Tag und
Nacht. Habe zwar theoretisch ein Bett für mich, aber neben mir liegen zwei Ungarn,
die mich die ganze Nacht boxen oder sich auf mich legen. Von Schlafen keine Rede.
Bin wie gerädert, Leberschmerzen dazu. Kurzum mies. Na ja, wird schon wieder
besser werden. Gott helfe mir! Ich mag gar nicht daran denken, daß Weihnachten
vor der Tür ist. Wie gut war dagegen noch das Gefängnisweihnachten von vorigem

---

[46] Erysipel] Rotlauf, bakterielle Infektion der oberen Hautschichten mit Beteiligung der
      Lymphgefäße.
[47] Sulfonamide] pharmazeutische Medikamente zur Bekämpfung bakterieller Infektionen.
[48] Johannes Drost, geb. 1905 Rotterdam, Internist.

Jahr: mit dem köstlichen Fresskoffer – und die gute Erica in der Nähe zu wissen, und doch im geliebten Süden zu sein! Mein Gott!

Der traurige Tag hat doch einen Lichtpunkt gehabt: zwei Gespräche mit dem holländ[ischen] Kinderpsychologen Müllock-Hauert.[49] Der Mann (von 42 Jahren) hat eine hochbezahlte Stellung in Indien aufgegeben, fünf Jahre als armer Student gelebt, um sein Leben ausschließlich den jugendlichen Kriminellen zu widmen. Jetzt ist er Direktor einer großen Anstalt für solche[,] wo nach allen neuen Methoden mit Analyse gearbeitet wird. Wenn ich ihn nicht wieder aus den Augen verliere, was ja leider hier das Übliche ist, verspreche ich mir viel von dieser Bekanntschaft. Wie erholend ist so ein positiv gläubiger Mensch und wie wohltuend solche Gespräche sind[.] Dazu muss man vom »auf gehts« umgeben gelebt haben, um das zu verstehen, und umstellt von den Gesprächen über Suppe, »Organisieren«, Kommandos etc und dem ewigen Tenor »über die Roste gehen«[50] oder »J'en ai marre« [*Ich will nicht mehr*] den ganzen Tag! Und jeder kleine Stubendienst schreit jeden Augenblick jemanden an. Nun, Gottlob, wieder ist ein Tag um, wieder ein Lebenstag weniger – aber auch ein Hafttag …

23. Dez[ember 1944]

Ich habe mich am Träumen überessen –
Alles ausgedachte hab ich wieder vergessen.
Wenn ich jetzt auf meinem holprigen Strohsacke daliege,
Bin ich traumlos leer wie eine ausgeweidete Ziege.
Und doch möcht ich ein Spielding für das elende Häftlingsjahr haben.
Und ich kann doch nicht die ganze Lagerwirklichkeit wahrhaben.
Also muß ich wieder mit dem Ausdenken anfangen,
Etwas sehr Genaues vom Reisen, eine Mahlzeit am gedeckten Tisch.
Mit Blumen drauf: hors d'oeuvres, Fisch
Alles mit viel Einzelheiten bis zu meiner Kravatte –
Und ausführlich die Geschenke, die ich vorher gemacht hatte.
So spielt man ein bißchen Leben, als ob man dazu gehörte
Man muß nur sorgfältig vorgehen, damit nicht die zerstörte
Vergangenheit einem höchst reel ins Herz schlägt.
Lieber Gott, ich bitte dich um nahrhafte Träume, damit
die Seele die Block-existenz erträgt!

Heute wieder Einiges mißglückt. Erst die Krankenvisite bei dem raubvogelhaften Oberpfleger von 15. Dann habe ich mir Mut genommen und bin zum Rev[ier] Capo gegangen. Hat mich für Abends bestellt. Das ist momentan meine letzte Hoffnung. Dann wieder Versuch wegen des Colis unternommen. Revout war abscheulich. Also auf abends hoffen. Gott helfe!

---

[49] Daniël Quirijn Robert Mulock Houwer (1903–1985), nach dem Zweiten Weltkrieg erster Direktor des Nationalen Büros für Kinderschutz in den Niederlanden.

[50] Über die Roste gehen] Lagerjargon für das stets gegenwärtige Sterben und Verbranntwerden auf den Rosten des Krematoriums.

Sonntag, 24. Dez[ember 1944]

Gott hat geholfen, da die Not sehr groß war: ich bin seit gestern abends im Revier auf Block 9. Gottlob! Die Chancen für meine Aufnahme waren fast Null, denn, wie Jan mir schon gestern mittags sagte, es herrscht äußerste Aufnahmebeschränkung. Quand même [*Und doch*], ich bin hier. Die Zugangszeremonie peinlich genug (nach dem Bad, wo man wieder am Leibe geschoren und rasiert wurde) durch den eisigen Hof nur im Hemde zum Block gehen, brrr … Mein Mantel und Pullover sind gerettet durch einen guten Rat, mein Zebragewand leider verloren, wie üblich. Man kriegt aus der Desinfektion nichts wieder. Aber ich bin hier. Wie gut, wieder in einem frisch bezogenen Bette zu liegen nach dem gebirgigen Strohsack von Block 19, auf dem ich mit meinen Paketen lag – um sie gegen Diebstahl zu schützen. Und die unzähligen Flöhe dort, die an Schlafen nicht denken ließen, und Faust und Knie des Nachbar, der das Seinige dazu beitrug, das bißchen von den Flöhen gelassenen Schlaf zu stören. Wie gut tat diese erste Nacht hier auf einem Leintuch, einer glatten Matratze, mit einem Kopfkissen. Wie gut wars, sich in den Schlaf hineinsinken zu lassen, wissend genießend. Daß ich schon den nach der rauhen Badezeremonie unvermeidlichen Schnupfen habe, betrachte ich als den Ring des Polykrates[51] in meinem kleinen Glücke. – Ich liege auf der Nordseite, besser so, weil hier nicht wie drüben jeden Augenblick die Fenster aufgerissen werden. Drüben scheint jetzt gelb die Sonne herein. Gottlob, sie ist auch in diesen Gebieten schon im Anstiege! Wie haben wir mit Erica immer eifrig den Kalender nach dem Zunehmen der Tage durchstudiert, auch in unserem Süden, wo es ja so bald Frühling wird. Erica wird heute abends an mich denken. Ob wohl Theodora noch??

Ich sollte eilends fort übers Meer
Hat die Eine sorgend gemeint
Die Andre schwieg, ihr wars zu schwer
Aber manchen Morgen war sie verweint.
Ich bin doch im Gewohnten geblieben
Trotz Mahnung der wachsenden Gefahr
Und habs im Argen betend weitergetrieben
Den Zweien hörig' wie schon manniges Jahr.
Bis sie mich holten und ich gefangen war
Und mit meinem zwiefachen Lieben
Bin ich ein Gefangener geblieben
Mit dem einsamen Herzen und im grauen Haar.

Montag, 25. XII[. 1944]

Weihnachtsmorgen: strahlender Sonnenschein,
aber 10° unter Null. –
Ich habe die heilige Weihnachts-Nacht
Recht unheilig verbracht
Denn der Kerl im zweiten Bett

---

[51] S. Anm. 125.

Hat die ganze Zeit laut seinen Unflat gesprochen
Zwischendrein gröhlt er, als ob er den Topf nötig hätt
Zwar hab ich mich unter die Decke verkrochen,
Aber es ist mir wenig Schlaf und Sammlung gelungen
Kaum wars ein bißchen Friede geworden,
Da hat er laut was vom Scheissen gesungen
Dann rief einer von oben »Den soll man ermorden!«
»Ta gueule, maudit chien! [*Schnauze, verdammter Hund*]!«
Und derweil ist drüben einer unterm Bette krepiert.
Und jetzt morgens haben sie uns schon das heutige Nachtmahl gegeben
Eine dünne Schnitte Wurst. Und doch Gottlob, wir sind noch am Leben
Und Einer hat mir doch eine Weihnachtsfreude gemacht.
Ein junger Freund hat mir ein Päckchen Zigarretten gebracht.
War er der Einzige der gestern an mich gedacht.
Wie viele sind unser, an die Keiner mehr denkt.
Gott sei gedankt: der Junge hat mich sehr beschenkt!
So mach ich mein Weihnachten mit neuem Vertrauen.
Und denke Euch all meine Liebe zu, Ihr zwei lieben Frauen.
Gott sei uns gnädig, uns Armen in dem Weltgeschehen,
Er gebe uns Mut und ein baldiges Wiedersehen!

Nachmittags
Brr, kalt. Ich war draußen auf dem Abort die Mittagszigarrette rauchen: frierend
nur in die dünne Decke gewickelt. Alles vereist. Das Vergnügen der Zigarrette muß
bezahlt werden – und doch! Das alte gelüstige Tier will doch seine Freude haben. Die
Zigarrette ist ja auch alle Freude hier. Es hat doch ein Weihnachtsessen gegeben: Kartoffeln mit Fleischsaft und etlichen Stückchen Fleisch. Wie das geschmeckt hat – wie
gerne hätte man noch eine Gamelle davon gehabt. Für abends gibts die Schnitte Wurst
und etwas Marmelade. Wenn mir nur wer ein Stück Brot gäbe! Aber das gibts nicht.
Na, hoffentlich krieg ich bald Diät, dazu gibts anderes Brot und öfters ein Stückchen
Margarine. Das ist meine Hoffnung. Die auf ein Weihnachtspaket von Ricarda hat
sich ebensowenig erfüllt wie die auf das colis français [*französische Paket*]. Wenn
ich das überhaupt kriege, kann es noch Wochen dauern. Ich werde froh sein, wenn
die Feiertage vorbei sein werden mit ihren malgré tout [*trotz allem*]-Erwartungen.
Aber ich mag michs nicht beklagen über die enttäuschten Hoffnungen: ich bin wieder
im Revier, hab ein sauberes Bett und die Aussicht, eine Weile zu bleiben, derweil
entscheidet sich vielleicht doch etwas wegen eines Kommandos für mich. Und ich hab
meine liebe Überraschung gehabt: von dem jungen Poisson[52] das Paket Zigarretten!
Gott sei Dank für Alles! Mögen das die letzten hohen Feiertage sein, die ich als Gefangener verbringe! Wie sicher schien es die vorigen Weihnachten in Nice, daß man
dieses Jahr zuhause sein würde. Wie gut wars, daß man nicht ahnte, was Marseille
bringen würde, und dann der convoi nach Dachau! Es ist eine hohe Gnade, daß der
arme Mensch in solcher Lage nicht weiß, was ihn noch Schlimmeres erwartet. So

---

[52] Adrien Poisson, geb. 1920 Saint Julien s.S.

soll ich mich jede Stunde zur Dankbarkeit mahnen für alles Erträgliche, das ich eben noch habe: Und daß ich noch immer hoffen darf!

26. Dez[ember 1944]

Der Stephani-Tag der Kindheit, da einem der Christbaum schon melancholisch aussah, weil doch die so erwartete Heilige Zeit um war – boxing day[53] der guten Jahre. Da wurde ein letzter Festbraten gegessen, denn die Kalte Gans vom H[ei]l[igen] Abend war einem schon über. Oh mein Zuhause, das wie für immer begründet geschienen hatte! Oh Theodora, oh Erica! – Jetzt – ist harte Jetztzeit … Wieder scheint drüben die Sonne herein. Es ist teuflisch kalt. Ich war beim Röntgen gewesen: in den Bassins auf dem Gange war eine Eisschichtel. – Das Bett links von mir ist leer. Der wachsgelbe Pole, der immer so still auf dem Rücken gelegen hatte, hat sich in der Nacht auf den Weg aus dem Lager gemacht. Jetzt ist er schon obduziert und liegt bald schon auf den so viel genannten Rosten – Morbus crempi, entero colitis[54][.] Gott bewahre jeden davor, vor diesem allmählichen Ausrinnen der Lebenssäfte. – Unsere Beziehungen waren nur meine Frage »Jak se maš [*Wie geht's Dir*]?« und seine Antwort »Slabo [*Schwach*]«. Zu mehr reichten seine Kräfte und die Sprachkenntnisse nicht. Gott sei seiner armen Seele gnädig! – Jetzt ist in das Bett des Toten der franzöz[ische] Arzt aus dem Grubengebiet im Centre gekommen, Dr. Bardon, ein trockener Auvergnate von 48 Jahren. So hab ich doch wen, mit dem ich etwas sprechen kann. Denn der Nachbar zur Rechten, ein 76jähr[iger] Jude aus Budapest, kann kaum Deutsch. Der Arme glaubt zweimal am Tag, aus dem Schlaf erwachend, daß er gerufen wird, um nachhause geschickt zu werden. Armer Alter! – – –

Mittwoch 27.XII. [1944]

Heute morgen hat es – 20° gehabt. Herrgott, wie kalt es ist, ich fühl es bis unter die Decken herein. Und wenn man gar hinaus muß[,] kämpft man stundenlang gegen den Drang – und dann kann man sich gar nicht mehr erwärmen. Man flucht auf seine Blase, die sich bei der flüssigen Nahrung zu oft füllt. Noch immer Vollkost – Diät krieg ich erst, wenn einer durch einen Abgang frei wird. Morgen hoffentlich! Ich habe Hunger die ganze Zeit. Wenn mir doch Suir[55] das versprochene Stück Brot geben wollte. Brr, Hunger und Kalt! – Kein rechter Gedanke kommt mir in den Kopf. Meine Versuche, auch Jefrin[56] von Psychoanalyse zu erzählen sind zu Ende: er hat einen neuen Bettnachbar (der mir schon von Compiègne als ein unangenehmer Schwuler mit damals blond gefärbtem länglichen, Haar) unangenehm in Erinnerung ist. Kavallerieoffizier von Beruf, snobistisch, na ja, wie er sein soll. In solcher Gegenwart

---

53 boxing day] der zweite Weihnachtstag (Großbritannien, ehemalige britische Kolonialgebiete).
54 Morbus crampi] Muskelkrämpfe; Enterocolitis] Entzündung des gesamten Darmsystems.
55 Pierre Suire, geb. 1911 Courville, Chirurg.
56 Lesart im Typoskript: Jejuin.

verschlägt es mir sogleich die Rede. Hoffentlich begreift Jefrin das – er in seiner zarten Schwülichkeit scheint aber ganz zufrieden mit dem Nachbar zu sein, den er als guten Freund vorstellt. Tant mieux pour lui [*Umso besser für ihn*]. Ich warte auf meinen guten Poisson, den guten Gesprächspartner, dessen young eagerness [*junger Eifer*] mich zum Reden stimmt und geistklar macht. Gestern ist er nicht gekommen. Er hat viel Arbeit.

Wieder geht ein sonniger Lebenstag zu Ende.
Ich habe nichts getan, mich nicht gefreut, nicht gehärmt.
Nur vor mich hingeträumt, mich unter der Decke gewärmt.
Jetzt im schrägen Lichte schaue ich traurig auf meine leeren Hände.

Donnerstag 28.XII. [1944]

Wieder ein eisiger Sonnentag, vormittags unter −20°. Die Fenster dick vereist. Kein Besuch, nichts zu lesen, kalter Alltag. Und noch immer nicht Diät. Bei Vollkost sehr hungrig. Dabei hat mir Poisson gestern ein Stück Brot geschenkt. Daß der Junge nach meinem Wohlsein hier weiter kurierte, habe ich nicht gedacht. Der gute Mensch. Gestern abends haben wir von Analyse geredet, nur wir zwei. Jefrin bleibt wegen seines neuen Nachbars ausgeschlossen. Dieser Kavallerist bewirkt ausgesprochen eine intellektuelle Kastration bei mir. Schade. Mit Jefrin lässt sichs sonst gut reden. Besser nicht weiter zu schreiben. []

Freitag, 29. XII. [19]44

Das Jahr bröckelt eilfertig zu Ende. Wieder ist eine lange Nacht herum. Der Tag begann mit Haarscheren (nach einer Woche schon wieder!), Rasieren, Läusekontrolle. – Keine Sonne mehr, aber zum Glück ist es viel weniger kalt; es schneit. Weißer Himmel, weißes Dach gegenüber[.] Dicke Flocken in der Luft. Man kann die Hände eine Weile außerhalb der Decke lassen, ohne gleich blau und steif zu sein. – Gestern abends noch ganz gutes Gespräch mit Poisson über das Magische. Mein Nachbar Dr. Bardon nahm recht vernünftig daran teil. Er geht morgen schon fort – schade! Er ist bescheiden, muß ein guter Arzt sein, weiß erstaunlich viel über seine Spezialität (Radiologie) hinaus. Das ist so Lagerbrauch: Kaum beginnt man, jemanden ein wenig näher zu kennen, ist man auch schon getrennt. So gings mir gleich am Anfang hier mit Ernst, Latour[57] und den copains [*Kameraden*] von Marseille her. – – –

½ 3 h nachmittags. Große Schneehelle im Krankensaale[;] sogar durch das Nordfenster hinter meinem Kopfe habe ich gutes Licht auf meinem zweifach überbauten Bette. Bardon, der Nachbar, hat mir lange von seinem Leben in dem Minengebiete erzählt, wo er seit zwanzig Jahren lebt. Man lebt nur mit Leuten der Gruben, den Ingenieuren, etc. U[nter] a[nderem] erzählte er mir einen schaurigen kleinen Ro-

---

57 Jacques Latour, geb. 1918 Saint Etienne, mit Rheinhardt von Compiègne nach Dachau deportiert.

man aus seiner Umwelt. Ein Freund, Ingenieur, lebt mit Mutter, drei Schwestern und der jungen Frau und allmählich vier Kindern durch 12 Jahre. Er ist der Sohn einer heruntergekommenen Familie. Seine Mutter hat von früh auf ihre ganze Sache auf den Sohn gestellt. Er muß Karriere machen, die Familie wieder emporbringen. Die Schwestern dürfen nicht heiraten, damit er studieren kann. Da er die Position hat, ziehen Mutter und Schwestern zu ihm, erfüllen das Haus völlig. Die hübsche zarte junge Frau kränkelt. Bardon entdeckt eine Tuberkulose. Er warnt den Mann, verlangt Sanatorium, Entlastung der Frau von allen häuslichen Pflichten, Aufhören der Schwangerschaften. Nochmals ernstes Gespräch. Drei Monate später ist die Frau wieder schwanger. Rapide Verschlechterung. Bardon insistiert auf langes Fernbleiben der Frau. Ja, man geht ins Gebirge, aber mit Mutter, Schwestern Kindern. Die Frau lebt wie zuhause. Nach der Geburt Pleuritis, Cavernebildung[58]. Rascher Abstieg. Jetzt endlich wird ins Sanatorium gewilligt. Sechs Monate später flüchtet die Frau sterbend zu ihren Eltern, wo sie noch einmal den Mann sieht, tröstet ihn voll christlicher Nachsicht, sagt kein Wort des Vorwurfs und bereitet sich zu ergebenem Sterben. Und der Mann erträgt sehr »gefaßt« ihren Tod, ohne Spur von Gewissensbiß, ohne Ahnung selbst, dass da in allen bürgerlichen Ehren ein Mord begangen wurde. Und die Schwiegermutter herrscht völlig, die Kinder sind ihre – und von der Toten wird nie mehr geredet.

30. XII[. 19]44

Voilà des changements dans ma petite existence. Bardon est parti – à mon vif regret. Après on m'a changé de lit. Dans la même rangée. Le vieux juif est maintenant mon voisin à gauche. [*Das also sind die Veränderungen in meinem kleinen Dasein. Bardon ist fort – zu meinem lebhaften Bedauern. Danach hat man mir ein anderes Bett zugewiesen. In der gleichen Reihe. Der alte Jude ist jetzt mein Nachbar zur Linken*]. Rechts ein stiller junger Russe. Dann der Kavallerist, dann Jefrin. – Ich habe endlich Diät bekommen. Jetzt hätte ich auch gerne zwei Tage gewartet um morgen und am Neujahrstag die Fleischsuppe zu kriegen. Na ja. Mais le grand événement: le colis Français est arrivé. Mais des gouttes amères sont tombées dans ma joie. Le Médecin de la chambre, le Dr. Falk, me l'a porté personnellement [*Aber das große Ereignis: das französische Paket ist angekommen. Es sind jedoch bittere Tropfen in meine Freude gefallen. Der Stubenarzt, Dr. Falk, hat es mir persönlich gebracht*]. Tat sich enorm viel darauf zugute, daß er die Zigarretten darin übersah. Aber was er geieräugig sofort sah, war der gute duftende Kaffee. Und er riß ihn an sich. Recht wie sonst seine Landsleute (la rapacité des Polonais est une des horreurs du camp. Voilà une race dont j'ai marre à tous les égards! Surtout quand ils parlent politique comme des aveugles, chauvinistes, impérialistes [*Die Raubgier der Polen ist ein Schrecken des Lagers. Das ist eine Rasse, von der ich in jeder Hinsicht genug habe! Vor allem wenn sie von Politik reden wie Blinde, Chauvinisten, Imperialisten*]! Wie ein kleiner

---

58 Pleuritis] Rippenfellentzündung; Cavernebildung] Höhlenbildung in der Lunge.

Friseur-Pole hat der Dr. med, der Biologe und vielfache Millionär den Kaffee weggetragen, mich gnädig versichernd, daß ich auch einmal eine Tasse davon kriegen würde. Selbst daran glaube ich nicht. Und jetzt ist mir auch bang für meinen Ärzte-Kalender, den er gesehen und »für ein paar Tage ausgeliehen« hat! Ob ich mir mit diesen Opfern erkauft habe, daß er mich länger hier läßt. Selbst daran zweifle ich. Denn meine Erfahrung sagt, daß diese Art von Leuten nicht verzeihn, was sie von einem gehabt haben. Wieder muß ich den täglichen Lagergedanken denken »Captivus captivo lupus [*Der Häftling ist dem Häftling ein Wolf*]!« Quelle psychologie diabolique a créé la Selbstverwaltung! Donc, j'ai mon colis. J'ai mangé deux tranches de pain d'épices et une cuillérée de sucre en poudre. Quel bienfait. Et j'ai trois paquets de cigarrettes et deux petits de tabac! Quelle richesse! – La moitié de mon café j'aurais voulu donner à mon ami Jan – et avec le reste acheter du pain. Dommage ! Mais il faut être content d'avoir le reste. Surtout puisque rien n'est venu de Ricarda de qui j'avais attendu pour sûr quelque chose. Qui sait si elle a reçu ma lettre ? Si non – tant pis ! J'avais revé de recevoir d'elle quelque chose à manger pour les Fêtes. Mais il faudra s'en passer comme de tant d'autres choses, et se contenter comme les seules joies de quelques bonnes conversations de temps en temps – et du plaisir de la cigarette fumée dans les courants d'air glacés et la puanteur du W.C. Et encore: je suis dans le Revier, je me repose, grâce à Dieu! Il soit loué pour tout [*Welche teuflische Psychologie hat die Selbstverwaltung geschaffen! Also hab ich mein Paket. Ich habe zwei Scheiben Lebkuchen und einen Löffel Puderzucker gegessen. Was für eine Wohltat. Und ich habe drei Päckchen Zigaretten und zwei kleine an Tabak! Was für ein Reichtum! – Die Hälfte meines Kaffees hätte ich meinem Freund Jan geben – und mit dem Rest Brot kaufen wollen. Schade! Aber man muss zufrieden sein, das Übrige zu haben. Vor allem nachdem nichts von Ricarda gekommen ist, von der ich sicher etwas auf Weihnachten erwartet hatte. Wer weiß, ob sie meinen Brief erhalten hat? Wenn nicht – sei's drum! Ich hatte davon geträumt, von ihr für die Festtage etwas zu essen zu erhalten. Aber man muss darauf verzichten wie auf so viele andere Dinge, und sich als die einzigen Freuden mit einigen guten Unterhaltungen von Zeit zu Zeit begnügen – und mit dem Vergnügen des Zigarettenrauchens im eisigen Durchzug und dem Gestank des W.C. Und dennoch: ich bin im Revier, ich ruhe mich aus, Gott sei Dank! Er sei gelobt für alles*]! – – –

Sonntag, 31. Dez[ember 19]44
Das ist wohl das letzte Mal, daß ich die 44 ins Datum schreibe[.] Wie sonderbar ist dieses Beharrenwollen, selbst wo es [] doch um ein schlechtes Jahr geht! Nice, Marseille die Hölle von Zelle mit Marquier, dann die Deportation, Compiègne, der convoi meurtrier [*mörderische Transport*], Dachau – aber ich lebe doch, habe den Transport überlebt – a narrow escape [*knapp entkommen*], bin nicht schwer krank. Darf hoffen malgré tout [*trotz allem*]. Es war doch ein Lebensjahr, das da zu Ende geht, aus den nicht vielen vor dem richtigen Altsein. Gott sei gedankt für Alles. Er segne und erhalte mir meine Lieben. Er gebe uns ein gutes baldiges Wiedersehen! – – –

Es liegt viel Schnee, das Zimmer ist seltsam hell und es ist weniger kalt, nur ein paar Grade unter Null, erquicklich nach den schon –23°, die wir kürzlich hatten. Ich habe mittags eine Schnitte Corned beef aus dem Paket gegessen und habe ein schon vergessenes Gefühl warmer Sättigung im Leibe. Dem alten Carnivoren ist so so wohlig nach den 20 Monaten aufgezwungenen Vegetarismus. Dieser jähe Umschwung nach den 20–30 Gramm Fleisch läßt mich hoffen, daß die Wiederkehr in eine normal proteinreiche Ernährung den Gedanken den alten Schwung geben werde. In diesen Fragen ist der psychophysische Parallelismus die einzige Verständnisform. – – –

Neujahrstag 1945

Donc, ça y est, le nouveau chiffre [*Also ist es soweit, die neue Zahl*]! Den Sylvesterabend gestern habe ich recht still verbracht. Der Archeologe Lazua[59] hat von Rom und seinen Ausgrabungen in Syrien erzählt, lebhaft und anschaulich. Der kleine Poisson hat nicht kommen können. Aber Jan war vorher da, angenehm wie immer. Dann war ich lange noch mit meinen Erinnerungen und vielen Träumereien und der bangen Frage nach Erica, Theodora[,] den paar Lieben sonst, Bernhard, Gerty, Gwendolyn. Wer sonst wohl noch auf Erden an mich denkt? – Morgens wieder Schnee, der späteste reveil [*Aufwecken*] bisher. Dann kamen viele Besucher ein Gutes Jahr zu wünschen. Der gute Penchenat (Ferdinand le vibrateur[60] genannt) hat mir ein Päcken Zigarretten gebracht. Also die Tabaksorgen sind für eine Weile gebannt. Alle besser bekannten Ärzte waren da, Suir, Marcau etc und Nico Rost, der mir Grillparzers Autobiographie zum Lesen brachte. Nur Jan konnte nicht kommen, denn er hat ja Bordelldienst. Was das für eine Art von Leuten sind, die zu Neujahr (wie jeden Sonntag) um 9h morgens ins Puff geht, »Grüne«[61] vorwiegend, Polen. Kein wirklich »Politischer« geht hin. Das ist wie eine convention automatique [*unausgesprochene Übereinkunft*]. – Mittags gab es für Diät ein ganz schmackhaftes Erdäpfelpurée, nachher hat mir der Kavallerist einen Rest Breikost gegeben, eine Art Porridge, den ich aus meiner Schachtel gezuckert und sehr genossen habe. Theodora hätte mich ganz menschlich gefunden. Wenn ich sie je wiedersehe, werden unsere goûts [*Geschmäcker*] gar nicht mehr so verschieden sein. Und dann das durch die Kälte reduzierte kleine Glück der Zigarrette im fumier-W.C. [*Raucher-WC*]. quelle Types, ces fumeurs, la couverture sur les épaules, les jambes maigres ou nues ou en caleçon longs. Les idiomes Slaves prédominent, quelques Hongrois, deux Grecs gazouillent avec des Italiens [*Was für Typen, diese Raucher, die Decke auf den Schultern, die mageren Beine nackt oder in langen Unterhosen. Die slawischen Idiome herrschen vor, einige Ungarn, zwei Griechen murmeln mit den Italienern*]. Und die Russen, meist Stubendienst, um jeden Tschick [*Zigarettenkippe*] gebieterisch schnorrend in Konkurrenz mit ein paar alten ungar[ischen] Juden. Herrgott, was für Gestalten alles

---

59 Im Typoskript: Lazua (?), bei Rost S. 81 Lazus.
60 Ferdinand le vibrateur] bei der von Penchenat entwickelten Physiotherapie wurde ein Vibrationsgerät zur Muskelentspannung eingesetzt.
61 Grüne] ein grünes Dreieck kennzeichnete im System der Konzentrationslager sogenannte »Berufsverbrecher«, strafrechtlich verurteilte Häftlinge.

zusammen! Und der alte E.A.R. dazwischen mit seinem Handtuch als Turban um den geschorenen Schädel. – – –

Nun, in Gottes Namen sei das Neue Jahr begonnen. Möge es uns Heimkehr bringen zu unseren Lieben in unseren Heimaten! Gott helfe uns allen hinter Starkstromverhauen, hinter Gefängnis oder Bunker-Mauern.

Après midi [*Nachmittag*]

Un petit miracle s'est produit. On vient de me porter une petite tasse de mon café. C'était chic quand même de la part de M. le faucheur. Que c'était délicieux! J'avais oublié le goût du vrai café pendant ces années que je n'en ai pas bu! Oh le monde est encore plein de bonnes choses. Il en produit en surabondance comme jamais avant. Ce n'est que la volonté d'une minorité qui en prive les leurs et nous leurs victimes. Quousque tandem. Je pense à l'entretien que j'ai eu hier avec deux anciens qui me racontaient des détails (le cuir d'homme choisi in vivo, et le bouquin relié en cela offert pour le Noël à l'épouse!) Ce qu'on entend par ces anciens dépasse de loin toute imagination de propagandistes d'horreur! – Oh, Seigneur, que tout cela finisse enfin! Ayez pitié de vos créatures bonne voluntatis [*Ein kleines Wunder ist geschehen. Man hat mir gerade eine kleine Tasse meines Kaffees gebracht. Das war doch ganz schön nett vom Herrn Sensenmann. Wie köstlich! Ich hatte den Geschmack des echten Kaffees in diesen Jahren, da ich keinen trank, vergessen. O die Welt ist noch voll guter Sachen. Sie produziert sie im Überfluss wie niemals zuvor. Es ist nur der Wille einer Minderheit, die sie den Ihren und uns, ihre Opfern, vorenthält. Wie lange noch. Ich denke an die Unterhaltung von gestern mit zwei Alten, die mir Einzelheiten berichteten (Menschenleder in vivo ausgesucht, und das damit gebundene Buch der Ehefrau zu Weihnachten geschenkt!). Das, was man von diesen Alten hört, geht bei weitem über jede Vorstellungskraft der Horrorpropagandisten hinaus – O Gott, dass doch dies endlich alles enden möge! Habt Mitleid mit Euren Kreaturen, die guten Willens sind*]!

Dienstag 2. Jan[uar 1945]

Der Alltag 1945 hat angefangen. Grau, etwas Schneelicht im Krankenzimmer. Gleich am Morgen kam jemand und sagte mir, daß der Major Eifler[62] in der Nacht gestorben ist. Ich habe ihn recht gut gekannt, er war mein Blockältester auf Bl[ock] 19. Es tut mir leid um ihn, er war sehr ein »Herr« geblieben in den vielen Jahren Lager. Ehemaliger K. u. K Dragoneroffizier[63], das war das Bezeichnendste an dem großen Menschen mit dem Alkoholikergesicht geblieben. Durch die rosarote Tünche des

---

[62] Alexander Eifler (1888–1945), Kommandant des Republikanischen Schutzbundes, einer paramilitärischen Organisation der Sozialdemokratie im Österreich der 1920er und 1930er Jahre.

[63] Dragoner] Teil der Kavallerie der österreichisch-ungarischen Armee.

Stabchefs des Aufstandes von 1934[64] kam immer wieder etwas von der schwarzgelben Grundfarbe hindurch. Hart und artig zugleich[.] Er hatte wirklich Haltung.
Schade. Mir ists überdies ein persönlicher Verlust, weil er mir hätte nützlich sein wollen beim Finden eines Platzes. Ein »Protektor« weniger. Perforation der Gallenblase
mit Peritonitis und Sepsis[65]. Mir war er als typhusverdächtig gegangen. Na ja, leider
ist der Dr Blaha[66] im Septischen doch der beste Diagnostiker hier. Aber es fehlen
auch zu viele Hilfsmittel. Nicht einmal ein Vidall[67] kann hier gemacht werden. Das
musste bisher alles nach Berlin gehen. Ein bißchen langwierig bei den damaligen
Bahnverhältnissen. – – –

2. I. [1945] Nachmittags
Pech gehabt. Meine Hoffnungen und Projekte, noch solange hier zu bleiben, bis ich
wieder ein Kommando habe, sind durch eine Dummheit vereitelt worden. Am Vormittage hat mich der Oberpfleger, der eben übellaunig war, im Abort mit einer Zigarrette gesehen. Effekt: ich bin entlassen und gehe morgen auf den Block zurück,
aus der kaum angefangenen Kur nach zwei Tagen Diät in die Blockexistenz ohne
Medikament mit Vollkost und dem Brot, das ich jetzt so schlecht vertrage. Na ja,
eben Pech gehabt. Und der arme Eifler ist auch nicht mehr da. Eh bien: faudra être
débrouillard. Une consolation: que le chef de chambre 2 (P.) retournera là Vendredi
[*Man wird sich eben zurechtfinden müssen. Ein Trost: dass der Älteste von Stube
2 (P.) am Freitag zurückkehren wird*]. – Zähne zusammenbeißen und auf Gott vertrauen. – Immerhin finde ich auf 19 den netten Holländer Müllock-Hauert, doch eine
Menschenseele, mit der man reden kann.

4. Jan[uar 1945] morgens
Heute ist es sechs Monate seit diesem tragischen Geburtstage von Theodora, der mit
dem Zählappell auf dem Sportplatze in D[achau][68] geendet hat! In die Erinnerung
daran mischt sich zum Schauer immer von Neuem Dankbarkeit und Vertrauen. Damit
will ich auch den siebenten Monat hier beginnen – gerade weil die äußeren Umstände
jetzt recht deprimierend sind. Gestern vormittags wollte ich noch einen Versuch machen, dem Chefarzt meinen Fall vorzutragen, um eine Stellung im Revier zu erlangen.
Vor meiner Tür sah mich leider der Reviercapo, der mir auf eine Weise davon »ab-

---

64 Aufstand von 1934] Erhebung eines Teils der österreichischen Sozialdemokratie und des
    Republikanischen Schutzbundes gegen das autoritäre Regime des Kanzlers Engelbert Doll-
    fuß im Februar 1934.
65 Peritonitis] Entzündung des Bauchfells; Sepsis] Blutvergiftung.
66 František Blaha, geb 1896 Pisek/Tschechoslowakei, Arzt, ab 1942 zeitweise als Häftlings-
    arzt eingesetzt, nach der Befreiung tschechischer Vertreter im internationalen Komitee
    ehemaliger Häftlinge.
67 Widal-Test] Labortest zum Nachweis des Bauchtyphus.
68 Nach der Ankunft des Transportes aus Compiègne am 5. Juli 1944 im Konzentrationslager
    Dachau wurde offenbar, dass Hunderte von Häftlingen in den Waggons gestorben waren.

riet«, daß mir nichts übrig blieb, als wegzugehen, um nicht die lediglich instinktive Ablehnung dieses Allmächtigen nicht zu verschlimmern. Also bin ich mittags aus dem Revier entlassen worden, kränker als bei der Aufnahme, mit Leberschmerzen und der empfindlichen Milzschwellung und stark ikterisch[69]. Ich kam wieder auf 19/2. Das Fehlen des braven Eifler kam mir gleich sehr schmerzlich zu Bewußtsein. In der schrecklichen Nacht habe ich ihn im weißen hochkragigen Uniform-Rock von 1830 mit dem Dragonerhelm so gehen gesehen, wie [ich] ihn öfters jetzt durch den Blockhof zu gehn vermeine. Seine Asche ist schon auf dem Aschenhaufen im Keller des Krematoriums. Leute, die den Toten im Vorraum des Sektionszimmers gesehen haben, sagen mir, daß Kameraden ihn nach der Sektion so aufgebahrt haben, wie es mit Lagerprominenten[70] der Brauch ist. Ihn mit mehr roten Blumen. Wenn es hier Ixien gäbe, hätte ich ihm einen Strauß der schwarzgelben Art auf die Brust gelegt. – Ein kleiner Trost in der Proletarisierung der Blockexistenz ist mir[,] daß der nette Sepp[71] heute wieder als Stubenältester aus dem Revier zurückkommt, wo er eine Zeit mein Bettnachbar gewesen ist. Hoffentlich ändert sich seine Attitude nicht, wenn er wieder im Amte ist[.] Die Nacht war wirklich gräßlich. Ich habe buchstäblich nicht 5 Minuten geschlafen. Das Hirn spielte mir von 8h bis zum Appell ohne Rast sein Wachtraumkino vor: Theodora, Erica, Vergangenes, Wunschträume, Städte der Freiheit: Zürich, Paris, plötzlich Oxford Street, die liebe, voll froher Erinnerungen. Zehn Jahre, sechs Jahre … was kommt dann noch? Was kann noch kommen. Und doch möchte man so gerne noch mittun, sei es auch nur, um [ ] einen geistspielenden Nachsommer zu haben. – Ich habe nicht gewußt, daß es so viele Flöhe beieinander geben kann – und daß sie so schlimm sein können, fast wie die Läuse voriges Jahr in Les Baumettes. Momente lang, in meinem Mich-Hin und Herwerfen und Kratzen habe ich [mich] an das verrückte Kratzen des kleinen Follyhundes im Sommer erinnern müssen: aber für Folly hat es doch Insektenpulver gegeben. Hier habe ich nur eine lächerliche ganz unwirksame Substanz, die die Bestien nur noch wilder macht. Mit echtem Grauen denke ich an die kommenden Nächte. –

Mein Lichtpunkt hier ist der brave Müllock-Hauert. Das ist ein Mann, der Jakob Wassermann hätte zu einer Figur werden können. Vor seinem männlichen klaren Drange, das Geistige auf lebendiges Leben anzuwenden, schrumpfen mir Burschen wie der junge Jefrin zu verspielten Intellektpuppen ein. Wir reden assoziativ um die Analyse herum. Wie wir es tun, kommen wir nicht nur zu brauchbaren Begriffsformulierungen, sondern wir machen uns einander manche herzendrängende menschliche Frage klar: Pathologisches und Normales. Kinderpsychologie, materiell moralische Haltungen (z.B. englische)[.]

Freitag, 5. I. [19]45

---

[69] ikterisch] mit Symptomen der Gelbsucht.
[70] Lagerprominente] durch Herkunft, Beziehungen oder gesellschaftliche Stellung im Lager Privilegierte, die beispielsweise die Haare nicht wie andere Häftlinge scheren lassen mussten.
[71] Josef Pirker, geb. 1907 Feldkirchen/Österreich, Schneider.

Wieder unbeschreibliche Nacht. Vielleicht alles zusammen 1/2 Stunde geschlafen. Myriaden Flöhe. Stellenweise blutig gekratzt. 3/4 h Frühappell. Kalt unterm halben abnehmenden Monde. Bei Tag kann man trotz Lärms in kurzen Kapiteln etwas schlafen. In der Stube nicht eine Menschenseele, mit der man reden könnte. Nebenan in Stube 1 ein junger holländ[ischer] Antiquar, de Fries, der ganz nett ist, gebildet, begeisterungsfähig. In Stube 4 meine Hauptressource Müllock-Hauert. Nur ist er nicht viel zu sehen, weil er Stubendienst-Arbeit hat. De Fries hat mich heute mit einem Deutschen bekannt gemacht: Musiker (Bratschist der Berliner Philharmonie, Freund Furtwänglers). Ist hier weil Halbjude. Er selbst gewandt, Typus Lionhunter, kennt alle Welt, redet mir von Meier-Graefe, Schickele[72] und vielen anderen derweil Toten. Vom Tod ist viel die Rede in solchen Konversationen. Erzählt mir vom Selbstmord der 83jähr[igen] Witwe Max Liebermanns[73]. Und wieviele mehr noch. Jan ist heute nicht gekommen. Damit bin ich von der Außenwelt abgeschnitten, könnte ausgehen, aber wohin? Hunger, sehr Hunger. Meine einzige Ressource ist jetzt aus dem geleerten Colis [*Paket*] zuweilen noch ein Löffel Biomaltose-Mehl, das ich einfach so esse. Die Suppe heute nur K[]ohlwasser. Jetzt kriegen wir zusammen höchstens 1100 Kalorien, mit Brotzeit 1400. Wenn man doch wenigstens wieder Brotzeit hätte! Lang habe ichs nicht gehabt, zusammen 4 Wochen in 6 Monaten. Mein Helfer Reiter ist bös auf mich. Und das Souveräne[74] verloren. Tant pis [*sei's drum*]. – – –

Noch ein Schlimmes gibt's hier. Man ist immer schmutzig, das Wasser prekär, kein Handtuch zu haben. Brr.– – –

Der kurze Winternachmittag schleppt sich träge hin. Ich war etwas auf der Lagerstraße. Es ist etwas weniger kalt, der graue Schnee ist etwas matschig geworden! Eine Kokoschka-Schneelandschaftssonne gibt orangenes fahles Licht. In der Stube ist[s] scheußlich. Man muß sehr viel Glück haben, um einen der paar Hocker zu erwischen. Sonst steht man in der geballten Masse herum, die Tag und Nacht in allen Idiomen schwatzt. Bei den Südfenstern wird das Brot gebettelt. Bei den anderen Fenstern wird rasiert und geschoren, Russen»alleen« und ganz[e] Massen jüngerer Slaven drängen sich hin. Die mit ihrem gutturalen »Auf gehts« und Stoßen machen den Ton noch gröber hier. Sie sind überall als Stubendienst. Im Revier hats mich gegraust, wie sie mit den schwerst Kranken umgehn – und wie sie aasvogelgleich warte[n], bis einer stirbt, um dem noch Warmen sein Brot und seine Schachtel wegzunehmen. Um dieser Beute willen sind wohl die Stubendienstposten so begehrt dort. Und wegen Nachschlag. – Die lautesten und unangenehmsten hier sind die Ungarn, vor allem die ungar[ischen] Juden mit ihren kehlig krächzenden Stimmen. Nicht schön. Wenn ich nur eine halbwegs mögliche Arbeit bekäme, nähme ich sie eilig, damit ich auf eine[n] freien Block komme, fort von den Flöhen, dem Herumstehn, und damit ich »Brotzeit« und Prämie kriege. Die 300 Kalorien Brotzeit bringen die Tagesration

---

[72] Julius Meier-Graefe (1867–1935), deutscher Kunsthistoriker und Schriftsteller; René Schickele (1883–1940), elsässischer Schriftsteller und Übersetzer.
[73] Martha Liebermann (1857–1943), Ehefrau des deutschen Malers Max Liebermann, entzog sich durch Selbstmord der drohenden Deportation.
[74] Lesart unsicher.

doch auf 1400 Kalorien. Auch nicht viel im Winter, gar wenn man mehr als 12 Stunden arbeitet. Die Abendsuppe ist da. In meinem Hunger bin ich froh – aber die Vernunft bedauerts, weil es dann bis 8h noch so lang ist, daß man allzu versucht ist, ein Stück Brot zu essen, das dann morgen fehlt. Muß man sich eben beherrschen. Nach der Suppe geh ich zu Müllock-Hauert, im Reden merkt man den Hunger nicht so. Und dann eben wieder eine Nacht mit den Flöhen und dem weiterrasenden Kino von Wunschbildern: Menschen, Städte, Mahlzeiten, wirr durcheinander. Eine Frau an einem sonnigen Fenster blond in gelber Bluse, Manet-artig, schaut mich an und sagt: Man bringt sich doch trotz allem nicht um, weil man doch eine große Schuld zu zahlen hat, ein jeder./ Ach eine weltgroße!

Samstag 6. Jan[uar 1945]
Mit diesem Datum scheint ein später Nachklang des kindlichen Abschiednehmens vom letzten Weihnachtstun in mir auf. Das war der Tag, wo zum letzten Male der Christbaum angezündet wurde, bevor er entfernt wurde. – –

Der gestrige triste Tag hat noch gegen Abend eine Freude gebracht: mein Name wurde aufgerufen: ein Brief! Der zweite, seit ich hier bin. Auch dieser von Ricarda. Sehr lieb, mit so verspäteten Weihnachtswünschen. Sie kündigt mir ein Paket an für so bald sie kann. Und bietet mir Geld an. Wenn ich nicht bald eine Arbeit finde, werde ich doch darum bitten: denn ohne Konto in der Kantine (ich habe noch 2 M. 60) gibts keine Zigarretten, keine Möglichkeit, bei den seltenen Gelegenheiten, wo Quark-Topfen verkauft wird, oder Bouillon, auch etwas davon zu haben. Hoffentlich kann ich ihr bald schreiben! Und hoffentlich kann sie mir bald was zu essen schicken. Der Hunger ist groß. – Die Nacht war noch sehr schlimm. Erst gegen Morgen habe ich etwas geschlafen. Es scheint numerisch etwas weniger Flöhe zu geben. Aber mit der gesteigerten Irritabilität der Haut sind die wenigeren fast noch schlimmer als die Myriaden von vorher. – Kein Buch. Nico Rost hat versagt, der mich im Revier mit Lesestoff versorgte. – Jetzt habe ich glücklich einen von den 6 Hockern erobert und brauch nicht herumzustehen wie die Pferde. Ich werde ihn behüten. Sepp, der freundliche Stubenälteste hat mir erlaubt ihn unter seinen Tisch zu stellen. Schon ein sehr großer Gewinn – – –

Sonntag, 7. I[. 1945]
Eisiger Morgen mit etwas Sonne. War etwas im Hofe. Nach elender Flöhenacht einige Stunden nachgeschlafen nach dem Appell. Dann habe ich bei der Läusekontrolle mitgeholfen, zwei Scabies[75] und ein Erysipel ausgesondert. Wollheim[76] ist zum Schmusen gekommen. Mit ihm ists wirklich mehr Schmus als Gespräch[,] dieses

---

[75] Scabies] Krätze.
[76] Heinrich Wollheim, geb. 1892 Singen.

»Kennst Du den …, die?« Aber viel Erinnerungen an die verschollene Zeit meiner Musikvertrautheit steigen auf.

Habe gestern mit M[üllock]-H[auert] ein langes gutes Gespräch über Kinderpsychologie gehabt. Dabei entwickelte ich meine in langen Jahren ausgereifte Idee vom <u>Magischen</u> als der eigentlichen Sphäre des Kindes. Die Zeit von 5 Jahre bis zur Latenzperiode ist eigentlich der Widerstand der magischen Seelenwelt gegen das Rationale, der Welt des Erwachsenen. Hier ist die eigentliche Schwierigkeit der Analysen der infantilen Schicht der wirklich Fixierten, daß nämlich in der Neurose neben der infantilen sexuellen Polymorphie Reste der Magischen Schicht überleben. – Darüber müsste ich einen längeren Aufsatz schreiben. Wenn ich wirklich das Freiwerden erlebe, werde ich anfangen müssen, meine mich begleitenden alten Ideen und Stoffe aufzuschreiben; ebenso auch die Einfälle, die lohnen. Denn in dieser langen Zeit des Zehrens vom eigenen Kapital hat sich mein vorher so prächtiges Gedächtnis sehr abgenützt. Ich vergesse von einem Tag auf den anderen alle Einfälle, auch wenn ich länger an ihnen herumgemodelt habe. Hingegen finde ich alte Stoffe in ganzer Frische in mir auf und ich könnte gleich anfangen, sie auszuarbeiten. Wenn nur an so etwas zu denken wäre. Das ist weiß Gott keine Ausrede. In der Stube stehn an die 200 laut redende Leute herum. Wenn ich endlich einen der wenigen Hocker erwische, ist kein Platz an einem Tische. Wenn ich einen finde, gestoßen und umschrien, schreibe ich eilig nieder, was mir grad durch den Kopf geht. Ich vermerke hier den incident avec le vieux millionaire hongrois, ce salaud de coupegorge [*Zwischenfall mit dem alten ungarischen Millionär, diesem Halunken und Halsabschneider*]. Es kostet mich großen Kampf, meinen legitimen Rachedurst zu besiegen. – Lieber Gott, das ist wahrhaftig mein Feind von Natur, wie soll ich den lieben, den Ausbeuter, den geldstolzen erfolgreichen Menschenfeind? Der hier in Dachau noch weiter kommandieren will. Und auch gleich seinen kriecherischen Advokaten bei sich hat und drei andere alte Höflinge des Geldsackes. Und das mitten in der misère [*Elend*] von Dachau! – – –

Die heutige Kontrolle hat ergeben, daß von den 304 Häftlingen hier 66 verlaust waren. Dabei gehn alle immer mit ihren Decken umgehängt herum und drängen sich an einen. Es wäre wirklich ein Wunder, wenn man hier den Läusen entginge. Ich zittere davor, nämlich vor der Desinfektion, die leicht Pneumonie und Tod bedeuten kann. Gott bewahre mich davor! Die flohgeplagten Nächte lassen mich an die Läusepein jetzt vor 11 Monaten in Marseille denken. Fast 3 Monate hats damals bis zur endlichen Entlausung gedauert. Aber das war im geliebten Süden, wo es nach ein paar Schneetagen bald wieder mild wurde.

In den schlaflosen Nächten habe ich lange Gespräche mit Theodora. Lange Wachtraumszenen des Wiedersehns mit Erica, ich überhäufe sie mit Geschenken und kann doch zu keiner klaren Lebensentscheidung gelangen[.] Und das werde ich wohl auch in Wirklichkeit nicht können, ehe ich mich mit Theodora endgültig ausgesprochen habe. Aber erst heißt es noch immer »survivre [*überleben*]« wie sie zum Abschied gesagt hat. Si on pourra être heureux après cela se verra enfin [*Ob wir danach werden glücklich sein können, wird man schließlich sehen*]. Der graue kalte Nachmittag neigt sich zu Ende. Im Block 17 sind schon die Lichter angezündet. Gleich ists mit dem Schreiben zu Ende. Dann werde ich wieder zu M[üllock-]H[auert] nach Stube 4 gehen, wo man wenigstens einen Hocker findet. – Ich habe so schrecklich Heimweh nach einem warmen Zimmer, einem Tisch, mit einem Tischtuche, ein paar Blumen, unseren Teetassen mit den kleinen Sträußchen drauf, einem lieben Frauengesicht mir gegenüber, das mich freundlich anschaut, einem einfachen traulichen Gespräch über schlichte Dinge, den Garten, die Katzen … Darüber, daß die Tage jetzt bald länger werden. Daran denke ich eingekeilt, frierend, morgens und abends beim Appell in Schnee und Wind. – – –

Montag, 8. I. [1945]

Quel début de semaine, quelle matinée! Appell jusqu'à huit heures parcequ'un homme manquait. Il n'est pas encore retrouvé. Un noir[77], grand voleur de pain qui s'est envolé. Puis vers dix heures à nouveau rassemblement. Tout cela pendant qu'il neigeait et un vent glacial entassait les flocons d'un coté de nous. Puis un groupe de chefs de bloc, commission d'enquête, un troupe uniformé qui donnait de gifles à droite et à gauche. Quelle lugubre rigolade à nos frais [*Was für ein Wochenbeginn, was für ein Morgen! Appell bis acht Uhr, weil ein Mann fehlte. Er ist noch nicht wieder gefunden. Ein Schwarzer, bekannter Broträuber, der sich davongemacht hat. Dann gegen zehn Uhr erneut Versammlung. All das, während es schneite und ein eisiger Wind die Flocken auf einer Seite von uns aufwehte. Dann eine Gruppe von Blockchefs, Untersuchungskommission, ein uniformierter Trupp, der Ohrfeigen nach rechts und links austeilte. Welch schlüpfriger Spaß auf unsere Kosten*]. Lageralltag. – Hier soir à huit heures alerte qui durait 2 1/2 heures. Enormement de DCA[78]. Toujours à nouveau des grandes vagues d'avions, très bas, le craquement des bombes, des fusées dans le ciel. Un avion tombait brulant. Un grand éclat d'obus passa par la fenêtre ouverte devant laquelle je stationnait avec le chef de chambre qui bondissait de coté comme un petit singe. Etrangement à ces occasions-ci je reste complètement froid et calme, comme si une couche isolante ne laissait pas pénétrer cette espèce de réalité de danger jusque dans mon centre vital. C'est plutôt les dangers d'ordre moral qui m'ébranlent que cette espèce là. C'est comme une vraie indifférence – et pourtant je tiens encore beaucoup à cette vie terrestre [*Gestern abend um acht Uhr Alarm, der 2½ Stunden dauerte. Ungewöhnlich viel Luftabwehr. Immer von neuem große Wellen von Flugzeugen, sehr niedrig, das Krachen der Bomben, Raketen am Himmel. Ein Flugzeug stürzte brennend ab. Ein großer Granatsplitter kam durch das offene Fenster, vor dem ich mit dem Stubenältesten stand, der zur Seite sprang wie ein kleiner Affe. Sonderbarerweise bleibe ich bei diesen Anlässen völlig kalt und ruhig, wie wenn eine Isolierschicht diesen Wirklichkeitsraum der Gefahr nicht bis in mein vitales Zentrum dringen lässt. Es sind eher die Gefahren moralischer Art, die mich erschüttern, als diese Sorte. Es ist wie echte Gleichgültigkeit – und doch hänge ich noch viel an diesem irdischen Leben*] …

---

[77] Un noir] Ein schwarzes Dreieck auf der Kleidung kennzeichnete im System der national-sozialistischen Konzentrationslager die sogenannten »asozialen« Häftlinge.

[78] DCA] frz. défense contre avions, Luftabwehr.

Gestern wieder langes Gespräch mit M[üllock]-H[auert]. Er scheint fasziniert von meiner Konzeption des Magischen und entwickelt den Plan, ich solle zu ihm nach Holland arbeiten kommen, mit seinem geschulten Personal die vielen Behandlungsschichten durcharbeiten: zum Gewinn der Analyse und seiner Kinderbehandlung, als nur subjektive Elemente von Märchen und Mythen aus den dort aufgehäuften Massen von Biographien jugendlicher Neurotiker herauszulösen. Höchst verlockend. Das könnte ein wunderbares Materialbuch ergeben sowohl als eine wichtige theoretische Arbeit. Zu verlockend! Es scheint mir beinahe vermessen, jetzt auf Derartiges zu hoffen. – – –

> Wirbelnd weiß auf grau. Wie es schneit!
> Wie lustig war das in der Kinderzeit.
> Jetzt verliert sich die Fröhlichkeit so schnell
> Im »Mützen ab« beim langen Zählappell!
> Da wir von einem Fuß auf den anderen treten,
> Holzschuh ohne Socken, Lagerproleten
> Die nasse Decke schüttelnd, auf den Strohsack zurück
> Im Ungeziefer Schlaf suchen, unser einziges Glück.

Montag, 10. Jan[uar 1945][79]

Jetzt ist durch die dicken Eisblumen der Fenster, die große Helle hereinlassen, ein blaßblauer Himmel zu sehn – wie schön muß es jetzt zuhause sein! Dort blühen wohl wieder die Mimosen und die Narzissen. Hier hat es 25° unter Null. Seit dem wilden Winter von 1928 in Fontenay habe ich solch eine Temperatur [nicht] erlebt. Und die alten Unken von Häftlingen sagen: es wird noch toller kommen. Mir genügts jetzt schon. Wieder eine völlig schlaflose Nacht, wütende Flohorgien auf mir. Dazu eine Blasenreizung, wohl vom langen Draußenstehn, die mich zu oftmaligem Aufstehen zwingt. Brrr. Ich liege ganz angezogen, denn sonst kann ich mich nicht erwärmen. Ich träume von einem heißen Bad. Jetzt sind es bald zwei Jahre seit ich in keiner Badewanne gesessen habe – und seit ich soviel anderes nicht gehabt habe. Es ist auch ohne das Viele unerläßlich Geglaubte gegangen, aber wie! – Leider ist M[üllock-]H[auert] jetzt immer sehr beschäftigt, so ist es gestern zu keinem Gespräch gekommen, was mir sehr fehlt. Sollte sein Eifer schon nachlassen. Ich bin leider mißtrauisch geworden – wohl zur Sicherung gegen Enttäuschungen, deren Möglichkeit das Misstrauen vorwegnimmt. Schade wäre es! Ohne ihn hungere ich auch geistig. – – –

Nach starkem Schneefall etwas Aprilwetter – aber auch bei Sonne eisig. Grippe grassiert. Blaha, der Blockälteste[80] recht krank, ich pflege ihn. – Heute etwas sattgegessen. Das hat gut getan. Die ewigen Hungerphantasien werden dégoûtant [*widerlich*]. In die Schlaflosigkeit wehen Fetzen von Wachträumen mit Menus [*Speisenfolgen*]. Zu den Flöhen sind jetzt auch ein paar Läuse gekommen. Das war unvermeidlich. Von Desinfektion jetzt keine Rede. Und Wäschewechsel? Ich habe nur ein

---

[79] Datumsangabe ist chronologisch nicht einzuordnen.
[80] Fritz Blaha, gest. Dachau 1945.

Paar Socken, kann sie nicht waschen, weil keine Trockenmöglichkeit besteht. – Der Erwartung, den angebl[ichen] Prager zu sehen, war eine Enttäuschung beschieden. Es war nur der wild närrische Bragier Karl, der Zyklothymiker[81][.]

Dienstag, 9. I. [1945]

Ich bin ein veränderter Mensch: nach fünf völlig schlaflosen Nächten habe ich eine Nacht geschlafen, wenn auch oft unterbrochen! Ich habs erzwungen: statt mich zu kratzen und Flöhe zu jagen, wenn sie krochen und bissen, habe ich die Augen zugemacht und beschlossen, alle sich darbietenden Wunschträume zu verjagen. Und ich habs geschafft. Diese komplette Unausgeschlafenheit macht einen schlecht und krank, menschenfeindlich vor allem. Und gerade das fehlt einem hier noch, um ein Mitteufel in dem gemeinsamen Höllenpfuhl zu werden. Gottlob! Ich habe Lust, den Stubengestank hinter mir zu lassen. Und ich gehe im Blockhofe spazieren und ich nenne die schneidende eisige Luft gute reine Frische. Und gleich habe ich mich auch débrouilliert [*mir zu helfen gewusst*], mir einen Rabiot [*Nachschlag*] zu verschaffen, und jetzt nagt der Hunger nicht wieder gleich nach dem Essen wie sonst. Wenn mir beides weiter gelingt, wäre die Existenz hier doch schließlich erträglich, vorausgesetzt, daß man leidlich gesund ist und die Lebersache nicht neu aufflammt. Eine durchschlafene Nacht und eine Gamelle Suppe mehr haben genügt, um mich wieder elastisch und gespannter zu machen. Es ist Zeit! – Wie wenig braucht der Mensch! – Und ich habe jetzt auch etwas, worauf ich hoffen kann, das Päcken von Ricarda. Wenn es nur vor dem nächsten Sonntag ankommt: denn das ist mein Schreibtag, sonst könnte ich es ihr wieder erst in vier Wochen bestätigen. Wenns nur überhaupt ankommt? Denn durch die Bombardements geht soviel verloren! – Der junge jüd[ische] Arzt, zweiter Bettnachbar[,] hat mir sein Schicksal erzählt und das vieler Kollegen. Incredibiliter horribile sed verum [*Unglaublich schrecklich, aber wahr*]! Ah, si ma mémoire seulement restait assez bonne pour rappeler tout cela! Il ne faut pas l'oublier [*Wenn nur mein Gedächtnis recht gut bliebe, um das alles zu erinnern! Man darf es nicht vergessen*]! – Jetzt sind Viele in ihren Betten und es ist ein bißchen stiller und halb leer. Nur die lauten ungarischen Stimmen knallen auf. Unangenehmer sind die noch, wenn mitten in der Nacht zwei oder drei eine laute Diskussion anfangen »Hogy a feur ogye mag! Instemen akarok [*Verdammt! Gott ich will es*]« … usw. Bis nach vielen »Ruhe« und Psst etliche Nachbarn mit Tätlichkeiten drohen. Bis zwei Stunden später anderswo einer gellend flüstert »Laci baaxi, éhes vagy. En vagyok [*Onkel, bist Du hungrig? Ich bin es*]!« –

---

[81] Zyklothymie] manisch-depressive Psychose.

Donnerstag 11. I. [1945]

Brrr, eisig ists auf der Welt – und doppelt kalt, wenn man so unausgeschlafen ist wie ich. Und eine leichte Erkältungscystitis[82] hat, die einen zwingt, in der Nacht viele Male hinauszulaufen. Und es gibt kein Hexamethylen[83]. Wird auch so vorbei gehen. – Was für ein ganz heroischer Entschluß, sich jetzt in dem vereisten Waschraum waschen zu gehen! Ich höre zu schreiben auf. In mir ist nichts als Malaise [*Unbehagen*] und Fetzen von Wunschträumen hängen wie armselige Reste zerrissener bunter Kleider herum in dem grauen Lageralltag. Sonst denkt man eben wie alle: was für eine Suppe wirds heute geben? Hoffentlich eine andere! Zum Glück abends Margarine und ¼ Brot. – – –

Vive déception: au lieu du seul corpus gras de la semaine on nous a donné la soupe grise (la même qu'hier soir) – il n'y a pas de la margarine. Tant pis. Le soir tombe déja, il neige densement en petits flocons. Cela a l'air de vouloir durer. Un Landregen sous forme de neige. Par ceci la journée grise est finie. Pas de visite aujourd'hui. Rien. Mais – Grâce à Dieu! – Aussi rien de mauvais. Peut-être encore un entretien avec M[üllock-]H[auert] s'il n'est pas trop busy. Et après la longue nuit peuplée d'innombrables puces, de fragments de rêves, jusqu' à l'allumage des lampes, la tisane du matin, l'appell etc etc. Donc c'est la deuxième semaine que je suis en bloc 19. Quelques braves gens – comme mon voisin Palacci[84]) ca et la un bout de conversation, c'est tout. Et la triste longueur et »Haltung bewahren«. C'est l'essentiel! Car je vois autour de moi comme ils meurent parce qu'ils s'abandonnent. Ici on vit surtout du fonds moral. [*Schlimme Enttäuschung: anstelle des einzigen Fettes für die Woche hat man uns graue Suppe gegeben (die gleiche wie gestern abend) – es gibt keine Margarine. Was solls. Der Abend bricht schon herein, es schneit dicht in kleinen Flocken. Sieht so aus, als würde es so bleiben. Ein Landregen in Form von Schnee. Damit ist der graue Tag zu Ende. Kein Besuch heute. Nichts. Aber – Gott sei Dank – auch nichts Schlechtes. Vielleicht noch eine Unterhaltung mit Müllock-Hauert, wenn er nicht zu beschäftigt ist. Und danach die lange Nacht, bevölkert mit unzähligen Flöhen, Traumbruchstücken, bis zum Anzünden der Lampen, dem morgendlichen Kräutertee, Appell, etc., etc. Das ist also die zweite Woche, dass ich im Block 19 bin. Einige tapfere Leute wie mein Nachbar Palacci, hier und da ein kurzes Stück Konversation, das ist alles. Und die traurige Lustlosigkeit und »Haltung bewahren«. Das ist das Wichtigste! Denn ich sehe um mich herum wie sie sterben, weil sie sich aufgeben. Hier lebt man vor allem vom moralischen Kapital*].

– – Das meint der alte Münchner Häftling, der mir fortwährend erzählt: »An Enerschie muaß ma habn. Die Franzosen do habn kan Enerschie.« Ces pauvres Français affamés depuis si longtemps. Evidemment pour la plupart ils n'ont pas la fermeté des prisonniers politiques allemands. [*Diese armen, so lange schon ausgehungerten*

---

82 Erkältungscystitis] erkältungsbedingte Blasenentzündung.
83 Hexamethylen] das Lösungsmittel Cyclohexan; gemeint ist wohl das früher von Rheinhardt verwendete Methylenblau.
84 Nissin Palacci (1916 Brousse–1945 Dachau).

Franzosen. Selbstverständlich haben sie in der Mehrzahl nicht die Festigkeit der deutschen politischen Häftlinge]. – – –

Freitag 12. I[. 1945]

Eisiger Sonnentag – plötzlich fällt mir mein südl[iches] Frühlingsgedicht von vor 7 Jahren ein, das beginnt »Am 12. Jan[uar] 1938 fing hier am Mittelmeer der Frühling an …« Wie weit das alles ist, – wie weit von mir und Gwendolyn. Und der trübe Weg geht noch weiter, wie lange darf man ihn noch gehen. Du courage, mon vieux! Mais il ne me manque pas [*Hab Mut, alter Freund! Aber er fehlt mir nicht*].

Gestern abends habe ich ein ganz gutes Gespräch mit M[üllock-]H[auert] gehabt. Was für ein seltsamer Mensch dieser self-made psychologist. Ich kenn kaum einen so komplett extrovertierten Menschen. Er hat mir seinen Taggang erzählt: vom Morgen bis in die Nacht immer mit Menschen tätig, Personal, Pfleglinge, Familie, Kommissionen[.] Wo da Raum für Nachdenken ist? Wohl gibt es das für ihn nur vor dem lebendigen Objekt. Nur Sonntag etwas Lektüre. Sonst überfüllt. Seine erste erotische Beziehung hat er nach der Heirat zu seiner Frau gehabt. Sonst nie auch eine Velleität [*Willensregung*] zum geringsten Abenteuerchen. Sein großes Abenteuer war der Sprung vom Indischen Beamten in die Welt der jugendlichen Verbrechen und der schwer erziehbaren Kinder. So soll wohl das geistig tüchtige Mannesleben verlaufen. Ein voll angewandter Mensch. Zufrieden mit seiner Frau, die in allem Tun ihn ergänzt, mit seinen vier Kindern. Welch ein Gegensatz zu mir Unnützen! Vor mehr als 25 Jahren hat mir die liebe – leider hingegangene – Ilse Zimmermann gesagt: »Existenzen wie die Ihre sind ein Luxus, den sich die Natur und die Gesellschaft erlauben.« –

In einer Gesprächspause setzte sich zu mir der alte Ivan Pucejl[85]: jugoslavischer Minister (fast aller Portefeuilles gewesen). Slovene, 68 Jahre alt, prächtig lebendig, voll blendender Demagogenrhetorik. Aus seiner erzählten Autobiographie ist der typische Balkanpolitiker zu erkennen: zielstrebig in all seiner Bonhommie, jedermanns Freund, Paktierer auf allen Linien. Jedes Fetzchen grimmig vom Opportunismus diktiert. Dabei ein Mann, mit dem es gut sein muß, zu tafeln und zu trinken. Gescheit, witzig, von einer Menschenkenntnis, wie sie die sehr schlauen Charakterlosen aus der Selbsterkenntnis schöpfen. – Drüben auf Stube 4 sind, im Gegensatz zu unserer Stube, allerlei Leute von einigem Format zusammen: die vier jugoslavischen Minister, einige der bekanntesten ungarischen Journalisten, vom Demokraten bis zu archicollaborateurs [*Erzkollaborateuren*]. Bei uns dagegen ist außer meinem Nachbar Palacci und dem armen Dr. Fuld (den wir leider wohl bald hier verlieren werden, da er Jude ist) keine einzige menschenähnliche Figur zu finden. Pech. Na, ich habe eben Chance [*Glück*] mit dem Nachbarn und dem freundlichen, milden Sepp, dem Stubenältesten. – – –

---

[85] Ivan Pucelj (1877 Großlaschitz–1945 Dachau), slowenischer Politiker und Schriftsteller.

Wieder völlig schlaflose Nacht, wilde Flohbakchanalien auf meinem ganzen Körper. La nourriture exclusivement liquide me fait se lever jusqu'à cinq fois chaque nuit. Les pauvres reins, et la vessie surménée [*Die ausschließlich flüssige Nahrung lässt mich jede Nacht bis zu fünf Mal aufstehen. Die armen Nieren, und die überstrapazierte Blase*]! –

Sonntag, 14. Jan[uar 1945]

Bin etwas krank. Seit vorgestern immer 38° Fieber, nachts etwas Schüttelfröste. Wohl eine Bronchitis. Ich huste heftig. Kann nicht schlafen. – – –

Heute ist Gertys Geburtstag. Möge sie ihn glücklich mit Kind und Mann verbringen. Ob sie wohl noch zuweilen an mich denkt? Ich glaube ja: so eine alte Verbundenheit (26 Jahre) wird doch standhalten. Ich war doch der erste Mann in ihrem Leben – und das zählt, wo Liebe im Spiel war. – Sad is life here. People die like flies. Yesterday four. In the lavatory two corpses in the morning, youngish people [*Traurig ist das Leben hier. Die Leute sterben wie die Fliegen. Gestern vier. Im Waschraum zwei Leichen am Morgen, jüngere Leute*] – – –

Sonntag, jetzt wartet man auf das Ereignis der Woche, die Nudeln mit etwas Fleisch. Hoffentlich gibts Rabiot [*Nachschlag*]! – Mein Nachbar Palacci erzählte mir gestern sein Leben. Was für eine seltsame Mischung von sozialwissenschaftlichem Ernst und Handelsreisenderexistenz – – –

Le bref festin est passé – pas de nouilles, des Graupen avec un peu de traces de viande et un demi rabiot. Quand même, le vieil estomac s'est rejoui d'avoir quelque chose de nutritif. Autour de moi ils disent: »Une louche comme ça et on pourrait tenir le coup. Mais hélas, après dimanche suit le lundi avec un cinquième de boule seulement [*Das kurze Festmahl ist vorüber – keine Nudeln, Graupen mit ein wenig Spuren von Fleisch und einen halben Nachschlag. Dennoch, der alte Magen hat sich gefreut, etwas Nahrhaftes zu haben. Um mich herum sagen sie: »So eine Kelle voll, und man könnte es aushalten. Aber leider, nach dem Sonntag folgt der Montag, mit nur einem fünftel Laib Brot*].

Montag, 15. I. 1945]

Eine neue graue Woche begonnen, nach einer völlig schlaflosen Nacht, etwas Fieber, endlose Flöhe, wilde Bilderflucht, Heimwehphantasie. Bilder von Zuhause, Oxford Street, British Museum, B[oulevar]d Montparnasse. Gespräche mit Theodora, Rechnung, Rechenschaft – etwas Strindbergisch gehts zu dabei. Und zwischendrein Hungerphantasien, Menus, ein Delikatessenladen in Wien, voll der köstlichen Dinge. Maßloser Fett- und Fleischhunger. – – Gestern habe ich an Ricarda geschrieben. Möge der Brief ankommen und auch das Paket, das sie ankündigt. Und möge es etwas zu Essen und Rauchen bringen. Bei aller Sparsamkeit geht mein bißl Tabak jetzt doch zu Ende. – Meine Gespräche mit dem intellektuellen Commis voyageur [*Handelsreisenden*], meinem Nachbarn, verlieren ihren Reiz seitdem er von Literatur zu reden anfing und der völlig amusische wirklich platte Materialist zum Vorschein kam, der keine Ahnung hat, daß das Geschriebene und Gedruckte auch etwas anderes zu vermitteln hat als sozialkritische Tatsachen: Arm. Nennt die Werke Dostojevskys »des bons livres sentimentaux [*gute gefühlsbetonte Bücher*].«

Gestern mit dem neuen Blockältesten geredet, Kärntner, wie Eifler ehem[aliger] K.u.K Dragoneroffizier (Windischgrätz, No. 15)[86][,] ein beschädigter Mensch, nicht nur physisch (hinkt), einzelgängerischer alternder Elephant, ziemlich freundlos, parteilos. Etwas zu sehr Vorgesetzter für jedermanns Geschmack. Er kennt mein Dusebuch[87], behauptet, es zuhause zu haben. Herrgott, wie lang ists her, seit dieser Zeit in Ischia alle die Theodorajahre – Was ist geblieben davon? »Und wem kein Bleiben Zeugnis gibt, der steht als hätt ihn nichts geliebt.«[88]

Drost est venu me voir pour une minute – Il a trop d'amis. Il parle beaucoup de la fidélité, eh bien il est fidèle à tous. Surtout à ceux qui l'amusent ou qui flattent à ce peu de snobisme en lui. Et si on va mal (comme moi p[ar] ex[emple] on n'amuse personne.) Tant pis. Il me raconte qu'il y a beaucoup de cas d'exanthematicus. C'est bien prometteur dans ce camp infesté de poux. Que le Seigneur nous protège! [*Drost kam für eine Minute.- Er hat zu viele Freunde. Er spricht viel von Treue, er ist halt allen treu. Besonders jenen, die ihn amüsieren oder dem bisschen Snobismus in ihm schmeicheln. Und wenn es einem schlecht geht (wie mir zum Beispiel) amüsiert man niemanden. Seis drum. Er erzählt mir, dass es viele Fälle von Fleckfiebertyphus gibt. Das ist vielversprechend in diesem von Läusen heimgesuchten Lager. Gott schütze uns!*]

Müllock-Hauert hat keine Zeit für mich, schade. Habe gestern 2 Stunden vergeblich auf ihn in Stube 4 gewartet. En attendant [*Unterdessen*] Bridge gespielt mit 3 Polen. Nach phantastischen exclusiv polnischen Regeln die sie als die einzigen internationalen erklären. Armer Culbertson! Z.B. in der zweiten Manche [*Vollspiel*] muß man 4 Sans Atout [*4 Ohne Trumpf*] machen, um auszugehen.

Seit dem großen Bombardement vor 8 Tagen gibt es keine Zeitungen. Völlig von der Welt abgeschnitten. – Aujourd'hui la première fois une soupe complètement sans trace de graisse. La margarine est finie. – Et au Revier il y avait ce matin quatre vingt macabés [*Heute zum ersten Mal ein Suppe vollkommen ohne Fettspuren. Die Margarine ist zu Ende. Und im Revier gab es heute morgen 80 Leichen*]!–--

Dienstag 16. I[. 1945]
Tauwetter. Es tropft von den dickverschneiten Dächern, leider tropft es auch dick in die Stube durch den Sperrholzplafond. Jetzt Mittags kommt eine wäßrige Sonne durch die dunstige Athmosphäre. –

---

[86] Windischgrätz] Dragonerregiment in den österreichisch-ungarischen Landstreitkräften.
[87] Dusebuch] Rheinhardts Biographie der italienischen Schauspielerin Eleonora Duse.
[88] Zitat aus einem Gedicht Rheinhardts aus den 1930er Jahren, s. TB I, 13.4.1944.

Heute ists 14 Tage, seit ich wieder hier bin, mit Schlaflosigkeit, flohgeplagt. Zum Glück vergehn die monotonen Tage mit ihren kleinen Gewohnheiten sehr rasch. Ich liege viel was meiner Leber gut tut. – Ich bin weiter Chomeur [*ohne Arbeit*], habe Versprechungen, aber nichts Greifbares in Aussicht. Je ne suis pas pressé que pour avoir le Brotzeit. Et mes primes, pour toucher des cigarrettes[.] En somme: salle d'attente [*Ich habe es nur eilig, um die Brotzeit zu haben. Und meine Prämien, um Zigaretten zu bekommen. Insgesamt: Wartesaal*].

,Antreten' zum erstenmale seit ich hier bin. Transport wird zusammengestellt. Wenige Brauchbare unter diesen Elendsfiguren zu finden gewesen. Gut abgelaufen. Dr. Fuld ist ins Revier gegangen, Block 5. Ob ich seine Funktion hier übernehmen soll? Vedremo [*Wir werden sehen*]. Ich dränge mich nicht. Bin zu fatalistisch – nämlich Fatum = Deus [*Schicksal = Gott*]. – Grau, wieder Frost, brr, ungeheizter Wartesaal. Hunger. Wenigstens gibts heute wieder ¼ Brot.

Dans le lavabo encore un macabé, grand gaillard, d'un squelette de jeune géant, emacié comme tous ceux qui trepassent ici. Il fut camerière du roi. Ici la TB l'a eu. Une Tragédie de la Chouannerie [*Im Waschraum noch eine Leiche, großer Kerl, mit dem Knochengerüst eines jungen Riesen, ausgemergelt wie alle, die hier hinübergehen. Er war Kammerfrau des Königs. Hier hat ihn die Tuberkulose erwischt. Eine Tragödie der Chouannerie*][89].

Der graue Dienstag hat mir eine große Freude gebracht. Plötzlich kommt vom Revier der junge gescheite Jacques Latour, den ich aus Marseille, vom Transport und aus Compiègne kenne und vom Block 21. Er ist frisch, generös und voll Ideen wie je. Hat einen Schenkelbruch gehabt. Wenig Verkürzung (sale travail [*schmutzige Arbeit*] d'Ali)[.]

Donnerstag, 18. I[1945]

Gestern war mir alles zu gräßlich, so daß ich keine Lust hatte, hier etwas einzuschreiben. Am Morgen fand ich, daß mein Brot gestohlen war – desastre [*Katastrophe*]. Dann den ganzen Tag remu-ménage [*Durcheinander*] auf dem Block, Triage [*Selektion*], Abgang der Abgesonderten. Abends Alerte [*Alarm*], ohne Licht, wie die ganze Nacht vorher. Habe Läuse an mir entdeckt. Ca y est [*Da haben wirs*]. Es war nicht zu vermeiden – alles ist verlaust. Dazu das Austauschen der Decken jeden Augenblick. Vorläufig von einer Entlausung keine Rede. Dabei riskiert man bei dem Verfahren und Wetter eine Pneumonie [*Lungenentzündung*], nebenbei gesagt. – Gestern große Aufregung für mich. Der Arbeitseinsatz teilt mir mit, daß auf Block 17 die Stelle des Blockarztes frei ist, ich sei in Frage gezogen. Ich habe Karmann[90] geschrieben, seine Mithilfe verlangt. Heute morgens werde ich zu Wastl ins Revier gerufen, zusammen mit Dr. Blazy[91], dem leblosen, gesichtslosen jungen Arzt aus St. Jean de

[89] Chouannerie] Rebellion königstreuer Christen in der östlichen Bretagne gegen Napoleon 1793–1803, literarisch verarbeitet von Honoré de Balzac im Roman Les Chouans (1829).
[90] Erwin Karmann, geb. 1909 Würzburg, Kaufmann.
[91] Philippe Blazy (1904 St. Jean de Luz – 1945 Dachau),

Luz. Im Revier warten – ein Schreiber kommt »Dich kennt der Wastl ja« und behält den Anderen zurück.

Habe mir keine Illusionen gemacht. – Tant mieux, tant pis. Ne Deus vult [*Umso besser, sei's drum. Gott will es nicht*]. – – –

Das doppelte Ungeziefer macht das Schlafen immer unmöglicher. Wenn ich nur wieder nicht in so einen Zustand komme wie voriges Jahr in Les Beaumettes bis zur Entlausung. – Der neue Blockälteste ist sehr nett zu mir, ich geh hier und da plaudern zu ihm. Guter altösterr[eichischer] Typ, nur durch den Superioritäts-Komplex der Capos und Blockfunktionäre verdorben, schreit viel zu viel. Im Gespräch zivil, urban, fast kultiviert, (Dragoneroffizier + Provinzbuchhändler, aber viel gereist[)]. Sepp weiter herzlich und hilfreich, wo er kann. Das sind meine kleinen Tröstungen – M[üllock-]H[auert] sehe ich überhaupt nicht. Jan nur für Minuten, immer busy, seine zahllosen »Freunde« zu sehen, oberflächlich, geschwätzig wie Egon Wellesz. Ihm tut der Erfolg hier auch nicht gut. Ich kann nichts mehr von dem nachdenklichen Jan unserer Sommergespräche an ihm mehr finden. Schade! – Zwischenfall mit den Russen und den halbtot geschlagenen französ[ischen] Mutilé [*Versehrten*]. Schlechtes Vorzeichen – – –

La chambre est bien décongestionnée – 150 types sont partis. On trouve de temps en temps un tabouret, on peut circuler – Mais – hélàs! on ne peut plus rester couché pendant l'appel matin et soir. Donc, on se lève et grelotte dehors [*Die Stube ist recht entleert – 150 Typen sind fort. Man findet ab und zu einmal einen Schemel, man kann herumgehen – aber leider – kann man nicht mehr liegen bleiben während des Morgen- und Abendappells. Also steht man auf und zittert draußen vor Kälte*]. – – –

Nachmittag: Ich schlief eben erschöpft. Da ich aufwache, sagt mir Jacques Latour, daß ein Prof[essor] Karl Prager mich besucht aber nicht erlaubt habe, mich zu wecken. Ich mußte mich erst besinnen. Wien während des anderen Krieges, das Atelier der Margit Téry[92], Viola (die längst tot ist, Gräfin Matuschka in Paris) die verworrene gierige Nach-Emmy-Zeit (wie viel verworrene gierige Zeiten habe ich nicht gehabt!) Karl Prager – das ist wohl der, der die zarte kleine Käthe Braun geheiratet hat, die Schwester von Felix Braun.[93] Wie sehr sonderbar ist das, auf solch ein Denkmal meiner Vorwelt hier in Dachau zu stoßen! Bin neugierig, wie er erfahren hat, daß ich hier bin? Vielleicht kann ich durch ihn in Fühlung mit Wiener Bekannten kommen? So weltverloren wie jetzt war ich noch nie. Als ich noch in Frankreich im Gefängnis, in Einzelhaft war, wußte Erica, wo ich war und durch sie die französ[ischen] Freunde. Jetzt weiß nur Ricarda von mir, zu der ich ja keine andere Beziehung als die habe, daß sie eben Ericas Schwester ist. Und die benutzt nicht einmal die bestehende Erlaubnis, mir doch zweimal im Monat zu schreiben. Nun ja, viel hat sie mir ja nicht zu sagen.

---

[92] Margit Téry-Buschmann (1892–1977), Künstlerin; vgl. DÖW 11601.6, Brief Erica de Behr an Gerty Wolmut 8.5.1956.

[93] Im Konzentrationslager Dachau inhaftiert war der ungarische Arzt und Verleger Jenö Prager (1897 Környe–1945 Dachau); vermutlich Verwechslung mit Hans Prager (1887–1940), Ehemann der Schriftstellerin Käthe Braun-Prager (1888–1967), einer Schwester des österreichischen Schriftstellers Felix Braun (1885–1973).

Wenn sie nur doch öfter Pakete schicken könnte! Ich brauchte es so sehr. Jetzt ist mein Tabak und mein Zucker zu Ende, womit ich so sehr hausgehalten habe, grad einen halben Löffel Zucker aufs Brot. Das ist jetzt auch aus. Und zu rauchen werde ich wohl nicht viel mehr haben, wenn eben kein Paket von R[icarda] kommt. Ich habe weder Geld mehr für die Kantine, noch jetzt das Recht, Zigarretten zu fassen.

> Ich habe soviele Jahre ohne Läuse und Hunger verbracht
> In einem sauberen Bett jede Nacht.
> Warum hat das Alles mich nicht sehr glücklich gemacht?

Freitag, 19. I. [1945]

Ich vertrete die beiden kranken Ärzte, 49 Kranke sind mit 2 Transporten gekommen: furchtbares Elend. Habe sehr viel mit Untersuchung und Aussondern der schwersten Fälle zu tun. Dabei gelten die Fiebernden für den Oberpfleger als schwerste, sinds aber weiß Gott nicht. Also hofft man immer auf Fieber, um einen Unglücklichen ins Revier zu bringen. Wieviel von denen allen werden dahin gelangen – wohl noch irgendwohin? Gott helfe ihnen!

Samstag 20. I. [1945]

Viel zu tun mit Vorbereiten der Arztmeldung. Gestern abends wieder zum erstenmale meinem »Feinde« Wastl gegenübergestanden. War fast »leutselig« – Wie nett von solchem großen Herrn …! – Gestern beim Abendappell große Aufregung: zwei Mann fehlten. Endloses Zählen und Kontrollieren von 3/4 8 bis 1/2 10, im Schneegestöber, heute morgen bei schneidender Kälte weiter so, bis sie doch gefunden warn. – Der Blockälteste hat mich als ständigen Blockarzt verlangt. Wenns doch gelänge. Es gibt zwar viel, wenig dankbare Arbeit. Aber man kann sich doch wenigstens die Möglich-keit [verschaffen], da und dort Nützliches zu leisten. Und für mich selber die ersehnte Brotzeit und Prämie. Ich wage nicht, darauf zu hoffen. Ut Deus vult [*Gott möge es wollen*]. – Bin bei dem Prinzipe angelangt: auf alles vorbereitet zu sein – und nichts zu erwarten. Das regelt mein Verhalten zu allem Geschehen dieser tristen Existenz. Und dazu Dankbarkeit für alles auch kleinste Gute! – – –

Sonntag 21. I. [1945]

Der vorige Woche an Ricarda geschriebene Brief ist zurückgekommen, weil nicht »Vorzugsadresse« d.h. Adressänderung ist nicht vermerkt worden vom Schreiber. Dieser große Herr, natürlich ein Pole, ist eine Plage; er mischt sich in alle meine ärztl[ichen] Anordnungen, wirft sie um, weil ich nicht richtiger Blockarzt bin. Das ist natürlich auf die Dauer nicht haltbar, daß ich die Arbeit mache ohne zugestandene Autorität (dazu ohne Vorteile.) Der »Nachschlag« hat auch Schwierigkeiten – jeder Stubendienst kriegt mehr. – Lager und Block sind voll wilder Gerüchte zufolge der gestrigen Zeitungsnachrichten. Die franzö[sische] Geographie-Unkenntnis treibt tolle Blüten. – Ah, que j'en ai mare! Ma confiance dans Dieu est mon seul appui dans ces excès de lassitude général qui s'emparent de moi de temps en temps [*O wie ich das satt habe! Mein Vertrauen in Gott ist meine einzige Stütze in diesem Übermaß allgemeinen Überdrusses, der sich von Zeit zu Zeit meiner bemächtigt*]. Wenn ich wenigstens eine regelmäßige leidlich interessante Arbeit hätte, die mir die Tage verkürzte[] – und Schlaf für die langen Nächte!

Es ist jetzt ein vortrefflicher rumänischer Geiger auf dem Block. Kürzlich hat er mir auf Stube 4 Stücke von allerlei vorgespielt, Beethovenkonzert Tschaikovsky. Es hat mir fast körperlich weh getan, so heftig gewahr zu werden, daß es das alles noch weiter gibt: heilige Musik! Wie sehr bin ich Dir abhanden gekommen! Wenn ich an das geliebte weltferne Stück »Tanz seliger Genien« von Gluck denke, möchte ich heulen. Und an des armen Walter Hasenclevers[94] Begeisterung, als ich es ihm vor zehn Jahren vorspielte! Er ist 1940 von eigener Hand in einem Lager gestorben. – – –

Montag, 22. I. [1945]

Die neue Woche fängt mit starkem Schneefall an – jetzt ists 80 Tage her seit dem ersten Schnee. Seitdem ist er wenigstens von den Dächern nicht mehr verschwunden. Ach Gott, wo ist mein Süden hin! Mich frierts bin in die Seele hinein. – Mit der Doktorarbeit hier scheints wieder vorbei zu sein. Der Russe ist wieder erschienen – auch sehr zum Leidwesen der Kranken, denen er meine Bettruhezettln wieder wegnimmt und die er mit Fieber und großen Ödemen ruhig zum Appell gehen läßt. Il s'en fout des malades, on me dit de tous les côtés [*Die Kranken sind ihm egal, höre ich von allen Seiten*]. Jetzt fängt wieder das Warten an – worauf? Vielleicht darauf, daß wo anders eine Blockarzt-Stelle frei wird. Vielleicht könnte ich sie jetzt kriegen, nachdem ich meine Brauchbarkeit hier erwiesen habe. Der allmächtige Wastl hat mich arbeiten gesehen … Der Blockälteste fiebert hartnäckig weiter, er reagiert auf Aspirin überhaupt nicht, und anderes habe ich leider nicht. – – –

Dienstag, 23. I. [1945]

Der graue Tag hat eine große Überraschung gestern gebracht: nachmittags kam ein Bote vom Revier, ich solle zum Capo kommen, ich sei zum Blockarzt ernannt. Wastl war ganz ausgewechselt, sehr freundlich, ja ich sei Blockarzt. Also verkündete ich es hier. Aber der russische Arzt machte Schwierigkeiten. Heute erwies sich, dass er recht hatte. Denn Wastl hatte sich im Block geirrt. Ich bin für Block 17 ernannt. Morgen übersiedle ich dahin. – Blaha, mein Patient ist heute ins Revier gegangen. Habe die Verantwortung nicht übernehmen können. Er reagierte auf kein Antipyretikum, hatte eine continua von 39,5 vielleicht doch eine beginnende Bronchopneumonie.[95] Sein

---

[94] Walter Hasenclever (1890–1940), deutscher Schriftsteller und Übersetzer, 1933 Emigration nach Nizza, nahm sich im Lager Les Milles nach der Besetzung Frankreichs durch deutsche Truppen das Leben.

[95] Antipyretikum] fiebersenkendes Mittel; continua] Dauerfieber; Bronchopneumonie] aus Bronchitis entstehende Lungenentzündung.

Fortsein lässt einige materielle Vorteile für mich wegfallen. Von Pirker trenne ich mich ungern: seiner Intervention bei Zenz verdanke ich ja wohl Wastls Sinnesänderung. Tant mieux [*Umso besser*] daß das von dieser Seite kam, es ist ja doch die meine. – Der neue Chef, Meisel, den ich ja längst kenne, ist ganz wohlerzogen. Mit ihm wirds sich schon leben lassen. Stummer und Santi[96] [werden] dort eine kleine Ressource sein. Hier lasse ich den freundlichen voisin [*Nachbarn*] Palacci zurück, aber auch die Myriaden Ungeziefer die mich drei Wochen den Schlaf gekostet haben. Morgen soll ich entlaust werden und völlig neu eingekleidet. Das wäre ein Segen. Ich bin bald wieder in einem Zustand wie voriges Jahr in Marseille – Mit Jan und Jacques Latour hoffe ich in Kontakt zu bleiben. Auch in weiterer Zukunft, wenns so eine gibt. Heute geht eine kleine Welle von Optimismus durchs Lager, zufolge der Nachrichten. – Also wirklich Blockarzt! Gott lasse michs gut machen! Gerührt bin ich von den vielfältigen Äußerungen des Bedauerns, die mir hier zukommen: »Ne partez pas [*Gehen Sie nicht fort*]« »Bleib bei uns«. Ich darf sagen[,] humaner als der Russe bin ich ja wirklich – er ist mehr ein Polizist denn als ein Arzt. Lächelnd treibt er die Fiebernden zum Appell in den eisigen Wind hinaus. – Eben war der Blockschreiber von 17 bei mir, zum Unterschied von dem hiesigen, der eine bucklige Bestie ist (ein polnischer Priester) ein wirklich liebenswürdiger junger Mann. Er sagt mir, daß ich schon verlegt bin, heute brauch ich bei keinem Appell mehr zu sein. Heute sinds gerade drei Wochen, daß ich aus dem Revier von dem selben Zenz hinausgeschmissen worden bin, der jetzt mein Fürsprecher geworden ist[.] Etrange puissance des idées qu'on suppose avoir en commun – ou ne pas avoir [*Sonderbare Macht der Ideen die man glaubt zu teilen – oder nicht zu teilen*]. – Ergo eras vita nova incipiet! Utinem sit protecta Eo qui conducabat me trans Estes dies obscures – et quo salvet me ex ore leonis [*Also wirst Du sein, das neue Leben beginne! Dass es geschützt sei durch Ihn, der mich durch diese dunklen Tage führte – und durch den er mich rettet aus dem Rachen des Löwen*]!

Mittwoch, 27. I[. 1945][97]

Übersiedelt nach <u>Block 17</u>. Bin schon untergebracht, habe ein abgesondertes Bett, einen eigenen Spind und meine erste Brotzeit seit mehr als zwei Monaten bekommen, ein Stück Margarine, seit Wochen zum erstenmale wieder welche ausgegeben. – Der französische Arzt, mit dem ich mich in die Arbeit teile, ist nett und entgegenkommend. Es wird hoffentlich schon gehen. Zum Glück ist der Block nicht überfüllt wie Bl[ock] 19, und vor allem scheint es diese Masse von Elendsgestalten wie drüben, wo täglich ein paar Tote sind[, nicht zu geben]. Jetzt vor dem Mittagessen ist die Stube fast leer, gemessen an 19/2 einfach eine Einsamkeit. Und es gibt massenhaft Hocker. So werde ich hier mich hinsetzen und lesen und schreiben können, wenn die Arbeit es erlaubt. Jetzt werde ich endlich auch wieder die Bibliothekskarte haben und lesen

---

96 Federico Santi, geb. 1889 London.
97 Der 24.1. 1945 war ein Mittwoch.

können. Es wird mir gut tun! – Momentan möchte ich vor allem baden, entlaust und sauber angezogen sein, mich richtig erneut fühlen – und dann hoffentlich auch endlich wieder schlafen können. Letzte Nacht war wieder eine Wüstenei von Schlaflosigkeit. Gott helfe mir in dem neuen Abschnitte hier! – – –

Donnerstag 25. I[. 1945]

Tout l'enfer de l'activité médicale dans ces circonstances m'entoure. On n'entend plus parler que ty[phus] ex[anthemicus]. J'étais au Revier – une confusion, quelque panique. On meurt là avec une rapidité – mais plus encore dans les blocs! Tout ensemble aujourdhui 154 morts. 25 meurent à la salle des douches. Georges, l'Oberpfleger de l'ambulance est mort de Fleckfieber. Et cela dans un camp tellement infesté de poux. – Moi, enfin, je serai épouillé et rhabillé à neuf – aujourdhui le bains sont occupés par les suspects de ty[phus]. – Heureusement la nutrition du camp s'améliore considérablement. Enfin – hélas pour beaucoup parmi nous cela vient trop tard [*Mich umgibt die ganze Hölle der ärztlichen Tätigkeit unter diesen Umständen. Man hört nur noch von ty[phus] ex[anthemicus] reden. Ich war im Revier – Verwirrung, einige Panik. Man stirbt dort mit einer Schnelligkeit – aber mehr noch in den Blöcken! Alles zusammen heute 154 Tote. Georges, der Oberpfleger der Ambulanz, ist am Fleckfieber gestorben. Und das in einem derart von Läusen heimgesuchten Lager. – Ich werde endlich entlaust und neu eingekleidet werden – heute sind die Bäder mit Typhusverdächtigen belegt. – Glücklicherweise verbessert sich die Lagerernährung beträchtlich. Endlich – leider kommt das für viele von uns zu spät*]. – Es ist viel zu tun auf Block 17: aber weniger undankbar als auf 19 – weniger schwere Fälle, geringere Mortalität. Wir haben vorwiegend Ungarn hier, auch Juden, aufdringlich, wehleidig, sehr arm alle zusammen.

Freitag, 26. I. [1945]

Ein Datum, das mir viele Jahre ein trauriger Gedenktag war: an diesem Januartag vor 29 Jahren hat Emmy mich verlassen – der erste große Abschied »von den vielen Abschieden des Lebens«[.] Immer schien um diesen Tag herum später auch etwas Wehtuendes mit mir zu geschehen. Die Lebenskapitel Gerty und Désirée gingen auch um diesen Tag herum zu Ende. – – Heute hängt eine vage böse Drohung über mir (Gott helfe mir!) Ich bin endlich entlaust, sauber frisch angezogen von Mütze zu Socken, lange gebadet und desinfiziert. Niemand würde die frischen Kleider als gut oder elegant bezeichnen – nur eben lagermäßig, wie einer sie hat, der nichts zum Schmieren hat in der Kammer. Jetzt, nach dem Mittagessen kam der Schreiber von Stube eins herüber: um 2 Uhr zur Vernehmung bei der politischen Abteilung. Um 3/4 2 gut rasiert gestellt sein. Gott helfe mir auch aus dieser Not wie aus den Nöten in Menton und Nice! Jetzt ists 1/4 nach eins[,] in anderthalb Stunden werde ich wissen, was das bedeutet. Möge meine Lage dadurch nicht schlimmer werden! – – –

Gottlob, ich bin mit Schrecken davongekommen. Die ganze Vernehmung bestand darin, daß mir mein viele Monate alter Schutzhaftbefehl zur Unterschrift vorgelegt wurde. Womit ich genau so Sch[utz-]Häftling bin wie vorher (diese Zeremonie hat eine Bedeutung für die N.N. oder NAL[98].) – So stapften wir zu dieser hinter den Lagerhäusern durch das dichte wehende Schneegestöber, durch das Tor des Schulhauses zum erstenmale seit den Fahrten nach Schleisheim etwas hinaus außerhalb der von Starkstromdrähten umspannten Lagerzone: Krane stehn dort auch um die Baracken der S.S. Kompanie und die paar zum Lager gehörigen Werkstätten und Industriebauten. – Es schneit und weht eisig – ich denke, so muß es in Kanada sein. Seit dem Hartensteiner Winter habe ich solches Wetter nicht mehr erlebt. Brr kalt[.] Gott sei gedankt, daß die böse Drohung an mir vorbeigegangen ist!

Samstag, 27. I. [1945]

Das war ein vollangefüllter Tag! Ich habe ihn frisch und mit neuen Kräften beginnen können, denn seit 25 Tagen habe ich zum erstenmale eine Nacht fast ohne Unterbrechung durchschlafen können. Was für ein Glück! Es gibt wohl ein paar Flöhe, aber gegen Bl[ock] 19 ist das einfch ein Paradies. Ich habe ein gutes Bett, mit ausreichend Decken und einem Kopfkissen, und einem glatten Strohsack.

Kurzum – außer Revier – das beste Unterkommen, das ich bis jetzt hier hatte. So ist die materielle Seite des Daseins (Gott sei gedankt) besser geworden. Außer der Brotzeit bekomme ich jetzt ohne Betteln meinen Suppen-Nachschlag. Und die Suppe ist besser und nahrhafter geworden. Man erzählt, dass anfangs der Woche ein General der Wehrmacht hier inspiziert habe, um die Ursache der ungeheuren Mortalität festzustellen. Natürlich habe man ihm die Unterernährung und die mangelhafte Bekleidung bei dieser niedrigen Temperatur genannt. (Auf Block 30/3 und 4 hat es gestern 54 Tote gegeben. Und auf 29 ists noch ärger[)]. In der Tat war die Ernährung seit anfangs Dezember (also grad seit Beginn der Kälte) völlig unzulänglich geworden – die Suppen ohne Fett und Mehl, die ewigen wässrigen Rutabaga [*Steckrüben*] und holzige Kohlrabi oder Karotten, mit immer winzigeren Wurstportionen an den ungeraden Abenden, einen Monat und länger keine Margarine mehr und noch länger keine Konfitüre oder Zucker. Dazu kommt, daß keine Pakete mehr ankommen. Seit vier Tagen sind die Suppen besser, dicker, mit Spuren von Fleisch und es gibt wieder Margarine – hoffentlich wirkt sich das auf den allgem[einen] Zustand bald aus! Eben habe ich den kleinen André Resveldas getroffen, der mir sagt, daß er auf Stube 3 und 4 vom Bl[ock] 20 nur noch ausschließlich Fleckfieberkranke liegen hat: Mortalität 14–15 pro Tag. – Im Revier herrscht völlige Konfusion. Sie refüsieren Pneumonien[99] etc und wollen nur noch Fleckfieberverdächtige aufnehmen. Es fehlt an Betten – Ich habe heute 21 Schwerkranke und zwei Erysipele, die alle ins Revier gehören. Ich werde froh sein, wenn sie mir am Abend die Sechs aufnehmen, die ich hinbringe. – Natürlich schaue ich darauf, daß die Läusekontrolle bei uns energisch durchgeführt

---

98 N.N.] »Nacht und Nebel«-Häftlingen waren Außenkontakte untersagt, ihr ungewisser Verbleib sollte auch ihr Umfeld disziplinieren. NAL] »nicht aus dem Lager« bezeichnete Häftlinge, die von Transporten in andere Lager oder Außenlager ausgenommen waren.
99 Pneumonie] Lungenentzündung.

wird. Ich war auf Stube 1 von 12 bis 1/2 4 bei der Kontrolle der 300 Insassen, das Ergebnis war nicht schlecht. Bei mir habe ich einen fortgeschrittenen Fleckfieberfall liegen mit schweren Zentralnerven-Erscheinungen etc. – Die Kontrolle geht zugleich auf Krätze etc. Komisch sind diese Russen, deren Manche bis auf die glans penis[100] tätowiert sind. Inschriften, Obszönitäten, überall ein gleicher Mädchenkopf im Profil mit Dauerwellen. Einer hat ein großes griechis[ches] Kreuz auf der Brust mit einer angedeuteten Hügellandschaft, ein anderer eine wie prähistorische Höhlenzeichnungen anmutende Jagdszene, auf der ein walzenförmig dicker Tiger von einem nackten Manne mit einem antiken Schwerte durchbohrt wird. – Früher begrüßte mich auf Stube 1 ein alter Bekannter, der Schriftsteller Reck-Malleczewen[101], den ich noch aus München her kenne. Alte Namen tauchen auf: Thorgunna, Désirée – Er ist 61 Jahre alt, etwas verschrumpelt, hat aber eine ganz junge Frau und drei kleine Kinder. Darum beneide ich ihn. Er ist den Umständen gegenüber heftig optimistisch, aber sehr hypochondrisch und defaitistisch in Bezug auf seine eigene Person. Er hält sich für sehr krank; die genaue Untersuchung hat das Gegenteile erwiesen. Leichte Bronchitis, c'est tout [*das ist alles*]. – Was meine Aufgabe hier erschwert, daß der Blockarzt nicht nur das krankmachende Lebenssystem des Lagers gegen sich hat, sondern daß er im Blockpersonal natürliche Gegner hat, vor allem in dem großmächtigen Blockschreiber, für den es nicht Menschen, sondern nur seine Kartothek gibt – und der vor allem immer »verlegen« will, um den Block für eine Zeit zu entlasten. Ob krank oder gesund, es wird verlegt. Ob dabei wieder von Neuem Gesunde neben Kranke gelegt werden, schert die Bürokraten wenig. Aber mich leider doch sehr. So versuch ich vergeblich, mich dem entgegenzusetzen. Ach wie vergeblich!

Sonntag, 28. I. [1945]

Ein guter geruhsamer Sonntag. Wirklich sattgegessen mittags an zwei Gamellen [*Blechnäpfen*] Grützesuppe mit etwas Fleisch darin. – Habe in unserem Stubenältesten, dem kleinen Mann mit der gewölbten Stirn eine Art Naturdichter gefunden. Ohne Ausdruckskunst, recht herkömmlich in seinen Bildern und Vergleichen. Aber im Ganzen sympathisch in seinem realistischen Optimismus, der doppelt seltsam anmutet bei einem aus dem Elend Gekommenen und nun schon 10 Jahre Eingesperrten (er trägt die »stolze« Nummer 9!) Bin zufrieden, mit ihm gut zu stehn. Überhaupt habe ich mich mit dem Blockpersonal hier gut eingelebt. Es sind meist Österreicher hier. Das erleichterts mir sehr. Der angenehme Tag war schließlich dadurch getrübt, daß mir mein Brot samt dem Nachtmahl, der Scheibe Wurst, gestohlen wurde. Es wird furchtbar gestohlen jetzt (gestern 12 Paar Schuhe!) Zu den erprobten Russen kommen jetzt die Griechen dazu – – –

---

[100] glans penis] Eichel des Penis.
[101] Friedrich Reck-Malleczewen (1884–1945 Dachau), aus Ostpreußen stammender Mediziner, Autor von Abenteuer- und Historienromanen, 1933 zum Katholizismus konvertiert. Ende 1944 verhaftet, im Januar 1945 in das Konzentrationslager Dachau deportiert.

Dichtes Schneegestöber. Der Schnee auf Dächern und Rasen wird immer tiefer. – Viel zu tun. Massenhaft Kranke. Und die Kontrolle der Läusekontrolle, zeitraubend, bei der jetzt ein Arzt gegenwärtig sein muß. Momentan sind viele Slovenen angekommen, z. T. prächtige Burschen. Dazwischen: ein Tartar, Griechen, Albaner, Pariser, ein Ungar, zwei holländische Zwillingsbrüder. Einige Norweger. Und endlos tätowierte Russen. Unter den Slovenen (Partisanen) richtige dinarische Schädel. – Bin jetzt im Schnee die Lagerstrasse entlang gegangen. Im Vorbeigehen an dem jetzt gesperrten (Quarantaine) Block 21 mußte ich an den Juli voriges Jahrs denken, da ich als Pförtner dort im Schatten der Pappel neben den Sonnenblumen saß … daß es hier so warm sein kann, dünkt jetzt unglaublich. – Das ganze Revier ist in Quarantaine – jetzt sehe ich Jan nicht mehr so bald – alle darin eingeschlossen. Die Epidemie scheint in richtigem Gang zu sein. Jeder erzählt dem andern die Ziffern der gestrigen und heutigen Mortalität. – Ich bin so froh, etwas zu tun zu haben und mein Teil zur Bekämpfung beitragen zu können. Wie wunderlich: ich nannte Dugourneau den Namen von Lesoulères[102]. Er stutzt, fragt, ob der nicht aus dem Centre [*Zentralfrankreich*] sei? Ob er eine Schwester habe? Ja. Ich errate einen kleinen Roman: die Schwester des Collaborateurs A. Lesoulères liebt den Maquisard[]. Wie eine Geschichte von Balzac. – Und ein Marburger hier kennt mir von dort bekannte Namen – und Bilder aus einem glühenden Herbst vor 15 Jahren stehn auf: die Mädchen, Dora, die Weingärten – letzte romantische Erotik – wie weit fort!

Kalt, grau. Es schneit, es ist als obs uns immer mehr einschneite, unsere enge Welt wird täglich noch enger. Ab heute sind alle ungeraden Blöcke von 15 an gesperrt, also auch unserer. Eben war ich im Revier Medikamente holen (eine Handvoll) und habe die Vorbereitungen für Aufrichtung eines Vorgitters gesehen, das von uns bis Block 29 gehn wird[.] Auch schon gleichgültig. Viel bin ich ja doch nicht hinaus gekommen, zuweilen auf 24 zu den jungen Leuten dort. Carcer in carcere [*Gefängnis im Gefängnis*]! – Gestern habe ich mein französ[isches] Colis bekommen. Hochwillkommen! Endlich, nach einer Woche Tschick[*Zigarettenkippen*]betteln wieder ein paar ganze Zigaretten zu haben ist schon sehr angenehm. Aber wieder frappiert mich das Mißverhältnis zwischen der Peinlichkeit der Erwartung und dann der geringen Bedeutung des endlich Erfüllten! – In der Schachtel ist ein Kilo Gries und eine große Schachtel edler Ölsardinen, 800 Gramm! Wie gut die schmecken – wie in der Jugend und besser. Die gehören zu den köstlichen Dingen, die wie von Anbeginn für aller Tage Genuß geschaffen scheinen wie das Brot – oder das Wiener Rindfleisch. Schade nur, daß man nicht lieber mehrere kleine Schachteln hat, denn die große wird man ja doch bald aufessen müssen, zu bald! – Die Seuche scheint mehr und mehr um sich zu

---

[102] Alternative Lesart: Lesvaldes.

greifen. Im Revier bestürzte Konfusion. – Krach mit dem polnischen Blockschreiber gehabt, dem der Überwertigkeitskomplex den Kamm toll schwellt.

Mittwoch 31. I. [1945]

Grau, grau, aber eine neue Nuance von Grau: etwas Weiches, Verschwommenes, Hellflammiges: es weht ein erster Föhn seit gestern abends. Der Schnee ist trüb, löchrig. Es rinnt von den Dächern, die langen Eiszapfen entlang. – – –
Weniger Kranke heute. Lange Läusekontrolle, weniger Läuse, ein paar Scabies. Jetzt kenne ich die 300 Leute hier schon ohne die Gesichter anzusehn, nach den Bildern, nach Hernien, dem Scrotum, Handflecken und Narben, Naevi[103]. – – –
Keiner kommt von draußen in den Block. Wieder in der verkorkten Flasche. Ich kann hinaus, aber wohin als ins Revier Erkundigungen einholen. Aber niemand weiß etwas. Konfusion. –
Grauer leerer Tag. Ich gehe von unserer Stube zwei nach Stube eins, schaue Kranke an, messe Fieber, vertröste Leute, die Medikamente wollen, verteile vor den Mahlzeiten Suppenlöffel voll bolus alba[104] für die Diarrhoeiker. Sitze mit Michel dem Blockfriseur eine Weile beim Domino – das alte Spiel (mit dem ich mit Theodora gespielt habe) ist mir noch geblieben. Jetzt kenne ich schon jeden der 562 Insassen der zwei Stuben, niemand drunter, mit dem zu reden es mich lockt. Kaum der unglückliche Dr. Schuschnigg[105], der sich kürzlich den Hals durchzuschneiden versucht hat.
Im Blockhofe ist jetzt braungrauer Schlamm statt des Schnees. Meist sind die Fenster offen, so daß man sich kälter fühlt als an den kalten Tagen, da dann doch zuweilen Feuer im Kachelofen brennt. Heute warte ich ungeduldig auf etwas Feuer, um aus meinem Paket eine Griessspeise mit Zucker zu machen. Bin immer hungrig. Die zwölf Kilo, die ich während der Fieberzeit verloren habe, verlangen ersetzt zu werden. Habe kein Brot zu meinen Sardinen. Und heute abends gibts doch wieder nur das Fünftel wie vorgestern. – Wie mir die Reden der alten Häftlinge auf die Nerven gehen, die ununterbrochen den Neuen vorhalten, wie schlimm es früher war im Vergleich zu [jetzt] – und es den Neuen übelnehmen, daß es etwas weniger schlimm hier hergeht – und wo es von ihnen abhängt, machen sie das Heute schlimmer. –
Unser Stubenältester, der kleine Willi Bader[106] ist wirklich ein grundanständiger korrekter Mann; er legt bei jeder befohlenen Arbeit selber mit Hand an. Was habe ich für Glück gehabt, daß dieser bösartige leberkranke Kettenhund von Polen nicht hier

---

[103] Scrotum] Hodensack; Hernie] Bruch der Eingeweide durch die Bauchdecke, verursacht u.a. durch Mangelernährung; Naevi] Muttermalflecken.
[104] bolus alba] Kaolin, Porzellanerde; Naturheilmittel gegen Durchfall.
[105] Kurt Schuschnigg (1897–1977), ab 1930 Abgeordneter der Christlichsozialen Partei im österreichischen Nationalrat, Bundesminister und mit der Leitung der Bundesregierung beauftragt. Auf seinen Rücktritt am 11.3.1938 folgte der »Anschluss«, die Überschreitung der österreichischen Grenze durch deutsche Truppen. 1938 bis 1945 in Dachau inhaftiert; nach 1945 Emigration in die USA und Professur an der Universtät St. Louis.
[106] Wilhelm Bader (1899 Ettenhausen–1945 Dachau), seit 1938 im Konzentrationslager Dachau inhaftiert.

gebliebe ist, der mir den ersten Morgen hier vergällt hat. Nach einer Stunde habe ich ihm schon gesagt: Es ist nur gut, daß die Abneigung zwischen uns so gründlich gegenseitig ist. – – –

Donnerstag 1. Februar [1945]

Alles verwandelt im Föhn: graue Nässe, Schneeschmelze. Der Weg zum Revier geht hinter den Blöcken längs des Splittergrabens, und es ist ein Weg durch knöcheltiefes Wasser. Meine großen Treter von Schuhen sind doch nicht wasserdicht. Es ist wie ein schlechter Februartag in Lavandou – nur daß dort das Schneegrau fehlte. – Gestern ist Fritz Blaha, der Blockälteste von 19[,] im Revier an Fleckfieber mit Encephalitis[107] gestorben – am 2. Jan[uar] ist der gute Eifler – auch von Bl[ock] 19 – gestorben, am letzten Januartage sein Nachfolger Blaha, auch Exdragoneroffizier[.] Was für ein einsames freudloses Leben, dieser verdrossene schreiende Blaha, der nur mit mir etwas aufgetaut war. Er hat eine seltsame Vorahnung gehabt. Als wir von seinen vielen Reisen sprachen, erwähnte er, daß er Südfrankreich und England nicht kenne. Und ich sagte, da könnten wir uns doch einmal Rendezvous geben. Worauf er erwiderte: Ich mache keine Prospekte. Ich kann mich nicht aus dem Lager hinausgehn sehen. – Und jetzt erbe ich seinen grauen Rock, den ich eben in die Desinfektion getragen habe. Mein dunkelbraunes Sakko ist doch zu armselig. Es gibt doch auch im Lager etwas Eitelkeit. Man muß nur die Polen ansehen, wie chic die herumgehen, mit Bügelfalten in den besten Stücken der Kleiderbeute, die sie sich als erste zu sichern wissen. – Und jetzt in meiner »Stellung« mag ich doch nicht hinter den anderen »Prominenten« zurückstehen im Äußeren. Ich möchte vor allem die gelbe allzu amerikanische Sportmütze gegen was Dezentes umtauschen. Leider brauche ich das Lager-Bargeld, die Zigarretten, zu nötig für mich selber. – Übrigens ist jetzt die Rede von einem Wunder-Colis; das demnächst verteilt würde: 4 1/2 Kilo. Mit Nudeln, Pâté de fruits [*Fruchtpastete*], Fleisch- und Fischkonserven, Zucker und 200 Gramm Tabak! Dugourneau hat ein Muster davon gesehen. Das wäre wirklicher Wohlstand! Hoffentlich. On dit autour de moi: On voit que maintenant nous avons un gouvernement qui s'occupe de nous [*In meiner Umgebung sagt man: Man sieht, dass wir jetzt eine Regierung haben, die sich um uns kümmert*]. – – –

Es hat mir (Gott sei gedankt!) der Januar, der mit dem Hinausschmiß aus dem Revier angefangen hat, die Blockarztstellung gebracht, Besserung der Gesundheit und ein ganz leidliches Leben gebracht. Wunderlich, daß derselbe Zenz, der mich aus dem Revier hinausschmiß, mir zum Fürsprecher bei Wastl geworden und so wirklich zum Helfer! Gott gebe, daß der Februar nicht schlechter sei als der Januar – und uns der baldigen Befreiung nahebringe! – – –

---

[107] Encephalitis] Hirnhautentzündung.

Mariae Lichtmeß [2. Februar 1945]
Der fast frühlingliche sonnige Tag begann sehr im Zeichen der Epidemie. Devant
la fenêtre dans la neige grise gît depuis hier un macabé, mi-couvert d'un sac. Et
ce matin au Revier où j'avais amené les malades pour l'oculiste, on m'a dit que le
bon Dr Bettinger est mort hier de Fleckfieber et le jeune Dr Lost[108] est moribond
[*Vor dem Fenster im grauen Schnee ruht seit gestern eine Leiche, halb von einem
Sack zugedeckt. Und heute morgen auf dem Revier, wohin ich die Kranken für den
Augenarzt mitgenommen hatte, hat man mir gesagt, dass der gute Dr. Bettinger gestern am Fleckfieber gestorben ist und der junge Dr. L'Host im Sterben liegt*]. Und
der freundliche Ekel Schneeweiß[109] hat mich neckisch gefragt: Na, was ist, hast du
noch nicht Flecktyphus. Es kommen doch alle Blockärzte dran? – Jeden Tag wird
sorgfältig Läusekontrolle durchgeführt – aber die Anzahl der Verlausten nimmt nicht
ab. Freilich, es gibt seit Wochen keine saubere Wäsche für die Zugangsblöcke. – Mein
Nachbar Dugourneau hat eine Laus in seinen Decken gefunden, der Serbe CoCo hatte
plötzlich eine beim Essen auf der Hand. Die Leute streun sie mit der Wäsche herum.
Ich sehe nicht, wie man ihnen entgehen kann. Gott gebe nur, daß es keine Infizierte
hier gebe! Heute ist unser Block doppelt umschlossen. Der Schutzhaftlagerführer hat
den Schlüssel mitgenommen[.] Wie soll ich meine Kranken wegbringen? Und ich
habe einen Scharlach und ein Erysipel hier – und einen dringend operationsbedürf-
tigen Mann. Gott helfe uns! – Die Lust am Gespräch mit Dugourneau vergeht mir
mehr und mehr, seit ich entdecke, daß der militante Erzgaullist im Grunde genau so
reaktionär und antianglais [*anti-englisch*] ist wie die Vichy-Leute. Der französ[ische]
reaktionäre Chauvinismus wird noch viel zu schaffen machen! Que j'en ai mare [*Wie
ich das satt habe*]! – Ich gehe ein bißchen in die Sonne, nur muß ich so vorsichtig
sein, meine Schuhe sind noch von gestern naß – und das einzige Paar Socken konnte
ich nur trocknen, indem ich sie nachts an den Füßen behielt. – – –

Samstag, 3. Feb[ruar 1945]
Ça fume, ça bouffe – le colis fabuleux est arrivé[.] Et moi aussi j'en ai eu un! Quelle
joie! Dix paquets de cigarrettes – Ca fait 18 mois – depuis Menton – que je n'ai pas
eu tant à la fois! Vive la Croix Rouge Internationale! – Et les copains s'en parent.
Et la chambre est transformée en bourse. »Deux paquets de cigarrettes pour le livre
d'haricots – etc etc. Dugourneau a ramassé déjà toute une épicerie [*Man raucht, man
frisst – das sagenhafte Paket ist eingetroffen. Und ich hab auch eins bekommen!
Welche Freude! Zehn Päckchen Zigaretten. 18 Monate sind es – seit Menton – dass
ich nicht so viel auf einmal gehabt habe! Es lebe das Internationale Rote Kreuz! –
Und die Kameraden machen sich drüber her. Und die Stube ist zur Börse geworden.*]

---

[108] Charles Lucien Bettinger (1884 Reims–1945 Dachau), Arzt, mit Rheinhardt aus Compiègne
nach Dachau deportiert. Jean L'Host (1889 Orthez – 1945 Dachau).
[109] Josef Schneeweiß (1913–1995), Mitglied der sozialistischen Studentenbewegung Österreichs, wegen Teilnahme am Spanischen Bürgerkrieg 1941 verurteilt und in Dachau inhaftiert.

»Zwei Päckchen Zigaretten gegen ein Pfund Bohnen« usw. usw. Dugourneau hat schon einen ganzen Lebensmittelladen zusammengerafft]. Ich behalte fatalistisch, was mir mein Paket gebracht hat und freue mich doppelt dankbar – – –

Gestern ist mein Brief an Ricarda zurückgekommen »Adresse nicht bewilligt!« Nach zweimaligem Ansuchen. Jetzt werde ich von ihr wohl weder was hören noch etwas geschickt bekommen. Und ich hatte so sehr auf Nachricht von Erica gehofft. – Les nouvelles quant au typhus sont peu rassurantes. Le Dr L'Avoué est moribond – également ce bon généreux Michelet[110], l'ange gardien des Français du camp! Que notre Seigneur le protège [*Die Nachrichten in Sachen Typhus sind wenig beruhigend. Dr. L'Avoue liegt im Sterben – genau wie dieser gute großherzige Michelet, der Schutzengel der Franzosen des Lagers. Gott schütze ihn*]! Habe Jan Drost gesehen. Er und andere im Revier finden, daß ich gut und sehr verjüngt aussehe (zwar sehr mager!) – unberufen fühl ich mich ja auch soviel besser, seit ich die Arbeit habe und ein durch die Tätigkeit geregeltes Leben führe. Und seit ich schlafe und – dank Brotzeit und rabiot [*Nachschlag*] – besser genährt bin. Denn die 65 Kilo anfangs Januar waren entschieden zu wenig für mich. Noch hängt meine Haut um mich wie das Fell eines jungen Jagdhundes. Habe eben ein herrliches Abendessen gehabt. Auf mein Margarinebrot einige Sardinen – und dann ein Stück herrlich süßer Pâté de fruits! Quel festin! Grâce à Dieu [*Was für ein Festschmaus! Gott sei Dank*]! Ich glaube die durchgemachten Hungerzeiten werden mich gelehrt haben, alle guten Dinge des Lebens neu und dankbar zu vermerken – und nichts mehr als selbstverständlich und mir gebührend hinzunehmen! Möge ich die Not nie vergessen! Es ist 1/2 6 und ich schreibe noch bei Tageslicht. Wie glücklich haben wir zuhause das Längerwerden der Tage konstatiert! Hier ists freilich anders geworden. Zumal uns das elektr[ische] Licht verkürzt wird – von 6–7 h gibts kein Licht mehr. Nach einer Arbeitswoche ist Samstag und Sonntag doch etwas Anderes – Wie rasch die Tage vergehn, seit ich wieder eine Arbeit habe. Mögen nur noch wenige Tage bis zu dem großen Tage der libération [*Befreiung*] vergehen! Gott helfe uns!

> Im Auf- und Ab der Käfigenge
> Bleibt mir ein Weg aus der Einsamkeit
> Die ganze bunte traurige Länge
> Der einmal Dein gewesenen Zeit.
>
> Sie haben uns Alles fortgetragen
> Uns selber fort aus der Welt.
> Sie haben mir alles Heute erschlagen
> Und mir das Morgen entstellt.
>
> Sie haben mich mit Trotteln und Dieben
> Zu einer Masse gemacht
> Und dennoch bin ich so übervoll Ich geblieben
> In meiner langen Vergangenheitswelt

---

[110] Edmond Michelet (1899–1970), katholischer Politiker in Frankreich, 1943 nach Dachau deportiert, 1945/6 Verteidigungsminister der provisorischen Regierung de Gaulle, ab 1959 verschiedene Ministerämter, Anwalt der deutsch-französischen Aussöhnung.

Sonntag, 4. II. [1945]

Was für ein Sonntag! Morgens schon zu einem Mann mit peritonitischen[111] Symptomen gerufen. Auf dem langwierigen Umwege ins Revier gelaufen – zurückgekehrt den Mann etwas gebessert gefunden, dann Erbrechen, Puls schon recht elend – wenig Aussicht für Operation. Nachmittags wieder viel Zeit verloren, bis ich die Räderbahre bekam. Als ich endlich zurückkam, war der Mann schon tot. Ich bin sehr unglücklich. Zwar glaube ich nicht, daß die dort ihn überhaupt operiert hätten. Aber ich hätte ihn gern doch lebend ins Revier gebracht. Armer Teufel – er war genau so alt wie ich – und sah aus wie siebzig. – Den übrigen Tag vorwiegend mit Fressen verbracht. Eine Stunde fast Warten zwischen der Graupensuppe und dem Nachschlag. Später dann aus dem Paket die Sardinenschachtel aufgemacht – und dann Biscuits [*Zwiebäcke*] mit Pâté de fruits [*Fruchtpastete*]. Ich könnte trotzdem gleich wieder anfangen[.] Wie demoralisierend das lange Hungern gewirkt hat. Wenn man je wieder frei wird, wird man achtgeben müssen, erstens wegen Leber und Magen – und moralisch, daß man nicht wie Lamme Goedzak[112] zum Dauerfresser wird. Wenigstens haben seit der Ankunft der zwei Colis [*Pakete*] die Hungerphantasien aufgehört[.] Leider kann ich nicht hoffen, meinen Gries oder das 1/2 Kilo Bohnen aus dem Paket zu kochen. Denn das Feuer ist die ganze Zeit von den zwei Tschechen okkupiert, die Riesenpakete von zuhause kriegen und von 6 h bis 8 mehrere Gänge kochen und keinen Anderen dazulassen, oder nur selten ihre Freunde, zu denen ich nicht gehöre – und auch nicht möchte. Da ist eine kleine Clique, über nationale Schranken durch Freßlust und gleiche Banalität zueinandergezogen. Es sind die ewigen Typen wie Parmier und Marquier, die sich gesellen und von denen ich durch Natur und Neigung abgesondert bleibe. Und wenn ich beim Essen am Tisch unter sie gerate, dann bin ich noch mehr allein als wenn ich in meinem Bette im Winkel liege. Hier in dem gesperrten Blocke habe ich nicht eine Menschenseele, mit der mich irgendwas verbindet. Das war doch auf 19 besser, wo ich Sepp Pirker und abends [d]en M[üllock-]H[auert] hatte. Von der Lageraußenwelt ist man ja so gründlich abgesondert!

Mit Dugourneau rede ich zuweilen vor dem Schlafengehn, sonst nur business [*Geschäftliches*] bei der Visite. Er ist intelligenter als die Übrigen hier, aber doch etwas zu wenig tief. Es ist kein Zufall, daß er sich doch gern lange mit dem Blockfriseur und tutti quanti [*allen möglichen*] unterhält. Habeat [*Meinetwegen*]. – – –

Die Fleckfieberleichen, die ich beim Abtransport meines Toten vor der Totenkammer gesehen habe, sehn so schrecklich verzerrt und verkrampft aus. Die sterben ja wohl alle mit grausigen Hirnerscheinungen. Gott beschütze uns! Eben, da ich das schrieb, hat sich der kleine Stubenälteste Willi B[ader] zu mir gesetzt, und mir bald etliche seiner neuen Gedichte vorgelesen. Was für ein rührender kleiner Mann, so eine Figur aus einer anderen besseren deutschen Epoche – ein richtiger Schwabe, unwissender, ungelehrter Epigone im Fühlen und Sagen der schwäbischen Daten, der

---

[111] Peritonitis] Bauchfellentzündung

[112] Lamme Goedzak] in der niederländischen Volkssage der verfressene Genosse Till Eulenspiegels.

so recht Uhlandisch[113] trotz allen Elends drauflos singt und sagt, mit Blümlein und Bächlein – aber doch nicht ganz banal, weils so echt – und so gelebt lebenszugewandt ist. Sowas gibts doch nur unter Deutschen, zu ihrer Ehre sei's gesagt, diesem edlen unglücklichen großen tragischen Volke zur ewigen Ehre, in der ihm die Dichter und Denker nicht aussterben werden! Malgré tout [*Trotz allem*]. – Große Aufregung, Geheule im Schlafsaale wie in einem Affenhause. Es ist ein ganzes französ[isches] Colis [*Paket*] gestohlen worden – quelle bande de voleurs [*was für eine Diebesbande*]. Und es sind die Griechen und Russen und Polen fast ausschließlich[.] Bis jetzt keine Südslaven. Natürlich ist das Vorhandensein dieser Colis für die Paketlosen eine schlimme Versuchung, ja Provokation. Ich habe die Gefühle nicht vergessen, mit denen ich in den langen paketlosen Monaten die riesigen polnischen, tschechischen und südslavischen Freßkisten ankommen gesehen habe.

Ich erschrecke manchmal, wenn ich mich herrisch »Platz« schreiend durch die Masse drängen sehe. Ich weiß noch zu gut, wie wütend ich über die völlige Undiszipliniertheit aller um mich war, als ich selber noch ein armer »Musulman«, eine allzu neue Nummer auf einem Zugangsblock war. Ich reagiere wie die anderen »Prominenten«, zwar gebe ich keine Ohrfeigen – aber Lust habe ich oft genug darauf, wenn die Leute jeden Durchgang verstellen, auf kein Pardon oder höfliches Wort hörend stoßen und drängen, keine Rücksicht auf den Nachbarn kennen und ihre Schweinegewohnheiten gegen jedermann austoben. Es gibt nur zur Seite Stoßen, Platz schrein und anschrein – es geht nicht anders[,] und die ganz ungeübten Ellbogen anwenden. Gern hätte ich das nicht gelernt. Aber ohne das kostet der Tag zuviel Energie und Lebensmut. Wie die Leute zu jeder Minute des Tags mich mit ihren unmöglichen Anliegen belagern – und nie kommen, wenn ich sie zur Untersuchung oder zum Verbandwechsel aufrufe – aber sofort da sind, wenn ich einen Augenblick was schreibe oder essen will. Diese Masse Mensch macht einem die Nächstenliebe jeden Tag schwerer. – – – Und diese Slaven sind eines Gemütes mit den Italienern, diese Wimmern der Wehleidigen. Und wenn man sich unsere Griechen hier ansieht, kann man einfach nicht begreifen, daß das die Helden von 1940 sein sollen, diese behaarten, kurzbeinigen diebischen scheläugigen Duckmäusern …

Montag 5. II. [1945]

Das hätte ich wohl nie vorausgesehen, daß ich sogar nach dem daheim so verhaßten Mistral Heimweh haben könnte. Und doch hab ichs verspürt an diesem so klaren blauen Sommermorgen mit dem scharfen beißenden Westwind heute, der trocken wie zuhause die Frühlingsmistrals über den grauen Matsch des Lagers hinblies. Er bläst weiter – nur daß es wieder grau und öde geworden ist. Ich wollte Kranke ins Revier bringen und m'esquiver [*mich verdrücken*] und in der Kammer versuchen, meine jämmerlich zerrissenen Schuhe umzutauschen. Aber seit 2 Stunden ist Alerte [*Alarm*]. Das Krachen der Bomben hat aufgehört, doch die Alerte dauert weiter an. Mittags Bridge mit Santi, Coco und Alain – schlechte Spiele und flaue Gesellschafter.

---

[113] Uhlandisch] Johann Ludwig Uhland (1787–1862), schwäbischer Dichter und Politiker.

Only with the funny Cockney Italian Santi I am speaking English. He says: »You was etc.« Fast dropping his Hs [*Nur mit dem verrückten Cockney-Italiener Santi spreche ich Englisch. Er sagt »You was« etc. Unterdrückt schnell die anlautenden Hs*]. Vormittags seit langem wieder einmal Arztmeldung auf dem Block – der Oberpfleger war huldvoll und hat meine dringlichsten Kranken akzeptiert. Der junge Blockälteste ist ein schrecklicher Hypochonder – ich muß jeden Flohbiß begutachten, obs nicht doch eine Laus war – und jedesmal sagen, wie lange es bis zum Ausbruch des Fleckfiebers dauern kann. – – – Ich sitze herum und warte auf das Ende der Alerte. –

Wieder hat sich die Stube geleert, drinnen im Schlafraume
Liegen sie schon in ihren drei Stockwerken Betten,
Auf dem Strohsacke, sich kratzend, suchen sie
Nach einem Platze zwischen den gedrängten Körpern,
Hastig noch plappernd, eh das gefürchtete Alleinsein
Sie überfällt und jeder ein einzelner Häftling wird
Mit seinen wunden Rißflächen, wo er weggezerrt wurde
Aus dem mit ihm verwachsenen Lebendigen
Welches bis zu der Schicksalsstunde einfach sein Leben
Geheißen hat und sich nun seiner entschlägt.
Und ich lasse noch ein paar Gedanken geschehn,
Die keine Lagergedanken sind, sondern einfache
Tropfen aus dem rinnenden Brunnen des Lebens
Aus dem ich großen Trank getan ehedem
Und den ich über meine Hände und Glieder
Habe rinnen gefühlt in heiligen Sommernächten –
Und den ich jetzt nur leise ferne vernehme
Den[114] dunklen Quellen des Blutes in der Nacht
Wenn ich im verwüsteten Bildersaale irre
Und nur das Ich-Pochen vernehme
Als das einzige Zeichen vom all lebendigen
Rinnenden Rauschen …
Wieder bereite auch ich
Mich in die Nacht einzutreten durch den engen
Rahmen, durch den ich kriechend zum Lager
Hingelange, wo ich endlich bei mir bin
Für eine lange Nacht, wartend auf die Zeichen
Dorther, wo ich Teilhatte – und wovon ich so sehr
Abgelöset bin, so dass ich wie ein Bruchstück
Von Unbekannten da auf dem Strohsack liege,
Abgerissen, fortgestossen – ins Nirgendwo
Eines sehr dunklen Weltenteils des Geschickes
Das so schaurig sinnlos
Ich das Meinige heißen soll – und nicht kann.

---

[114] andere Lesart: Aus

Dienstag, 6. II. [1945]

Eisiger Regen im grauen Morgen, als ich mit den Kranken zum Spezialisten ins Revier wanderte. Dann strahlende Sonne mit Mistralstimmung wieder. Jetzt wieder graue nasskalte Öde. – Die Nachrichten über die Epidemie wenig beruhigend: Mortalität von etwa hundert Fällen pro die [*täglich*]. Les mesures pour combattre le typhus insuffisantes [*Die Maßnahmen zur Bekämpfung des Typhus ungenügend*]. – Vormittags wurde uns mitgeteilt, daß von heute ab nur noch 1/5 Brot gegeben wird[,] nur mehr Sonntags das Viertel. Nun ja, das war zu erwarten (Das macht einen Ausfall von zwei Kilo pro Monat.) Solange die Suppen dick bleiben, ists auch so auszuhalten. – – –

Nachmittags wieder Revier: L'Avoué und Michelet geht es besser. Leider gehts dem Blockarzt von 25, dem netten Spanier Capellas recht schlecht, reagiert gar nicht auf Transfusion von Rekonvaleszentenblut. – Zugleich erfahre ich, daß Bärtel gestorben ist, gewaltiger früherer Lagerälteste, einstiger »schöner Mann« 100 Kilo wiegend mit dem kindischen kleinen Mund. Es steht noch nicht fest, obs Fleckfieber war. Aber wohl eher. Peu d'amis le regretteront, on dit trop de mal de l'usage qu'il avait fait de son grand pouvoir [*Wenige Freunde werden ihn vermissen, man sagt zu viel Schlechtes darüber, wie er seine große Macht eingesetzt hat*].

Ich muß vor Dugourneau flüchten. Im Augenblick wo ich mich zum Schreiben hinsetze, redet er schon zu mir trotz meiner Bitte es zu lassen. Il s'en fout des autres [*Die anderen sind ihm egal*] Neulich hat er mich aus dem tiefsten Schlaf aufgerüttelt, um mein Taschenmesser auszuleihen. Ich kann mich schwer in Einen hineindenken, der dazu imstande ist. Sicher wird der seinen Weg machen. Aber einen Weg, um den ich ihn nicht beneide. – Typischer einziger Sohn wohlhabender Leute, der allfällige Minderwertigkeitsanwandlungen stark mit Übermenschen-Rücksichtslosigkeit bewußt überkompensiert. – – – Habe ein paar Minuten mit Jan Drost gesprochen, in der Tür von Block 3, vor der wir so gute Sommerabendgespräche geführt haben. Sehr schade, dass ich durch die beiderseitige Quarantäne so gründlich von ihm getrennt bin. Ebenso von Nico Rost, mit dem mich ja mehr Literarisches als Menschliches verbindet. Er ist so ein richtiger Vorzugsschüler in der Literaturschule und sagt das Seinige gescheit und vielwissend gern und ausführlich aus. Und ich bin hier so sehr ohne »Ansprache« jetzt wie nie die ganze Zeit im Lager, von den kurzen Reden mit Willi B[ader] abgesehn, was aber eher ein herzlich freundliches Zuhören ohne große Anteilnahme ist, in das ich gutgesetzte Anerkennungssätze einzuflechten habe. – Und mit mir selber steh ich weder gut noch schlecht, sachlich häftlingshaft – ohne Freude an meinem Denken. So tue ich was der Tag fordert, schlecht und recht … Denn es ist schlimm, ohne Medikamente, ja jetzt selbst ohne Thermometer Medizin spielen zu sollen. Aber Gott sei Dank, daß ich überhaupt tun darf und ich aus dem leeren hungrigen Lungern fortgeholt wurde. Gott ist mir sehr gnädig gewesen, so sehr! Und ich dank nie recht.

Mittwoch 7. II. [1945]

Wieder ist ein Tag um und in der sich leerenden Stube finde ich einen Platz, wo ich mich ein wenig besinnen und etwas schreiben kann. Viel zu schreiben weiß ich ja nicht. Es ist alles so versiegt und ausgetrocknet in mir – es ist als ob an Stelle des Zeugungstriebes nur noch der Selbsterhaltungstrieb getreten wäre. Ich zehre von dem im Gedächtnisse aufbewahrten geistigen Kapital. Aber nichts eröffnet mir neue Assoziationswege in meine Gedankenwelt – es ist wieder sechs Wochen her, seit ich ein Buch zu lesen gehabt – und kein Gespräch macht mich schwingen, nicht[s] wiederhallt in mir. Ich speichere Bilder in mich auf: wie jetzt auf dem Dämmerungswege ins Revier den wolkenfetzigen Abendhimmel und entlang der Starkstromdrähte die abwechselnd roten und gelben Lichter, die von den Pfützen wiedergespiegelt werden. Zwei junge Russen im Gestreiften gehen vor mir und singen ein russisches Lied[.] Hinten humpeln meine Kranken nach. Ob wohl diese vielen Lagerbilder mit all der Not und dem vielen Tod darin eines Tages in irgend einem Geistigen wehfarbig aufglühen werden? Oder ich den Tonfall von Sätzen hören werde wie eben jetzt »Ich war einundzwanzig, als ich verhaftet wurde« und ob ich das hartgewordene Männergesicht dazu sehn werde, das vorher sagte »Jetzt bin ich über dreißig – mit 24 hatte ich den Pneumothorax[115] – und das war meine Jugend.« »Jetzt möchte ich viel essen und gut, und viel vögeln.« Das ist das Lebensprogramm eines einstigen roten Idealisten. – Aber was möchten wirklich die Meisten von uns: gut und ungestört leben und wieder anfangen, mit zu den Nicht-Häftlingen zu gehören. Mir graut vor den Bildern der möglichen Enttäuschungen, die mir aufsteigen: vor den Heimkehrenden, die kein Heim, keine Frau, keine Eltern, keine Geliebte wiederfinden, nicht den geliebten Garten, nicht die vertraute Werkstatt, die Bibliothek, das Laboratorium, nicht das Kind mehr, das sie nur ein paar Jahre gekannt haben. Gott behüte uns Alle, er gebe uns gute Heimkehr und das Wiedersehen mit dem, was uns als das Leben erschienen war! – – –

Donnerstag, 8. II. [1945]

Heute war Jan Drost bei mir zu Besuch – ich habe mich wirklich gefreut. Er wird jetzt öfter kommen können, hat die Erlaubnis, in die gesperrten Blocks zu gehen. – Der Tag war sonnig, von leichten Wolken durchflogen, fast ein nordischer Vorfrühlingstag. Mittags stundenlanges Rassemblement [*Appell*]. Es wurden Leute für einen Transport gesucht – aber noch sind bei uns zu wenige quarantainefrei: aber bald. Weiß Gott, wen wir an Stelle der Weggeholten bekommen werden. Die Jetzigen hatten den Vorzug, daß sie keine infizierten Läuse gebracht haben. Das kann sich schnell ändern, wenn wir Nachschub von den freien Blocks bekommen – Momentan sind über 500 Fälle von Fleckfieber im Revier. Wastl ist krank, noch ist er nicht sicher, ob es Fleckfieber ist. Daß Börtel daran gestorben ist, steht fest. Der Prozentsatz

---

[115] Pneumothorax] schweres Krankheitsbild der Lunge; vor der Entwicklung des Penicillins auch künstlich herbeigeführt als Therapieverfahren bei Tuberkulose.

der Mortalität hängt vom Alter des Kranken ab. Über vierzig ist die Chance schon gering. – Das große Ereignis des Tages war, daß noch ein lot de colis Français [*Zuteilung französischer Pakete*] angekommen ist. C'étaient des colis nominatifs qui ne parvenaient pas à leurs destinataires. D'après le numéro que portent le mien (76503) c'étaient des morts de notre convoi qu'en étaient le destinataires, le mien s'appelait Jacques Delacroix [*Es waren namentlich gekennzeichnete Pakete, die nicht zu ihren Adressaten gelangten. Nach der Nummer auf meinem Paket (76503) waren die Adressaten Tote unseres Konvois – der meinige hieß Jacques Delacroix*]. Gott gebe ihm die ewige Ruhe und sein Licht leuchte ihm. Es sind abermals colis von 4 1/2 Kilo Gewicht. Nur sehr ungleich in der Zusammenstellung. So daß eine Art Lotterie dabei herauskam. So hat der (an sich nicht unangenehme) Stubenfriseur Michel in seinem 4 Pakete Tabak und 5 Pakete Zigarretten gehabt, ich im Ganzen ein Paket Tabac gris [*Feinschnitt*] und ein Paket Zigarretten. Daß ein Paket getrockneter Carotten drin ist, tröstet wenig über den Ausfall an Tabak. Uns Carotten! Dafür ist ein Päckchen Schokolade darin – ich habe so an Theodora denken müssen, als ich eine Rippe davon fraß, und daran, wie wenig ich ihrem Verlangen nach Süßigkeiten Rechnung getragen habe. Eine brennende Reue erfüllt mich, wie so oft, wenn ich an all das Verabsäumte denken muß, womit ich ihr hätte leicht Liebe erweisen können. Schade – unabänderlich versäumt! Ob sie wohl noch zuweilen an mich denkt? – Ich fürchte, sie ist eine gute Vergesserin …

Der eine Partner unserer mittäglichen Bridgepartie (die andern sind Santi und der junge Seminarist Alain) ist der Abbé de Portcarreau, aus alter bretonischer Familie, mit einem feinen, fast schönen, altmodischen französ[ischen] Kopf[.] Ich hatte heute ein kurzes Gespräch mit ihm, konnte nicht umhin, ihm von meiner so neuen Heimkehr zum Glauben zu sprechen. Er riet mir sehr dazu, recht bald die Kommunion zu empfangen. Ich habe noch viele Bedenken. Ich fühle mich allzu sehr der Sündenwelt verbunden … Und – hoffentlich ist das keine Ausrede – ich müßte mich sammeln können, um würdig zu werden, wenn ich das je können sollte. Möge der Herr Jesus mir das Herz erheben! Ich will trachten, doch nach so langer Zeit wieder in der Bibel zu lesen. Die Bibel habe ich bis jetzt retten können. Sie hat mir soviel Gutes getan in den schlimmen Monaten in Marseille in der höllischen Gesellschaft der zwei bösen Dummköpfe. Wieder ists Zeit zum Schlafengehn. Ich denke dankbar des Guten, das der Tag mir gebracht hat. Nicht zum Mindesten der Zuversicht, daß ich medizinisch wieder recht »dreingekommen« bin, mit Eifer untersuche (und von Dugourneau abgucke) was mir schon zu entfernt war. Mein Ohr ist wieder empfindlich für die Auskultation[116]. Möge ich vom Heiligen Geiste gewiesen werden, gut und recht dieses Amt zu üben. – – –

---

[116] Auskultation] Abhören des Körpers mit dem Stethoskop.

Freitag, 9. II. [1945]

Gestern in einer schlechten Nacht habe ich im Geiste noch vieles in diesem Buche
weiter geschrieben[,] das nämlich was hier so sehr fehlt: das echt Selbstkritische, das
einzig Sinn solcher Aufzeichnungen sein dürfte. Ich habe viel und klar über mein
Verhältnis zum wirklichen Ernste nachgedacht, über das Stück Unernst, das so viele
Jahre in mir am Werke war – und Gott weiß, vielleicht trotz allem noch ist. Ich meine
das Sehen meiner eigenen Wirklichkeit und was ich daraus an Konsequenzen gezogen oder so oft nicht gezogen habe. Wenn es mir wieder besser ist, muß ich darüber
scharf nachdenken und hier ausführlicher schreiben. Denn heute habe ich das Hirn
voll von Fiebermiasmen. – Schon gestern Abends begann hohes Fieber, so heftig,
daß ich wenn nicht tröstliche Schnupfen- und Grippesymptome dagewesen wären, ich
hätte wirklich besorgt sein können. Denn in der Nacht habe ich eine Laus auf mir
gefunden, und heute auch wieder eine. Es ist unvermeidlich, welche zu kriegen, man
windet sich ununterbrochen durch die geballten Massen der nackten oder angezogenen Leute. Und ich muß beim Untersuchen ja doch das Ohr anlegen (doch besser als
mit dem Holzstethoskop zu auskultieren – und die gute Ricarda hat mir das []oskop
doch nicht geschickt) und beim Untersuchen kommen die Läuse aus der Achselhöhle
in den Hemdkragen. Mein erster Gedanke beim erschöpften Aufstehen war natürlich
saubere Wäsche, Bad, Desinfektion. Ich habe wirklich eine Garnitur guter Wäsche
»organisiert«. Der Capo der Desinfektion sagte mir – Heute badet der Block 25, geh
um 2 Uhr zum Baden und Desinfizieren. Um zwei Uhr kam ich endlich hin, unterwegs hatte ich im eisigen Winde einen wenig anbeginnenden Schüttelfrost. Welches
ungeheuerliches Bild im Douche-Saale. Höllenbangen. Nicht weit vom Eingange links
vier Kadaver, ausgemergelt. Zwischen den aufrechten skeletthaften Männern da und
dort auf der Seite liegend ein Agonisierender, Harn und Faeces hinter sich lassend.
Nachdem ich endlich die Elendsmasse durchquert hatte und auf der Suche nach dem
Bade-Arzt van Dik in den anderen Korridor gelangte, schreit mich ein riesiger Kerl
an, ein »Schweizer«[;] bevor ich abwehren konnte, schlägt und tritt ein anderer Koloß
auf mich los, Boxen und Fußtritte. Ich sehe den langen Rintger-Sepp, jetzt Vicecapo
des Reviers. Ich hole ihn herbei, er erklärt, daß ich Blockarzt sei – aber so zaghaft in
all seiner Länge, daß ich trotz seiner Aufforderung, mich desinfizieren zu lassen, es
vorzog, wegzugehn. Die Beiden sind ja als Schläger und Brüller dort angestellt[,] zwei
Berufsverbrecher. Die rechte Wange tut noch weh und der eine, von den Italienern
angeschlagene Zahn wackelt noch mehr. In einem aprilhaften Schneegestöber ging
ich fieberschlotternd heim, um die erhoffte Säuberung betrogen und doch froh, in dieses Pneumoniewetter nicht badewarm hinausgekommen zu sein. Und barfuß in dem
gestauten Dreckwasser voll infizierter Läuse herumzustapfen wäre ja doch nicht das
Rechte gewesen. Denn dieser Block – es ist der des armen Cappel[l]as – ist einer der
Hauptlieferanten an Typhus exanthematicus. – Nun und jetzt sitz ich hier, ein bißchen
vor der vor mir liegenden Fiebernacht bange – und vergraust, dass ich jetzt nach 14
Tagen schon wieder Läuse habe, trotz aller Vorsicht. Und jetzt heißts wieder frisch
desinfizierte Decken zu finden. Es ist zum Kotzen. – Zum Trost geh ich zu meinem
Colis und fresse ein Stück von der Stange Nougat, denke an Theodora und an den
Kai in Montelimar mit den Nougatläden in der Platanenallee. Und das graue Auto mit

der hübschen Lisa M darinnen fährt durch den sonnigen Septembertag das Rhonetal hinunter nach Avignon, wo wir im Vollmond vor dem Papstpalais standen – und dann edlen Hermitage tranken. Wie gestern ists in mir. Acht Jahre kaum – und ein Weltalter ist derweil herumgangen. Und der weltverliebte E.A.R. von damals ist ein alter Häftling geworden der nichts mehr hat als sein bißchen Glauben und das Leben noch, das jeden Tag umdroht ist … Derweil kaue ich wehmütig genießend an dem Stück Nougat und sehe die kleine Theodora mit einer Nougatstange auf ihrem Bette sitzen und bin schrecklich traurig voll von lauter Unwiederbringlichem[.] Theodora ist wirklich mein Leben gewesen, und doch habe ich sie nicht mir erhalten können – und jetzt wissen wir beide nichts nichts mehr von einander. Und doch habe ich recht gehandelt und bereue es nicht daß ich sie damals in den Amnestietagen nicht zum Bleiben in Frankreich beredet hatte; sie war bereit dazu gewesen. Ich habe sie gehen lassen müssen in das Leben ohne mich, während sie doch stets noch gegenwärtig war in dem Hause, unserem Hause, von dem ich jetzt nicht einmal mehr weiß, ob es noch steht. Nichts weiß ich mehr als nur noch Lager- und Gefängnistatsachen. Nichts weiß ich mehr von den tausend Weltdingen, von denen alle Menschen außerhalb des großen Gefängniskreises Deutschlands reden. – Nur Lagergerede, Medizin. Ich habe die Bibel hervor geholt. Bald will ich wieder darin lesen. – Gott helfe mir gegen Krankheit und Tod! – – –

Samstag 10. II. [1945]

Ein Tag im Zeichen des Fiebers ist um. Ich bin doch aufgestanden, ich habs in dem Hasenstall von Bett nicht ausgehalten, in dem man nichts tun kann als liegen, und das selbst ist erschwert durch die unter dem Kissen stehenden zwei Colis [*Pakete*], denn da sind sie ja noch gegen Diebstahl am allersichersten – unberufen bis jetzt. – – –

Der Tag hat eine schlimme Hiobspost gebracht: in den nächsten Tagen wird der Block 17 ganz vom Revier übernommen. Schade! Wir hatten uns ganz freundlich miteinander eingelebt hier – die quarantainefreie Belegschaft geht auf Transport. Das Blockpersonal wird aufgeteilt. Leider auf andere gesperrte Blocks. Mir graut es, wenn ich an das gestrige Bild des Bl[ocks] 25 und die Ty[phus] Ex[anthemicus-]Statistik denke. Wie Gott will! Das Fieber flackert auf und ab in mir. Es ist – zum Glück nur eine Grippe bis jetzt – daß ich durch die schwere Grippe vom November noch nicht immunisiert bin, ist schade. – Die beiden Stubenältesten haben hier wie dort die Manie des Durchzug-Machens, mittags und abends, kaum hat man den Mantel ausgezogen, werden schon je zwei gegenüberliegende Fenster aufgerissen. Der Block ist voll von Grippen und Erkältungen: Zum Glück ohne schwere Symptome. – Da bei mir das untrügliche pathogronomische[117] Merkmal fehlt, daß nämlich die Zigarrette nach verbranntem Haar oder Fingernägeln schmeckt, hoffe ich bald wieder damit fertig zu werden. – Wie schade, daß ich wieder von hier weg muß! Aber das ist das Lagerschicksal … – Wieder eine Woche schnell herumgebracht. Wie viel wir weiter-

---

[117] pathogronomisch] typischerweise die Krankheit anzeigend.

gekommen sind, wissen wir nicht. Wie lange noch? Gott gebe uns bald die Freiheit wieder! Täglich bitte ich Ihn, aber ich kann noch so schlecht beten – – –

Sonntag, 11. II[. 1945]

Grauer, trostloser Tag. Er begann für mich mit dem Besuche Jans, der mich fragte, ob ich Fleckfieber habe. Ich sagte noch fürwitzig, daß ich es nicht glaube. Aber das konstante hohe Fieber macht mich etwas unruhig. Noch habe ich leichte Grippe-symptome – aber die könnten ja (Gott behüte!) kombiniert sein. Jan sagte mir, daß Wastl, Credit[118] und der liebe General von der Gestelle haben Fleckfieber. Capellas geht es besser. Ich flüchte vor meinem heißen Bett, das doch wie ein Hasenstall ist. Nach der grauslichen letzten Deliriennacht bin ich sehr froh, mir für heute Nacht ein Adalin[119] verschafft zu haben. Gleich werde ich ins Bett zurück müssen – ich bin so müde – aber daß ich mittags Bridge spielen konnte, beruhigt mich etwas. Denn benommen bin ich gar nicht. Das bißchen Kopfweh kann von der so langen Consti-pation kommen.

Mein Herr Jesus hilf mir gnädiglich! –

Wie entsetzt bin ich aus dem heißen Schlafe nachts und untertags erwacht ... Nur Gott kann mir helfen ...

Mittwoch, 14. II[. 1945]

Der allmächtige Herr hat den bitteren Kelch, der mir seit 4 Tagen zugebracht schien, an mir vorbeigehn lassen. Samstag, Sonntag etc unaufhörliches hohes Fieber, genau so wie der unglückliche Blaha – nur jetzt ists aus, heute ist der siebente Tag. Kein Exanthem.[120] Die Zunge []. Heute war Jan da. Er war ebenso wie ich – ja ich war auch überzeugt daß ich Fleckfieber habe und ich konnte mir nicht verhehlen, daß in meinem Alter die Prognosis ungünstissima ist. Es ist nur eine schwere Grippe, genau wie im November, mit Leber- und Gallensyptomen [] etc Milzsymptomatik. In der Verzerrung des Fiebers war das schlimm, sich zu sagen: also doch Ty[phus] ex[anthematicus]. Möge ich diese Tage und Nächte nicht vergessen – sie [] hier wie unseren convoi en juillet [*Konvoi im Juli*].

nicht vergessen.

---

[118] Gerrit Jacobus Krediet (1885 Delft–1945 Dachau), praktischer Arzt.
[119] Adalin] pharmazeutisches Schlafmittel.
[120] Exanthem] Hautausschlag.

FOTOGRAFIEN UND DOKUMENTE

Abb. 0: E.A. Rheinhardt – Portrait mit Widmung an M.T. Fisher 1930

Abb. 1: Rheinhardt mit unbekanntem Einheimischen von Le Lavandou, um 1930

Abb. 2: Rheinhardt, um 1930

Abb. 3: Erica de Behr, frühe 1930er Jahre

Abb. 4: Marie Thérèse Fisher, Frankreich 1933

Abb. 5: Rheinhardt und Erica de Behr vor der Villa Les Chênes, 1934

Abb. 6: E.A. Rheinhardt, Wien 1934

Abb. 7: E.A. Rheinhardt, Mitte der 1930er Jahre

Abb. 8: E.A. Rheinhardt, Mitte der 1930er Jahre

Abb. 9: E.A. Rheinhardt im Hof der Villa Les Chênes

Abb. 10: Erica de Behr im Frühjahr 1938

Abb. 11: René und Anna Schickele mit Sohn Hans, ca. 1936

Abb. 12: Thomas und Katia Mann, ca. 1936

Abb. 13: E.A. Rheinhardt am Schreibtisch in »Les Chênes«, 1937

Abb. 14: Rheinhardt am Rauchtisch in »Les Chênes«, etwa 1938

Abb. 15: Umschlag Brief E.A. Rheinhardt an M.T. Fisher vom 7.4.1939

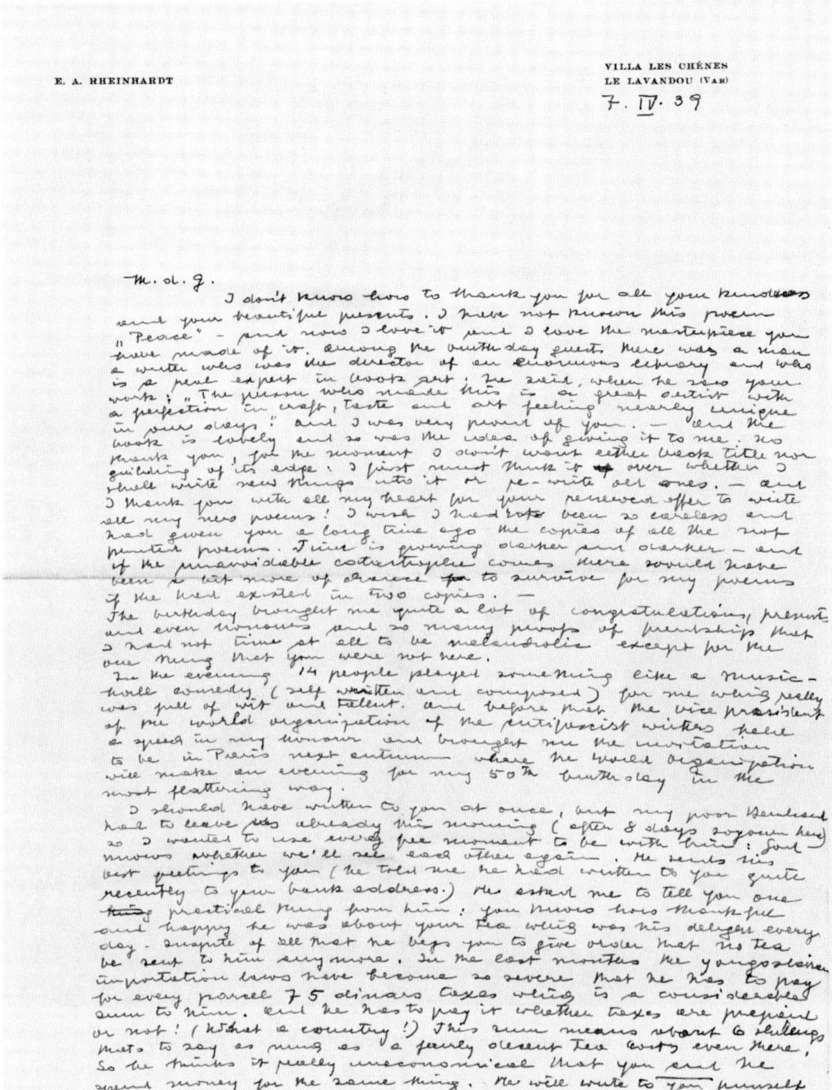

VILLA LES CHÊNES
LE LAVANDOU (Var)

7. IV. 39

M. d. F.

[handwritten letter]

Abb. 16: Brief E.A. Rheinhardt an M.T. Fisher vom 7.4.1939

Abb. 17: Rheinhardt mit einer der geliebten Katzen, um 1940

Abb. 18: E.A. Rheinhardt, Frankreich Anfang der 1940er Jahre

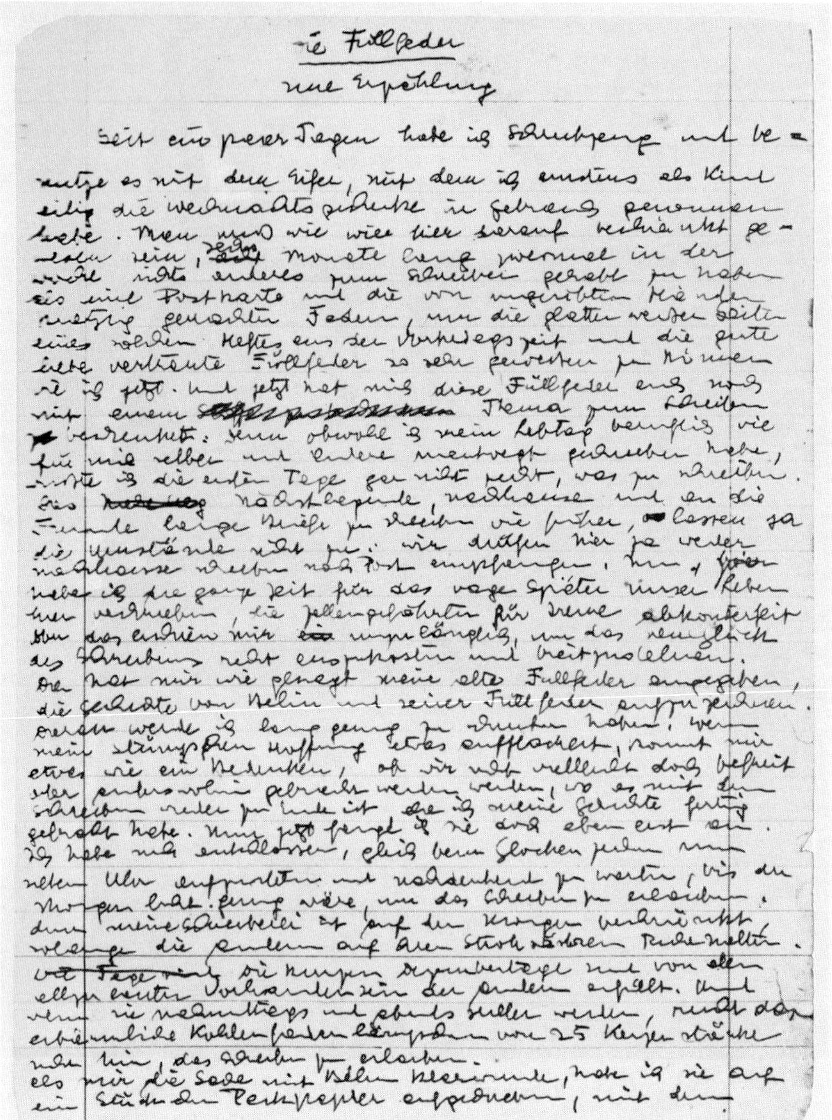

Abb. 19: Tagebuch I, erste Seite

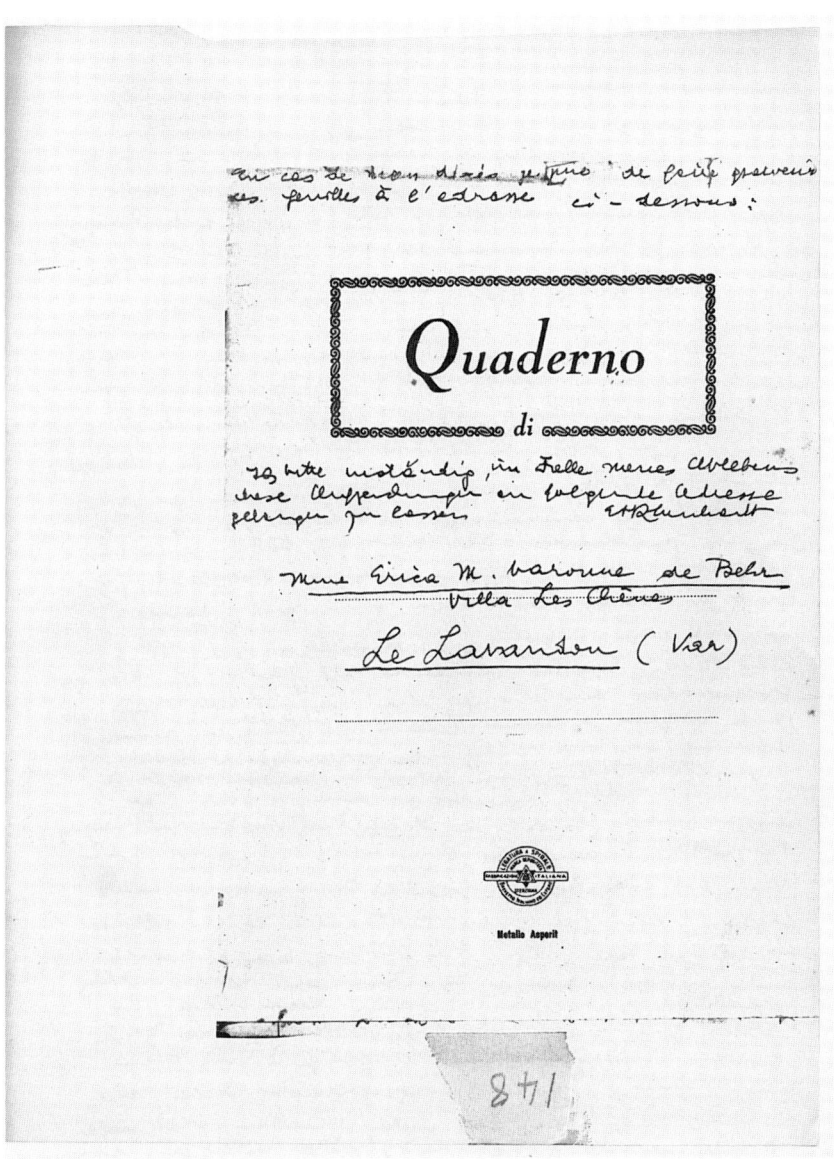

Abb. 20: Tagebuch I, letzte Seite

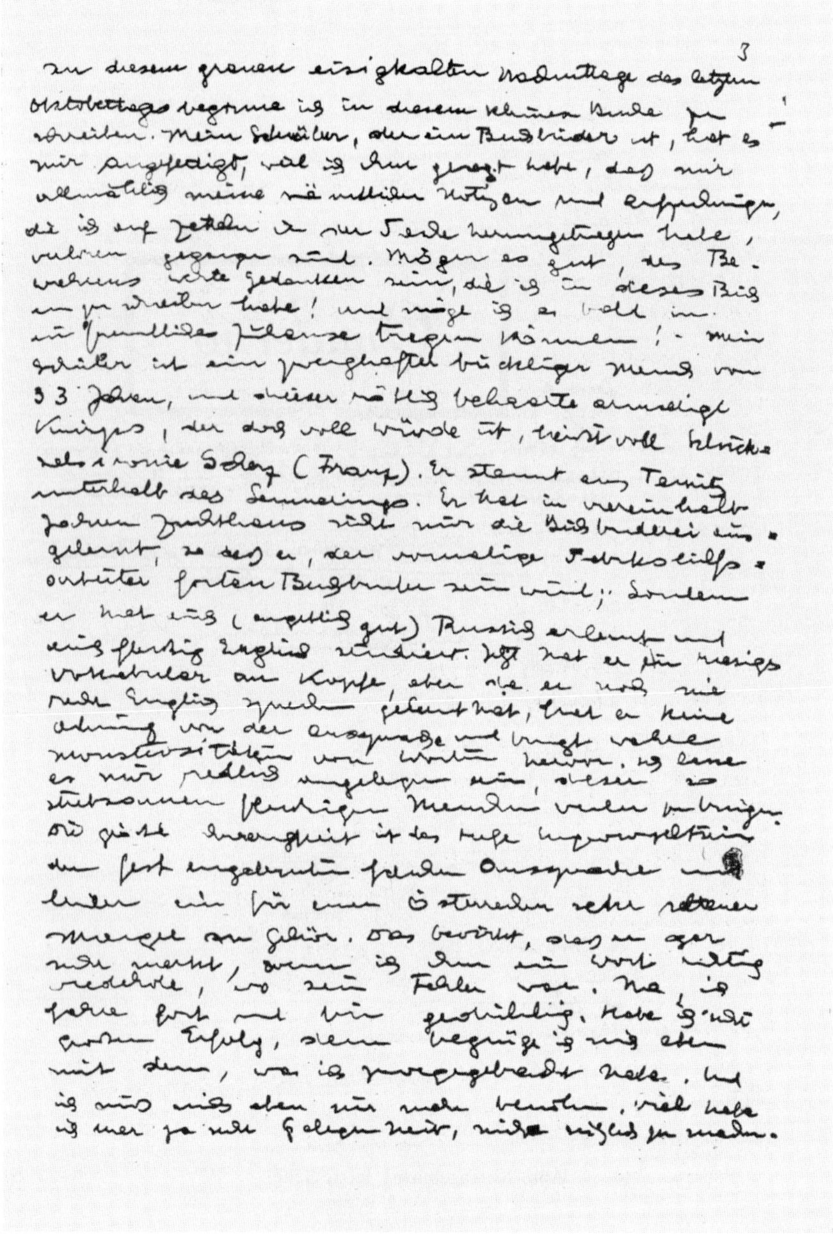

Abb. 21: Tagebuch II, Beginn der Einträge

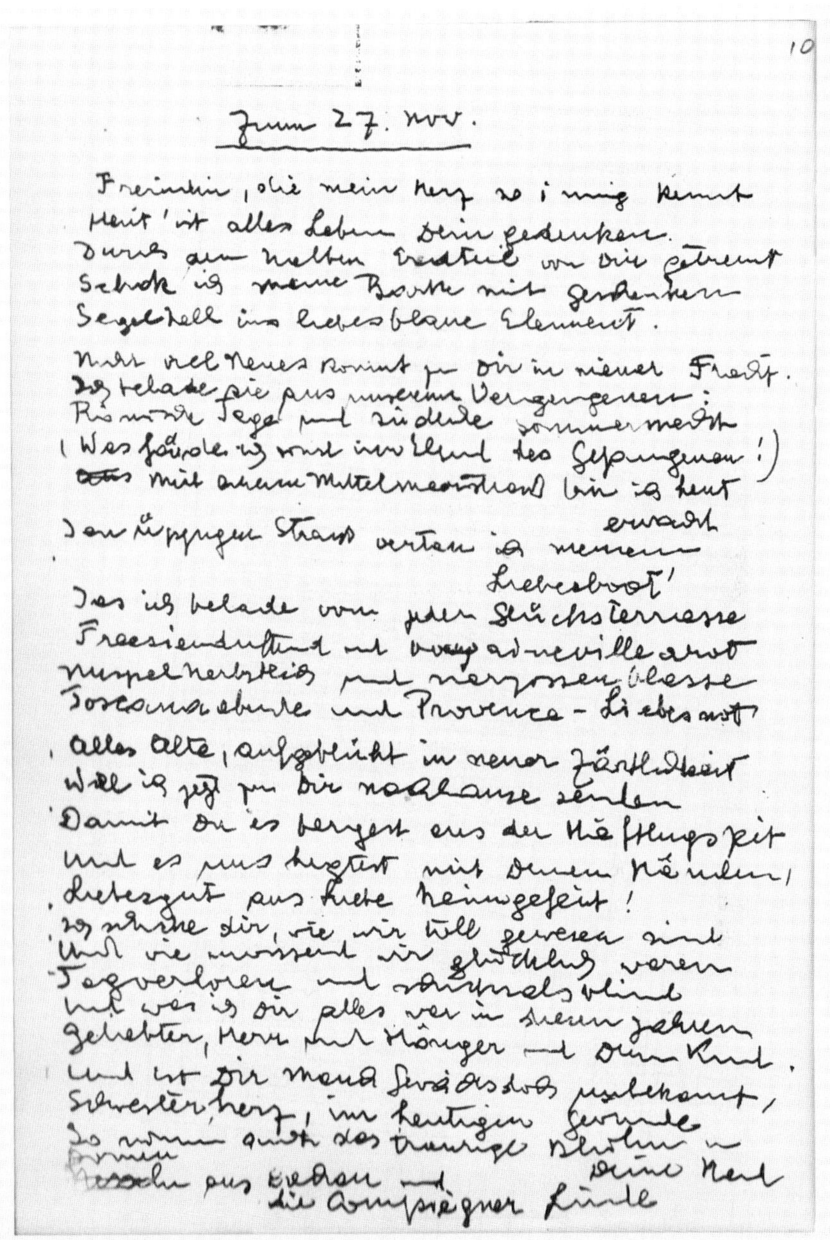

Zum 27. Nov.

Freundin, die mein Herz so innig kennt
Heut' ist alles Leben dein gedenken.
[...] am [...] [...] von dir getrennt
[...] ist meine [Boote] mit gedenken
Segel hell ins liebe blaue Element.

[...] viel Neues kommt zu dir in [...] Frist.
Ich belade [...] aus unserem Vergangenen:
[...] Segel und [...] sommer [...]
(Was [...] ich [...] [...] des Gefangenen!)
[...] mit einem Mittelmeerstrand bin ich heut
                                          erwacht
Den üppigen Strand [...] [...] [...]
                              Liebesboot!
Das ich belade von [...] Sträuchsterrasse
Freesienduftend mit [...] [...] [...]
[...] [...] mit [...] blasse
Toscanaerde und Provence – Liebesnot!
Alles Alte, aufgeblüht in neuer Zärtlichkeit
Will ich jetzt zu dir nachhause senden
Damit du es bergest aus der [...]zeit
Und es uns [...] mit deinen Händen,
[...] aus liebe heimgeführt!
Ich [...] dir, wie wir toll gewesen sind
Und wie mussten wir glücklich waren
[...] und [...] blind
[...] was ist dir alles vor in deinen Jahren
Geliebter, Mann und [...] – dein Kind.
Und ist dir manch [...] das unbekannt,
Schwesterherz, im heutigen [...]
So nimm auch das traurige [...]
[...] aus [...] und   Deine Neut
           die [...] Linde

Abb. 22: Tagebuch II, Gedicht

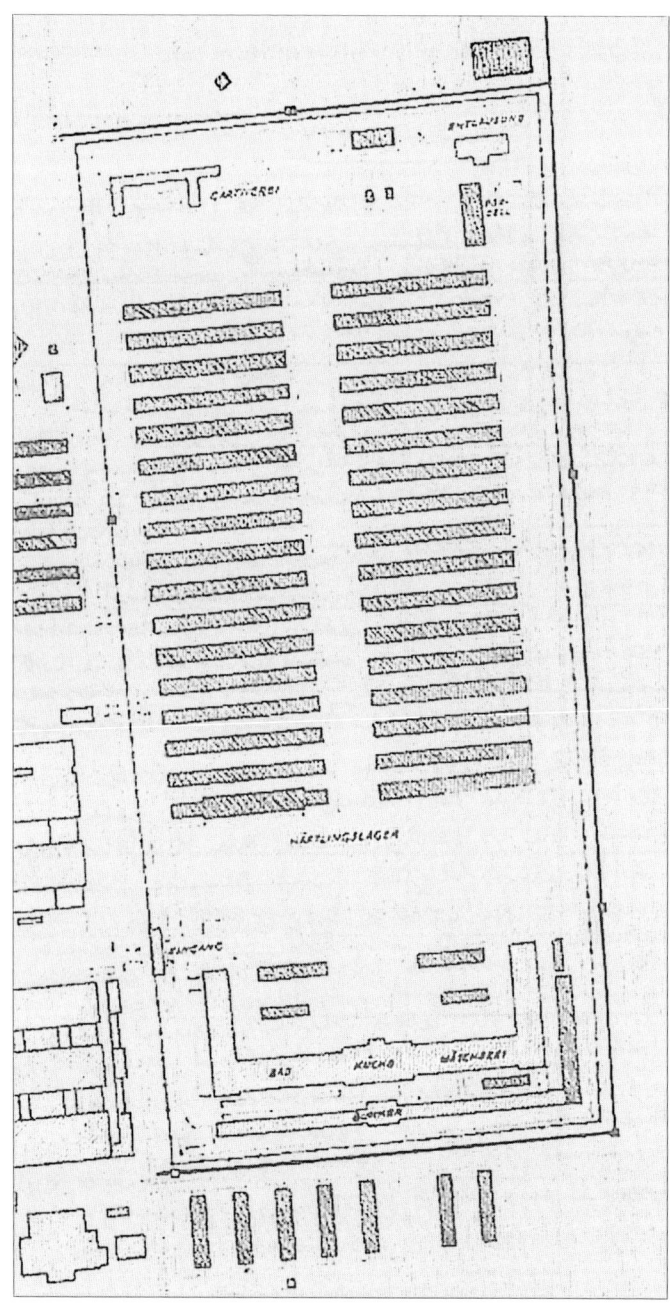

Abb. 23: Das Häftlingslager des Konzentrationslagers Dachau

266

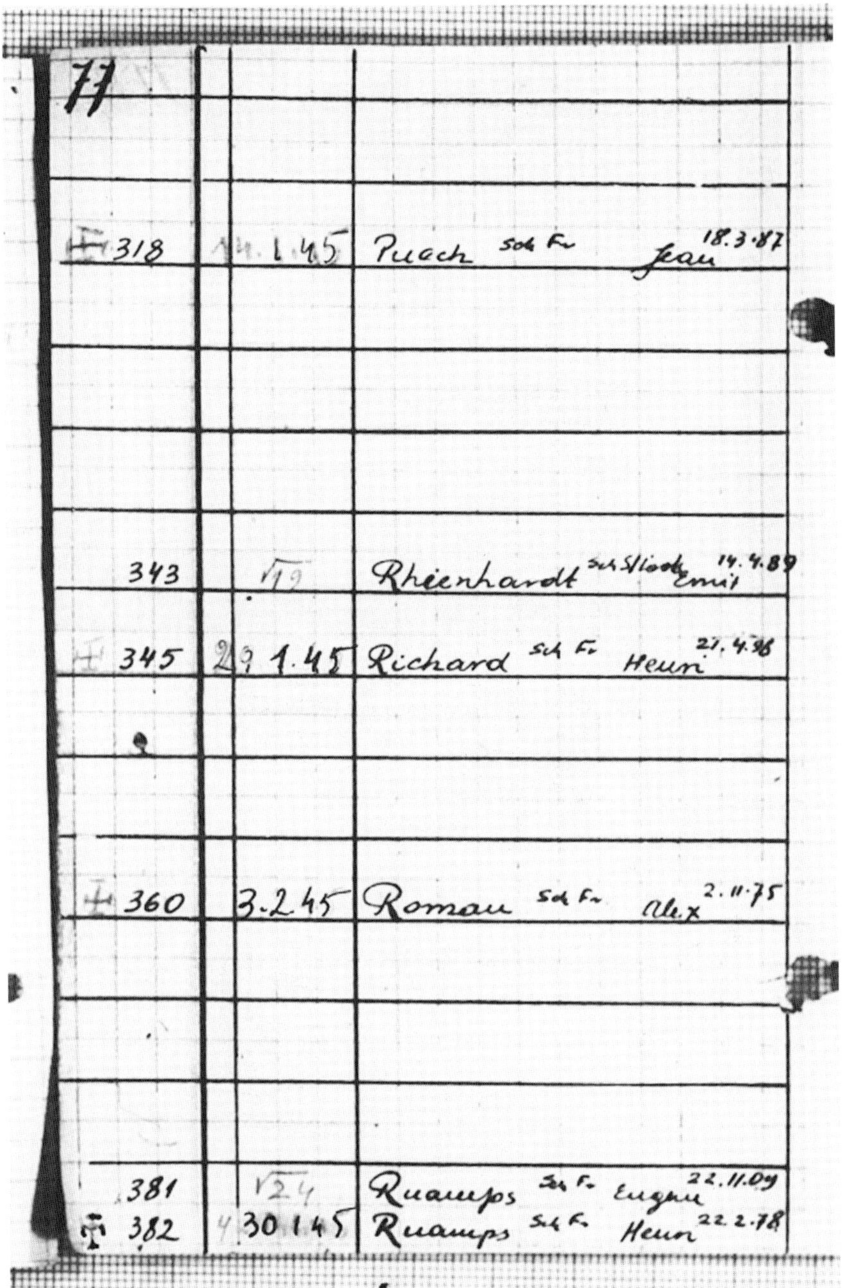

77				
☩ 318	14.1.45	Puech	sch Fr	Jean 18.3.87
343	79	Rheinhardt	sch Sloak	Emil 14.4.89
☩ 345	29.1.45	Richard	sch Fr	Henri 27.4.98
☩ 360	3.2.45	Roman	sch Fr	Alex 2.11.75
381	24	Ruamps	sch Fr	Eugene 22.11.09
☩ 382	4 30.1.45	Ruamps	sch Fr	Henri 22.2.78

Abb. 24: Registrierung der Verlegung Rheinhardts in den Quarantäne-Block

Abb. 25: Medaille d'Honneur des Épidémies, 1948

Je meurs et France demeure
ARAGON

FÉDÉRATION NATIONALE
DES DÉPORTÉS ET INTERNÉS
RÉSISTANTS ET PATRIOTES

DIPLÔME DU SOUVENIR en hommage à la mémoire

de   **E.A. RHEINHARDT.**

mort à Dachau

Le 25 Février 1945

qui a sacrifié sa vie pour la France et la liberté

remis le   25 Avril 1970   le Président

à Mme Marie Thérèse FISHER

Abb. 26: Diplôme du Souvenir für Marie Thérèse Fisher, 1970

Abb. 27: Erica de Behr (Mitte li.), Versorgung der Kinder mit Milch in Le Lavandou, nach 1945

Abb. 28: Erica de Behr (4. von li.) mit Frauen und Kindern in Le Lavandou, um 1950

Archive und Dokumentationsstellen

Dokumentationsarchiv des Österreichischen Widerstandes (DÖW), Wien, Bestände 11601/a und b; 15948/48; 21.094.

KZ-Gedenkstätte Dachau, Stiftung Bayerische Gedenkstätten, Archiv und Bibliothek.

Memorial de l'internement et de la déportation, Camp de Royallieu, Ville de Compiègne.

Literaturhaus Wien, Dokumentationsstelle für neuere österreichische Literatur.

Bibliographie

Publikationen von Dominique Lassaigne

Chroniques de captivité: de l'exil à l'internement, la mémoire inédite d'E.A. Rheinhardt, écrivain autrichien oublié (France 1943/44-Allemagne 1944/45), in: Conflits de Mémoire. Hg. von Veronique Bonnet, Paris: Ed. Karthala 2004, S. 147–160 (Actes de colloques. Université de Paris 13, 8–9 mars 2002).

E.A. Rheinhardts Tagebücher. Eine Stellungnahme, in: Zwischenwelt No 3, Dezember 2003, S. 84–86.

Biographische Brüche und literarische Brücke: Emil Alphons Rheinhardt (1889–1945). Schriftsteller des Exils und Dichter des Unsagbaren, in: Vom Weggehen. Zum Exil von Kunst und Wissenschaft. Hg. von Sandra Wiesinger-Stock, Erika Weinzierl, Konstantin Kaiser, Wien: Mandelbaum Verlag 2006 (Exilforschung heute Bd. 1) (Tagungsband zum Symposium der Österreichischen Gesellschaft für Exilforschung, Universität Wien 2004).

»Das Mädchen mit dem Fahrrad«. Augenzeugenberichte und französische Geschichtsschreibung zur Internierung der »ex-österreichischen Deutschen« im Frankreich des Zweiten Weltkrieges, in: Douce France? Musik-Exil in Frankreich/Musiciens en exil en France 1933–1945. Hg. von Michel Cullin und Primavera Driessen Gruber, Wien u.a.: Böhlau 2008, S. 47–69 (Tagungsband zum Symposion des Orpheus-Trust, 10.–13. Februar 2005 Wien).

»Vom Tod ist viel die Rede«. Les journaux retrouvés d'Emil Alphons Rheinhardt (des prisons vichystes à Dachau: 1943–1945), in: Lion Feuchtwanger und die deutschsprachigen Emigranten in Frankreich von 1933 bis 1941/Lion Feuchtwanger et les exilés de langue allemande en France de 1933 à 1941. Hg. von Daniel Azuélos, Bern: Verlag Peter Lang 2006 (Jahrbuch für Internationale Germanistik Reihe A Band 76), S. 351–363 (Zweite Tagung der Feuchtwanger-Gesellschaft 1.–4. Juni 2005 Sanary-sur-Mer).

Für die Herausgabe verwendete Sekundärliteratur

Gilbert Badia: Les barbelés de l'exil. Études sur l'émigration allemande et autrichienne (1938–1940). Grenoble 1979.

Roger Barthélemy: Sur les pas des Allemands et des Autrichiens en Exil à Sanary sur Mer. Hg. Ville de Sanary-sur-Mer 2004.

Le Bataillon d'Eysses d'après témoignages et documents des Anciens Détenus Patriotes d'Eysses. Hg. Amicale de Dachau 1962, Kap. XXIX.

Paul Berben: Dachau 1933–1945. The official History, first published in 1968 in Belgium under the title »Histoire du Camp de Concentration de Dachau 1933–1945«, by Presses de l'Imprimerie Mondiale Pierre Wellens Bruessel. English edition published in 1975 by The Norfolk Press London; responsible für the co-ordination of the production of the English Edition: Captain B.R. Hanauer, Charterhouse, Godalming, Surrey.

Deutsche Biographische Enzyklopädie, Bd. 8. Hg. von Rudolf Vierhaus u.a., eBook 2007, S. 358.

Marc Bloch: Apologie der Geschichtswissenschaft oder Der Beruf des Historikers. Stuttgart: J.G. Cotta'sche Buchhandlung Nachf. 2002.

Henri Colombeau: À 20 ans, J'étais à Dachau. 2004.

Michel Cullin: »An uns glaubt niemand mehr«. Zur Situation des deutschsprachigen Exils in Frankreich 1940, in: Gehetzt. Südfrankreich 1940 – Deutsche Literaten im Exil. Hg. von Ruth Werfel. Zürich: NZZ 2007, S. 9–30.

Barbara Distel: Der 29. April 1945, die Befreiung des Konzentrationslagers Dachau, in: Dachauer Hefte 1 (1985), S. 3–11.

Walter Eckel: Rekonstruktion eines tapferen Lebens, in: Süddeutsche Zeitung, München, 24./25. Juni 1989, S. 14.

Walter Eckel: Von Berlin nach Suffolk. Zur Lyrik Michael Hamburgers. Würzburg: Königshausen und Neumann 1991.

Christian Eggers: Unerwünschte Ausländer. Juden aus Deutschland und Mitteleuropa in französischen Internierungslagern 1940–1944. Berlin: Metropol 2002.

Exil am Mittelmeer. Deutsche Schriftsteller in Südfrankreich von 1933–1941. Hg. von Ulrike Voswinckel und Franz Berninger. München: Buch & Media 2005.

Lion Feuchtwanger: Der Teufel in Frankreich. Tagebuch 1940. Briefe. Berlin: Aufbau TB Verlag 2000.

Manfred Flügge: Wider Willen im Paradies. Deutsche Schriftsteller im Exil in Sanary-sur-Mer. Berlin: Aufbau TB 1996.

Geschichte für Leser. Populäre Geschichtsschreibung in Deutschland im 20. Jahrhundert. Hg. von Wolfgang Hardtwig und Eberhard Schütz. Stuttgart: Steiner 2005.

Goethe in Dachau. Tagebuch des Nico Rost. Hörspiel. Funkbearbeitung: Heike Tauch. Regie: Ulrich Gerhardt. Deutschlandradio 1999.

Franz Goldner: Die österreichische Emigration 1938–1945. 2. erweiterte Auflage. Wien u.a.: Herold 1977.

Claude Gritti (redacteur principal): Le Temps de l'Occupation au coeurs des Maures, 2ème recueil. Le Lavandou: Le Mediterranée 2008.

Anne Grynberg: Les camps de la honte. Les internés juifs des camps français 1939–1944. Paris: La Découverte 1992.

Erich Hackl: Verlorene Welt tut weh. Das Gefängnistagebuch 1943/44 des gebürtigen Wieners E.A. Rheinhardt: Angebot, an einer Entdeckung teilzuhaben, in: Die Presse – Spectrum 10. Mai 2003, http://www.literaturepochen.at/exil/multimedia/pdf/rheinhardthackl.pdf (14.9.2011)

Murray G. Hall: Österreichische Verlagsgeschichte, 1918–1938, Band II. Wien u.a.: Böhlau 1985, Artikel »Drei Masken Verlag« und »Daimon, Genossenschaftsverlag Wien«. http://verlagsgeschichte.murrayhall.com.

Michael Hamburger: Dichter und Übersetzer. Hg. von Walter Eckel und Jakob Köllhofer. Frankfurt/M. u.a. 1989. Beiträge des Michael-Hamburger-Symposiums am Deutsch-Amerikanischen Institut Heidelberg.

Michael Hamburger: Heimgekommen. Ausgewählte Gedichte. Übersetzt aus dem Englischen von Richard Anders u.a. München: Hanser 1984.

Ulrich Herbert, Karin Orth, Christoph Dieckmann (Hg.): Die nationalsozialistischen Konzentrationslager. Entwicklung und Struktur Band I. Göttingen: Wallstein 1998.

Herodot: Historien. Hg. und übersetzt von Josef Felix, Düsseldorf u.a.: Artemis+Winkler 2004.

Miguel Herz-Kestranek, Marie-Therese Arnbom: ... also ich hab nur mich selbst! Wien: Böhlau 1997.

Jahrbuch der Österreichischen Goethe-Gesellschaft Band 106/107, 2002/2003.

Jahre des Unmuts. Thomas Manns Briefwechsel mit René Schickele 1930–1940. Hg. von Hans Wysling und Cornelia Bernini. Frankfurt/Main: Vittorio Klostermann 1992.

Alfred Kantorowicz: Deutsche Schicksale. Intellektuelle unter Hitler und Stalin. Wien u.a.: Europa Verlag 1964.

Alfred Kantorowicz: Exil in Frankreich. Merkwürdigkeiten und Denkwürdigkeiten. Bremen: Schünemann Universitätsverlag 1971.

Alfred Kantorowicz: Nachtbücher. Exil 1935 bis 1938. Hg. von Ursula Büttner und Angelika Voß. Hamburg: Christians 1995.

Mona Körte: Zeugnisliteratur. Autobiographische Berichte aus den Konzentrationslagern. In: Der Ort des Terrors. Geschichte der nationalsozialistischen Konzentrationslager Band 2. Hg. Von Wolfgang Benz und Barbara Distel. München: Beck 2005, S. 329-345.

Annette Kolb/René Schickele: Briefe im Exil 1933–1940. Hg. von Hans Bender in Zs. mit Heidemarie Gruppe. Mainz: von Hase und Koehler Verlag 1987.

Das Konzentrationslager Dachau. Erlebnis, Erinnerung, Geschichte. Deutsch-Französisches Kolloquium zum 60. Jahrestag der Befreiung des Konzentrationslagers Dachau. Hg. von Anne Bernou-Fieseler und Fabien Théofilakis. München: Martin Meidenbauer Verlag 2006.

Martin Krist: »Wir sterben alle unseren eigenen Tod!« E.A. Rheinhardt (1889–1945), in: E.A. Rheinhardt: Tagebuch aus den Jahren 1943/44. Geschrieben in den Gefängnissen der Gestapo in Menton, Nizza und Les Baumettes (Marseille). Hg. von Martin Krist. Wien: Turia + Kant 2003, S. 147–166.

Martin Krist: »Wir sterben alle unseren eigenen Tod«! (E.A. Rheinhardt), Zwischenwelt A19/3, und 15–21 Emil Alphons Rheinhardt: Aus den Tagebüchern P19/3.

Martin Krist: Erika von Behr und E.A. Rheinhardt: Eine Frau im »Schatten« eines heute Vergessenen, in: Frank Stern (Hg.): Feuchtwanger und Exil: Glaube und Kultur 1933 – 1945; »Der Tag wird kommen«. Oxford u.a.: Lang 2011, S. 163–174.

Renata Laqueur: Schreiben im KZ – Tagebücher 1940–1945. Bearbeitet von Martina Dreisbach. Geleitwort von Rolf Wernstedt. Bremen: Donat-Verlag 1992.

Conrad H. Lester: Probleme der österreichischen Literatur in der Emigration. Rede bei der Österreichischen Gesellschaft für Hochschulforschung am 16.3. 1972 im HS 38 der Universität Wien. Manuskript im DÖW.

Primo Levi: Der Intellektuelle in Auschwitz. In: Levi: Die Untergegangenen und die Geretteten. München u.a.: Carl Hanser 1990, S. 129–151.

Primo Levi: Die Scham. In: Levi: Die Untergegangenen und die Geretteten. München u.a.: Carl Hanser 1990, S. 70–89.

Carl Wilhelm Macke: Endstation Dachau. Auf der Suche nach dem vergessenen Schriftsteller E.A. Rheinhardt. In: Neue Züricher Zeitung 9.9.1992.

Carl Wilhelm Macke: Stationen eines Autors. In: Münchner Stadtanzeiger 21.9.1996.

Carl Wilhelm Macke: Rheinhardt, Emil(e) Alphons(e). In: Neue Deutsche Biographie 21 (2003), S. 491–492 [Onlinefassung]; URL: http://www.deutsche-biographie.de/pnd116499745.html.

Carl Wilhelm Macke: Zwischen den Zeilen. Zum Tod der französischen Historikerin Dominique Lassaigne (1949–2005). In: Zwischenwelt 22. Jg., Nr. 4/23. Jg. Nr. 1 August 2006.

Erika und Klaus Mann: Das Buch von der Riviera (Orig. 1931). Reinbek: Rowohlt TB 2004, 2. Auflage 2006.

Klaus Mann: Tagebücher 1931–1933. Hg. von Joachim Heimannsberg u.a. München : Edition Spangenberg 1993.

Klaus Mann: Tagebücher 1934 bis 1935. Hg. von Joachim Heimannsberg, Peter Laemmle und Wilfried F. Schoeller. München: edition spangenberg 1989.

Thomas Mann: Tagebücher 1933–1934. Hg. von Peter de Mendelssohn. Frankfurt/Main: S. Fischer 1977.

Michael R. Marrus: Die Unerwünschten. Europäische Flüchtlinge im 20. Jahrhundert. Hamburg 1999.

Iris Meder: Offene Welten. Die Wiener Schule im Einfamilienhausbau 1910–1938. Dissertation Stuttgart 2003. http://elib.uni-stuttgart.de/opus/volltexte/2005/2094/ (19.4.2009)

Edmont Michelet: Die Freiheitsstraße. Dachau 1943–1945 (Orig. Rue de la Liberté, 1955), 2. Auflage Europa-Contact-Gesellschaft für intereuropäische Beziehungen.

Magali Laure Nieradka: »Die Hauptstadt der deutschen Literatur«. Sanary-sur-mer als Ort des Exils deutschsprachiger Schriftsteller. Göttingen: Vandenhoek&Ruprecht unipress 2010.

Doris Obschernitzki: Letzte Hoffnung – Ausreise. Die Ziegelei von Les Milles 1939–1942. Vom Lager für unerwünschte Ausländer zum Deportationszentrum. Teetz: Hentrich & Hentrich 1999.

Österreicher im Exil. Frankreich 1938–1945. Hg. vom Dokumentationsarchiv des österreichischen Widerstandes. Wien 1984.

Denis Peschanski: Vichy 1940–1944. Contrôle et exclusion. Paris: Editions Complexe 1997.

Denis Peschanski: La France de camps. L'internement 1938–1946. Paris: Gallimard 2002.

Kristina Pfoser-Schewig: Frankreich als Transit- und Niederlassungsland. In: Vertriebene Vernunft II. Emigration und Exil österreichischer Wissenschaft. Hg. von Friedrich Stadler. Wien u.a.: Jugend und Volk 1988, S. 935–945.

E.A. Rheinhardt: Tagebuch aus den Jahren 1943/44. Geschrieben in den Gefängnissen der Gestapo in Menton, Nizza und Les Baumettes (Marseille). Hg. von Martin Krist. Wien: Turia + Kant 2003.

Nico Rost: Goethe in Dachau. Aus dem Niederländischen von Edith Rost-Blumberg. Hg., mit Materialien und einem Nachwort versehen von Wilfried F. Schoeller. Berlin: Volk & Welt (1948) 1999.

Joseph Rovan: Geschichten aus Dachau (Orig. Contes de Dachau 1987). Stuttgart: DVA 1989.

Max Schroeder: Eine Sommerfrische in der Provence. In: Lion Feuchtwanger zum 70. Geburtstag. Worte seiner Freunde. Berlin: Aufbau Verlag 1954, S. 83–111.

Ernst Schwager: Die österreichische Emigration in Frankreich, 1938–1945. Wien u.a.: Böhlau Nachf. 1984, S. 59–63.

Selma Steinmetz: Emil Alphons Rheinhardt (1889–1945). Aus dem Leben eines Exilschriftstellers. In: Zeitgeschichte, 4. Jahr. 4. Heft, Jänner 1977, S. 109–122.

Maja Suderland: Territorien des Selbst. Kulturelle Identität als Ressource für das tägliche Überleben im Konzentrationslager. Frankfurt/Main u.a.: Campus Verlag 2004.

Rita Thalmann: La Mise au Pas. Idéologie et stratégie sécuritaire dans la France occupée. Paris: Fayard 1991.

Heinke Wunderlich/Stefanie Menke: Sanary-sur-Mer. Deutsche Literatur im Exil. Stuttgart u.a.: Metzler 1996.

Stanislav Zámečník: Dachau-Stammlager. In: Der Ort des Terrors. Geschichte der nationalsozialistischen Konzentrationslager Bd. 2. Hg. von Wolfgang Benz und Barbara Distel. München: Beck 2005, S. 233–274.

Stanislav Zámečník: Das war Dachau. Deutsche Ausgabe nach der 2. überarbeiteten Auflage. Frankfurt/Main: Fischer TB 2007.

Zones d'ombres. Exil et internement d'Allemands et d'Autrichiens dans les sud-est de la France 1933–1944. Hg. von Jacques Grandjonc und Theresia Grundtner. Aix-en-Provence: Ed. Alinéa&ERCA (Equipe de recherche en civilisation allemande, CNRS, Université d'Aix-en-Provence) 1990.

Zweimal verjagt. Die deutschsprachige Emigration und der Fluchtweg Frankreich-Lateinamerika 1933–1945. Hg. von Anne Saint Sauveur-Henn, Berlin: Metropol 2002.

Zeitleiste zur Überlieferung der Tagebücher von Emil Alphons Rheinhardt

4. 4. 1889	Emil Paul Rheinhardt in Wien geboren
1910	Abitur im Provinzgymnasium
1913	Gedichtband »Tiefer als Liebe«
1915	Kriegsdienst als Sanitäter, u.a. in Ragusa
1917	Versetzung in den Innendienst der Telegrammchiffrierung Heirat mit der Konzertsängerin Emmy Heim
1920	Gedichtband »Die unendliche Reihe« Heirat mit Felice Gerty Landesberger Lektor im Drei-Masken-Verlag München
1922	Scheidung von Gerty, Beziehung mit Desirée
1924	Beginn der Italienaufenthalte
1926/27	Rheinhardt wohnt in Rom und verfasst die Biografie der Eleonora Duse Begegnung mit Erica de Behr, die ihn bei der Fertigstellung des Buches unterstützt Begegnung mit Theodora Meeres, die seine Lebensgefährtin wird
1928	Biografie der Eleonora Duse erscheint im Verlag S. Fischer; Nachwort mit Dank an Erika von Behr Aufenthalte in Südfrankreich
1930	Romanbiographie »Napoleon der Dritte und Eugenie« erscheint Mai: Anmietung einer Villa in/bei Le Lavandou, wo Rheinhardt mit Erica de Behr und Theodora Meeres, die einige Zeit im Jahr dort verbringt, lebt. Erste Begegnung mit Marie Thérèse Fisher in Le Lavandou, die sich dort häufig aufhält und mit Rheinhardt bis 1942 korrespondiert.
1932	Romanbiographie »Josephine« erscheint
1933ff	Vor den Nazis geflohene deutsche Schriftsteller zu Gast in »Les Chênes«
1935	Romanbiographie »Der große Herbst Heinrichs IV.« erscheint
1937	Reise nach Wien, Beitritt zum österreichischen Schriftstellerverband
1938	März: Einmarsch deutscher Truppen in Österreich. Rheinhardt beantragt französische Staatsbürgerschaft. Aus Österreich und Prag emigrierte Schriftsteller zu Gast in »Les Chênes« Freundschaft mit Kurt Lichtenstern Gründung der »Liga für das geistige Österreich« in Paris

1939	1. September Überfall der deutschen Wehrmacht auf Polen Dekret der französischen Regierung zur Internierung »feindlicher Ausländer«, erste kurzzeitige Internierung Rheinhardts 3. September Kriegseintritt Frankreichs
1940	Mai/Juni: Deutscher Angriff auf Frankreich Mai bis Juli: Internierung Rheinhardts im Lager »Les Milles« 10. Juni: Kriegseintritt Italiens 22. Juni: Kapitulation Frankreichs Freundschaft mit Kurt Lichtenstern bricht ab
1942	Oktober: Letzter erhaltener Brief Rheinhardts an Marie Thérèse Fisher Rheinhardt tritt der lokalen Résistance in Le Lavandou bei
1943	28. 4. Verhaftung durch 22. Corpo d'Armata »wegen kommunistischer Propaganda«; in Nizza wird Rheinhardt gefoltert. 25.7. Sturz Mussolinis, 23.9. Ausrufung der faschistischen Marionettenrepublik von Saló. Übergabe der Gefängnisse im ehemals italienisch kontrollierten Gebiet an die Gestapo, dabei geht Rheinhardts Häftlingsakte teilweise verloren. Vor 9. 12. Beginn der Tagebucheintragungen im Gefängnis von Menton, 9.12. Verlegung nach Nizza
1944	2.2. Verlegung nach Marseille (Les Baumettes) 13.4. letzte erhaltene Tagebucheintragung aus Frankreich Juni: Deportation von Marseille nach Compiègne 2.–5.7. »convoi meutrier« Deportation ins Konzentrationslager Dachau Rheinhardt ist nacheinander den Blöcken 19, 7, 3, 2, 9, 7, 19, 9 zugeteilt. Funktionen als Revierschreiber und Häftlingsarzt 30.10. Beginn des Tagebuchs
1945	23.1. Blockarzt auf Block 17 12.2. letzte Tagebucheintragung 25.2. Rheinhardt stirbt am Fleckfiebertyphus Theodora Meeres erhält Dachauer Tagebuch
1947	Publikationsvorhaben Theodora Meeres mit Oskar Fontana in Wien, nicht weiter verfolgt
1952	Erica de Behr, Mitglied des lokalen PCF, wird als angebliche Spionin kurzzeitig inhaftiert. Theodora Meeres bemüht sich um Kontakte nach Wien für eine Prokuration für Rheinhardts Nachlass. Marie Thérèse Fisher erwirkt Übergabe des Rheinhardtschen Tagebuchs, schickt es nach Erica de Behrs Freilassung an diese zurück.
1954	Januar: Tod Theodora Meeres; ihr Testament verfügt Verbrennung des Rheinhardtschen Tagebuches.
1957	Januar: Erica de Behr besucht die Gedenkstätte des ehemaligen Konzentrationslagers Dachau. Sie stirbt im März. Marie Thérèse Fisher erwirkt Übergabe der Rheinhardtschen Hinterlassenschaft in Le Lavandou.
1960/61 und ff.	Marie Thérèse Fisher sichert sich Erbberechtigung durch Rechtsgutachten und Schriftstücke, Internationaler Suchdienst Arolsen und Standesamt Dachau. Auftrag an englische Literaturagentur zur Verlagssuche, ca. 1970 eingestellt.

ca. 1968 ff.	Michael Hamburger begutachtet als Lektor im Verlag Faber & Faber Rheinhardts Hafttagebuch aus Frankreich. *Dachau 1933–1945* hg. von der Amicale de Dachau erscheint in französischer Originalfassung. Marie Thérèse Fisher nimmt an Treffen der internationalen Amicale teil, erstellt Landkarte der Konzentrationslager für die englische Ausgabe des Dachau-Buches 1975.
1984	Gedichtband Michael Hamburgers »Heimgekommen« (1984) enthält Gedicht »Between the lines« (Orig. 1982), als Vorrede Zitat aus dem Südfrankreich-Hafttagebuch Rheinhardts
1989	Walter Eckel konsultiert für Dissertation über Michael Hamburger das Rheinhardt-Dossier des DÖW. Beitrag über Rheinhardt im Feuilleton der SZ 1989.
1992/96	Carl Wilhelm Macke erinnert in Feuilletonbeiträgen der NZZ und des Münchner Stadtanzeigers an Rheinhardts Schicksal.
1997ff.	Dominique Lassaigne trifft Macke in München, beginnt Recherchen vor Ort in Le Lavandou, danach in Departementsarchiven u.a. von Draguignan, KZ-Gedenkstätte Dachau, Internationaler Suchdienst Arolsen, DÖW Wien.
2001	Dominique Lassaigne identifiziert Theodora Meeres und Marie Thérèse Fisher und deren letzte Wohnorte in England, unterstützt von englischsprachigen Freundinnen und Kontaktpersonen.
2002	April: Dominique Lassaigne findet Rheinhardts Tagebücher in gebundenen Fotokopien und erwirkt Arbeitskopien. Elsa Zlatnik, die Alleinerbin Rheinhardts, erteilt der Historikerin das Recht zur Herausgabe der neu entdeckten Rheinhardt-Materialien. Martin Krist gibt Rheinhardts Frankreich-Hafttagebuch in der DÖW-Typoskript-Version 2003 bei Turia+Kant, Wien heraus. Kontakte mit offiziellen Kulturvertretern aus Österreich.
2002–2005	Dominique Lassaigne publiziert vier Artikel- und Konferenzbeiträge über Rheinhardts Hafttagebücher.
2004	Kontaktaufnahme mit dem Editionsspezialisten Gangolf Hübinger, erste Buchkonzepte zur Herausgabe der Tagebücher im Verlag Niemeyer Tübingen.
2005	Oktober: 2. Besuch im ehemaligen Haus von Marie Thérèse Fisher, Dominique Lassaigne werden Tagebuch-Manuskriptkopien, Bücher, Briefe und Gemälde überlassen. 30.12. Dominique Lassaigne kommt bei einem Autounfall ums Leben.

Abbildungsverzeichnis

Abbildungsnachweise: 0–22 und 25–26 Nachlass Dominique Lassaigne; 19 und 20: KZ-Gedenkstätte Dachau, 27–28: Francis Marmier.

Personenregister